U0558582

大学生军事教程新编

主编 赵 兴 副主编 邱晓东 张晓松

长江出版传媒
湖北人民出版社

图书在版编目(CIP)数据

大学生军事教程新编/赵兴主编.
武汉:湖北人民出版社,2016.8
ISBN 978 - 7 - 216 - 09000 - 1

Ⅰ.大…　Ⅱ.赵…　Ⅲ.军事科学—高等学校—教材　Ⅳ.E
中国版本图书馆 CIP 数据核字(2016)第 213817 号

责任编辑:陈　兰
封面设计:张　弦
图片摄影:王传斌　郭焕泉
责任校对:范承勇
责任印制:王铁兵

出版发行:湖北人民出版社　　　　　　　　地址:武汉市雄楚大道 268 号
印刷:武汉市天星美润设计印务有限公司　　邮编:430070
开本:787 毫米×1092 毫米 1/16　　　　　印张:20.75
字数:491 千字　　　　　　　　　　　　　插页:1
版次:2016 年 9 月第 1 版　　　　　　　　印次:2018 年 7 月第 3 次印刷
书号:ISBN 978 - 7 - 216 - 09000 - 1　　　定价:35.00 元

本社网址:http://www.hbpp.com.cn
本社旗舰店:http://hbrmcbs.tmall.com
读者服务部电话:027 - 87679656
投诉举报电话:027 - 87679757
(图书如出现印装质量问题,由本社负责调换)

前　言

为了更好地适应普通高等学校国防教育发展的需要，全面贯彻落实党的十八大以来习近平同志关于军队改革和国防建设的一系列重要论述，进一步提高军事课的教学质量，我们根据中共中央、国务院、中央军委《关于加强新形势下国防教育工作的意见》（中发【2011】8 号）、教育部《关于加强新形势下学校国防教育工作的意见》（教体艺【2011】6 号）的精神，以《普通高等学校军事课教学大纲》为指导，编写了《大学生军事教程新编》。

与同类教科书相比，本书在内容上有三个新的特点：一是增加了党的十八大以来习近平同志关于国防和军队建设的重要论述，介绍了广为关注的国防和军队改革的相关内容；二是适应世界局势发展变化，对影响我国战略环境的热点问题，如"南海仲裁案""萨德"反导系统的部署，进行了阐述；三是适应国家兵役改革的要求，专门安排了一章，阐述我国兵役制度和大学生入伍的优惠政策。

中国人民解放军火箭军指挥学院国防教育研究中心主任张保国教授审阅了本书的编写提纲，提出了很好的意见，在此表示衷心的感谢！

本书由赵兴教授任主编，邱晓东、张晓松任副主编。各章的编写者分别是：第一章、第二章，赵兴；第三章，赵兴、吴云龙；第四章、第六章、第九章，张晓松；第五章，张晓松、方云龙；第七章，甘来、孙凯；第八章，魏阳阳；第十章，邱晓东；第十一章，肖紫兰；第十二章，张晓松。赵兴和张晓松对全书进行了统稿。梁红敏、廖宇婧、陈丹、单聪参与了前期部分文稿的编写和资料的整理，向他们表示感谢！

由于水平有限，加上时间仓促，本书可能存在一些不足之处，敬请读者提出宝贵意见，以便再版时进一步修改、完善和提高。

编　者

2016 年 7 月

目　录

第一章　中国国防

自古以来，有国就有防，"国无防不立，民无兵不安"。一个国家、一个民族，最重要的就是发展和安全问题。强大的国防是关系到国家和民族生死存亡、荣辱兴衰的根本大计，也是维护全国各族人民根本利益的需要。对于当今的中国而言，要实现中华民族伟大复兴的"中国梦"，必须有强大的国防作为基础和保障。因此，了解和认识国防，牢记历史经验教训，增强国防观念，依法接受国防训练，是每个中国公民应尽的义务。

第一节　国防概述

国防是伴随着国家的产生而出现的，是为国家的利益服务的。古往今来，国防虽依国家的性质、制度、国力及其推行的政策不同而具有不同的特征，但所有国防的根本属性，都是以捍卫和维护国家利益为核心的。国家的兴衰与国防密切相关，国防直接关系到国家的安全、民族的尊严、社会的发展。

一、国防的含义和类型

（一）国防的含义

"国防"一词是由"国"和"防"两个词素呈复合结构形式而组成的合成词。"国"是国家的简称，是个历史范畴，是人类社会阶级斗争的必然产物。"防"是防备、防卫以及各种防务的简称。

国防，就是国家防务的简称，是指国家防备和抵抗侵略，制止武装颠覆，保卫国家的主权、统一、领土完整和安全所进行的军事活动，以及与军事有关的政治、经济、外交、科技、教育等方面的活动。

（二）国防的类型

国防是与本国的利益和战略需要相适应的。按照不同的国防概念和标准，当今世界各国的国防类型主要有扩张型、自卫型、联盟型和中立型。

1. 扩张型

为了维护本国在世界诸多国家和地区的利益，奉行霸权主义政策的国家，以国家安全和防务需要为幌子，将其他国家和地区纳入自己的势力范围，对其进行侵略、颠覆和渗透。

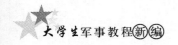

2. 自卫型

在国防建设上以防止外敌入侵为目的，主要依靠本国的力量，广泛争取国际上其他国家的同情和支持，以达到维护本国安全，促进周边地区和世界的和平与稳定。

3. 联盟型

为弥补自身力量的不足，以结盟的形式联合他国进行防卫。从联盟国之间的关系看，可分为一元体系和多元体系联盟，前者有一个大国处于主导地位，其余国家处于从属地位；后者的联盟国属于平等地位的伙伴关系，各联盟国共同协商、确定防卫大计。

4. 中立型

为了保障本国的繁荣、发展和安全，一些国家基本奉行和平、中立的国防政策。其中，有的是采取完全不设防的方式，在世界事务中实行中立态度；有的是采取全民保卫的武装中立。

中国是社会主义国家，在对外关系方面一直奉行"和平共处五项原则"，走和平发展道路，是中国坚定不移的国家意志和战略抉择。中国始终坚定不移地奉行独立自主的和平外交政策和防御性国防政策，反对各种形式的霸权主义和强权政治，不干涉别国内政，永远不争霸，永远不称霸，永远不搞军事扩张。

二、现代国防的含义和特征

（一）现代国防的含义

随着社会历史的发展，国防的含义不断更新。现代国防是对传统国防的继承和发展，是一种全新的国防观念和国防实践活动。现代国防不仅继承了传统国防"保卫国家主权、领土完整及安全"的职能，而且还丰富了"维护国家利益"的内容。现代国防绝非单纯的武力较量，而是在综合国力的基础上，以军事手段为主，在政治、经济、科技、外交、文化等多种手段配合下进行的总体较量。

现代国防是一个大系统，包括武装力量建设、国防体制建设、国防科学技术研究、国防工业建设和战场建设、军事交通、人力动员准备、对人民群众进行国防教育、建立国防法规等，这些均属于国防建设范畴。

（二）现代国防的基本特征

1. 国防内涵的丰富性

现代国防虽然与传统的国防在目的上都是为了维护国家利益，但它所维护的国家利益，无论是在内涵上，还是在范围上，或者在维护国家利益的行为方式上，都远比以前丰富得多。

现代国防所维护的国家利益主要是国家安全。这里的"国家安全"，一是指国家作为一个政治利益实体的安全，包括国家政治制度的巩固，领土主权的完整，主体意识形态的维护，民族团结、和睦、统一等；二是指国家作为一个经济利益实体的安全，包括国家资源和经济活动、人民群众生命财产的神圣不可侵犯等。此外，它还指国家作为国际社会成员的地位和威望。一个国家在国际上的地位、尊严、荣誉、信誉、对外友好关系等，对国家的生存与发展都有着十分重大的影响。

总之，现代国防涉及国家的方方面面，贯穿于社会活动的全过程，它不仅涵盖了诸如发展武器装备等"硬件"建设，更覆盖了国防教育、国防动员机制等"软件"建设。

2. 国防力量的综合性

现代国防理论与传统国防理论的不同之处在于，它是在第二次世界大战之后，经济与科技飞速发展基础上产生出来的一种凭借综合国力维护国家安全的新理论。

综合国力，指的是国家全部物质力量和精神力量、实力和潜力的总和，由自然的、经济的、政治的、科技的、军事的、精神的等要素构成。它包含国家的方方面面。例如，自然要素方面的国土面积、人口数量、自然资源、地理位置等；经济要素方面的国民经济生产水平、经济结构、经济潜力等；政治要素方面的社会政治制度、国家政策和管理能力、国际关系和国际地位等；科技要素方面的国民教育水平、科学和技术发展水平、科学技术潜力等；军事要素方面的武装力量的数量和质量、国防科技的规模和水平、后备力量的数量和质量、战争准备程度、动员能力等；精神要素方面的民族文化传统、社会风尚、国防意识、国民向心力和凝聚力等。其中，经济实力是基础，国防实力是支柱，民族凝聚力是灵魂。

3. 经济建设的关联性

现代国防与国家经济建设有着更为密切的关系。一方面，国家经济发展水平制约国家武器装备发展的总水平和国防力量的总规模。特别是在当今科技迅猛发展，促使武器装备不断更新的情况下，现代国防对资源、财力的需求，对国家各经济部门的依赖性日益增强，没有强大的经济实力为现代国防提供物质基础，就不可能从根本上加强现代国防建设。但另一方面，现代国防对于经济并不是消极和被动的，它可以为经济建设创造一个和平安定的国际国内环境，保障经济建设顺利进行，还可以充分发挥国防系统的社会经济功能，直接多方面支援和促进经济建设的发展。

4. 斗争手段的多样性

国防手段是为达到国防目的而采取的方法和措施。主要包括军事活动，以及与军事有关的政治、经济、外交、科技、教育等方面的活动。这些手段的综合运用又形成了诸多的斗争形式。

在现实的国际社会中，无论是影响力、谈判，还是威慑，都必须以强大的实力为后盾和基础，甚至要随时准备把实力投入战场。强大的国家武装力量是一个国家实力的重要标志。在这一点上，现代国防观与传统国防观是相同的。现代国防观与传统国防观的根本不同之处，并不在于是否在战场上一决雌雄，而在于是否着眼于制约战争的发生。因此，运用影响力、谈判和威慑等非暴力手段已客观地居于国防的重要位置。现代国防也正是这多种手段和多种斗争形式的角逐。

5. 国际行为的增强性

经济全球化的深入发展，使一个国家的发展越来越离不开国际环境。世界的和平与战争，经济的繁荣与衰退，都是一个国家持续发展的相关因素，也涉及国防的方方面面，世界尤其是周边国家局势动荡，该国就得在国防方面给予更多的关注，如果别国武力相加，该国就必须进行国防动员，以迎接外来挑战。由此可见，现代国防作为一种国家基本行为

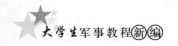

的同时，也日益成为一种国际行为。

三、中国国防历史及其启示

（一）中国古代国防

我国古代的国防是指从公元前21世纪夏王朝的建立到1840年鸦片战争，共经历了近四千年的漫长历史。其间，中华民族经历了无数次战争的锤炼，形成了强大的民族凝聚力，培育出了自强不息、前仆后继、不畏强暴、卫国御敌的尚武精神，最终成为一个多民族的大疆域国家。

1. 古代国防的兴衰历程

中国古代国防的兴衰是与各朝代的政治、经济、军事状况密切相关的。纵观我国几千年的国防史，我们不难发现，当统治阶级处于上升时期，政治开明，经济繁荣，军事强大，民族团结，国家统一的时候，国防就强盛；当统治阶级走下坡路，政治腐败，经济衰落，军事孱弱，民族分裂，国内混乱的时候，国防就削弱，就崩溃。

从整个历史来看，我国古代前期，即从春秋战国到秦汉、盛唐，国防日趋发展，不断强盛以至于发展到鼎盛。其后期，即从中唐到两宋、到晚清，我国国防日趋衰败，以至于一触即溃，不可收拾。其间，虽然盛唐之前有两晋的糜烂，中唐以后有明清中前期的振作，但从整体上来看，我国古代国防事业的基本趋势是由弱到强，再从强盛走向衰落。

从汉、唐、明、清等几个大的历史朝代看，国防事业也都是由兴而盛，由盛及衰。其间固然不乏极盛之前的短暂衰落，衰败之后的一时复兴，但终其一朝由盛及衰的基本趋势是没有改变的。

2. 古代的国防政策和国防理论

大约在公元前21世纪，中国古代社会开始由原始氏族公社制社会进入奴隶制社会，出现了国家。从此，作为抵御外来侵犯和征伐别国的武备——国防的雏形便产生了。随后的几千年征战中，为保家卫国，逐渐形成了我国古代的国防政策和国防理论。

春秋战国时期，由于各诸侯国之间连年征战，使国防观念迅速得到强化，虽然当时的诸子百家在政治和哲学主张方面各放异彩，但在国防方面的主张却是一致的，形成了诸如"义战却不非战""非攻兼爱却不非诛""足食足兵""以正治国，以奇用兵""富国强兵""文武相济""尚战、善战、慎战""不战而屈人之兵"等思想，表明春秋战国时期各国对武备和国防的重视，这一时期全面奠定了古代军事思想的基础，标志我国古代军事思想已经基本成熟。现存最早、影响最深的奠基之作《孙子兵法》，就是这个时期的杰出代表作。其他影响较大的还有《吴子》《孙膑兵法》《司马法》《尉缭子》《六韬》等十多部。诸子百家大量的军事论述，共同形成了我国军事学术史上的第一个高峰，为我国国防理论打下了坚实的基础。在此基础上也形成较为完整的战争观，并提出了普遍的战争指导原则。如孙子的"知彼知己，百战不殆""示战先算""伐谋伐交，不战而胜""以智使力"等指导原则。这些指导原则概括精辟，到现在仍具有极为重要的指导意义。

公元前221年，秦国统一六国，结束了历史上的长期分裂的局面，第一次建立起中央集权的封建国家，标志着中国封建社会进入一个新的历史阶段。随后的汉、唐时期是中国封建社会的盛世，军事上也处于开疆拓土的鼎盛时期。至公元 10 世纪中叶的近 1300 年间，中国古代国防政策和国防理论得到了进一步的丰富的发展，主要表现在：开始全面整理兵书，初步形成古代军事学术理论体系。通过三次大规模的整理，形成了研究军事战略的"兵权谋"，研究战役、战术的"兵形势"，研究军事天文、气象的"兵阴阳"，研究兵器、装备的制造和运用技巧的"兵技巧"，共四大类，构成一个较为完整的军事学术体系。另外，战略思想趋于成熟，战略防御思想得到进一步完善。

宋朝至清朝前期，是中国封建地主阶级没落时期，但军事上进入冷、热兵器并用时代，因此，国防政策和国防理论也有相当的发展。武学开始纳入国家教育体系。宋仁宗时期，开办了"武学"，后又设武举，为军队培养、选拔了大批军事人才，同时也繁荣了军事学术。明清两朝将武举推向更深层次，甚至出现文人谈兵、武人弄文的局面，大量军事著作面世，军事思想研究向体系化发展。

从总体上来说，我国古代国防理论主要有："以民为体""居安思危"的国防指导思想；"富国强兵""寓兵于农"的国防建设思想；"爱国教战""崇尚武德"的国防教育思想；"不战而胜""安国全军"的国防斗争策略等。在这些思想和策略的指导下，华夏大地消除了无数次外敌入侵带来的战祸，为中华民族的繁衍生息，国家的发展提供了基本的生存条件，甚至使国防曾出现过"中国既安，四夷自服"的辉煌。

3. 古代的兵制建设

兵制即我们常说的军事制度，也称军制，是国家或政治集团组织、管理、维持、储备和发展军事力量的制度。我国古代的兵制建设主要包括军事领导体制、武装力量体制和兵役制度等内容。

在军事领导体制上，夏、商、西周时期，一般由君王亲自掌握和指挥，没有形成专门的军事领导机构。春秋末期，实现将相分权治国，以将（将军）为主组成军事指挥机构。战国时期，将军开始独立统兵作战。秦国一统天下之后，设立了专门管理军事的机构，太尉为最高的军事行政长官。隋朝设立了三省六部制，设兵部专门主管军事。宋朝则设置枢密院作为军事领导的最高机构，主官用文官担任，主要目的是防止"权将"拥兵自重。各朝代在军事领导体制方面的做法虽各有千秋，但皇权至上，军队的最终调拨使用大权始终是掌握在最高统治者手中的。

在武装力量体制上，秦朝之前武装力量结构单一，一个国家通常只有一支国家的军队。从秦朝开始，国家的政治制度逐渐完善，生产力不断发展，因而，各个朝代根据国家的状况和国防的需要以及驻防地区和担负任务的具体情况，将军队区分为中央军、地方军和边防军三种，并对军队的编制体制、屯田戍边、兵役军赋、调动、军需补给、驿站通道、军械制造和配发等都作了具体的规定，并以法律的形式颁布执行，如唐代的《卫禁律》《军防令》等。

在兵役制度上，随着各个历史时期的政治、经济、人口状况和军事需要而发展变化。奴隶社会时期，生产力低下，人口稀少，战争规模小，主要实行兵民合一的民军制度。封建社会时期，民军制度逐渐演变为与当时历史条件相适应的兵役制度，如秦汉时期的征兵制、三国两晋南北朝时期的世兵制、隋唐时期的府兵制、宋朝的募兵制、明朝的卫所兵役制等。

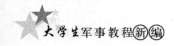

4. 古代的国防工程建设

我国古代为抵御外敌的侵犯，巩固边海防，修筑了数量众多、规模庞大的国防工程。如城池、长城以及海防要塞等。

我国古代国防工程建设中，城池的建设时间最早、数量最多。城池建筑最早始于商代，随后，城池建设规模不断扩大，结构日益完善，一直延续到近代。因此，在我国古代战争中，城池的攻守作战成为主要的样式之一。

长城是城池建设的延伸和发展。春秋战国时期长城的建筑已经开始，秦始皇统一六国之后，为了巩固国防，防御北方匈奴的南侵，于公元前 214 年开始将秦、赵、燕三国北部的长城连为一个整体，形成西起临洮（今甘肃岷县），北傍阴山，东至辽东的宏伟工程。后经各朝代多次修建连接，至明代形成了西起嘉峪关，东至山海关，全长 14000 余里的长城。

古代海防建设是从明朝开始的。14 世纪，倭寇频繁袭扰我沿海地区，明朝在沿海重要地段陆续修建了以卫城、新城为骨干，水陆寨、营堡、墩、台等相结合的海防工程体系，为抗击倭寇的入侵起到了重要作用。

（二）中国近代国防

我国近代的国防是屡弱、衰败和屈辱的。1840 年西方殖民主义者凭借船坚炮利的优势，攻破了清王朝紧锁的厚重国门，对中华民族实行残酷的殖民统治。这一时期的中国有国无防，国家沦为半殖民地半封建社会，人民惨遭蹂躏和屠杀。

1. 清朝后期的国防

1840 年，英帝国主义以清王朝禁烟为由，对中国发动了战争，史称鸦片战争。1842 年，战败的清王朝被迫在英国的军舰上签订了我国历史上第一个丧权辱国的不平等条约——《中英南京条约》。中国的领土和主权遭到破坏，开始沦为半殖民地半封建社会。

1856—1860 年，英国不满足它已获得的利益，联合法国，分别以"亚罗艇事件"和"马神甫事件"为借口，对中国发动了第二次鸦片战争。战败的清王朝被迫与英国签订了《中英天津条约》，与法国签订了《中法北京条约》，此时的沙俄趁火打劫，强迫清政府签订了《瑷珲条约》。中国的领土主权进一步遭到破坏，半殖民地程度加深。

19 世纪 80 年代初，法国殖民主义者在完全占领越南后，开始觊觎我国西南地区。1883 年中法战争爆发。爱国将领冯子材率领的清军奋勇杀敌，在刘永福黑旗军的配合下痛击法军，取得了镇南关大捷，由此导致法国茹费理内阁的倒台。但是腐败的清政府却一味苟且偷安，清政府认为法国船坚炮利，强大无敌，即便一时而胜，难保终久不败，不如趁胜而和。因此，清政府和法国签订了《中法新约》，将广西和云南两省的部分权益出卖给了法国，使中国不败而败，法国不胜而胜。清政府的腐败无能暴露无遗。

1895 年，日本以清朝出兵朝鲜为由发动了甲午战争。甲午海战中，北洋水师全军覆没，清政府被迫与日本签订了《马关条约》，中国被进一步肢解，中国半殖民地程度进一步加深，民族危机加剧。

1900 年，英、美、德、法、俄、日、意、奥八国，以保护在华侨民"利益"为借口，组成联军，发动侵华战争。战败的清政府被迫与八国签订了《辛丑条约》。这个条约从政治、经济、军事各方面都扩大和加深了帝国主义对中国的统治，并表明清政府已完全成为帝国主义统治中国的工具。中国完全沦为半殖民地半封建社会。

从 1840 年鸦片战争到 1911 年辛亥革命这 70 多年间，先后有英国、美国、法国、俄国、普鲁士、瑞典、挪威、丹麦、荷兰、西班牙、比利时、意大利、奥地利、秘鲁、巴西、葡萄牙、日本、墨西哥、瑞士等近 20 个国家的侵略者践踏过我国的国土，抢掠过我国的财物，屠杀过我们的同胞，参与过损害我国主权的罪恶活动。清政府与列强签订了大大小小数百个不平等条约，割让领土近 160 万平方千米，共赔款 2700 万元，白银 7 亿多两（不含利息）。如把利息计算进去，仅《辛丑条约》中规定的"庚子赔款"本息就达 9 亿 8 千多万两。当时，在 1.8 万多千米的海岸线上，大清帝国竟找不到自己享有主权的港口。国家有海无防，有边不固，绝大部分中国领土成了帝国主义的势力范围：俄国在长城以北；英国在长江流域；日本在台湾、福建；德国在山东；法国在云南。中华民族美丽富饶的国土被踩蹋得支离破碎。

2. 民国时期的国防

1911 年爆发的辛亥革命，虽然推翻了清朝的统治，彻底废除了封建专制制度，建立了"中华民国"，但并没有改变中国任人宰割的历史。帝国主义通过扶植各派军阀作为自己的代理人，加紧对中国的控制掠夺；各派军阀争权夺利，混战不已，中国依然是有边不固，有海无防，人民有家难安。民国时期的国防可以分为三个阶段。

（1）第一阶段：军阀混战与中华民族的觉醒

1911 年的辛亥革命，终于推翻了几千年的封建统治，但由于革命的不彻底，仍没有使中国摆脱半殖民地半封建社会的困境，帝国主义依然在华夏大地上横行无忌，他们为维护其在华利益，纷纷扶植自己的代理人：先有袁世凯称帝，后是张勋复辟，各派军阀以帝国主义为靠山，割据称雄，混战不休。直、皖、奉三大派系军阀先后窃取中央政权，贿选国会议员和总统，出卖国家和民族利益。"二十一条"的签订和"巴黎和会"中国外交的失败，充分暴露出北洋政府的腐败无能，使中国面临被帝国主义进一步瓜分的命运，激起了中华民族同仇敌忾、共御外侮的决心和勇气。以"五四"运动为标志，中国反帝反封建的资产阶级民主革命发展到新阶段。1921 年 7 月，中国共产党的成立，把中国人民的救亡图存斗争推向新的阶段，中国工人阶级开始以独立的姿态登上了历史舞台。

（2）第二阶段：日本的入侵及中国的抗战

1931 年 9 月 18 日，日本发动了"九一八事变"，东北大片国土迅速沦陷。1937 年 7 月 7 日，日本发动"卢沟桥事变"，进一步扩大了对中国的侵略，中华民族到了生死存亡的紧要关头。中国共产党高举团结抗日的旗帜，肩负起救民族于危难的神圣使命，领导全国各族人民进行了艰苦卓绝的八年抗战，终于取得了我国近代历史上第一次抗击外敌侵略的完全胜利。

（3）第三阶段：解放战争及中华人民共和国的成立

抗日战争胜利后，中国人民迫切需要一个和平安全的休养生息的环境，中国共产党顺民心，从民愿，不计前嫌，准备与国民党第三次携手，合作建国。但蒋介石背信弃义，妄图消灭中国共产党及其所领导的军队，经过四年的解放战争，中国人民终于推翻了蒋家王朝，结束了一百多年来中华民族有国无防的屈辱历史。

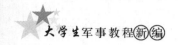

（三）中华人民共和国成立后的中国国防

中华人民共和国成立 60 多年来，在中国共产党的领导下，无论是保卫国防还是建设国防，都取得了辉煌的成就。

1950 年，朝鲜战争爆发，在这次战争中，中国人民志愿军发扬高度的爱国主义、国际主义和革命英雄主义精神，以劣势装备打败了以美国为首的"联合国军"，保卫了新生的共和国，赢得了和平建设的环境。20 世纪 60 年代、70 年代、80 年代，人民解放军还进行了几次保卫边疆的自卫反击作战，有效捍卫了国家的主权和领土完整。

在捍卫国防的同时，还加强了国防现代化建设。在较短时间、较少花费的情况下从几乎单一的陆军建成拥有陆海空和战略导弹部队（火箭军）及战略支援部队的强大国防力量。坚持独立自主、自力更生的原则，造出了原子弹、氢弹、人造卫星、战略导弹、核潜艇以及其他先进的防卫性武器装备。还根据国情实施了卓有成效的全民国防战略，形成了具有中国特色的解放军、武警和民兵的武装力量体系。另外，在国防动员、交通战备、人民防空、学生军训、后备人才培养，尤其近年来军队科技练兵等方面取得了突出成绩，为共和国的强大国防奠定了厚实的基础。

我国本着和平共处五项原则，与周边大部分国家解决和基本解决了历史遗留的边界问题，完成了对香港、澳门恢复行使主权及驻军防务任务。20 世纪 80 年代以来，我国成功地进行了军控与裁军大行动，多次派员参加联合国维和行动，加强了国际安全合作与军事交往，成为维护地区和世界和平的一支重要力量。

（四）中国国防历史的启示

我国四千多年的国防历史，有过声威远播、天下归附的辉煌，有过引而不发、强虏驻足的宁静，有过遍体创伤、不堪回首的屈辱，也有过抗敌卫国的巨大胜利。在建设具有中国特色社会主义的征途中，重温这一漫长的国防历史可以从中得到许多有益的启示。

1. 经济发展是国防强大的基础

经济是国防的物质基础，国防强大依赖于经济发展，这是我国国防历史给予我们的深刻启示。早在春秋战国时期，统治者就认识到国富才能兵强，自强方可自立，无不把发展经济作为巩固国防、争夺霸权的重要措施。春秋时期，晋国因整顿内政、发展经济、扩充军队等一系列的综合治理，由一个贫弱小国一跃而成为中原霸主；秦国重用商鞅进行变法，极大地解放了生产力，促进了经济的发展，对秦最终吞并六国完成统一大业起到了重要作用。唐朝由"贞观之治"达到封建社会的鼎盛时期，更是当时统治者注重发展经济的结果。

与此相反，各朝各代的衰落、灭亡，遭受外敌的入侵而不能自保，几乎毫无例外是这个王朝后期政治腐败、经济落后，动摇了国防的根基。由此可见，只有经济的强盛，才能有强大的国防，才能有政权的稳固和国家的安全。

2. 政治昌明是国防巩固的根本

国家政策的正确与否，直接关系到国防的兴衰。只有政治的昌明，才能有巩固的国防。这是国防历史给我们提供的又一深刻启示。

春秋战国时期，各诸侯国就十分注意修明政治，变法图强，把尊贤厚士、举贤任能、选拔优秀人才治理国家作为强国的根本大计。汉高祖得天下后，实行"文武"政策，建立法制，修明政；此后，文帝、景帝至武帝，都实行比较开明的治国之策，为西汉长达200多年的基本安定奠定了基础。

相反，秦行暴政，激起农民起义，终至推翻秦始皇梦想千秋万年、子孙相继的基业；明末由于皇帝昏庸、宦官专政、结党营私，始被起义军所败，后又为清兵所亡。特别是近代中国，由于清政府政治日趋腐朽，国防日益虚弱，面对列强入侵屡战屡败，乞降求和，割地赔款，使国家遭受了前所未有的奇耻大辱，将中国人民带进了苦难的深渊。

总之，国防的兴衰，王朝的更替，近代中国的百年国耻，都深刻地告诉我们，政治的昌明是国防巩固的基础，是国家得以长治久安的根本保证。

3. 国家的统一和民族的团结是国防强大的关键

翻开几千年的国防史，人们都会发现这样一个规律：凡是国家统一、民族团结的时期，国防就巩固、就强大；凡是国家分裂、民族矛盾尖锐的时期，国防就虚弱、就颓败。

近代西方列强对我国的一系列侵略战争，使中国逐渐沦为半殖民地半封建社会，山河破碎，有国无防，一个重要的原因就是清朝统治者在侵略者面前，不仅不发动和依靠广大人民进行反侵略的正义战争，反而认为"患不在外而在内"。由于统治者害怕人民，采取与人民对立的立场，尽管广大人民奋起反抗侵略者，但都处于自发、分散的状态，缺乏统一指挥，没有形成一致对外的合力，无法改变战争的局面，最终造成对外作战中屡战屡败，割地赔款，逐步沦为半殖民地半封建社会。

历史证明，国家的统一，民族的团结，全国军民共同抵抗侵略的精神和意志，才是国防真正的钢铁长城。这是构成淹没一切侵略者的人民战争汪洋大海的基础；这是让一切侵略者都望而生畏的真正的铜墙铁壁；这是民族自强的根本和国防力量的源泉。

4. 国防意识是国防赖以确立的精神根基

近代中国在两次鸦片战争、中日甲午战争、八国联军侵华战争中，一败再败，除清政府腐败外，很重要的一个原因，即从上到下均无防卫御敌之念，思想上"一盘散沙"，以致军队遇敌一触即溃，望风而逃。

由此可见，强烈的国防意识、高度的爱国主义精神可使民众站在国家安危、民族兴衰的高度，关心和支持国防建设，增强"天下兴亡，匹夫有责"的爱国心和责任感，这样才能增强整个民族的凝聚力，筑起"精神上的长城"，国防实力就会更强大！

第二节　国防法规

国防法规是为调整国防领域中各种社会关系而由国家制定或认可的法律规范的总称。国防法规是随着国防的产生而产生的。中华人民共和国成立之初，我国就着手制定国防法规。特别是近20年，国家加大了国防立法工作的力度，制定了一系列国防法律、规章，使国防和武装力量建设走上了全面正规的法制化轨道。

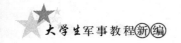

一、国防法规概述

（一）国防法规的概念

国防法规是指国家制定或认可，并由国家强制保证实施的，关于国防事务的法律规范的总称。国防法规作为国防活动的基本法律规范，其主要任务是调整和规范国家在国防领域中的各种社会关系，把国防建设纳入法制轨道，确保军队革命化、现代化、正规化建设总目标的实现。

（二）国防法规的特性

国防法规是调整国防和武装力量建设领域各种社会关系的法律规范的总和。对国防法规的性质，可以从共性和个性两个角度来理解。

从共性方面来说，国防法规也是国家法律的组成部分，具有法律的一般特性：

一是鲜明的阶级性。国防法规也是统治阶级意志的体现，是为统治阶级的利益服务的。二是高度的权威性。国防法规是由有立法权的国家机关制定的，其他任何组织或个人都无权制定。三是严格的强制性。国防法规所确定的行为准则，必须严格遵守和执行，如果违反了，要依法受到追究。四是普遍的适用性。一切个人和社会团体，无论职务高低，无论什么行业部门，都必须依法办事，没有例外。五是相对的稳定性。国防法规是国家机关通过法定程序制定的，一经颁布，往往要推行相当长的时间，不会朝令夕改。这些方面的特性其他法律也有，所以说是国防法规的共性。

从个性方面来说，主要表现在以下四个方面：

一是调整对象的军事性。法律是调整社会关系的行为规范，而不同的法律规范用来调整不同领域的社会关系。比如，民法用来调整公民之间、法人之间、公民和法人之间的财产关系和人身关系，婚姻法用来调整公民的婚姻家庭关系，国防法规就是专门用来调整国防和武装力量建设领域的各种社会关系。这些带有军事性的社会关系是国防法规特有的调整对象，是其他任何法律规范所不能代替的，这是国防法规特性的基本表现。

调整对象的军事性，是指国防和武装力量建设领域的社会关系是军事性的，但这些社会关系所涉及的行为主体并不都是军队和军人。因为国防和武装力量建设领域的社会关系不仅包括武装力量内部的社会关系，还包括武装力量与外部的社会关系。国防不是军防，不只是军队的事。国防是国家行为，是整个国家的事，是全民族的事。无论是行政部门、经济部门，科技、文化、教育等部门，还是社会各阶层人士都与国防有密切的关系。因此，调整对象的军事性决不意味着国防法规只管军队，不管地方。一切社会团体和个人都必须按照国防法规的要求，履行自己的国防义务。

二是公开程度的有限性。公开性是法律的基本属性之一。法律只有公开，才能使人们普遍了解与遵守，才能有效地实施与监督。国防法规有些不同，公开程度是有限的。大部分国防法规，特别是一些基本的、主要的国防法规是公开的，如《国防法》《兵役法》《国防教育法》等。但由于军事斗争的残酷性，军事斗争的对抗性，有一部分国防法规，特别是涉及军事建设与军事活动的法规、规章，必须在一定时期一定范围内保密。为了加强国防法制建设，对能公开的国防法规，要尽量公开，以便大家了解和遵守。为了国家安全，该保密的国防法规也要严格保密，以免国家利益受到损害。

三是司法适用的优先性。国防法规优先适用，是指在解决与国防利益、军事利益有关的法律问题时，如果国防法规和其他法规都有相关的规定，这时要以国防法规的规定作为司法依据，以国防法规作为评判是非的标准和采取行动的准则，其他法规要服从国防法规。同时要注意，优先适用不是指的先后顺序，而是一种排他性的单项选择。在解决与国防利益、军事利益有关的法律问题时，只有国防法规起作用，其他法规不起作用。有一条国际公认的法律适用原则——"特别法优先于普通法"。特别法是在特定领域、特定时间，对特定对象、特定事项起作用的法律。国防法规属于特别法，因而在司法活动中实行"军法优先"。

四是处罚措施的严厉性。由于国防行为是关系到国家整体利益，关系到国家的生存与发展，因而对违反国防法规的法律制裁比其他违法行为的处罚要严厉。

同一类型的犯罪，危害国防利益的从重处罚。如《刑法》规定，一般抢劫罪通常处三年以上十年以下有期徒刑；而冒充军警人员抢劫的，抢劫军用物资的，处十年以上有期徒刑、无期徒刑或者死刑。破坏公用电信设施罪，处三年以上七年以下有期徒刑；破坏军事通信罪，处三年以上十年以下有期徒刑；情节特别严重的，处十年以上有期徒刑、无期徒刑或者死刑。

同一类型的犯罪，战争时期的处罚要更严厉一些。《刑法》《兵役法》都有战时从重处罚的规定。如平时应征公民拒绝服兵役，通常是行政处罚：在两年内不得被录取为国家公务员、国有企业职工，不得出国或者升学，还可以同时处以罚款。而战时要依法追究刑事责任，通常要判2~3年有期徒刑。

对军人违反职责的犯罪从重处罚。对军人犯罪给予较重的处罚，是军事斗争的特殊性决定的，是保障完成军事任务的需要。

二、我国国防法规的发展历史

国防法规是随着国家和战争的出现而产生的。我国古代典籍中有"师出于律""刑始于兵"的记载，表明国防法规产生于战争实践。

在奴隶社会，国防法规的主要形式是临战前统治者发布的誓命文诰，如孔老夫子选编的《尚书》中就有甘誓、汤誓、牧誓、大诰、费誓等篇章。这些既是战争动员令，也是最初的国防法规。

进入封建社会，国防法规的形式发生了明显改变。这时已经有了稳定的成文法，不再是临时性的军事誓言了。国防法规的调整范围不断拓展，军事立法、司法以及监督制度也逐步建立起来。

秦是我国历史上第一个统一的封建制国家，注重以法治国、以法治军。据湖北云梦睡虎地出土的竹简证明，秦朝的法律有二十九种，其中包括《军爵律》《戍律》《傅律》等多部军事法律。《军爵律》是根据军功授予本人爵位或赎免亲属罪责的法律，《戍律》是关于边防、城防的法律，《傅律》是关于兵役制度的法律。

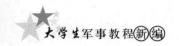

隋唐时期，国防法规更加完善。唐代制定了《擅兴律》《军防令》《兵部格》《兵部式》等一系列国防法规，形成了由"律、令、格、式"构成的比较完备的国防法规体系。

元朝，蒙古族统治者入主中原以后，也十分重视军事法制建设，其独到之处是，在法典中首次设置了《军律》专篇，并制定了各种军事"条画"，诸如《省谕军人条画二十三款》《晓谕军人条画十四款》等，作为治军的依据。

明朝，集历代军事法之大成，并有重要创新。《大明律》改变了自秦汉以来把军事法分列于多篇的做法，集中专列《兵律》一篇，使《大明律·兵律》成为覆盖军事全局的基本法。与此相适应，专门的国防法规也很多，如《军卫法》《行军号令》等。

清朝，以《大明律》为蓝本制定了《大清律·兵律》，并根据本朝特点制定了《军令》，后又定期编修有关军事内容的《则例》，最终形成了数量较多、应时性较强的军事法律规范。

近代，中国跟随世界军事变革的历史潮流，借鉴西方法治思想，军事法制建设也有所进步。1933 年 6 月，民国政府颁布了我国历史上第一部《兵役法》，规定实行征兵制，并建立了预备役制度。但是，由于国民党政治腐败，国家内忧外患，形势混乱，《兵役法》并没有得到很好地贯彻执行，国民党军队扩充经常要靠抓壮丁。

中华人民共和国成立后，我国很重视国防法规建设，很快颁布了《兵役法》《民兵组织条例》以及军队的各种条令条例。特别是改革开放以来，国家加大了国防立法的力度，制定了一系列国防法规，初步形成了具有中国特色的国防法规体系。

三、我国的国防法规体系

国防法规体系是指由不同层次、不同门类的国防法律规范构成的相互联系、相互制约和协调的有机整体。

我国的国防法规体系，按立法权限区分为四个层次：第一个层次是法律。法律是由全国人民代表大会及其常务委员会制定的。第二个层次是法规。法规是由国务院和中央军委制定的。由中央军委制定的为国防法规，由国务院制定或国务院与中央军委联合制定的为军事行政法规。第三个层次是规章。由军委各部门、各军兵种、各军区制定的为军事规章，由国务院有关部委与军委有关部门联合制定的为军事行政规章。第四个层次是地方性法规。它是由省、自治区、直辖市人民代表大会及其常务委员会制定的贯彻执行国家国防法规的实施办法、实施细则、补充规定等。

我国的国防法规按调整领域划分为十六个门类：一是国防基本法类，二是国防组织法类，三是兵役法类，四是军事管理法类，五是军事刑法类，六是军事诉讼法类，七是国防经济法类，八是国防科技工业法类，九是国防动员法类，十是国防教育法类，十一是军人权益保护法类，十二是军事设施保护法类，十三是特区驻军法类，十四是紧急状态法类，十五是战争法类，十六是对外军事关系法类。

现在，我国的国防法规基本上可以与国家的法律制度相适应，基本上可以满足国防和武装力量建设的需要。

四、主要国防法规介绍

（一）《中华人民共和国国防法》

《中华人民共和国国防法》于 1997 年 3 月 14 日由中华人民共和国第八届全国人民代表大会第五次会议审议通过。它是中华人民共和国第一部国防基本法。它包括总则，国家机构的国防职权，武装力量，边防、海防、空防，国防科研生产与军事订货，国防经费和国防资产，国防教育，国防动员和战争状态，公民、组织的国防义务和权利，军人的义务和权益，对外军事关系，附则，共 12 章 70 条。主要内容有：

1. 国防法的适用范围

凡是国家为防备和抵抗侵略，制止武装颠覆，保卫国家的主权、统一、领土完整和安全所进行的军事活动，以及与军事有关的政治、经济、外交、科技、教育等方面的活动，均适用本法。

2. 国防的地位、性质和原则

明确国防是国家生存与发展的安全保障。国家独立自主、自力更生地建设和巩固国防，实行积极防御战略，坚持全民自卫原则；国家对国防活动实行统一领导；国家在集中力量进行经济建设的同时，加强国防建设，促进国防建设与经济建设协调发展。

3. 国家机关的国防职权

全国人民代表大会依照宪法规定，决定战争与和平的问题。全国人民代表大会常务委员会依照宪法规定，决定战争状态的宣布，决定全国总动员或者局部动员。国家主席根据全国人民代表大会的决定和全国人民代表大会常务委员会的决定，宣布战争状态，发布动员令。国务院领导和管理国防建设事业，包括编制国防建设发展规划和计划；制定国防建设方面的方针、政策和行政法规；领导和管理国防科研生产；管理国防经费和国防资产；领导和管理国民经济动员工作和人民武装动员、人民防空、国防交通等方面的有关工作；领导和管理拥军优属工作和退出现役的军人的安置工作；领导国防教育工作；与中央军事委员会共同领导人民武装警察部队、民兵的建设和征兵、预备役工作以及边防、海防、空防的管理工作等。中央军事委员会领导和统一指挥全国武装力量，包括决定军事战略和武装力量的作战方针；领导和管理中国人民解放军的建设，制订规划、计划并组织实施；向全国人民代表大会或者全国人民代表大会常务委员会提出议案；根据宪法和法律，制定国防法规，发布决定和命令；决定中国人民解放军的体制和编制，规定总部以及军区、军种、兵种和其他军区级单位的任务和职责；依照法律、国防法规的规定，任免、培训、考核和奖惩武装力量成员；批准武装力量的武器装备体制和武器装备发展规划、计划；协同国务院领导和管理国防科研生产；会同国务院管理国防经费和国防资产等。国防法还规定了地方各级人民代表大会和县级以上地方各级人民代表大会常务委员会以及地方各级人民政府的国防职权。

4. 武装力量的组成、性质、任务和建设方针、原则及目标要求

明确中华人民共和国的武装力量由中国人民解放军现役部队和预备役部队、中国人民武装警察部队、民兵组成。中华人民共和国的武装力量属于人民，受中国共产党的领导。

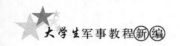

它的任务是巩固国防，抵抗侵略，保卫祖国，保卫人民的和平劳动，参加国家建设事业，全心全意为人民服务。它的规模应当与保卫国家安全和利益的需要相适应。它应当适应现代战争的要求，加强军事训练，开展政治工作，提高保障水平，全面提高战斗力。国家加强武装力量的革命化、现代化、正规化建设，增强国防力量。国家禁止任何组织或者个人非法建立武装组织，禁止非法武装活动，禁止冒充现役军人或者武装力量组织。

5. 公民、组织的国防义务和权利

指出中华人民共和国公民应当依法履行国防义务，保卫祖国、抵抗侵略是中华人民共和国每一个公民的神圣职责，依照法律服兵役和参加民兵组织是中华人民共和国公民的光荣义务。要求公民应当接受国防教育，公民和组织应当保护国防设施，遵守保密规定，支持国防建设。企事业单位应当按照国家的要求承担国防科研生产任务，接受国家军事订货，提供符合质量标准的武器装备或者军用物资；应当按照国家规定，在交通建设中贯彻国防要求，明确公民和组织有对国防建设提出建议的权利，有对危害国防的行为进行制止或者检举的权利。公民和组织因国防建设和军事活动在经济上受到直接损失的，可以依照国家有关规定取得补偿。

6. 军人的义务和权益

要求现役军人必须忠于祖国，履行职责，英勇战斗，不怕牺牲，捍卫祖国的安全、荣誉和利益；必须严格遵守宪法和法律，遵守国防法规，执行命令，严守纪律；应当发扬人民军队的优良传统，热爱人民，保护人民，积极参加社会主义物质文明、精神文明建设，完成抢险救灾任务。规定军人应当受到全社会的尊重。国家采取有效措施维护现役军人的荣誉、人格、尊严，对现役军人的婚姻实行特别保护。现役军人依法履行职责的行为受法律保护。国家和社会优待现役军人，保障现役军人享有与其履行职责相适应的生活福利待遇，并实行军人保险制度，国家妥善安置退出现役的军人，为转业军人提供必要的职业培训，保障离退休军人的生活待遇。国家和社会抚恤、优待残疾军人，对残疾军人的生活和医疗依法给予特别保障。国家和社会优待现役军人家属，抚恤、优待烈士家属和因公牺牲、病故军人的家属，在就业、住房、义务教育等方面给予照顾。

7. 对外军事关系

申明中华人民共和国在对外军事关系中维护世界和平，反对侵略扩张行为。

坚持互相尊重主权和领土完整、互不侵犯、互不干涉内政、平等互利、和平共处五项原则，独立自主地处理对外军事关系，开展军事交流与合作。支持国际社会组织的有利于维护世界和地区和平、安全、稳定的与军事有关的活动，支持国际社会为公正合理地解决国际争端、军备控制和裁军所做的努力，遵守同外国缔结或者加入、接受的有关条约和协定。

此外，国防法还对边防、海防和空防，国防科研生产与订货，国防经费和国防资产，国防教育，国防动员和战争状态等重大问题作出了规定。

(二)《中华人民共和国兵役法》

《中华人民共和国兵役法》是国家关于公民参加军队和其他武装组织或在军队外接受军事训练的法规。1955年，新中国颁布了第一部《兵役法》。1984年，在总结近30年兵役工作经验的基础上，六届人大二次会议审议通过了新中国历史上第二部《兵役法》。20世纪 90 年代以来，国际国内形势发生了巨大的变化，为适应新的形势要求，1998 年 12月，2009 年 8 月，2011 年 10 月通过全国人大常务委员会，对 1984 年颁布的《兵役法》进行了三次修正。修正后的《兵役法》共 12 章 74 条。

《兵役法》归纳起来主要有以下主要内容：确定中华人民共和国的兵役制为"义务兵与志愿兵相结合，民兵与预备役相结合的兵役制"；规定中华人民共和国的武装力量由中国人民解放军现役部队和预备役部队、中国人民武装警察部队、民兵组成；规定了民兵的性质、任务和编组原则及预备役人员、大专院校、高级中学学生实施军训的办法；对士兵、军官服现役制度做了重要补充；明确省军区、地市军分区、各县市人民武装部为各级政府的兵役机关；对现役军人的优待和退出现役的安置作了一些原则性的规定；决定中国人民解放军实施新的军衔制度（也适用于中国人民武装警察部队）；对违反兵役法的行为规定处罚办法。

修正后的《兵役法》与以往相比主要有以下特色：让兵员征集更有质量，最主要的措施是把大学生纳入征集对象；让军队对人才更有吸引力，如增加军人基本待遇的规定，拓宽现役军官的来源渠道，完善了义务兵和士官的优待；让军人退役之路更宽广；让《兵役法》的执行更有力。

（三）《中华人民共和国国防教育法》

《中华人民共和国国防教育法》于 2001 年 4 月 28 日九届全国人大常务委员会第二十一次会议通过，是我国第一部全面调整和规范国防教育的重要法律。

《国防教育法》明确了国防教育是建设和巩固国防的基础，是增强民族凝聚力、提高全民素质的重要途径；明确了国防教育贯彻全民参与、长期坚持、讲求实效的方针，实行经常教育与集中教育相结合、普及教育与重点教育相结合、理论教育与行为教育相结合的原则；要求针对不同对象确定相应的教育内容，分类组织实施；明确了国防教育的领导体制和各级国防教育工作机构的职责；确定国家设立全民国防教育日。同时，《国防教育法》还对学校国防教育、社会国防教育、国防教育的保障以及法律责任都作了明确的规定。这部法律的制定，集中反映了各方面的意见和建议，充分体现了广大人民群众的意愿，为全民国防教育健康、持久、深入地开展下去，提供了可靠的法律保障。

2001 年 8 月 31 日由第九届全国人民代表大会常务委员会第二十三次会议通过的《全国人民代表大会常务委员会关于设立全民国防教育日的决定》是对《国防教育法》的补充，确定每年九月第三个星期六为全民国防教育日。

（四）《中华人民共和国国家安全法》

2015 年 7 月 1 日，第十二届全国人民代表大会常务委员会第十五次会议通过新的国家安全法。该项法律对政治安全、国土安全、军事安全、文化安全、科技安全等 11 个领域的国家安全任务进行了明确界定，共 7 章 84 条，自 2015 年 7 月 1 日起施行。《中华人民共和国国家安全法》是为了维护国家安全，保卫人民民主专政的政权和中国特色社会主义制度，保护人民的根本利益，保障改革开放和社会主义现代化建设的顺利进行，实现中华

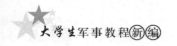

民族伟大复兴，根据《中华人民共和国宪法》制定的法规。

该法律规定：将每年的 4 月 15 日作为全民国家安全教育日。

五、公民的国防义务和权利

（一）公民的国防义务

根据《中华人民共和国国防法》（以下简称《国防法》）的规定，我国公民的国防义务主要包括履行兵役的义务；接受国防教育的义务；保护国防设施的义务；保守国防秘密的义务；支持国防建设、协助军事活动的义务等。

1. 履行兵役的义务

兵役任务是公民在参加国家武装力量和以其他形式接受军事训练方面应当履行的责任。《兵役法》第 3 条规定："中华人民共和国公民，不分民族、种族、职业、家庭出身、宗教信仰和教育程度，都有义务依照本法的规定服兵役。"公民履行兵役任务主要有服现役、服预备役和参加学生军事训练三种形式。

2. 接受国防教育的义务

国防教育是国家为防备和抵抗侵略，制止武装颠覆，保卫国家的主权统一、领土完整和安全，对全体公民所进行的一种具有特定目的和内容的教育活动。国防教育是建设和巩固国防的基础，是增强民族凝聚力、提高全民素质的重要途径。《国防法》第五十二条规定，公民应当接受国防教育。《国防教育法》第五条进一步强调："中华人民共和国公民都有接受国防教育的权利和义务。"

3. 保护国防设施的义务

我国《军事设施保护法》明确规定："中华人民共和国的所有组织和公民都有保护军事设施的义务。"公民在从事经济、文化和其他社会活动时，应当遵守法律规定，自觉保护国防设施。公民对于破坏、危害国防设施的行为，应当检举、控告或制止。破坏、危害国防设施的，要承担相应的法律责任。

4. 保守国防秘密的义务

保守国防秘密事关国家的安危。《国防法》第五十二条规定："公民和组织应当遵守保密规定，不得泄露国防方面的国家秘密，不得非法持有国防方面的秘密文件、资料和其他秘密物品。"公民应当遵守相关法律规定，严格保守国防方面的国家秘密。发现国防秘密已经泄露或者可能泄露时，应立即采取补救措施并及时报告。

5. 支持国防建设、协助军事活动的义务

我国的国防是全民国防，公民应当积极参与和支持国防建设。国防法第五十三条规定："公民和组织应当支持国防建设，为武装力量的军事训练、战备勤务、防卫作战等活动提供便利条件或者其他协助。"

军事活动是国防活动的核心内容。公民和组织应当根据自己的能力和条件，自觉地提供便利和协助。在战争发生时，适龄公民应当积极响应祖国的战时征召。

（二）公民的国防权利

根据《中华人民共和国国防法》的规定，我国公民有以下三种相对独立的国防权利。

1. 对国防建设提出建议的权利

公民依法对国防建设的指导思想、方针、原则、规章制度和实施方法等提出建议，是公民依照宪法享有的对国家事务建议权在国防建设领域的体现。

2. 制止、检举危害国防行为的权利

制止危害国家利益的行为，是指公民依法采取一定的方式、方法使危害国防的行为停止下来，从而维护国防利益。检举危害国防利益的行为，是指危害国防的行为发生后，公民对违法行为进行揭发。

3. 在国防活动中因经济损失得到补偿的权利

国家进行国防建设，武装力量开展军事活动，在某些情况下可能会对公民的合法权益产生一定的影响甚至造成经济损失，公民可以按国家有关规定要求政府或军事机关予以补偿。

第三节 国防建设

国防建设是国家提高国防能力而进行的综合性建设，是国家建设的重要组成部分。国防建设受国家政治制度、国家发展战略、国防战略、经济实力、科技水平、地理条件、文化传统和国际战略环境等因素的影响和制约。

中华人民共和国成立后，中央就把国防建设作为国家建设的重要内容，致力于建设现代化国防。经过 60 多年的努力，取得了辉煌成就。新形势下，中国的国防建设必须坚持以党的军事指导理论为依据，以富国强军为目标，以现代化为中心，将军民融合发展上升为国家战略，全体军民共同建设强大的现代化国防。

一、国防领导体制

国防领导体制，是国家谋划、决策、指挥、协调国防建设和军事斗争的组织体系，包括国防领导机构的设置、职权划分、相互关系及相关制度等。我国国防领导体制是国家体制的重要组成部分。

我国国防领导体制的构成，既体现了党对国防和军队建设事业的领导，又有利于发挥国家机构领导全国武装力量，领导国防建设事业的职能，这对于国家加强武装力量的革命化、现代化、正规化建设，增强国防实力，实现国防现代化的宏伟目标，是强有力的组织保证。我国的最高国防决策机构，是由全国人民代表大会及其常委会、国家主席、国务院、中央军委共同组成。同时《中华人民共和国宪法》还规定了中国共产党在国家生活包括国防事务中的领导地位和作用。其主要职权是：

中国共产党是执政党，是领导中国社会主义事业的核心力量。中共中央在国家生活包括国防事务中发挥着决定性的领导作用。有关国防、战争和军队建设的重大问题，都是由中共中央、中央军委、中央政治局及其常务委员会作出决策并通过必要的法定程序，作为党和国家的统一决策贯彻执行。《中国人民解放军政治工作条例》规定："中国人民解放军必须置于中国共产党的绝对领导之下，其最高领导权和指挥权属于中国共产党中央委员

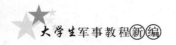

会和中央军事委员会。"

中华人民共和国全国人民代表大会是最高国家权力机关。它在国防方面的职权主要有：决定战争与和平的问题；制定有关国防方面的基本法律；选举中央军事委员会主席，根据中央军事委员会主席的提名，决定中央军事委员会其他组成人员，并有权罢免以上人员；审查和批准包括国防建设计划在内的国民经济和社会发展计划及计划执行情况的报告；审查和批准包括国防经费预算在内的国家预算和预算执行情况的报告；改变或者撤销全国人民代表大会常务委员会在国防方面的不适当的决定；应当由全国人民代表大会行使的国防方面的其他职权。

全国人民代表大会常务委员会在国防方面的职权主要有：在全国人民代表大会闭会期间，如果遇到国家遭受武装侵犯或者必须履行国际间共同防止侵略的条约的情况，决定战争状态的宣布；决定全国总动员或者局部动员；制定有关国防方面的法律；在全国人民代表大会闭会期间，审查和批准包括国防建设计划在内的国民经济和社会发展计划，包括国防经费预算在内的国家预算在执行过程中所必须作的部分调整方案；监督中央军事委员会的工作；在全国人民代表大会闭会期间，根据中央军事委员会主席的提名，决定中央军事委员会其他组成人员的人选；根据最高人民法院院长和最高人民检察院检察长的提请，任免军事法院院长和军事检察院检察长；决定同外国缔结的有关国防方面的条约和重要协定的批准和废除；规定军人的衔级制度；规定和决定授予在国防方面国家的勋章和荣誉称号；全国人民代表大会授予的国防方面的其他职权。

中华人民共和国主席在国防方面的职权主要有：根据全国人民代表大会的决定和全国人民代表大会常务委员会的决定，发布动员令，宣布战争状态；公布全国人民代表大会及其常务委员会制定的有关国防方面的法律；根据全国人民代表大会常务委员会的决定，授予在国防方面有重大贡献的个人和集体国家的勋章和荣誉称号；根据全国人民代表大会常务委员会的决定，批准和废除同外国缔结的有关国防方面的条约和重要协定。

中华人民共和国国务院是最高国家权力机关的执行机关和最高国家行政机关。它在国防方面的职权是领导和管理国防建设事业，包括：编制国防建设发展规划和计划；制定国防建设方面的方针、政策和行政法规；领导和管理国防科研生产；管理国防经费和国防资产；领导和管理国民经济动员工作和人民武装动员、人民防空、国防交通等方面的有关工作；领导和管理拥军优属工作和退出现役军人的安置工作；领导国防教育工作；与中央军事委员会共同领导中国人民武装警察部队、民兵的建设和征兵、预备役工作以及边防、海防、空防的管理工作；法律规定的与国防建设事业有关的其他职权。

中国共产党中央军事委员会和中华人民共和国中央军事委员会是一个机构两个名称，其组成人员和领导职能是完全一致的。中华人民共和国中央军事委员会是最高国家军事机关，负责领导全国武装力量。其职权主要包括：统一指挥全国武装力量；决定军事战略和武装力量的作战方针；领导和管理中国人民解放军的建设，制订规划、计划并组织实施；向全国人民代表大会或者全国人民代表大会常务委员会提出议案；根据宪法和法律，制定军事法规，发布决定和命令；决定中国人民解放军的体制和编制，规定军委各职能部门、各战区、军兵种和其他军区级单位的任务和职责；依照法律、军事法规的规定，任免、培训、考核和奖惩武装力量成员；批准武装力量的武器装备体制和武器装备发展规划、计划，协同国务院领导和管理国防科研生产；会同国务院管理国防经费和国防资产；法律规定的其他职权。中央军事委员会机关由军委办公厅、军委联合参谋部、军委政治工作部、军委后勤保障部、军委装备发展部、军委训练管理部、军委国防动员部、军委纪律检查委员会、军委政法委员会、军委科学技术委员会、军委战略规划办公室、军委改革和编制办公室、军委国际军事合作办公室、军委审计署、军委机关事务管理总局 15 个职能部门构成。

二、新中国国防建设取得的主要成就

（一）中国人民解放军的现代化、正规化和革命化建设有了突破性的进展

中华人民共和国成立后，人民解放军不断向现代化、正规化、革命化迈进。特别是改革开放以来，我国国防实力得到进一步加强，国防现代化建设，尤其是军队的建设，有了突破性进展，取得了一系列重大成就。

经过 60 多年的努力，人民解放军实现了由单一陆军向诸军兵种合成军队的发展，不仅掌握着种类比较齐全的常规武器装备，而且拥有了具有一定威慑力的原子弹等尖端武器装备。

（二）形成了门类齐全、综合配套的国防科技工业体系

中华人民共和国成立后，国防工业从小到大，从低级到高级，从仿制到自行研制，逐步建立了一个门类比较齐全，具有一定教学、科研、试制和生产能力的国防科研体系，使国防工业和国防科研得到了迅速的发展，并取得了重大成就，建立起了包括电子、船舶、兵器、航空、航天和核能等门类齐全、综合配套的科研实验生产体系，取得了一大批具有国内或国际先进水平的科研成果，为我军现代化建设和切实增强我国的综合国力做出了重要贡献。

（三）建立了完善的国防动员体制

为战时有效而迅速地开展动员，我国在建立国防动员体制方面做了大量工作。

1. 健全了国防动员机制

国家和省（自治区、直辖市）、市、县级人民政府设立国防动员委员会。除县级国防动员委员会只设综合办公室外，其他各级国防动员委员会下设六个办公室：综合办公室、人民武装动员办公室、经济动员办公室、人民防空办公室、交通战备办公室、国防教育办公室；国家国防动员委员会设主任一名，由国务院总理担任；省（自治区、直辖市）、市、县级国防动员委员会设第一主任和主任各一名，第一主任由各级党委书记担任，主任分别由省（自治区、直辖市）、市、县级人民政府主管担任。

2. 建设了强大的后备军

自党的十一届三中全会以来，民兵、预备役工作不断在调整中完善，在探索中开拓，在改革中提高。我国后备力量在编制规模、军政素质、动员速度、反应能力等方面都达到了一定的水平。

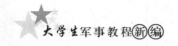

3. 强化了民防措施

从 20 世纪 60 年代起，一大批能适应现代战争需要的民防工程相继建成，这些工程具有在核战争条件下保护相当大比例城市人口的潜力。加强了民防专业队伍建设，重视民防组织机构的建设，在大、中、专业学校中加强防护知识等国防教育，使人民群众有了充分应付各种突然情况的思想准备。

三、国防政策

中国奉行防御性的国防政策。中国的国防，是维护国家安全统一，确保实现全面建设小康社会目标的重要保障。建立强大巩固的国防是中国现代化建设的战略任务。21 世纪中国的国防政策主要包括以下内容：

（一）实行积极防御，坚决保卫国家利益

《中华人民共和国国防法》规定中国"实行积极防御战略，坚持全民自卫原则"。我国国防的唯一目的是保卫自身的安全，我们决不谋求超出我国合法权益以外的任何利益，我们也决不会首先挑起战争，我们不会掠夺别国的一寸土地，也决不干涉别国的内政，我们只求捍卫属于自己的利益。我国的社会主义性质、国家利益、国家发展状况和独立自主的和平外交政策，决定了我国必须实行积极防御的国防政策。这个政策的基本目标是：巩固国防，抵御外敌侵略，保卫国家领土、领空、领海主权和海洋权益，维护国家统一和安全。这一基本目标，也是 1982 年颁布的中国现行宪法赋予中国人民解放军的主要职责。如果有谁肆意侵犯我国领土主权，严重危害我国安全，我们必定给予坚决的回击。我们将积极、主动、灵活地使用一切武力的、非武力的手段，坚决捍卫国家利益。

（二）国防建设和经济建设协调发展

坚持国防建设与经济建设协调发展的方针，把国防和军队现代化建设融入经济社会发展体系之中，使国防和军队现代化进程与国家现代化进程相一致。当前，我国的中心任务是发展经济，国防建设必须服从和服务于国家经济建设，这是中国国防建设的一个基本点。只有经济得到发展，才能为国防现代化提供坚实的物质基础。服从和服务于经济建设大局，并不等于可以忽视国防建设。国防力量是国家综合国力的有机组成，国防现代化也是国家"四个现代化"的一部分，国防和军队建设作为国家整体利益的内在需要，必须同经济建设协调一致发展。有了强大的国防作后盾，国家安全和现代化建设才有可靠的保证。

（三）坚持走有中国特色的精兵之路

实行精兵政策，是我军建设的必由之路。如果我们不采取有力措施，进一步提高我军的质量水平，就不可能适应形势的发展，就无法完成新时期军事斗争准备的各项任务。走有中国特色的精兵之路，目标是建设一支现代化、正规化的革命军队。认真贯彻这一决策，能够保证军队建设与国家经济建设协调一致的发展，使军队指挥系统更加精干高效，

部队编组更加科学，诸军兵种合成进一步加强，快速反应能力和机动作战能力更加提高。

（四）独立自主地建设和巩固国防

中国的社会制度、对外政策、历史传统和自然地理等国情，决定了中国必须独立自主地建设和巩固国防。独立自主，就是立足于依靠自己的力量来保障国家的安全。中国独立自主的国防政策要求，坚持不与任何国家或国家集团结盟，不加入任何军事集团；坚持从国情出发，独立自主地进行决策和制定战略；坚持主要依靠自己的力量建设国防工业和国防科技体系，发展武器装备；坚持国家利益高于一切的原则，独立地处理一切对外事务。

（五）实现国防现代化

实现现代化是国家对国防建设的总要求。这在霸权主义、强权政治、扩张主义还存在的当今世界尤为重要。没有国防现代化，在我国实现工农业及科技的现代化是不可能的，这应成为全国人民的共识。实现国防现代化是国家对国防建设的总要求，因此，国防建设一定要以现代化为中心。

我国目前还是一个发展中的国家，虽然具有不可轻视的综合国力和敌对势力畏惧的国防实力，但与发达的军事大国相比，在国防现代化方面还有不小的差距，国防以现代化建设作为中心任务，就能缩小或消除与世界军事强国的差距，就能解决与现代战争不适应的主要矛盾。因此，实现国防现代化也是我国的当务之急。

（六）实行军民结合，全民自卫

在国防建设和国防斗争中，要继承和发扬人民战争的优良传统，坚决地依靠广大人民群众的力量，坚持军民结合、全民自卫的原则。在武装力量建设方面，重视民兵和预备役的建设，实行精干的常备军与强大的后背力量相结合。加强全民的国防教育，提高人民群众的国防意识，健全国防动员机制，以保证一旦发生战争，能够充分动员人民群众实行全民自卫。国防工业和科技的发展，实行军民结合、平战结合、军品优先、以民养军的方针，在经济发展规划、工业生产布局、大型工程施工、科技教育发展、交通邮电建设等方面都要做到军民结合、平战结合，实现寓国防人才于民，寓国防科技于民，寓国防物资于民，把国防事业根植于人民群众之中。

（七）致力于维护世界和平和促进人类进步事业

中国奉行独立自主地和平外交政策，不搞霸权主义，不搞侵略扩张，不同任何国家结成军事同盟，不在国外驻军或建立军事基地。中国反对军备竞赛，主张根据合理、公正、全面、均衡的原则，实行有效地裁军和军控。中国主张通过协商来解决国与国之间的分歧和争端，反对诉诸武力或以武力相威胁。

四、武装力量

武装力量是国家各种武装组织的统称。一般以军队为主体，由军队和其他正规的和非

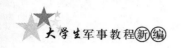

正规的武装组织构成，通常由国家或政治集团的最高领导人统率。

（一）我国武装力量的构成

中国武装力量由中国人民解放军、中国人民武装警察部队、民兵组成，在国家安全和发展战略全局中具有重要地位和作用，肩负着维护国家主权、安全、发展利益的光荣使命和神圣职责。它的任务是巩固国防，抵抗侵略，保卫祖国，保卫人民的和平劳动，参加国家建设事业，努力为人民服务。武装力量建设是指为建立和加强国家武装力量所采取的一系列措施，它以军队建设为主体，是国防建设的重要组成部分。目的是提高武装力量的作战能力，为国家的根本利益服务。

（二）中国人民解放军现役部队和预备役部队

中国人民解放军是中华人民共和国武装力量的骨干，是抵抗侵略、保卫祖国、维护国家主权和安全的主要力量。中国人民解放军由现役部队和预备役部队组成。现役部队由陆军、海军、空军、火箭军和战略支援部队组成。中国人民解放军建立了东部战区、南部战区、西部战区、北部战区、中部战区，组建了战区联合作战指挥机构。

1. 陆军

陆军是中国人民解放军的主要军种，既能单独作战，又能与海、空军协同作战；既能打常规战争，又能打核战争，具有多种情况下实施作战的能力。陆军主要由步兵、装甲兵、炮兵、防空兵、陆军航空兵、工程兵、通信兵、防化兵、电子对抗兵等兵种及侦察兵、测绘兵、汽车兵等专业兵种构成。步兵是徒步或搭乘装甲输送车、步兵战车实施机动和作战的兵种，是地面作战的主要力量。装甲兵是以坦克及其他装甲战车、保障车辆为基本装备，遂行地面火力突击任务的兵种。炮兵是以各种压制火炮、反坦克火炮、反坦克导弹和战役战术导弹为基本装备遂行地面火力突击任务的兵种。防空兵是以高射炮、地空导弹武器系统为基本装备，遂行对空作战任务的兵种。陆军航空兵是装备攻击直升机、运输机和其他专用直升机及轻型固定翼飞机，遂行空中机动和支援地面战斗的兵种。

中国人民解放军陆军编制序列为集团军、师（旅）、团、营、连、排、班。团以上大多采用合成编组，如集团军通常辖若干个步兵师（旅）及装甲（坦克）师（旅）、炮兵旅、防空旅、直升机大队、工兵团、通信团及各种保障部（分）队等。陆军按任务还划分为野战部队、边防部队等。

中国人民解放军陆军以前未设置独立的领导机关，由原总部有关部门行使领导职能。2015 年 12 月 31 日，中国人民解放军陆军领导机构成立。

2. 海军

中国人民解放军海军诞生于 1949 年 4 月 23 日，是以舰艇部队为主体，在海洋上作战的军种。它具有在水平面、水下和空中作战的能力，既能单独在海上作战，又能协同陆军、空军作战。海军的总任务是防御敌人从海上侵略，坚持海上斗争，配合陆地战场作战；协同陆、空军解放敌占岛屿；保卫祖国的领海主权，维护国家的权益。中国人民解放军海军主要由水面舰艇部队、潜艇部队、海军航空兵、海军岸防兵、海军陆战队等兵种和专业兵组成。

（1）水面舰艇部队。水面舰艇部队是指在水面遂行作战任务的兵种，是海军的基本作战兵力，包括战斗舰艇部队和勤务舰船部队，具有在广阔海域进行反舰、反潜、防空、水雷战和对岸攻击等作战能力。主要用于攻击敌海上兵力和岸上目标，支援登陆、抗登陆作战，保护或破坏海上交通线，进行海上封锁、反封锁作战，运送作战兵力和物资，参加夺取制海权和海洋制空权的斗争等。平时还用于保卫大陆架、专属经济区，保卫和参加海上科学试验与调查作业、开发海洋资源，维护国家海洋权益。其编制层次通常为支队（相当于师级）、大队（相当于团级）、中队（相当于营级），如驱逐舰支队、护卫舰大队、导弹快艇中队等。

（2）潜艇部队。潜艇部队是指在水下遂行作战任务的兵种。按潜艇动力，分为常规动力潜艇部队、核动力潜艇部队；按武器装备，分为鱼雷潜艇部队、导弹潜艇部队和战略导弹潜艇部队。具有在水下使用鱼雷、水雷、导弹武器对敌方实施攻击的能力。主要用于消灭敌方大、中型运输船舶和作战舰艇，破坏敌方海上交通线，保护己方海上交通线，破坏、摧毁敌方基地、港口和岸上重要目标，还可以遂行侦察、布雷、反潜、巡逻和运送人员物资等任务。基本编制为支队，辖有若干艘潜艇（团级）。

（3）海军航空兵。海军航空兵是指主要在海洋上空遂行作战任务的兵种，通常由轰炸航空兵、歼击轰炸航空兵、歼击航空兵、强击航空兵、侦察航空兵、反潜航空兵部队和执行预警、电子对抗、运输、救护等保障任务的部队编成。它是夺取和保持海洋战区制空权的重要力量，是海军的主要突击兵力之一，能对海战的进程和结局产生重大影响。其编制层次为舰队航空兵，航空兵师、团、大队（营）、中队（连）。

（4）海军岸防兵。海军岸防兵是指海军部署于沿海重要地段、岛屿，以火力遂行海岸防御任务的兵种，通常由海岸导弹部队和海岸炮兵部队组成。其基本任务是封锁海峡、航道，消灭敌方船舶，掩护近岸海区的己方交通线和船舶；支援海岸、岛屿守备部队作战，保卫基地、港口和沿海重要地段的安全。其编制有独立团、营、连等，分属于海军基本或水警区。

（5）海军陆战队。海军陆战队是指海军中担负渡海登陆作战任务的兵种，是实施两栖作战的快速突击力量。通常由陆战步兵、炮兵、装甲兵、工程兵及侦察、通信等部（分）队组成。其基本任务是独立或协同陆军实施登陆作战、抗登陆作战。其编制序列为师（旅）、团、营、连、排、班。

3. 空军

中国人民解放军空军诞生于 1949 年 11 月 11 日，是以航空兵为主体，进行空中作战、空对地和地对空作战的军种。它具有远程作战、高速机动和猛烈火力突击的能力。空军既能单独作战，又是国土防空和支援陆军、海军作战的重要力量。中国人民解放军空军，由航空兵、地空导弹兵、高射炮兵、空降兵及雷达、通信、电子对抗、气象等部队组成。

（1）航空兵。航空兵是空军的主要组成部分和作战力量，包括歼击航空兵、强击航空兵、轰炸航空兵、侦察航空兵、运输航空兵等。歼击航空兵是歼灭敌空中飞机和飞航式空袭兵器的兵种；强击航空兵是攻击敌地面部队或其他目标的兵种；轰炸航空兵是对地面、水面目标实施轰炸的兵种；侦察航空兵是以侦察机为基本装备，从空中获取情报的兵种；运输航空兵是装备军用运输机和直升机，遂行空中输送任务的兵种。

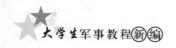
（2）地空导弹兵。地空导弹兵是指装备地空导弹，执行防空作战任务的兵种，通常与歼击航空兵、高射炮兵共同行动。

（3）高射炮兵。高射炮兵主要用于防空作战，歼灭敌空中目标，协助歼击航空兵夺取制空权。

（4）空降兵。空降兵是指以机降或伞降方式介入地面作战的兵种，由步兵、装甲兵、炮兵、工程兵、通信兵及其他专业部（分）队组成，主要任务是夺取敌纵深区内的重要目标或地域。

4. 火箭军

中国人民解放军火箭军原称第二炮兵，组建于1966年7月1日，2015年12月31日正式更名为火箭军。

火箭军是我国战略威慑的核心力量，是我国大国地位的战略支撑，是维护国家安全的重要基石，主要担负遏制他国对中国使用核武器、遂行核反击和常规导弹精确打击任务，由核导弹部队、常规导弹部队、作战保障部队等组成。火箭军辖导弹基地、训练基地、专业保障部队、院校和科研机构等，目前装备"东风"系列弹道导弹和"长剑"巡航导弹。

火箭军按照核常兼备、全域慑战的战略要求，增强可信可靠的核威慑和核反击能力，加强中远程精确打击力量建设，增强战略制衡能力，努力建设一支强大的现代化火箭军。

5. 战略支援部队

战略支援部队于2015年12月31日正式组建。战略支援部队是维护国家安全的新型作战力量，是我军新质作战能力的重要增长点，主要是将战略性、基础性、支撑性都很强的各类保障力量进行功能整合后组建而成的。成立战略支援部队，有利于优化军事力量结构，提高综合保障能力。

战略支援部队坚持体系融合、军民融合，努力在关键领域实现跨越发展，高标准高起点推进新型作战力量加速发展、一体发展，努力建设一支强大的现代化战略支援部队。

6. 预备役部队

中国人民解放军预备役部队组建于1983年，是以现役军人为骨干，以预备役军官、士兵为基础，按统一编制为战时实施成建制快速动员而组建起来的部队。其师团已纳入军队建制序列，授有番号、军旗。预备役部队平时隶属省军区，战时动员后归指定的现役部队指挥。预备役军官中，有些是地方党政领导干部。预备役部队的基本任务是：努力提高部队的军政素质，不断增强现代条件下快速动员和作战能力；切实做好战时动员的各项准备工作，随时准备转为现役部队，执行作战任务；在参加社会主义物质文明和精神文明建设中，发挥骨干作用；按照训练大纲的规定内容抓好预备役部队的军事训练，根据部队任务的需要，每年在完成军官、士兵基本训练的基础上，安排一些应用课目训练。预备役军官和士兵要熟练掌握必要的技术、战术技能，提高部队快速动员和整体遂行任务的能力。组建预备役部队是实施成建制快速动员的好形式，是提高储备质量的好办法，是节约军费开支、加强国防建设的好措施。中国人民解放军预备役部队是人民解放军的重要组成部分。

（三）中国人民武装警察部队

中国人民武装警察部队是国家武装力量的重要组成部分，是保卫社会主义现代化建设的一支重要力量。《中华人民共和国国防法》规定，人民武装警察部队担负国家赋予的安全保卫任务，维护社会秩序，是人民民主专政的重要工具之一。中国人民武装警察部队的主要职能作用：一是维护国家主权和尊严；二是维护社会治安；三是保卫党政领导机关、重要目标和人民生命财产的安全。

人民武装警察部队的任务决定了它具有军事性、公安性、地方性的特点，决定了其具有不同于解放军的组织领导体制。军事性是指人民武装警察部队同人民解放军一样，根据人民解放军的建军思想、宗旨、原则，按照人民解放军的条令、条例和有关规章制度结合武警部队特点进行建设，以军事手段履行自己的职责。公安性是指武警部队又是公安机关的组成部分，在完成任务上，要坚持以执勤为中心，有效地保卫国家安全。这种任务有着很强的执法护法性。在隶属关系上，武警部队接受公安机关的分级管理、分级指挥，以武装形式配属公安机关和公安队伍，在同一战线上一起以不同方式履行同一职责。地方性是指武警部队按照国家区域分级设置，遍布全国各地，在多数情况下都是在本地区执行任务，接受地方各级党委、政府的领导，对稳定和发展本地区政治、经济、文化具有重要作用。

人民武装警察部队由国务院、中央军委双重领导，实行统一管理与分级指挥相结合的体制。人民武装警察部队设总部、总队（师）、支队（团）三级领导机关。

人民武装警察部队依其任务不同分为三类：

第一类，内卫部队。这是武警部队主要组成部分，受武警总部的直接领导管理。其主要任务是承担固定目标执勤和城市武装巡逻任务，保障国家重要目标的安全；处置各种突发事件，维护国家安全与社会稳定；支援国家经济建设和执行抢险救灾任务。

第二类，由公安部门管理的部队。其中包括边防部队、消防部队、警卫部队等。

第三类，由国务院有关部门管理的部队。这些部队既担负经济建设任务，同时又负有维护国家安全和社会稳定的任务。其中包括黄金部队、水电部队、交通部队、森林部队等。

在改革不断深化的今天，人民武装警察在国家经济建设中是一支必不可少的重要力量，加强人民武装警察部队的建设具有现实而深远的意义。

（四）民兵

中国民兵初建于第一次国内革命战争时期。革命战争年代，民兵为民族的解放事业、打击日本侵略者，以及中华人民共和国的建立做出了巨大贡献。中华人民共和国成立后，中国民兵在建设祖国、保卫祖国中发挥了重大作用。

民兵是国家的后备武装力量。《中华人民共和国国防法》规定："民兵在军事机关的指挥下，担负战备勤务、防卫作战任务，协助维护社会治安。"新时期的中国民兵建设，已经取得了很大成绩，以法律的形式确立了民兵作为中华人民共和国武装力量的组成部分，并形成了在国务院、中央军委领导下的民兵组织领导体制。全国的民兵工作由总参谋

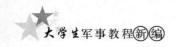
部主管。各大军区按照上级赋予的任务，负责本区域的民兵工作。省军区、军分区和县（市）人民武装部是本地区的民兵领导指挥机关。乡、镇、部分街道和企事业单位设有人民武装部，负责民兵和兵役工作。地方各级人民政府，对民兵工作实施原则领导，对民兵工作实施组织和监督。中国民兵的作用主要表现在三个方面：积极参加社会主义现代化建设，带头完成生产任务；担负战备勤务，保卫边疆，维护社会治安；随时准备参军作战，抵抗侵略，保卫祖国。

第四节　国防动员

一个国家在国防活动中，是否未战先胜或未战先败，在很大程度上就看该国国防动员准备的完善程度。国防动员是一国国防强弱的重要标志。

一、国防动员概述

（一）国防动员的含义

国防动员亦称战争动员，是指国家或政治集团由平时状态转入战时状态，统一调动人力、物力、财力为战争服务所采取的措施。通常包括人民武装动员、国民经济动员、人民防空动员和交通战备动员等。

（二）国防动员的分类

国防动员涉及的领域十分广泛，目前世界各国对其分类问题没有一个一致的看法，但从分类的角度来看，根据动员规模和范围的不同，可分为总动员和局部动员；根据动员方式，可分为秘密动员和公开动员；根据动员的阶段，可分为早期动员、临战动员、战争初期动员和战争中后期动员。

二、国防动员的内容

（一）人民武装动员

人民武装动员，是将现役部队和其他武装力量，由平时编制体制迅速扩大为战时编制体制的动员。它是国家进行动员的主体，是国防动员的核心和主要组成部分。在现代战争中，武装力量动员的好坏，直接关系到战争的开局、进程和结局。因此，世界各国对武装力量的动员都极为重视。

人民武装动员的内容主要包括兵员动员、军官动员和相应的武器装备、后勤保障等方面的动员。我国《国防法》规定，中华人民共和国的武装力量由中国人民解放军现役部队和预备役部队、中国人民武装警察部队、民兵组成。因此，我国的武装力量动员，既包括对服现役的中国人民解放军、中国人民武装警察部队的动员，也包括对预备役部队和民兵的动员。

人民武装动员的方式：一是将部分现役部队迅速补充满员，这种动员方式简便易行，速度快，效果好，但它不能提供整个战争需要的大量兵力。二是对一部分现役部队进行扩编。如将一个团扩编为一个师，或将一个建制部队扩编为几支相同建制的部队。这种扩编形式的优点是部队数量可成倍增长，但扩编后的部队在开始时战斗力不会很强。三是组织新的作战部队，建立新的兵团。这种新组建的部队要先在后方进行一定的训练，以提高其战斗力。四是把预备役部队转为现役部队。由于预备役部队每年都进行一定的军事训练，所以，它的军事素质和战斗力都较强，是国家后备力量中的骨干和精华。五是将地方部队升级为野战部队。这种动员方式速度快，部队素质也较高，是一种较好的动员方式。

（二）国民经济动员

国民经济动员是保证战争胜利的物质基础。主要是将国民经济的有关部门和体制，从平时状态转入战时状态，把各方面力量组织动员起来，充分发挥国民经济潜力，生产重点转换到为战争服务，以便大规模生产武器装备、弹药、被服、装具和其他战争物资器材，对武装力量、国家及人民群众在战争中的活动进行全面保障。

国民经济动员主要包括以下内容：改组国民经济的布局和结构，实施工业转产，扩大军工产品量，改变科研和设计部门的活动，以武器装备研制为重点，力争取得武器装备的质量优势。加强国民经济的集中统一管理，重新分配人力、物力和财力，保证战争中军队、政府的需求以及军事工业和其他经济运转，保障人民群众生活的基本需要。

（三）人民防空动员

人民防空动员，简称人防动员，是指国家为了适应战争的需要，发动和组织人民群众防备敌人空袭，减少空袭损失和消除空袭后果所进行的活动。国外把组织民间防备敌人空袭，消除空袭后果，防护自然灾害统称为民防动员。随着现代科学技术的飞速发展，各种新式空袭兵器不断出现，空袭反空袭已成为现代战争的主要作战样式之一，在现代战争中占有极为重要的地位。搞好人民防空动员，对于增强国家的总体防御能力具有重要的战略意义。

（四）交通战备动员

交通战备动员是国家为了适应战争需要，组织和利用各种交通运输线路、设施和工具，进行人员、物资、装备输送的活动。它是国民经济动员的重要组成部分。其任务是：战时统制各种交通运输线路、设施，保障军队机动、兵员和武器装备的补充，军工生产，军品供应，居民疏散，工厂搬迁，以及其他人员、物资的前送后运等。国防交通动员对于保障战争需要，夺取战争胜利具有重要影响。在现代高技术战争中，交通战备动员，对战争的准备与实施，对整个国家战时的经济活动和社会行为有着重要影响。

（五）政治动员

政治动员，是国家为进行战争而开展的宣传、教育、组织工作和外交活动。政治动员是国防动员的一项重要内容，并为其他领域的动员活动提供思想和组织保证。

平时政治动员主要表现为国防教育，主要内容包括国防观念、国防知识、军事技能和国防法规等方面的教育。战时政治动员主要包括国内政治动员和外交舆论宣传。

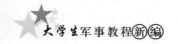

三、国防动员的作用

国防动员涉及国家的经济、政治、军事各个方面，是关系国家安危的全局性的大事。国防动员的准备与实施情况如何，对国家的经济发展和人民生活，对延缓、阻止战争的爆发，对战争的进程和结局，都有重大影响。

（一）做好国防动员工作是夺取战争胜利的重要保障

国防动员准备和实施的好坏是决定战争胜负的重要因素。现代战争具有突发性的特点，处于防御地位的国家，如战前准备不足，势必陷入战略被动，使武装力量和经济命脉在敌人的突然袭击之下遭受巨大的破坏。如果遭到侵略的国家在和平时期重视国防动员工作，制定动员法规，建立高效完善的动员体制，就能以最快的速度动员足够的兵力、物力、财力投入战争，迅速完成战争初期军队的组建和补充，保证战略适时展开，减弱敌人因突然袭击而造成的暂时优势，变战略被动为战略主动；粉碎敌方的战略突袭，制止敌方长驱直入，掩护国家在军事、政治、经济、文化等一切领域迅速转入战时体制，夺取战争的主动权，并赢得战争的胜利。1973年第四次中东战争中，以色列在处于劣势的情况下，最终能扭转战局、转败为胜的重要原因就在于它平时形成了一套高效完善的战争动员体制，在这次战争中，以色列的战争动员体制成就受到了举世瞩目的关注。

（二）做好国防动员工作是加强经济建设及增强国防实力的重要措施

在和平时期，国防动员的准备工作应当遵循经济建设的基本规律，顾全国家经济建设的大局，纳入国家经济和社会发展的总体规划，贯彻军民结合、平战结合的方针。武装力量建设、物质力量储备、群众性防卫措施、政治工作等，都要在平时奠定良好的基础。就武装力量建设而言，目前各个国家普遍采用常备军和后备力量相结合的原则，平时保持精干的常备军作为战时动员扩建部队的骨干力量，同时积极训练、储备后备力量，以便战时根据需要组编参战。这样既可以加速国民经济的发展，又可以从根本上增强国防实力。

（三）做好国防动员工作是增强国防威慑力的重要战略

一个国家的国防威慑力，不仅取决于常备军的数量和质量，而且还取决于军队后备力量和其他动员潜力，取决于常备军与后备力量动员准备的有机结合，以及动员机制的完善程序和运行效率。平时加强国防后备力量建设，做好战争动员准备，无疑可以增强威慑力量，从而达到制止战争爆发，维护和平的目的。

（四）做好国防动员工作是应对紧急突发事件的有效措施

国防动员的最初功能是应对战争的需要，但在现代条件下，随着各种灾难事故和突发事件的频繁发生，人们已把国防动员的功能予以拓展，让其同样可以在应对和处置各类突发事件中发挥应有作用。因此，当国家遇到此类突发事件时，国防动员活动可以凭借自身的准备和特有的机制，使国家或地区在需要时进入一定的应急状态，动员国家、军队和社会的一定力量，抵御自然灾害、处置各种自然和人为的事故与灾难，使国家和社会处于正常运转状态，维护人民群众的生命财产安全。

思考题

1. 当代世界各国国防类型大致可分为哪几种？
2. 现代国防的目的是什么？
3. 中国国防历史对你有什么启示？
4. 什么是国防法规？
5. 中国国防政策包括哪些内容？
6. 简述新中国国防建设取得的主要成就。
7. 简述我国武装力量的组成。
8. 做好国防动员工作的作用是什么？
9. 国防动员主要包括哪些内容？

第二章　军事思想

军事思想是对战争和军事问题的理性认识，是战争实践的行动指南，是其他军事学科的理论基础，对人类其他社会活动具有重要的借鉴意义。对军事思想特别是对当代中国军事思想的学习与研究，对我国国防和军队建设，战争准备、遏制战争和打赢信息化战争，制定军事政策，维护和巩固党的执政地位，捍卫社会主义制度，保卫国家领土完整，维护和巩固世界和平，具有深远的意义和作用。

第一节　军事思想概述

一、军事思想的含义和分类

（一）军事思想的基本含义

军事思想是关于战争、军队和国防等基本问题的理性认识，是人们长期从事军事实践的经验总结和理论概括。不同阶级、国家或政治集团的军事思想，在不同历史时期或发展阶段也有区别。

（二）军事思想的基本特征

军事思想具有政治性、时代性、实践性、发展性、继承性的特点。

1. 军事思想具有政治性

军事思想来源于战争等军事实践，战争是人类社会的一种特殊现象，是人们为达到一定的政治、经济目的，通过暴力手段来"解决阶级和阶级、民族和民族、国家和国家、政治集团和政治集团之间、在一定发展阶段上的矛盾的一种最高的斗争形式"[1]。其主要特征就是暴力。为了实现不同阶级的利益，军事家和军事理论家站在不同的阶级立场上，反映不同阶级对战争和军队建设的不同看法和认识。毛泽东和西方近代著名军事家克劳塞维茨均认为"战争是政治的一种手段，是政治的继续"。因此军事思想具有鲜明的政治性和阶级性。

2. 军事思想具有时代性

时代是根据一定的政治、经济、文化、科技等划分的历史时期，不同历史时期的战争有着不同的形态和战略战术，有着不同的军队组织原则和编制。军事思想都有它产生和发

---

[1] 《毛泽东选集》（第 1 卷），人民出版社，1991 年，第 171 页。

展的时代背景，也必然受到所处时代的影响和制约。正如马克思所指出："理论在一个国家的实现程度，决定于理论满足这个国家的需要的程度。"① 人们对战争、军队和国防等基本问题的理性认识必然受到当时生产力水平、政治、经济、文化、战争形式、作战方式、军队建设、武器装备等因素影响和制约。

3. 军事思想具有实践性

军事思想来源于战争等军事实践，战争等军事实践的不断发展推动着军事思想的不断发展。军事思想在指导战争等军事实践的过程中，正确的得到肯定和发展，错误的被否定和淘汰或修正，过时遭到摒弃。"马克思、恩格斯、列宁、斯大林之所以能够作出他们的理论，主要是他们亲自参加了当时的阶级斗争和科学实验的实践。"② 可以说，军事思想来源于战争等军事实践，对军事实践具有巨大的指导作用，并在军事实践中接受检验、得到发展和丰富。

4. 军事思想具有发展性

人类社会总是不断地从低级向高级发展，从野蛮走向文明。军事思想作为对客观存在的反映，必然随着客观存在发展而发展，发展也是军事思想强大生命力所在。

5. 军事思想具有继承性

军事思想的继承性就是指对传统的军事思想和军事理论遗产中具有普遍意义的原理、原则和宝贵经验的保留、借鉴。存在的客观性强制要求人们的主观认识同客观实际相一致，必须按事物的客观规律办事。历史上伟大的军事家和军事理论家，之所以能创造伟大的军事思想和军事理论，不仅由于他们有一定的战争等军事实践，善于总结军事实践，而且还在于他们大量地借鉴前人和别人的军事思想，吸取其他军事思想的精华。

（三）军事思想的分类

按照人类社会不同的历史发展时期划分，军事思想可分为古代军事思想、近代军事思想和现代军事思想。

按照不同的阶级划分，军事思想可分为奴隶主阶级军事思想、封建地主阶级军事思想、资产阶级军事思想和无产阶级军事思想。

按照不同的国别划分，军事思想可分为我国军事思想和外国军事思想。

按照主导战争不同的兵器划分，军事思想可分为冷兵器时代军事思想、热兵器时代军事思想、热核兵器时代军事思想和高技术兵器时代军事思想。

二、军事思想的形成和发展

军事思想作为一种相对独立的意识形态与其他意识形态一样，经历了由低级到高级，由萌芽、产生到丰富、发展的过程。

---

① 《马克思恩格斯全集》（第 1 卷），人民出版社，1956 年，第 10 页。
② 《毛泽东选集》（第 1 卷），人民出版社，1991 年，第 287 页。

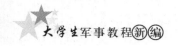

（一）古代军事思想

古代军事思想的产生和发展主要集中在两个相对独立的区域，中国和地中海一带的沿海国家，包括奴隶社会和封建社会两个时期的军事思想。

1. 中国古代军事思想

中国古代军事思想（公元前21世纪—公元1840年）萌芽于夏朝和商朝，形成于西周，成熟于春秋战国，发展至明清。公元前21世纪，我国就进入奴隶社会，人们开始关注战争、认识战争、总结战争、研究战争，从奴隶社会到封建社会前期，我国军事思想的水平一直处于世界领先地位。据实物和文献记载，早在原始氏族社会末期，就有兵书出现，如《汉书》就录有《黄帝》十六篇和《神农兵法》一篇。到西周时期，《军志》和《军政》两部军事文献的相继出现标志中国古代军事思想的形成；公元前8世纪到公元前3世纪，随着社会经济的发展，当时的中国社会出现剧烈变革，争霸战争和兼并战争频繁发生，社会思想领域出现"百家争鸣"，在实践中产生了一大批适应时代要求和战争战备要求的军事理论著作，如《孙子兵法》《吴子兵法》《尉缭子》《六韬》等，同时儒家、道家、法家、墨家等诸子百家的理论中也有深邃的军事思想。此时，我国军事思想取得了辉煌的成就；从秦汉到明清，经过漫长的封建社会的发展，由于铁兵器的广泛推广，火药的应用，步、骑、车、水等诸兵种的发展，不同性质的战争交织进行，我国古代军事思想得到了较大的充实、丰富和发展，先后有数以千计的兵书问世。20世纪30年代，陆达节编著的《历代兵书目录》，著录有兵书1304部，6831卷。总之，中国古代军事思想历史源远流长，内容博大精深，是人类军事思想宝库中一颗璀璨的明珠。

2. 外国古代军事思想

外国古代军事思想（公元前8世纪—公元17世纪）主要产生在古希腊、古罗马等国家。公元前8世纪—公元5世纪是西方奴隶社会时期，这一时期，战争的规模、样式、性质、作用等发生了根本性变化，战争具有了鲜明的政治目的，成为政治斗争的工具，并有了专门的军队组织和相应的军事制度，战争的规模也越来越大。古希腊、古罗马等奴隶制国家为了扩张领土、建立霸权、掠夺奴隶和财富，频繁发动战争，在战争实践中涌现出一大批著名的将帅，产生了丰富的古希腊、古罗马军事思想。古希腊军事思想主要散见于希罗多德的《希腊波斯战争史》、修昔底德的《伯罗奔尼撒战争史》、色诺芬的《长征记》等历史著作和军事人物的军事活动史料记载中，代表人物有伯里克利、色诺芬、埃帕米农达斯、亚历山大等。古罗马军事思想主要见之于历史学家波里比拔、阿庇安、塔西佗、李维等有关罗马历史著作中，代表人物有汉尼拔、费边、恺撒、屋大维等。从古代遗留下来的文献中，可以发现希腊先贤的著作中含有相当丰富的战略思想，与中国古代军事思想"重陆轻海"刚好相反，"重海轻陆"。从公元5世纪到1640年英国资产阶级革命是欧洲的中世纪时期，也就是封建社会时期，主要代表作有毛莱斯著的《战略学》、李欧著的《战术学》、弗里德里希二世著的《战争原理》《军事典范》等。中世纪宗教神学在文化领域占绝对统治地位，军事思想作为文化的一部分一直处于低潮。

（二）近代军事思想

从 1640 年英国资产阶级革命至俄国十月革命，为世界近代史。此时西方走向资本主义，并向帝国主义发展。近代中国则处在半殖民地半封建社会。

1. 中国近代军事思想（1840—1949 年）

中国近代军事思想是在中国军事思想新旧变革、中西融合中不断发展的，它主要代表中国近代封建统治阶级、农民阶级、资产阶级的利益，是一种带有过渡性质的军事思想。反映封建地主阶级和洋务派军事思想的代表人物主要有林则徐、魏源、曾国藩等，代表作主要有《海国图志》《曾胡治兵语录》等；反映农民阶级军事思想的代表人物主要有洪秀全、杨秀清等，代表作主要有《太平军目》《兵要四则》《行军总要》等；反映资产阶级军事思想的代表人物主要有孙中山、黄兴、蔡锷、蒋介石、蒋百里、杨杰、白崇禧等，代表作主要有《中国同盟会革命方略》《军国民篇》《国防论》《国防新论》《游击战纲要》等。

2. 外国近代军事思想（1640—1945 年）

外国近代军事思想可分为资产阶级军事思想和无产阶级军事思想。

资产阶级军事思想内容非常广泛，体系比较庞杂，代表人物及其著作很多。这其中主要有俄国苏沃洛夫的《制胜的科学》，瑞士若米尼的《战争艺术概论》《战略学原理》，普鲁士克劳塞维茨的《战争论》，美国马汉的《海权对历史的影响》《海军战略》等。其中，克劳塞维茨的《战争论》是外国近代军事思想的杰出代表。著名军事家如拿破仑、库图佐夫等虽然没有给后人留下著作，但其丰富的军事实践也蕴藏着军事思想。

无产阶级军事思想以辩证唯物主义和历史唯物主义为理论基础，吸取了以往军事思想的精华，正确地揭示了战争的本质和客观规律，是科学的理论体系，是马克思列宁主义理论体系和无产阶级军事科学的重要组成部分。主要内容包括关于战争根源的学说、暴力革命的学说、人民战争及战略学说、无产阶级军代建设学说和国防建设学说等。马克思、恩格斯所处的时代是自由资本主义高度发展并开始走向极端的时代，无产阶级登上历史舞台；列宁生活于帝国主义和无产阶级革命的时代。他们坚持唯物论，以唯物辩证法研究军事，吸收资产阶级军事思想的有益成分，因此能对战争一系列重大问题有深刻认识。

（三）现代军事思想

俄国十月革命及第一次世界大战以后，世界进入现代史。

一战结束后，坦克、飞机、潜艇、航空母舰等机械化兵器，大量装备部队，形成了"三维"作战空间。具有代表性的有意大利杜黑、美国米切尔、英国特伦查德的空军制胜论，英国富勒、法国戴高乐、德国古德里安、英国利德尔哈特的坦克制胜论，德国鲁登道夫"总体战"理论等。

二战结束后，世界战略格局发生重大变化，各种势力重新分化组合，形成了美苏两个超级大国主导世界的格局。具有代表性的有"核武器制胜"理论。

1989 年东欧剧变、1991 苏联解体后，世界进入后冷战时期，即多极格局，各种军事理论相继涌现。20 世纪 90 年代，人类迎来一场空前广泛而又深刻的军事变革，机械化战

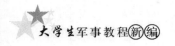

争向信息化战争转化，军事思想也随着战争形态的变化由机械化战争的军事思想向信息化战争的军事思想转化。

中国自俄国十月革命及五四运动后至今，经历了半封建半殖民地、社会主义初级阶段。中国无产阶级在长期的革命战争和国防建设实践中汇总、吸收古今中外军事思想的精华，逐渐形成了中国现代军事思想。

三、军事思想的体系内容及代表作

军事思想一般包括战争观、方法论，军队和国防建设思想，战争指导思想等内容，这些内容相互联系，形成一个有机的整体。

战争观是人们对战争的总的看法和基本态度，主要是认识战争起源、战争性质、战争作用、战争消亡等根本性问题。

方法论主要是回答如何认识战争规律，并研究在此基础上如何指导战争，使战争按照人们的意志转移等问题。

战争观和方法论是军事思想的核心和基础。

军队和国防建设思想主要是认识军队和国防建设的本质和根源是什么，军队和国防建设与国家政治、经济建设的关系，如何建设军队和国防等。

在漫长的人类历史长河中，在大量军事斗争的实践中，不同时代的军事家、军事理论家总结、创造了大量军事思想，其中最具有代表性的是《孙子兵法》和《战争论》。

《孙子兵法》6000 余字，春秋末期孙武所著，是我国丰富的军事文化遗产中的瑰宝，是我国也是世界现存最早最有影响的军事理论专著，享有 "东方兵学鼻祖" "世界第一兵书" "兵学圣典" "兵经" "古代谈兵之祖" 的美誉。全书分 "计、作战、谋攻、形、势、虚实、军争、九变、行军、地形、九地、火攻、用间" 十三篇，包含朴素唯物主义和辩证法思想，被列为我国古代《武经七书》之首。《孙子兵法》在当今世界的研究和应用，已远远超出了军事领域，拓展到政治、经济、商业、外交、教育、体育、医疗等各行各业中。

《战争论》，普鲁士卡尔·冯·克劳塞维茨（1780—1831）所著，是近代西方资产阶级军事思想的奠基作。全书共 3 卷 8 篇 124 章，约 70 万字，对战争的性质、战争理论、战略、战斗、军队、防御、战争计划等问题进行了深刻的分析和详尽的阐述。《战争论》代表了近代资产阶级军事思想的最高成就，得到马克思、恩格斯、列宁、毛泽东等人的高度评价和一致肯定。

第二节　毛泽东军事思想

毛泽东是伟大的马克思主义者，伟大的无产阶级革命家、战略家、军事家和著名的军事理论家。毛泽东作为中国共产党和中国人民军队的缔造者之一，在领导中国人民反帝反封建的民主革命斗争中，不断探索中国革命战争的规律，全面总结人民革命战争和军队建设的经验，并运用马克思主义的原理将其系统化、理论化，形成了一个完整的理论体系。

毛泽东思想是我军克敌制胜的法宝，在新的历史条件下，学习和研究毛泽东军事思想，完整准确地掌握其科学体系，对继承和发展毛泽东军事思想，用以指导当前和今后的军事斗争，都有极其重要的意义。

一、毛泽东军事思想的科学含义

毛泽东军事思想，是以毛泽东为代表的中国共产党人关于中国革命战争和军队问题的科学理论体系。毛泽东军事思想是马克思列宁主义的基本原理和中国革命战争的具体实践相结合的产物，是中国革命战争和军队建设实践经验的科学总结，是以毛泽东为代表的中国共产党人集体智慧的结晶，是毛泽东思想的重要组成部分。

（一）毛泽东军事思想是马克思列宁主义的基本原理和中国革命战争的具体实践相结合的产物

马克思列宁主义是毛泽东军事思想产生和发展的直接理论来源。一方面，坚持马克思列宁主义的基本原理，用马克思列宁主义的立场与方法观察、分析和指导战争；另一方面，从中国革命战争具体实践出发，运用马克思列宁主义的基本原理实事求是地研究和指导战争实践，坚持从实际出发，坚持理论和实践相统一。毛泽东军事思想正是同教条主义、经验主义等作斗争，并总结这方面经验的基础上逐步形成和发展起来的。

中国长期的革命战争实践是毛泽东军事思想的主要来源。毛泽东深知，马克思列宁主义不是放之四海而皆准的普遍真理，不是生搬硬套就能解决中国革命问题的。中国是一个以农民为主体的半殖民地半封建国家，无产阶级政党怎样组织军队，怎样进行革命，怎样领导人民按照中国的客观规律将革命引向胜利，这一系列特殊而又复杂的问题摆在中国共产党人的面前，在马克思列宁主义的经典著作里找不到现成答案，也不能照搬别国的经验。以毛泽东为代表的中国共产党人，从中国革命的实际出发，创造性地运用马克思列宁主义的基本原理同中国革命战争的具体实践相结合，正确地解决了建设一支人民军队，领导中国革命战争不断取得胜利，形成了具有中国特色的、丰富和发展了的马克思主义军事理论——毛泽东军事思想。

（二）毛泽东军事思想是中国革命战争和军队建设实践经验的科学总结

毛泽东军事思想的一个显著特点就是鲜明的实践性。可以说没有中国长期的革命战争实践就没有毛泽东军事思想。从1921年中国共产党的诞生到1949年中华人民共和国的成立，中国共产党领导各族人民进行了北伐战争、土地革命战争、抗日战争和解放战争，共28年，推翻了帝国主义、封建主义和官僚资本主义在中国的反动统治，建立了伟大的中华人民共和国；从中华人民共和国成立到毛泽东去世这27年中，又经历了帝国主义的封锁、遏制，也经历了修正主义的干涉、控制，还进行了近3年的抗美援朝战争、多次边疆自卫反击战，以现代化为中心的国防建设。在这半个多世纪中，以毛泽东为主要代表的共产党人的经历就其时间之长、规模之大、情况之复杂、道路之曲折、内容之丰富、形式之多样、战争之激烈在中国历史上是空前的，在世界历史上也是罕见的。毛泽东作为中国革

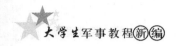
命战争和国家建设的统帅，又是一个理论家，善于把实践经验加以提炼、概括、抽象、上升为理论，又将理论指导实践，在实践中检验理论，不断地完善、丰富理论。所以我们说毛泽东军事思想是中国革命战争、军队建设和国防建设实践经验在理论上的科学概括。

（三）毛泽东军事思想是以毛泽东为代表的中国共产党人集体智慧的结晶

毛泽东军事思想虽然是以毛泽东命名的，但它不是毛泽东一个人智慧的产物，而是中国共产党人集体智慧的结晶。中国共产党领导的中国革命战争，是真正的人民战争，中国共产党相信群众、依靠群众、发动群众、组织广大人民群众来参加战争，来进行解放自己的革命战争，所以毛泽东军事思想在形成的过程中凝聚了广大人民群众的聪明才智。老一辈无产阶级革命家的智慧为毛泽东军事思想的形成和发展提供了充足的"原料"，中国革命是在若干彼此分割、互不相连的地区发起和发展的。毛泽东在指导中国革命战争的过程中不仅能听取各战略区指挥员的意见，而且善于把各战略区作战、建军的经验教训上升到理论高度加以抽象和总结。这样，一方面使各战略区指挥员的聪明才智和创造精神得到充分的发挥；另一方面也使各战略区的经验得到及时的总结和推广。1935年遵义会议以后，党中央形成了以毛泽东为核心集体的领导，毛泽东提出的许多路线、方针、政策和其他重大决策都是经过集体讨论的，凝聚了党中央的集体智慧。所以，毛泽东在1942年延安整风时说，"毛泽东思想不是我一个人的思想，是千万先烈用鲜血写出来的，是党和人民的集体智慧"。

当然，强调毛泽东军事思想是中国共产党人集体智慧的结晶，并不是否认毛泽东个人在毛泽东军事思想形成过程中的突出地位和贡献。毛泽东是我党军事家的杰出代表，他具有惊人的才能、非凡的智慧和坚韧的毅力，具有丰富的经历、渊博的学识、深邃的思维能力和正确的思想方法以及勤奋刻苦的钻研精神。毛泽东同志直接或间接指挥的战役或战斗达239次之多，写下的军事著作和作战文电500余篇，约400万字。毫无疑问，在毛泽东军事思想这个理论大厦中，毛泽东是理论加工者和集大成者。中国共产党的军事理论以毛泽东的名字命名，称毛泽东军事思想，是符合历史事实的，也是当之无愧的。

（四）毛泽东军事思想是毛泽东思想的重要组成部分

毛泽东思想是一个完整的科学理论体系。党的十一届六中全会通过《关于建国以来党的若干历史问题的决议》中对毛泽东思想进行了概括。主要包括：（1）关于新民主主义革命的理论；（2）关于社会主义革命和社会主义建设的理论；（3）关于革命军队建设和军事战略的理论；（4）关于政策和策略的理论；（5）关于思想政治工作和文化工作的理论；（6）关于党的建设的理论。其中，毛泽东军事思想是毛泽东思想的重要组成部分。之所以如此，是因为在毛泽东思想形成和发展的过程中，在取得全国政权以前的22年，我党的历史实际上就是一部武装斗争史，军事斗争是我们党的工作重心，占有最突出的位置，毛泽东及其战友们不得不以极大的精力来关注战争，研究军事，毛泽东的军事实践活动是他一生中最光辉、最成功的部分，他的军事著作在整个革命思想中占有大量的篇幅和重要的地位。因而，毛泽东军事思想与毛泽东思想是局部与全局、部分与整体的关系。

二、毛泽东军事思想的产生、形成和发展

（一）毛泽东军事思想的产生

从中国共产党成立到遵义会议前，是毛泽东军事思想的产生时期。我党自成立那天起，就接受了马克思列宁主义的暴力革命学说，赞成中国革命必须走俄国人的道路，必须采取俄国式的暴力革命方式。1921 年，在中国共产党第一次全国代表大会所通过的第一个纲领中，原则申明用革命手段推翻旧政权的历史任务。1924 年，国共两党第一次合作，周恩来出任黄埔军校政治部主任，中国共产党开始直接掌握和影响部分军队，在军队中设立党代表和政治部，对武装斗争和军队建设进行探索。1927 年夏，蒋介石、汪精卫相继发动反革命政变，中国共产党彻底地认识到武装斗争在中国革命中的极端重要性。1927 年 8 月 1 日的南昌起义，打响了武装反对国民党反动派的第一枪。这标志着中国共产党独立领导武装斗争、创建革命军队的开始。同年 8 月 7 日，在党的"八七会议"上，毛泽东提出了"枪杆子里面出政权"的著名论断。随后，毛泽东又亲自发动和领导了湘赣边秋收起义，并带领秋收起义部队进军井冈山，建立了第一个农村革命根据地，实行"工农武装割据"，开辟了一条以农村包围城市、武装夺取政权的革命道路。从"三湾改编"到"古田会议"，毛泽东提出并制定了一套较为完整的人民军队的建军原则。在总结反对敌人"进剿"和"围剿"的武装斗争中，毛泽东提出并实践了动员群众、依靠群众、武装群众的人民战争思想，总结提出了"敌进我退、敌驻我扰、敌疲我打、敌退我追"游击战争十六字诀和"诱敌深入、慎重初战、集中兵力、各个歼敌、向外发展、运动战、速决战、歼灭战"等作战原则。这一时期，毛泽东先后撰写了《中国的红色政权为什么能够存在?》《井冈山的斗争》《中国共产党红军第四军第九次代表大会决议案》《星星之火，可以燎原》等著作，为中国革命及其武装斗争指出了道路，成功地解决了中国革命走什么道路、如何建军、如何作战三个根本问题。至此，毛泽东军事思想的基本内容已产生，为其科学体系的形成奠定了坚实的基础。

（二）毛泽东军事思想科学体系的形成

从遵义会议到抗日战争的胜利，是毛泽东军事思想的形成时期。遵义会议彻底纠正了王明的"左"倾冒险主义在军事领导上的错误，重新肯定了毛泽东所创建的军事路线和作战原则，事实上确立了毛泽东在党和军队的领导地位。遵义会议是中国革命从挫折走向胜利的一个伟大的转折点，也是毛泽东军事思想科学体系形成比较完整体系的开端。从此，中国走上了把马克思列宁主义基本原理和中国革命具体实践相结合的正确轨道。遵义会议后，毛泽东率领中国工农红军四渡赤水，两占遵义，越过乌江，巧渡金沙江，强渡大渡河，爬雪山，过草地，摆脱了国民党几十万大军的围追堵截。1935 年 10 月，三大红军主力胜利会师。此时，日本帝国主义加紧侵略中国，中日民族矛盾上升为主要矛盾，全国抗日民主运动出现新的高潮。12 月，党中央政治局在陕北瓦窑堡召开会议，提出：以坚决的民族革命战争反对日本帝国主义进攻的总任务。制定了抗日民族统一战线的政治策略和军事战略方针。1936 年 12 月，毛泽东写了《中国革命战争的战略问题》一书，总结了红

军创建以来正反两方面的经验和教训，科学地阐明了无产阶级对待战争的根本观点，从理论上系统地回答了中国革命战争的战略问题，为中国革命走向胜利奠定了坚实的理论基础。1937 年 7 月 7 日，抗日战争全面爆发，为解决抗日战争中的战略战术问题，毛泽东于1938 年先后发表了《抗日游击战争的战略问题》《论持久战》《战争和战略问题》等军事名著。其中《论持久战》被评为中外十大军事名著之一，系统地阐明了抗日游击战争的重要战略地位、人民游击战争的理论和战略战术原则；批判了亡国论和速胜论，指出抗日战争是持久战，最后胜利是中国的，科学地预见了抗日战争要经过战略防御、战略相持和战略进攻三个阶段；提出了人民是决定战争胜负的决定因素，武器是重要因素的科学论断。1944 年，毛泽东和周恩来主持写成《关于军队政治工作》的报告，进一步阐明了军队政治工作的性质、方向、任务、地位和方法。1945 年 4 月 23 日至 6 月 11 日，中国共产党召开第七次全国代表大会，毛泽东在《论联合政府》的报告中，全面阐述了人民军队、人民战争和人民战争的战略战术，指出全心全意为人民服务是我军唯一的宗旨；我军实行主力兵团与地方兵团和游击队、民兵相结合，武装群众与非武装群众相结合，军事斗争与政治、经济、文化等各条战线的斗争相结合的真正的人民战争；从实际出发的灵活机动的战略战术。这些军事著作所阐述的内容，包括了无产阶级战争观和方法论、人民军队、人民战争、人民战争的战略战术等，标志着毛泽东军事思想形成了一个比较完整的科学体系。

（三）毛泽东军事思想的丰富和发展时期

抗日战争胜利后，在解放战争、抗美援朝战争暨社会主义建设时期的国防建设中，毛泽东军事思想得到了全面的丰富和发展。解放战争是中国共产党领导的，同国内外反对势力进行的一场大决战。解放战争是我军和全国人民在中国共产党领导下，所进行的一场大决战。在这场大决战中，我军经历了战略防御、战略进攻、战略决战和战略追击等阶段，采取了以运动战为主并配以攻坚战、阵地战等多种战争形式。毛泽东相继发表了《抗日战争胜利后的时局和我们的方针》《以自卫战争粉碎蒋介石的进攻》《集中优势兵力，各个歼灭敌人》《目前形势和我们的任务》《将革命进行到底》等大量文章和电文。使毛泽东军事思想得到极大丰富和发展，不仅发展了战略防御和运动战的理论，而且创立了关于战略进攻、战略决战和战略追击的系统理论。这一时期，毛泽东提出了"一切反动派都是纸老虎"的著名论断，指出"决定战争胜败的是人民，而不是一两件新式武器"[1]。在《目前形势和我们的任务》中提出了著名的十大军事原则。在建军方面，为适应战略进攻的需要，毛泽东提出了军队正规化建设的目标，进行了炮兵、工程兵、装甲兵等技术兵种的建设，强调了组织纪律性，加强了司令部工作和后勤工作等。早在中华人民共和国成立前夕，毛泽东指出："我们将不但有一个强大的陆军，而且有一个强大的空军和一个强大的海军。"[2] 他强调我们的陆军、空军和海军都必须有充分的机械化的装备和设备，在增强国家经济实力的基础上，建立完整的国防工业体系，发展现代化的技术装备，独立自主地建设强大的国防。

---

① 《毛泽东选集》（第 4 卷），人民出版社，1991 年，第 1195 页。
② 《毛泽东军事文集》（第 6 卷），中央文献出版社，1993 年，第 4 页。

抗美援朝战争实际上是我军以落后装备打败当时拥有世界第一流武器装备的美国军队及其仆从军的现代化战争。毛泽东根据这场战争的新特点，撰写了《给中国人民志愿军的命令》《采取轮番作战的方针》《对美英军目前应实行战术的小包围，打小歼灭战》等著作和电文，提出了在现代条件下进行反侵略战争和建军的一系列理论和原则。

毛泽东同志逝世以后，中国共产党历代领导集体继承了毛泽东军事思想的基本理论，毛泽东军事思想在此期间得到了进一步的创新性发展。

三、毛泽东军事思想科学体系的构成

（一）战争观和方法论

1. 无产阶级的战争观

毛泽东运用马克思列宁主义的辩证唯物主义和历史唯物主义，指导中国革命而形成的战争观和方法论，是毛泽东军事思想的理论基础。毛泽东思想对战争起源、战争性质、战争目的、现代战争根源，以及无产阶级对于战争的态度等问题作了精辟的阐释。毛泽东认为："战争从有私有财产和有阶级以来就开始了的，用以解决阶级和阶级、民族和民族、国家和国家、政治集团和政治集团之间，在一定发展阶段上的矛盾的一种最高的斗争形式。"[1] 这深刻揭示了战争的社会根源和阶级本质。在战争与政治的关系问题上，毛泽东提出："战争是政治的继续，在这点上说，战争就是政治，战争本身就是政治性质的行动，从古以来没有不带政治性的战争。"[2] 在战争与经济的关系问题上，毛泽东指出："战争不但是军事和政治的竞赛，还是经济的竞赛。"[3] 经济力量是战争的物质基础，战争的最终目的也是一定的经济利益。在战争性质的划分问题上，毛泽东说："历史上的战争分为两类，一类是正义的，一类是非正义的。一切进步的战争都是正义的，一切阻碍进步的战争都是非正义的。"[4] 从而奠定了无产阶级对待战争的根本态度，即拥护正义战争，反对非正义战争。在认识战争的制胜因素问题上，既要防止过分夸大精神作用的唯意志论，又要防止过分夸大物质作用的机械论。毛泽东指出，从本质上和从长远上看，一方面，帝国主义和一切反动派都是纸老虎，应从这点上建立无产阶级的战略思想；另一方面，它们又是活老虎、铁老虎、真老虎，应从这点上建立无产阶级的策略思想和战术思想。

2. 研究和指导战争的认识论和方法论

战争是阶级社会的必然现象，它的产生和发展具有自身的规律。毛泽东认为，战争的规律是可知的，战争指导者只要善于调查研究，见微知著，就可以掌握战争的规律，正确地指导战争。战争规律分为一般战争规律和特殊战争规律，一般战争规律和特殊战争规律是辩证统一的关系，在研究一般战争规律时，要注意研究战争的特殊性，避免教条主义；在研究特殊战争规律时，要注意不凭个人臆断任意普遍化，避免经验主义。毛泽东指出研究和指导战争的根本方法，就是从战争的实际出发，实事求是地研究战争规律，使决策者

---

① 《毛泽东选集》（第1卷），人民出版社，1991年，第171页。

② 《毛泽东选集》（第2卷），人民出版社，1991年，第479页。

③ 《毛泽东选集》（第3卷），人民出版社，1991年，第1024页。

④ 《毛泽东选集》（第3卷），人民出版社，1991年，第475~476页。

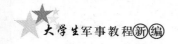

的主观指导与客观实际相符合。

从战争的客观实际出发是主观指导符合客观实际的基石；全面分析敌我双方的矛盾是主观指导符合客观实际的重要途径；主观指导与客观实际的统一是取得胜利的重要保障。毛泽东认为，战争的胜负既取决于作战双方的军事、政治、经济、自然等条件，更决定于作战双方的主观指导的能力。要充分发挥人的主观能动性，在指导战争的过程中，要正确处理局部与全局的关系，既要关照全局，又要重视有决定意义的局部。在战略上藐视敌人，战术上重视敌人，实现作战指导上的主动性、灵活性和计划性。

（二）人民军队建设思想

1. 人民军队的性质

毛泽东关于建设人民军队的理论，亦称建军思想，是毛泽东军事思想科学体系的重要组成部分。毛泽东把创建人民军队作为进行武装斗争的首要问题和实现革命理想的最主要手段。毛泽东提出了"枪杆子里面出政权"的著名论断，因此，无产阶级要夺取政权，建立新的国家机器，首先必须建立和掌握军队。毛泽东强调："没有一个人民的军队，便没有人民的一切。"[①] 为了把以农民为主要成分的军队建设成为一支无产阶级的新型军队，毛泽东在领导中国革命战争实践中，运用马克思主义的原理，结合中国实际，系统地解决了建设新型人民军队的理论、方针和原则问题。

2. 人民军队宗旨

毛泽东指出："紧紧地和中国人民站在一起，全心全意地为中国人民服务，就是这个军队的唯一宗旨。"[②] 坚持这一宗旨，要求人民军队始终保持谦虚谨慎，戒骄戒躁，全心全意地为人民服务，同人民群众同甘共苦，并与之保持最密切的联系。人民军队的宗旨，指明了军队建设的根本方向，揭示了军队建设的实质，是指导军队建设的重要原则。这个宗旨体现在我军的根本职能上，就是执行战斗、工作和生产三大任务，毛泽东指出："红军打仗，不是单纯地为了打仗而打仗，而是为了宣传群众、组织群众、武装群众，并帮助群众建设革命政权才去打仗的。"[③] 这三大任务，是由我军的性质、宗旨和中国革命战争的特点所决定的。

3. 人民军队的建军原则

在中国革命战争的实践中，逐步形成了一整套人民军队的建军原则：

确立党对军队的绝对领导权。确立中国共产党对人民军队的绝对领导，是人民军队建设的一项根本原则。在"三湾改编"时，毛泽东就确立了党领导军队的原则。《古田会议决议》强调要从政治上、思想上和组织上加强党对军队的绝对领导。1938年11月6日，毛泽东在延安指出"我们的原则是党指挥枪，而绝不允许枪指挥党"[④]。只有坚持和实施党对军队的绝对领导，才能保证人民军队的无产阶级性质，才能坚持全心全意为人民服

---

① 《毛泽东选集》（第3卷），人民出版社，1991年，第1074页。

② 《毛泽东选集》（第3卷），人民出版社，1991年，第1039页。

③ 《毛泽东选集》（第1卷），人民出版社，1991年，第86页。

④ 《毛泽东选集》（第2卷），人民出版社，1991年，第547页。

务，才能完成党交给的各项艰巨任务。在新世纪新阶段，坚持党对军队的绝对领导是我军永远不变的军魂。

建立政治工作三大原则。这是人民解放军处理官兵关系、军队与人民群众关系和对敌斗争的基本准则。1929 年《古田会议决议》奠定了人民军队政治工作的基础，1937 年 10 月，毛泽东对我军政治工作的基本原则作了系统概括："八路军的政治工作的基本原则有三个，即：第一，官兵一致的原则；第二，军民一致的原则；第三，瓦解敌军和宽待俘虏的原则。"① 政治工作三大原则体现了中国人民解放军的性质、宗旨和任务，是中国人民解放军的光荣传统。强有力的政治工作，发挥了团结自己、战胜敌人的强大威力。

实行三大民主，执行三大纪律八项注意。执行政治、军事、经济三大民主是我军民主制度的基本内容，是毛泽东对我军民主制度建设的高度概括。所谓政治民主即官兵在政治上是平等的，下级有权对上级提出批评建议；军事民主即在训练和作战时，实行官兵互教、发动士兵总结战斗经验，讨论执行作战计划的方法等；经济民主即实行经济公开，组织人员监督经济开支以及同不良行为作斗争。1927 年 10 月，毛泽东制定了三大纪律六项注意。1930 年，在瑞金又把六项注意改为十项注意。1947 年 10 月 10 日，中国人民解放军总部颁布训令，将三大纪律八项注意的内容作了统一规定。三大纪律八项注意是我军的光荣传统，既是我军的军事纪律，又是我军的政治纪律和群众纪律。

（三）人民战争思想

人民战争思想，是毛泽东军事思想的核心，是我党进行革命战争的根本指导路线。人民战争是指人民群众反抗积极压迫或民族压迫而组织和武装起来的战争。人民战争包括两个方面的含义：一是战争的正义性；二是广泛的群众性。

毛泽东的人民战争思想，是在继承马克思列宁主义基本原理的基础上，吸收中国历史上人民战争的宝贵经验，根据半封建半殖民地中国革命的特点，在革命战争实践中逐步形成和发展起来的。其基本观点是：人民战争必然是正义战争，战争的正义性是实行人民战争的政治基础，因而能够在战争中组织广大人民群众参加和支援战争；人民群众是创造历史的主人，人民群众不仅是社会物质财富和精神财富的创造者，同时也是进行社会变革的主力军和推动社会发展的决定力量，"战争的伟力之最深厚的根源，存在于民众之中"②；人是战争胜负的决定因素，因为"武器是战争的重要因素，但不是决定的因素，决定的因素是人不是物。力量对比不但是军力和经济力的对比，而且是人力和人心的对比。军力和经济力是要人去掌握的"③。

毛泽东人民战争思想主要包括以下内容：

1. 坚持中国共产党对革命战争的统一领导

中国共产党对革命战争的统一领导是实行人民战争的根本保证。中国共产党对革命的领导，是历史的必然选择和要求。毛泽东在《中国革命战争的战略问题》中，对中国革命

---

① 《毛泽东选集》（第 2 卷），人民出版社，1991 年，第 379 页。
② 《毛泽东选集》（第 2 卷），人民出版社，1991 年，第 511 页。
③ 《毛泽东选集》（第 2 卷），人民出版社，1991 年，第 469 页。

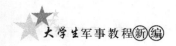

战争的领导权问题作了深刻分析。他认为，中国革命战争的重要敌人，是帝国主义和封建主义。他指出："在无产阶级已经走上政治舞台的时代，中国革命战争的领导责任，就不得不落到中国共产党的肩上。在这种时候，任何的革命战争如果没有或违背无产阶级和中国共产党的领导，那个战争是一定要失败的。"① 因此，只有坚持中国共产党的正确领导，才能把广大人民群众团结在自己周围，才能最广泛地动员和发动人民群众，从而带领中国革命走向胜利。

2. 动员、组织和武装广大人民群众

动员、组织和武装广大人民群众，是实行人民战争的前提和基础。毛泽东历来都十分重视对人民群众的组织动员工作，把放手发动群众看成是坚持正确路线的标志。这是因为，人民群众中存在着的战争伟力，只有通过动员、组织和武装并投入战争活动才能发挥出来，才能迅速转化为实际战争行动的能力。所谓动员，就是对广大人民群众进行广泛深入的宣传鼓动工作，通过宣传教育，使广大人民群众明了战争的政治目的和达到这一目的的政治纲领。要联合一切可以联合的力量，结成广泛的革命统一战线，把广大人民群众动员起来，发挥各种组织的作用，把一切人力、物力、财力都投入战争，形成人民战争的汪洋大海。

3. 建立巩固的革命根据地

革命根据地是进行人民战争的战略基地和重要依托。中国共产党领导中国人民进行的革命战争是在复杂的历史条件下，在各种反动势力异常强大的特殊情况下进行的人民战争。中国革命的力量要生存与发展，必须走农村包围城市的道路，通过实行工农武装割据，建立巩固的革命根据地。通过在敌人力量薄弱的广大农村地区，开辟和建立根据地，发动人民群众，实行土地革命，组建人民武装，依托根据地波浪式推进，不断积蓄革命力量，逐步改变敌强我弱的形势。建立革命根据地，走农村包围城市武装夺取政权道路，是毛泽东对马克思主义军事思想的一个重大发展。

4. 以武装斗争为主，各种斗争形式相结合

人民战争的目的，是保存自己，消灭敌人。毛泽东指出，消灭敌人，就是解除敌人的武装，剥夺其抵抗力，而不是要完全消灭其肉体。因此，人民战争必须坚持以武装斗争为主，各条战线、各种斗争形式相互配合，才是完全的、彻底的人民战争，才能最大限度地发挥人民战争的威力。在具体的战争实践中，我党通过武装斗争与政治斗争相配合，对敌展开强大的政治攻势，起到了分化和瓦解的目的；通过武装斗争和外交斗争相配合，把正义战争"得道多助"的可能性变为现实，争取了更多的国际支持和援助。在进行武装斗争的同时，在政治、经济、思想、文化、外交等多条战线上，团结最大多数的人民革命力量，争取尽可能多的物力财力支持，是人民战争取得胜利的重要保障。

（四）人民战争的战略战术

毛泽东根据中国革命战争的规律和特点，领导人民军队和人民群众，在长期革命实践中，创建了一整套适合中国革命战争特点的，从实际出发、以机动灵活为主要特点的战略

---

① 《毛泽东选集》（第 1 卷），人民出版社，1991 年，第 183 页。

战术理论,其内容极为丰富、精彩。其基本内容有:

1. 主张积极防御,反对消极防御

坚持积极防御,反对消极防御。毛泽东指出:"积极防御,又叫攻势防御,又叫决战防御。消极防御,又叫专守防御。消极防御实际上是假防御,只有积极防御才是真防御,才是为了反攻和进攻的防御。"① 积极防御思想的基本含义是:从自卫的、后发制人的立场出发,在敌强我弱的总形势下,将战略上的防御与战役战斗上的进攻紧密结合起来,以积极的攻势行动抗击敌人,不断歼灭和消耗敌人,转化敌我力量对比,夺取战略主动权,并适时地把战略防御引向战略反攻和进攻。

2. 作战的目的是保存自己,消灭敌人

毛泽东认为,保存自己,消灭敌人是战争的最高目的,古往今来,概莫能外。在二者的关系中,消灭敌人是主要的,保存自己是第二位的,只有大量地消灭敌人,才能有效地保存自己;消灭敌人的目的是保存自己,而消灭敌人又是保存自己的有效手段。在战争中,提倡勇敢牺牲与保存自己并不矛盾,部分的、暂时的牺牲是为了换取更大的胜利。

3. 集中优势兵力,各个歼灭敌人

集中优势兵力,各个歼灭敌人的作战原则是毛泽东"十大军事原则"的核心内容之一。毛泽东根据中国革命战争的特点,强调我军的战役和战斗必须实行歼灭战的方针。他形象地比喻说:"对于人,伤其十指不如断其一指;对于敌,击溃其十个师不如歼灭其一个师。"② 歼灭战的基本方针是:以歼灭敌人的有生力量为主要目标,不以保守或夺取地方为主要目标;以集中优势兵力各个歼灭敌人为主要作战方法;先打弱敌,后打强敌;在战役、战略部署方面,集中一个或两个野战军或军区的主力,实施一个战略性的进攻战役,围歼敌人。

4. 采取运动战、阵地战、游击战相结合的作战形式

运动战是正规兵团在长的战线和大的战区,从事战役战斗的外线速战速决的进攻作战形式。阵地战是军队依托阵地进行防御或对据守阵地之敌实施进攻的作战形式。游击战是进行分散流动的作战形式。在中国革命特殊的国情环境中和总体上敌强我弱的条件下,我军在相当长的时间里,一直以游击战为主要作战形式。游击战争和正规战争进行战略、战役和战斗的配合,是我军战略战术成长的摇篮。

毛泽东的战略战术思想还包括:慎重初战,不打则已,打则必胜;不打无准备之仗,不打无把握之仗;力争主动,力避被动;作战指导上的主动性、灵活性和计划性;执行有利决战,避免不利决战等。毛泽东指出:这些战略战术都是建立在人民战争的基础之上,只有革命军队才能够有效地运用它。

(五)国防建设思想

中华人民共和国成立前,在毛泽东军事思想形成和发展的过程中,就有关于国防建设和国防斗争的论述。中华人民共和国成立后,毛泽东等老一辈无产阶级革命家,适应新形

---

① 《毛泽东选集》(第 1 卷),人民出版社,1991 年,第 198 页。
② 《毛泽东选集》(第 1 卷),人民出版社,1991 年,第 237 页。

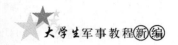

势的发展和任务需要，总结了国防建设和国防斗争的实践经验，创立了国防建设的理论。其主要内容有：捍卫国家的独立、领土主权和安全是国防斗争的基本任务；国防建设和经济建设是全党、全军和全国人民的两件大事，要在经济发展的基础上使国防建设不断得到加强；国防建设必须以现代化建设为中心，这是现代战争的必然要求，也是我军向高级阶段发展的必由之路，要努力发展国防科学技术和国防工业，加强军事人才的培养，建立强大的国防；坚持共产党对军队的绝对领导，不断加强和改进思想政治工作，保持无产阶级军队的性质，把教育训练摆到战略地位，努力提高部队的战斗力，建设一支具有中国特色的现代化、正规化、革命化的军队；国防建设必须坚持独立自主、自力更生的方针；坚持军民结合，平战结合；实行积极防御的战略方针，认真做好战争准备，遏制战争的爆发和打赢抗击敌人侵略的战争，保持和平的国际环境和稳定的国内政治局面；坚持全民国防，加强战略后方和战场建设；加强国防后备力量建设；坚持现代条件下的人民战争，立足现有装备战胜优势装备的入侵之敌；建立国际和平统一战线等。

四、毛泽东军事思想的历史地位

（一）毛泽东军事思想创造性地发展了马克思列宁主义的军事科学

毛泽东军事思想是具有中国特色的马克思主义军事理论，对马克思列宁主义的军事科学作出了创造性的发展，极大地丰富了马克思列宁主义的军事科学。主要体现在：第一，开辟了农村包围城市，武装夺取政权的道路。毛泽东根据我国特点，在农村建立根据地，实行工农武装割据，以农村包围城市，最后夺取全国胜利。这是无产阶级革命史上的一个伟大创举。第二，解决了把以农民为主要成分的革命军队建设成为一支无产阶级性质的人民军队的问题。为了适应农村包围城市的道路，中国共产党和毛泽东提出了一整套人民军队的建军原则，把以农民为主体的军队建成为中国共产党绝对领导下的、全心全意为人民服务的新型人民军队。第三，丰富和发展了马克思列宁主义的人民战争思想。以毛泽东为主要代表的中国共产党人在革命实践中，充分依靠人民群众，广泛动员群众、发动群众、组织群众、武装群众，以人民军队为骨干，实行主力兵团和地方兵团，正规军和游击队、民兵，武装群众和非武装群众相结合，实行全面彻底的人民战争。第四，系统地制定了适合中国特点的人民战争的战略战术。毛泽东提出的一系列战略战术成功地解决了人民军队以弱胜强、由弱变强这个最困难的问题，从而极大地发展了无产阶级军事理论。第五，系统地阐明了研究和指导战争的战争观和方法论。这是马克思列宁主义的首创。

（二）毛泽东军事思想在世界上有着广泛而深刻的影响

在中国革命取得胜利后，毛泽东军事思想受到世界各国的普遍重视，许多人开始对它进行探索和研究，许多国家都成立了毛泽东军事思想的研究会和学习会。世界上许多重要著作和评论文章称毛泽东是当代最伟大的军事家、战略家和军事理论家。20世纪六七十年代，毛泽东军事思想成为亚、非、拉许多国家民族独立、民族解放的强大思想武器。越南反法、反美战争，阿尔及利亚的反法战争，莫桑比克、津巴布韦、安哥拉的独立战争，古巴、多米尼加的革命战争等都以毛泽东军事思想作战争指导，对世界产生巨大的影响。

无论是朋友还是敌人，都对毛泽东军事思想十分重视，认真研究，高度评价，这说明毛泽东军事思想已经成为世界人民的共同财富，在世界军事思想史上占有重要地位，是当代最有影响的军事思想之一。

（三）毛泽东军事思想是中国革命和我国国防、军队现代化建设的行动指南

1840 年鸦片战争以后，中国沦为半殖民地半封建社会，不屈不挠的中国人民进行了无数次的反抗和斗争，但正是由于没有正确的军事思想作指导，屡遭失败。中国共产党成立后的半个多世纪里，我军进行了两次国内革命战争，一次民族解放战争，一次抗美援朝战争，多次边疆保卫战或自卫反击战，这些战争我们均取得了胜利。我军之所以能从小到大，由弱到强，以劣势装备战胜国内外强大敌人，最根本的原因是有共产党的领导和毛泽东军事思想这一先进军事理论作指导。可以说毛泽东军事思想是中国历史上最科学、最先进、最完整的军事理论。当前，国际格局发生巨大变化，战争的特点、样式、手段与过去大为不同，但是我国国防与军队现代化建设仍然离不开毛泽东军事思想的指导。毛泽东军事思想，过去是、现在是、将来永远是我军克敌制胜的法宝！

第三节　邓小平新时期军队建设思想

邓小平从新时期军队建设和军事斗争的客观要求出发，以大胆创新精神和科学务实态度，运用马克思列宁主义军事理论和毛泽东军事思想的基本原理，研究新情况，解决新问题，回答了新形势下军队建设、国防建设亟待解决的一系列重大理论问题和实际问题，提出了一整套具有中国特色的符合新时期军事斗争需要的理论、路线、方针和政策，揭示了新时期军事领域的基本特点和规律，形成了邓小平新时期国防和军队建设思想。

一、邓小平新时期军队建设思想的科学含义

邓小平新时期军队建设思想是以邓小平为主要代表的中国共产党人关于新时期中国革命战争、军队建设和国防建设问题的科学理论体系，是马克思主义军事理论、毛泽东军事思想在新的历史条件下的继承和发展，是邓小平建设有中国特色社会主义理论的重要组成部分。它不仅揭示了我国新时期军队和国防建设的基本特点和规律，而且提供了正确认识和解决当代军事问题的立场和方法，是新时期我军建设和军事斗争的根本依据和指导思想。

二、邓小平新时期军队建设思想的主要内容

邓小平新时期军队建设思想是一个完整的科学体系。这一理论体系，主要由四个方面组成：

（一）当代战争与和平理论

战争与和平问题是军事领域的一个基本问题，是国际社会中影响全局的重大问题。邓

小平以辩证唯物论和历史唯物论的哲学思想作指导，以马克思主义的战争与和平理论为依据，把握时代脉搏，以巨大的理论勇气和超凡的胆略，科学地回答了时代提出的关于战争与和平、当代战争的根源、世界大战能否避免等一系列重大理论问题，进而演绎出和平与发展是当今世界的时代主题的科学论断。这是一个对世界带全局性、战略性的重大问题。它既是一个重大的理论问题，更是一个重要的现实问题。长期以来，人们对世界主题的认识停留在列宁关于帝国主义论述的"战争与革命"的主题上。第二次世界大战以后，尤其20世纪80年代以来，世界经济、政治、军事诸方面的发展变化，使人类社会进入同以前的战争与革命时期不同的新的历史时期。从20世纪50年代社会主义和资本主义两大阵营的对垒到六七十年代的美苏争霸，从80年代末90年代初的东欧剧变、苏联解体到新旧秩序的交替，世界战略格局重新分化组合，时代主题发生变化。邓小平透过纷繁复杂的国际关系，作出了和平和发展是当今世界两大主题的科学论断。20世纪80年代中叶，邓小平指出："国际上有两大问题非常突出，一个是和平问题，一个是南北问题……带有全局性、战略性意义。"① 1985年他进一步指出："现在世界上真正大的问题，带全球性的战略问题，一个是和平问题，一个是经济问题或者说发展问题。和平问题是东西问题，发展问题是南北问题。概括起来，就是东西南北四个字。南北问题是核心问题。"② 邓小平认为世界和平力量的增长超过了战争力量的增长，和平力量首先是第三世界，中国是第三世界的一分子，其次美国等发达国家的人民也是要求和平反对战争的，"发展是硬道理"。

基于世界主题的正确认识，邓小平指出："可以争取相当长一段时间的和平。如果世界和平的力量发展起来，第三世界国家发展起来，可以避免世界大战。"③ 世界大战可以推迟或者避免，但"战争的危险还是存在的"。新时期局部战争和武装冲突将成为当代战争的主要形式，不能简单地认为战争可以避免，战争的危险就不存在。正如邓小平指出的："小的战争不可避免……世界上希望我们好起来的人很多，想整我们的人也有的是。"④

（二）军事战略思想

新的历史条件下，国际形势发生了重大变化。国家进入以经济建设为中心的新的发展时期，邓小平提出了服从国家建设大局的国防发展战略理论。这一理论全面阐述了国防和军队建设服从国家建设大局的时代要求，深刻反映了新时期军队和国防建设的客观规律，是军队和国防建设指导思想实行战略性转变的重要依据，是军队和国防建设必须遵循的基本方针。

1. 国防和军队建设指导思想的战略性转变

我国国防和军队建设指导思想的战略性转变，是邓小平新时期军队建设思想在理论和实践上全面展开的一个重要标志，是我军发展史上一次具有里程碑意义的重大飞跃。这一

---

① 《邓小平文选》（第3卷），人民出版社，1993年，第96页。
② 《邓小平文选》（第3卷），人民出版社，1993年，第105页。
③ 《邓小平文选》（第3卷），人民出版社，1993年，第249页。
④ 《邓小平文选》（第3卷），人民出版社，1993年，第319页。

转变，结束了国防和军队建设长期以来存在的被动应付局面，对于增强我国的综合国力，促进国防和军队以现代化为中心的根本建设，提高国防和军队在现代条件特别是高技术条件下的防卫能力，有着重大的现实意义和深远的历史意义。

国防和军队建设指导思想的战略性转变，是关系国防和军队建设全局及长远发展方向的重大转变。一是国防和军队建设立足点的转变，即从随时准备早打、大打、打核战争的临战状态，转到相对和平时期正常建设的轨道上来；二是国防和军队建设与国家经济建设关系的转变，即把国防和军队建设调整到与国力所能承受的程度，转到服从和服务于国家经济建设大局，以国家经济发展为依托，促进国防和军队的发展上来；三是国防和军队建设工作重心的转变，即着眼未来战争需要，进一步突出现代化在国防和军队建设中的中心地位，着重抓好国防科研和现代化武器装备的发展以及现代化军事人才的培养，大力解决国防和军队现代化水平与现代战争不相适应的矛盾；四是军队和后备力量建设中数量与质量关系的转变，即从偏重于常备军和后备力量的数量规模，转到压缩规模、减少数量、提高质量上来；五是军事斗争准备的基点的转变，即把按全面反侵略战争设计的军事战略指导，转到应付可能发生的高技术局部战争为军事斗争准备的基点上来；六是国防科技和国防工业功能与体制的转变，即打破国防科技和国防工业在国民经济中自成体系、自我封闭的状况，纳入国家经济建设的大系统之中，贯彻"军民结合、平战结合、军战结合、军品优先、以民养军"的方针，建立起军民兼容的国防科技和国防工业新体制。

国防和军队建设指导思想战略性转变的实质，是要充分利用今后较长时间大仗打不起来的有利时机，在服从国家经济建设大局的前提下，抓紧时间，有计划、有步骤地加强以现代化为中心的根本建设，提高军政素质，增强国防和军队在现代战争中的自卫能力。

2. 建设有中国特色的现代化国防

针对我们建设什么样的国防，邓小平明确指出：我们在国防建设上，坚持不称霸，不扩张，不结盟，不依附别国，也不欺侮别国，坚持和平共处，独立自主的防卫原则，从而确立了我国是自卫型国防。

一是明确国防建设要以国家利益为最高准则。国防建设受到多种因素的制约，其中国家利益是最基本最重要的因素；国家利益的发展变化，必然对国防建设提出新的要求；维护国家利益，是新时期国防建设的根本宗旨和目的。因而，邓小平明确指出：我们要以国家利益为最高准则来处理问题。

二是实行"军民兼容，平战结合"的方针。"军民兼容"就是寓军于民，军民结合，把国防建设寓于国家总体建设之中，国防科技和国防工业纳入国家经济建设的轨道，将单一研究、生产军品，改为在保证军品的前提下，大力开发民用产品。"平战结合"是国家的平时经济建设，要充分考虑到战时国防的需要，要与未来战争的要求相适应。国防科技和工业平时实行军转民，以提高经济效益，战时则便于民转军，以保证战争需要。

三是建立精干常备军与强大的后备力量相结合的武装力量体制。在新的历史时期，人民军队是国防武装力量的主体，是巩固国防，抵御侵略，保卫祖国的坚强柱石和钢铁长城。为了建立强大的国防，必须要建设一支精干的常备军，使之体制编制结构合理，根据现代战争的要求，系统结构协调均衡，整体功能明显增强，形成陆、海、空三军一体的强大力量。邓小平多次强调国防后备力量的地位和作用。国防后备力量是指经过一定准备，

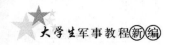

必要时可以动员用于国防的力量。从武装力量上讲，主要指民兵和预备役。新成立的预备役部队，有统一的编制番号、规章制度和服装，有训练大纲和各种正规化管理，有专门的营房和训练基地，以劳养军，平战结合，是一支强有力的后备力量。

四是坚持独立自主、自力更生的立足点。要把国防现代化放在自己力量的基点上，不依赖别国力量，更不幻想他国的恩赐。邓小平指出："独立自主、自力更生，无论过去、现在和将来，都是我们的立足点。"① 他还指出，独立自主不是闭关自守，自力更生不是盲目排外。要搞国防现代化，不开放不行，不加强国防交往不行，不引进发达国家的先进经验、先进科学技术成果和资金不行，因此，要把坚持独立自主、自力更生与坚持对外开放有机结合起来。

五是加强国防教育，强化全民的国防观念。邓小平在指导新时期国防建设的实践中，把国防教育作为增强国防观念，树立国防意识，重视国防建设的主要环节，增强全国人民捍卫国家、民族和社会主义建设的责任感和向心力，充分调动全国人民热爱、建设、保卫祖国的积极性，从而形成巨大的精神力量，促进国防现代化建设的发展。

3. 实行积极防御的军事战略方针

在新的历史条件下，邓小平把毛泽东积极防御战略思想与我国所面临的军事斗争相结合，明确指出我国实行积极防御的军事战略方针。20 世纪 80 年代初，邓小平说："我们未来的反侵略战争，究竟采取什么方针？我赞成就是'积极防御'四个字。"② 新时期积极防御的军事战略方针的历史内涵主要包括：做好战争准备；坚持自卫战争，实行后发制人；寓攻于防，攻防结合；对待强敌，持久作战；灵活运用兵力和战法。

4. 坚持现代条件下人民战争的战略思想

坚持人民战争是我们拥有的真正优势和力量所在。邓小平指出："我们的战略是毛泽东主席制定的。毛主席的战略思想就是人民战争，现在我们还是坚持人民战争。虽然战争的样式、规模、地点、武器装备等方面和过去相比发生了变化，但坚持积极防御军事战略，最基本的还是依靠人民战争。"③ 坚持人民战争，必须研究现代条件下的人民战争，发展人民战争的理论。当代高新技术迅猛发展，世界军事领域发生深刻的变革，人民战争面临许多新情况、新问题，我们要创造性地发展人民战争，使人民战争理论和实践产生新的飞跃。

（三）军队建设与改革思想

建设一支强大的现代化、正规化革命军队是新时期我军建设的总目标，也是军队建设由低级阶段向高级阶段发展的必然历史。

1. 始终不渝地坚持人民军队的性质

我军是中国共产党领导下的无产阶级性质的人民军队。军队建设要把革命化建设放在第一位，这是关系军队建设全局，决定军队发展方向的根本问题，也是军队现代化正规化

---

① 《邓小平文选》（第 3 卷），人民出版社，1993 年，第 3 页。
② 《邓小平论国防和军队建设》，军事科学出版社，1992 年，第 63 页。
③ 《邓小平文选》（第 2 卷），人民出版社，1994 年，第 77 页。

建设的政治保证和精神动力。因此，我们的军队在任何时候都要坚持党的军队、人民的军队、社会主义的军队这一性质，永远忠于党，忠于人民，忠于社会主义。邓小平指出："我们国家之所以稳定，军队没有脱离党的领导，这很重要。"①

2. 新时期军队建设要以现代化为中心

新时期，军队建设的主要矛盾是现代化战争的客观需要与我军现代化水平还比较低的矛盾。因此，我军的指导思想必须确立以现代化建设为中心，这是新时期军队建设和现代战争的客观需要。邓小平多次强调谋划军队建设全局，"指导思想要明确，就是要解决现代化问题"。军队建设现代化的主要目标是实现军事人才、武器装备、体制编制和军事理论的现代化。

3. 提高军队正规化建设水平

新时期，邓小平提出，"军队要整顿""军队要像军队的样子"。② 军队正规化建设必须同军事领域的变革相适应，必须随现代战争的发展而发展，必须随武器装备现代化水平的提高而提高。军队正规化建设的主要内容：坚持依法治军，加强组织纪律，加强管理；全面建立战备、工作、生活等正常秩序；建立适应现代战争要求的科学体制编制；使部队适应未来作战任务、武器装备发展、部队训练和管理的需要；强化体制编制的科学性和权威性等。

4. 以改革为动力，走有中国特色的精兵之路

必须把提高战斗力作为新时期军队建设和改革的出发点和落脚点，作为检验军队各项工作的根本标准。而军队战斗力生成主要有两个途径：一是战争实践，二是教育训练。因此，邓小平指出，部队在不打仗的情况下，要搞好教育训练。现代战争是诸兵种在海、陆、空、天、电、磁等多个战场、多个领域、多种手段的整体较量，因此，只有从难、从严、从实战出发进行严格的教育训练，才能提高军队的战斗力。同时，要正确处理数量与质量的关系，要精减军队人员数量，提高军队建设的质量。

（四）国防建设思想

1. 继续坚持全民办国防的方针

中华人民共和国成立以后，毛泽东明确提出，中国必须建立强大的国防军，要建立强大的国防军必须依靠全体人民解放军的指战员、战斗员和全国工人、农民及其他人民一道，协同努力，才能达到目的。新时期，邓小平坚持并发展这一思想，坚持依靠广大人民群众，坚持全民办国防。

2. 加强国防教育，增强全民国防观念和国防意识

新时期，加强全民国防教育，树立全民强烈的国防意识，关系到国防现代化建设的大局，是我国赢得未来反侵略战争的主要举措。强烈的国防意识是维系国防安全的精神长城，加强全民国防教育，有利于提高全民综合素质，强化爱国主义教育，增强民族凝聚力和人们的使命感、责任感。

---

① 转引自《江泽民文选》（第1卷），人民出版社，2006年，第488页。
② 《邓小平文选》（第2卷），人民出版社，1993年，第2页。

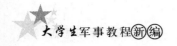

3. 建立有效的国防动员体制，加强国防立法

建设有中国特色社会主义现代化国防，必须建立完善的国防动员体制。邓小平指出，解决国防动员体制问题，关键是坚持平战结合、军民兼容的原则。邓小平还指出，党有党纪，国有国法，军有军规，对一切无纪律、无政府、违反法制的现象都必须坚决反对和纠正，丝毫不能宽容。国防和军队建设事关国家稳定大局，必须严格依法办事，加强国防立法。在邓小平的倡导下，我国先后颁布了《中华人民共和国国防法》《中华人民共和国预备役军官法》《中华人民共和国国防教育法》《中华人民共和国现役军官法》等。

三、邓小平新时期军队建设思想的地位作用

（一）邓小平新时期军队建设思想是毛泽东军事思想的继承和发展，是当代中国的马克思主义军事理论

党的十一届三中全会以后，邓小平经过拨乱反正，不仅恢复了毛泽东军事思想的本来面目，而且进入了一个新的发展阶段。围绕着国防现代化建设的总目标，提出了一系列新的方针原则和措施，如全面整顿军队，实行精简整编；研究现代条件下的人民战争，做好反侵略战争的准备；把教育训练提到战略地位，干部队伍实行革命化、年轻化、知识化、专业化等，是毛泽东军事思想在新时期的高度体现和反映，是与时俱进的马克思主义军事理论。

（二）邓小平新时期军队建设思想是邓小平理论的重要组成部分

邓小平新时期军队建设思想是邓小平建设有中国特色社会主义理论体系的重要组成部分，其历史地位是与邓小平理论的整个科学体系历史地联系在一起的。邓小平新时期军队建设思想是邓小平理论的基本内容在军事领域的延伸和具体化；邓小平新时期军队建设思想是邓小平理论所坚持的科学世界观和方法论在军事领域的贯彻和运用。

（三）邓小平新时期军队建设思想是新时期军事斗争和军队建设的科学指南

邓小平新时期军队建设思想揭示了相对和平时期国防和军队建设的基本规律，针对我军现代化建设时期存在的主要矛盾，创造性地提出了处理的方法和解决的思路，并按照未来战争发展的客观要求，把全面加强军队现代化建设作为我军建设的出发点和落脚点，使之成为做好战争准备，赢得未来反侵略战争胜利的可靠保证。

第四节　江泽民国防和军队建设思想

进入 20 世纪 90 年代，我国的国防和军队建设所处的环境和历史条件发生了一系列重大变化，出现了许多新情况和新问题。江泽民国防和军队建设思想正是基于这个历史条件，应运而生，指导着我国的国防和军队现代化建设。

一、江泽民国防和军队建设思想的科学含义

江泽民国防和军队建设思想是"三个代表"重要思想的组成部分，是以江泽民为核心的中央领导集体，在新的历史条件下结合国际战略形势和时代特点，根据新形势新情况，把马克思主义军事理论和我国国防和军队建设的实际相结合，继承和发展毛泽东军事思想、高举邓小平新时期建军思想的伟大旗帜，对国防和军队建设所作的理论指导。

二、江泽民关于国防和军队建设思想的主要内容

（一）坚持党对军队绝对领导的根本原则，加强思想政治建设

1989 年，江泽民主持中央军委工作，他十分重视坚持党对军队的绝对领导问题。从 1990 年的"建军节"至 2001 年的九届全国人大四次会议，他几乎每年都强调军队必须置于党的绝对领导之下。"在新的历史时期，必须更好的发扬人民军队忠于党的优良传统，使我军永远置于党的绝对领导之下。无论在任何情况下，对我军建设的这个根本原则，都不能动摇。"① "我们党历来强调，我们的人民军队是在党的绝对领导之下的。在这个问题上，我们要始终坚定不移。一个军队要有军魂，我看，我们军队的军魂就是党的绝对领导。"② "历史的事实说明，一个国家的军队掌握在什么人手中，始终是关系这个国家前途命运的重大问题。……我们党把军队真正掌握住了，国家就出不了什么大的乱子，遇到不管是来自国内还是国外的什么风浪，都比较容易对付。"③ 他特别强调军队要严守政治纪律，不容许向党闹独立，不容许其他任何政党、任何组织插手军队，不经党中央、中央军委授权，任何人不得擅自调动和指挥军队。江泽民强调坚持党对军队的绝对领导，就是要永葆人民军队的性质，继承和发扬人民军队的光荣传统，要坚定不移地实行政治民主、经济民主、军事民主。同时，要加强军队思想政治工作，用"三个代表"重要思想武装全军。军队要坚持不懈地用"三个代表"重要思想要求、教育官兵，学习和实践"三个代表"重要思想，勇于面对时代的挑战，始终保持健康向上的发展态势，不断开创军队建设的新局面。

---

① 《江泽民论有中国特色社会主义（专题摘编）》，中央文献出版社，2002 年，第 446 页。
② 《江泽民论有中国特色社会主义（专题摘编）》，中央文献出版社，2002 年，第 446~447 页。
③ 《江泽民论有中国特色社会主义（专题摘编）》，中央文献出版社，2002 年，第 448 页。

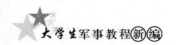

（二）确立了适应时代要求的新安全观

1999 年，江泽民明确提出了新的安全观，主要有以下四个方面：第一，摒弃冷战思维，坚决维护世界和平发展的主流，他说："我们认为，新安全观的核心，应是互信、互利、平等、协作。"① 第二，经济科技因素在国际安全环境中发挥着重要作用。第三，现代安全内容丰富，涵盖面广。他指出现代安全首先应以维护人类的安全为宗旨，提出了政治安全、经济安全、军事安全、文化安全、环境安全、社会安全等一系列新的安全思想，并主张通过国际合作来应付人类共同面临的威胁和挑战。第四，国家安全必须与国际安全有机结合，确立普通的安全意识。江泽民指出，世界在变化，我们必须积极探索维护国家安全的新思路和新方法，要运用综合手段和多种措施，谋求跨世纪的国家安全。一是通过科教兴国实现综合国力跨越式发展，从根本上解决国家安全问题，只有我们发展了，才不会受制于人。二是充分发挥军事手段在维护国家安全中的支柱作用。1989 年，江泽民明确指出：经济建设、国防建设两头都要兼顾。三是把外交斗争作为实现国家安全经常和有效的手段。

（三）以新时期军事战略方针统揽、指导军队建设

江泽民强调，必须以积极防御战略方针指导和统揽全军各项建设和一切工作。在战争与和平问题上，我们从来不主动挑起战争，我们是爱好和平的，也是始终致力于维护和平的，我们坚决反对一切侵略性的、非正义的战争，反对任何形式的霸权主义和强权政治。积极防御战略方针是治国之道，是根据国际形势的发展，在继承和发展毛泽东军事思想、邓小平新时期军队建设思想的基础上确立的，我们要以积极主动的防御行动对付进犯之敌的攻势。我军的各项建设包括军事的、政治的、教育的、后勤保障的都必须紧紧围绕积极防御战略方针来开展和进行，1990 年，江泽民根据实际提出了"政治合格、军事过硬、作风优良、纪律严明、保障有力"的总要求。这五个方面是相互联系、不可分割的整体。

（四）深化军队改革，走有中国特色的精兵之路

20 世纪末，高新技术迅猛发展，高新技术广泛应用，深刻改变着世界的社会经济面貌，引发了军事领域一系列革命性的变化。江泽民指出："世界军事变革的加速发展和武器的系统效能的空前提高，加强我军的质量建设显得愈来愈重要，愈来愈紧迫。军队质量在现代战争中具有决定性的意义。我们必须把加强质量建设作为实现我军现代化的基本指导方针，摆在更加突出的位置。"② 深化军队改革，是适应国家改革形势和解决部队深层次矛盾的客观需要和根本途径。1992 年，江泽民在党的十四大报告中正式提出了"走有中国特色的精兵之路"的重要思想。2000 年颁布的《中国的国防》白皮书中指出，在新的历史时期，中国军队努力加强质量建设，走有中国特色的精兵之路，目标是建设一支有中国特色的革命化、现代化的人民军队，减少数量，提高质量是军队现代化建设的一条基

---

① 《江泽民文选》（第 2 卷），人民出版社，2006 年，第 313 页。
② 《江泽民文选》（第 2 卷），人民出版社，2006 年，第 276 页。

本方针。军队改革既要适应发展社会主义市场经济的要求，又要适应军事应急的要求，一切立足于"打得赢""不变质"。我国要依靠科技强军，要实现我军建设由数量规模型向质量效能型、由人力密集型向科技密集型的转变。要按照现代战争的特点，努力提高武器装备现代化建设水平，改革和完善军队的体制编制，改进军队的训练和院校教育的内容和方法。

（五）完善国防动员体制，增强全民国防观念

江泽民在党的十五大报告中明确提出："要深入持久地开展拥政爱民、拥军优属工作，进一步巩固军政、军民团结。加强民兵、预备役部队建设，完善国防动员体制。继续加强中国人民武装警察部队和公安、国家安全等部门的建设。"① 完善国防动员体制，是国防和军队建设的需要。江泽民强调，国防动员体制必须结合国家体制改革，认真探索未来反侵略战争的快速动员问题，建立和完善国防工业运行机制，加强国防教育。后备力量建设要切实做到"招之即来，来之能战"②。江泽民非常重视民兵和预备役部队建设，对此，他做了一系列论述，为新形势下如何解决民兵和预备役部队建设工作出现的新情况、新问题提供了理论指南。同时，江泽民强调加强国防教育，增强全民国防观念的重要性。他说："各级党组织、政府和人民群众要关心、支持国防和军队建设。加强国防教育、增强全民国防观念。"③要深入持久地开展国防教育，全民国防教育是加强和改进思想政治工作的一个重要内容，要把全民国防教育纳入规范化、法制化的轨道，纳入整个国民教育体系。

（六）加强军事科学研究，积极探讨新形势下军队建设的特点和规律

江泽民多次强调，一定要加强现代条件下的军事科学研究，先进的军事理论，历来是军队建设得以健康发展的必要条件，是战争的重要制胜因素。江泽民主持中央军委工作后，创造性地实践了毛泽东军事思想和邓小平新时期军队建设思想，对新时期建军、治军的特点和规律进行了探索，从理论上作出了新的概括。江泽民强调要对以往的战争经验进行系统总结，同时研究现代条件下局部战争的特点和规律，提高驾驭现代战争的能力，全面加强部队建设，提高战斗力。还要深入研究现代条件下人民战争的特点和规律。他指出："应付现代技术特别是高技术条件下的局部战争，现阶段我们虽有困难和短处，但我们也有自己的优势，我们真正的优势还是人民战争。"④ "我们仍然要坚持实行人民战争，不能有丝毫动摇，因为这是实践反复检验了的克敌制胜的根本法宝。但是，如何结合现代战争的具体实际真正做到充分有效地发挥人民战争的传统优势，问题并不简单，很值得我们深入研究。"⑤

---

① ③ 《江泽民文选》（第2卷），人民出版社，2006年，第36页。
② 《江泽民文选》（第2卷），人民出版社，2006年，第276页。
④ 《江泽民文选》（第1卷），人民出版社，2006年，第289页。
⑤ 《江泽民文选》（第2卷），人民出版社，2006年，第289~290页。

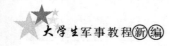

三、江泽民国防和军队建设思想的地位作用

（一）江泽民国防和军队建设思想继承和发展了毛泽东军事思想和邓小平新时期军队建设思想

以江泽民为核心的党中央在社会主义市场经济确立和改革开放的深入发展以及国防和军队赖以存在的环境发生深刻变化的历史条件下，集中全党全军的智慧，总结新经验、分析新情况，作出了许多重要的理论概括，创造性地丰富和发展了马克思主义军事理论。毛泽东军事思想主要是针对战争年代的特点而形成的，反映了战争年代我军建设的规律；邓小平新时期建军思想主要针对相对和平环境的历史特点形成的，反映了相对和平时期我军建设的规律；而"江泽民……科学阐明了新的历史条件下国防和军队建设的地位作用、目标任务、指导方针、总体思路、根本途径、战略步骤、发展动力和政治保证等问题，形成了一个完整的军事理论体系，把我们党的军事指导理论提升到了一个新阶段"。

（二）江泽民国防和军队建设思想全面、系统、深刻揭示了新形势下我国国防和军队建设的基本规律

江泽民国防和军队建设思想在马克思主义军事理论的发展史上具有重要的历史地位。它全面、系统地探索了新形势下我国国防和军队建设的特点和规律，具体和深刻地回答了和平时期我国国防和军队建设的基本理论，尤其是"两个根本性转变"的思想为我国国防和军队建设指明了方向，"五句话"的总要求、新时期积极防御的军事战略方针、科技强军的战略等反映了和平时期国防和军队建设的基本规律，具有强烈的理论性和实践性。

（三）江泽民国防和军队建设思想是新时期国防和军队建设的理论指南

江泽民国防和军队建设思想是针对我军建设的矛盾和面临的严峻挑战而提出来的，具有极强的针对性、实践性。国防和军队建设围绕"打得赢""不变质"进行保证了正确的发展方向；"两个转变"使部队更加精干、编制更加科学合理；"五句话"总要求的落实加速了部队革命化、现代化、正规化建设，大大提高了部队的战斗力；新时期军事战略方针的制定为我军未来赢得反侵略战争奠定了基础；"科技强军"战略的实施，大大提高了官兵的文化素养，使我军成为威武之师、文明之师；研究新时期人民战争的特点和规律为加强军事斗争准备、夺得未来战争主动权奠定了基础等。我国国防和军队建设进入良性发展轨道，因此，江泽民国防和军队建设思想对实现国防和军队建设跨越性发展具有长期指导意义，是新时期国防和军队建设的理论指南。

第五节　胡锦涛国防和军队建设思想

21世纪，中国的发展跨入了一个重要的战略机遇期。胡锦涛国防和军队建设思想是在着眼时代特点，立足维护国家安全和发展利益的大局，依据国际国内环境的发展变化和新世纪新阶段国防与军队建设的客观实际中形成的。

一、胡锦涛国防和军队建设的科学含义

胡锦涛国防和军队建设思想，是新世纪新阶段用科学发展观统筹国防和军队现代化建设，打赢信息化战争的军事指导理论，是毛泽东军事思想、邓小平新时期军队建设思想、江泽民国防和军队建设思想的丰富和发展，是科学发展观在国防和军事领域的展开和延伸，是当代中国马克思主义的创新军事理论。

二、胡锦涛关于国防和军队建设重要论述的主要内容

（一）用科学发展观指导国防和军队建设

用科学发展观指导国防和军队建设，必须全面准确把握科学发展观的深刻内涵和基本要求，紧密结合军队建设实际，切实把科学发展观贯穿于军队建设的全过程，落实到军队建设的各个领域。

1. 必须按照革命化、现代化、正规化相统一的原则加强军队的全面建设

革命化建设，就是要求我军始终坚持党对军队的绝对领导，永远保持人民军队的性质、本色和作风，禁得起任何政治风浪的考验。思想政治建设是革命化建设的根本，是军队最根本的建设，任何时候都不能放松。胡锦涛指出："要坚定不移地坚持党对军队绝对领导的根本原则和制度，进一步强化军魂意识，确保党从思想上、政治上、组织上牢牢掌握部队。"为了保证我军忠实履行为党巩固执政地位提供重要的力量保证的使命，必须坚决抵制"军队非党化""军队非政治化"等错误思潮的侵蚀和影响。在新形势下，为使广大官兵保持坚强的革命意志和旺盛的战斗精神，必须强化思想政治教育的针对性和有效性。

现代化建设，就是要求我军建设必须适应未来战争需要，提高军队建设的科技含量，提高现代条件下的总体作战能力和水平。忠实履行新世纪新阶段军队历史使命，必须在国防和军队建设中贯彻落实科学发展观，这是军队建设发展的内在要求，对于着力解决我军现代化水平与打赢信息化条件下局部战争的要求还不适应、军事能力与履行新世纪新阶段我军历史使命的要求还不适应这一主要矛盾，具有极其重要的指导作用。

正规化建设，就是依靠规范化的组织形式和科学运行机制，把革命化、现代化建设产生的思想基础、物质基础有机地结合起来，为军队建设提供良好的秩序和环境。胡锦涛指出："新的历史条件赋予我军正规化建设新的时代内涵，提出了新的任务和标准。"坚持以科学发展观为指导，才能保证把从严治军作为全局性、基础性、长期性工作紧抓不放，坚决贯彻到军事、政治、后勤、装备建设的各个领域，贯彻到部队工作的方方面面，贯彻到战斗力建设的全过程，从而使正规化建设与革命化、现代化建设紧密结合在一起，推动我军建设全面协调发展。

2. 必须按照"五个统筹"的要求推进军队现代化建设协调发展

坚持"五个统筹"，即"统筹中国特色军事变革与军事斗争准备；统筹机械化建设与信息化建设；统筹诸军兵种作战能力建设；统筹当前建设与长远发展；统筹主要战略方向与其他战略方向"。军队要进一步实施科技强军战略，着力推动军事创新，加快转变战斗

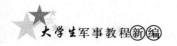

力生成模式，充分发挥广大官兵的主体作用，推进军队革命化、现代化、正规化的整体发展和全面进步，实现国防和军队建设可持续发展。

（二）忠实履行新世纪新阶段历史使命

胡锦涛从完成党的执政使命、维护国家和民族根本利益的战略高度明确提出："军队要为党巩固执政地位提供重要力量保证，为维护国家发展的重要战略机遇期提供坚强的安全保障，为维护国家利益提供有力战略支撑，为维护世界和平与促进共同发展发挥重要作用。"

全面履行新世纪新阶段军队历史使命，必须坚持以毛泽东军事思想、邓小平新时期军队建设思想、江泽民国防和军队建设思想为指导，把科学发展观作为国防和军队建设的重要指导方针，贯彻新时期军事战略方针。要立足信息化军事形态的特点和趋势，着眼维护国家主权、安全、发展利益的需要，抓住实施积极防御军事战略方针的重点领域和关键环节，加紧做好军事斗争准备。

全面履行新世纪新阶段军队历史使命，必须始终坚持党对军队绝对领导的根本原则和人民军队的根本宗旨，深入进行军队历史使命、理想信念、战斗精神和社会主义荣辱观教育，大力弘扬听党指挥、服务人民、英勇善战的优良传统。

全面履行新世纪新阶段军队历史使命，必须适应世界军事发展新趋势，加快中国特色军事变革，加紧做好信息化条件下的军事斗争准备，提高军队应对多种安全威胁、完成多样化军事任务的能力。

全面履行新世纪新阶段军队历史使命，必须依法治军、从严治军，完善军事法规，加强科学管理。

（三）积极推进中国特色军事变革

坚持以科学发展观为指导，着眼人类社会技术形态和战争形态的重大变化，适应世界新军事变革的发展趋势，立足中国的国情和军情，实行质量建军、政治固军、科技强军、依法治军、科学管军，以信息化带动机械化，以机械化促进信息化，逐步把我军建设成为信息化军队，逐步具备打赢信息化战争的能力，更好地为保卫国家安全和维护祖国统一服务，更好地为全面建设小康社会和构建社会主义和谐社会服务。

世界新军事变革的发展，注重依靠技术创新。在推进新军事变革的进程中，虽然各国的情况不大一样，但是依靠技术创新推进新军事变革却是共同的做法。与西方发达国家相比，中国属于后发展国家。这就决定了技术创新要走"自主式发展""跨越式发展""可持续发展"的道路。

军事变革，思维是首要。胡锦涛指出："加快中国特色军事变革步伐，要做的事情很多，但要注重更新思想观念。"

军事变革，制度是保证。胡锦涛指出："在推进中国特色军事变革的进程中，要高度重视制度建设，努力用制度创新推进军事变革发展。"

军事变革，作战是牵引。胡锦涛指出："中国特色军事变革要以建设信息化军队、打赢信息化战争为战略目标，要提高部队的火力、突击力、机动力、防护能力和信息能力。"

军事变革，训练是实践。胡锦涛指出："训练既是中国特色军事变革的重要组成部分，又是推进中国特色军事变革深入发展的重要抓手。"

军事变革，管理是关键。胡锦涛指出："世界新军事变革不仅是一场军事技术和军队组织体制的革命，也是一场军事管理的革命。"

军事变革，理论是先导。胡锦涛指出："要密切关注世界安全形势和世界军事发展趋势，立足我国的国情和军情，着眼推进中国特色军事变革，拓宽战略视野，更新发展观念，深化科研改革，努力构建具有我军特色、体现时代特征、充满发展活力的军事科学体系，充分发挥军事理论指导军事实践、引领军事变革的重要作用。"

（四）坚持国防建设和经济建设协调发展

保持经济的持续发展，不断提高国家的经济实力，是提高我国国际竞争力，维护国家独立和主权的关键所在，是解决包括国防现代化在内的当代中国所有问题的基础。正确处理经济建设与国防建设的关系，始终是国家发展战略全局的一个重大问题，也是我国社会主义现代化建设的一条重要历史经验。

随着改革开放和社会主义市场经济的发展，必然会给国防和军队现代化建设创造更多更充分的有利条件。胡锦涛指出："本世纪头20年，既是国家经济社会加快发展的重要时机，也是国防和军队现代化建设加快发展的重要时机。我们应该也有可能把国防和军队现代化建设搞得更好。""统筹好国防建设与经济建设的关系，是贯彻科学发展观的必然要求。坚持国防建设与经济建设协调发展的方针，既是强国之策也是强军之道。我们必须从全面建设小康社会的全局高度，把推进国防和军队现代化建设作为推进社会主义现代化建设的一项重大战略任务抓紧抓实。要依托国家经济社会发展，把国防建设融入现代化建设全局之中，统筹国防资源与经济资源，注重国防经济与社会经济、军用技术和民用技术、军队人才和地方人才的兼容发展，进一步形成国防建设和经济建设相互促进、协调发展的良好局面。"

从根本上说，国防和军队建设的利益与经济建设大局的利益是一致的，国防和军队建设战略与经济发展战略也是统一的，只有根据经济建设大局谋划和运筹与其相协调的国防和军队建设，用发展的战略眼光正确处理二者的关系，才能促使二者相得益彰，共同发展。

三、胡锦涛国防和军队建设思想的地位作用

（一）发展了党的军事指导理论

党的十六大到十八大召开期间，我军又走过了10年的崭新历程。新形势下推动国防和军队建设科学发展、确保我军有效履行历史使命的伟大实践，迫切要求丰富和发展马克思主义的军事指导理论，用发展着的军事理论指导发展着的军队建设实践。胡锦涛国防和军队建设思想，着眼我军建设的新变化、新实践、新要求，集中全党全军的智慧，提出了一系列新的重要思想观点，着重回答和解决了国家改革发展进入重要战略机遇期，什么是国防和军队的科学发展、怎样实现科学发展这一问题，对军队建设具有十分重要的指导

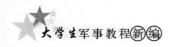

意义。

（二）形成了以科学发展观为主线的系统理论

科学发展观作为党的指导思想，必然是国防和军队建设重要的指导方针；科学发展作为经济社会发展的主题，也必然是国防和军队建设的主题。胡锦涛国防和军队建设思想，构成了他领导全党全军建军治军的思想理论体系，是科学发展观在国防和军队建设中的具体展开，是运用科学发展观指导国防和军队建设的鲜活实践，是名副其实的科学发展观"军事篇"。由此可见，胡锦涛国防和军队建设思想的形成发展，真正体现了党的创新理论与时俱进的发展要求，进一步夯实了国防和军队建设科学发展的思想政治基础。

（三）正确反映了国家安全形势发展变化对军队建设的时代要求

当前，世界多极化和经济全球化趋势深入发展，维护和平、制约战争、牵制霸权的因素不断增长。但是，综合国力竞争日趋激烈，争夺战略资源、战略要地和战略主导权的斗争加剧，传统安全与非传统安全威胁相互交织，影响和平与发展的不稳定、不确定因素增多。西方一些大国不愿看到我国的快速崛起，千方百计对我国加以牵制和遏制。我国周边安全环境存在着诸多隐患。现阶段我国社会矛盾和问题增多，国际敌对势力时刻企图利用这些矛盾兴风作浪。面对国家安全形势的发展变化，胡锦涛从时代和战略的高度，对新形势下国防和军队建设作出了一系列论述，为我们科学分析国际国内形势深刻复杂的变化，正确把握我国安全形势发展变化对国防和军队建设的内在要求，妥善处置各种复杂局面和化解风险困难提供了思想理论武器。

第六节　习近平关于国防和军队建设的重要论述

党的十八大以来，习近平对国防和军队建设高度重视，围绕强军兴军提出了一系列重大战略思想、理论观点、决策部署，深刻阐述了国防和军队建设根本性、方向性、全局性的重大问题。

一、习近平关于国防和军队建设重要论述的科学含义

习近平关于国防和军队建设的重要论述，既充分体现了马克思主义关于军事问题的立场、观点、方法，又深刻揭示了走中国特色强军之路的特点规律，是对毛泽东军事思想、邓小平新时期军队建设思想、江泽民国防和军队建设思想、胡锦涛国防和军队建设思想的继承和发展。它把我们党对军事问题的认识提高到一个新水平，是党的军事指导理论创新的最新成果，是新形势下加快推进国防和军队现代化的科学指南。

二、习近平关于国防和军队建设重要论述的主要内容

（一）积极推进富国和强军的统一

富国和强军，是发展中国特色社会主义、实现民族复兴的两大基石。习近平强调，要

统筹经济建设和国防建设，实现富国和强军的统一，从国家总体战略的高度，阐明了两者的密切关系，凸显了国防和军队建设的重要地位，为在国家发展全局中筹划国防和军队建设指明了方向。

习近平站在时代发展和中华民族伟大复兴战略全局的高度，提出中国梦、强国梦、强军梦等重大命题，指出，"实现中华民族伟大复兴，是中华民族近代以来最伟大的梦想。可以说，这个梦想是强国梦，对军队来说，也是强军梦"。这一重要论述，体现了肩负民族复兴重任的历史担当和统筹推进强国强军的战略眼光，具有鲜明时代特色、深远战略意蕴和重大历史意义。

国防和军队建设是国家安全的坚强后盾。中华民族伟大复兴绝不是轻轻松松就能实现的。我们越发展壮大，遇到的阻力和压力就会越大，面临的外部风险就会越多。没有一个巩固的国防，没有一支强大的军队，和平发展就没有保障。中国坚持和平发展道路，绝不会搞侵略扩张，但也不会在别人的挑战面前逆来顺受、忍气吞声。任何时候任何情况下，都决不放弃维护国家正当权益，决不牺牲国家核心利益，决不会拿国家的核心利益做交易。面临复杂严峻的国家安全形势，必须以只争朝夕的精神推进国防和军队现代化，只有把军队搞得更强大，底气才更足，腰杆才更硬。

（二）努力实现党在新形势下的强军目标

建设一支听党指挥、能打胜仗、作风优良的人民军队，是党在新形势下的强军目标。这是习近平国防和军队建设重要论述的核心思想，既为我军革命化、现代化、正规化建设赋予了新的时代内涵，提出了更高要求，又为解决军队建设面临的突出矛盾和问题、加快推进国防和军队现代化提供了强大动力。

强军目标是习近平把握国防和军队建设历史方位与阶段性特点提出来的，充分考量了国际战略形势和国家安全环境的发展变化。面对我国安全和发展面临的风险挑战明显增多、干扰遏制压力明显加大的新情况，要实现"两个一百年"奋斗目标，实现中华民族伟大复兴的中国梦，国防和军队必须有一个大的发展。

听党指挥是灵魂，决定军队建设的政治方向。我军是党缔造的，一诞生便与党紧紧地联系在一起，始终在党的绝对领导下行动和战斗。我军之所以能够无往而不胜，最终战胜一切敌人而不为敌人所压倒，靠的就是坚决听党指挥这个灵魂。任何时候任何情况下，我军都必须铸牢听党指挥这个强军之魂。

能打胜仗是核心，反映军队的根本职能和军队建设的根本指向。军队首先是一个战斗队。我军素以能征善战著称于世，创造过许多辉煌战绩。但是，以前打胜仗不等于现在和以后能打胜仗。我军现代化水平与国家安全需求相比差距还很大，与世界先进军事水平相比差距还很大，这些问题依然很现实地摆在我们面前。我们必须扭住能打仗、打胜仗这个强军之要。

作风优良是保证，关系军队的性质、宗旨、本色。在长期实践中，我军培育和形成了一整套光荣传统和优良作风，把这些宝贵精神财富一代代传下去，关系军队建设全局，关系军队形象和战斗力建设。作风优良是我军的鲜明特色和政治优势，必须把作风建设作为军队一项基础性、长期性工作抓紧抓实，夯实依法治军、从严治军这个强军之基。

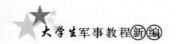

（三）从思想上、政治上建设和掌握部队

思想政治建设关系军队建设全局和方向，是永葆我军性质、宗旨、本色的根本保证。习近平指出，思想政治建设是我军的根本性建设，必须始终摆在部队各项建设首位来抓，确保部队绝对忠诚、绝对纯洁、绝对可靠。

军队的任务决定军队思想政治建设的任务。习近平指出，军队思想政治建设，要紧紧围绕党中央、中央军委关心关注的问题来进行，这样才能真正取得成效。当前，军队思想政治建设就是要紧紧围绕强军目标来进行，为实现这一目标提供可靠政治保证、强大精神动力、有力人才支持。

（四）抓紧做好军事斗争准备

军事斗争准备是军队基本的军事实践活动，是能打胜仗的重要保证。只有扎实抓好军事斗争准备，才能有效应对各种安全威胁，维护国家安全与稳定，进一步推动军队现代化建设快速发展，缩小与强国之间的军事差距。

在军队建设中确立战斗力标准，是我们党一以贯之的建军治军指导原则。习近平强调，要牢固树立战斗力这个唯一的根本的标准。把战斗力标准提高到"唯一""根本"的高度加以强调，是对军队建设规律的深刻揭示，是我军建设指导原则的进一步升华。

军事斗争准备不能松懈。军事斗争准备越充分，战略上就越主动，越能不战而屈人之兵。近些年，全军加速推进军事斗争准备，对推动部队全面建设和发展发挥了重要作用。必须以国家核心安全需求为导向，牢固树立练兵打仗、带兵打仗思想，牢固树立随时准备打仗的思想，牢固树立立足现有条件打胜仗的思想，真抓实备，常备不懈，提高军事斗争准备的针对性、实效性。

坚定不移地把信息化作为军队现代化建设发展方向。统筹核心军事能力与非战争军事行动能力建设。大力发展高新技术武器装备。全面建设现代后勤。确立适应信息化战争的实战化训练理念，要从实战需要出发从难从严训练部队。建设高素质军事人才和干部队伍，把联合作战指挥人才、新型作战力量人才培养作为重中之重。

（五）深化国防和军队改革

深化国防和军队改革，是实现中国梦、强军梦的时代要求，是强军兴军的必由之路，也是决定军队未来的关键一招。党的十八大以来，习近平围绕实现强军目标，统筹军队革命化、现代化、正规化建设，统筹军事力量建设和运用，统筹经济建设和国防建设，提出一系列重大方针原则，作出一系列重大决策部署。他指出全面实施改革强军战略，坚定不移走中国特色强军之路，这是应对当今世界前所未有之大变局，有效维护国家安全的必然要求；是坚持和发展中国特色社会主义，协调推进"四个全面"战略布局的必然要求；是贯彻落实强军目标和军事战略方针，履行好军队使命任务的必然要求。

国防和军队改革要以党在新形势下的强军目标为引领，贯彻新形势下军事战略方针，全面实施改革强军战略，着力解决制约国防和军队发展的体制性障碍、结构性矛盾、政策性问题，推进军队组织形态现代化，进一步解放和发展战斗力，进一步解放和增强军队活力，建设同我国国际地位相称、同国家安全和发展利益相适应的巩固国防和强大军队，为实现"两个一百年"奋斗目标、实现中华民族伟大复兴的中国梦提供坚强力量保证。

国防和军队改革的总体目标是，牢牢把握"军委管总、战区主战、军种主建"的原则，以领导管理体制、联合作战指挥体制改革为重点，协调推进规模结构、政策制度和军民融合深度发展改革。2020 年前，在领导管理体制、联合作战指挥体制改革上取得突破性进展，在优化规模结构、完善政策制度、推动军民融合深度发展等方面改革上取得重要成果，努力构建能够打赢信息化战争、有效履行使命任务的中国特色现代军事力量体系，进一步完善中国特色社会主义军事制度。按照总体目标要求，2015 年，重点组织实施领导管理体制、联合作战指挥体制改革；2016 年，组织实施军队规模结构和作战力量体系、院校、武警部队改革，基本完成阶段性改革任务；2017 年至 2020 年，对相关领域改革作进一步调整、优化和完善，持续推进各领域改革。政策制度和军民融合深度发展改革，成熟一项推进一项。

着眼于加强军委集中统一领导，强化军委机关的战略谋划、战略指挥、战略管理职能，优化军委机关职能配置和机构设置，完善军种和新型作战力量领导管理体制，形成决策权、执行权、监督权既相互制约又相互协调的运行体系。调整改革军委机关设置，由总部制调整为多部门制。军委机关下放代行的军种建设职能。发挥军种在建设管理和保障中的重要作用。调整改革后勤保障领导管理体制。改革装备发展领导管理体制加强国防动员系统的统一领导。

适应一体化联合作战指挥要求，建立健全军委、战区两级联合作战指挥体制，构建平战一体、常态运行、专司主营、精干高效的战略战役指挥体系。重新调整划设战区，按照联合作战、联合指挥的要求，调整规范军委联指，各军种、战区联指和战区军种的作战指挥职能。与联合作战指挥体制相适应，完善联合训练体制。

坚持走中国特色精兵之路，加快推进军队由数量规模型向质量效能型转变。裁减军队现役员额 30 万，军队规模由 230 万逐步减至 200 万。优化军种比例，减少非战斗机构和人员。压减军官岗位。优化武器装备规模结构，减少装备型号种类，淘汰老旧装备，发展新型装备。

依据不同战略方向安全需求和作战任务，调整结构、强化功能、优化布局，推动部队编成向充实、合成、多能、灵活方向发展。优化预备役部队结构，压减民兵数量，调整力量布局和编组模式。

遵循军事人才培养规律，构建军队院校教育、部队训练实践、军事职业教育三位一体的新型军事人才培养体系。健全军委、军种两级院校领导管理体制，完善初、中、高三级培训体系，调整优化院校规模结构。健全军事职业教育体系，构建全员全时全域军事职业教育平台。创新人才培养制度机制，加强院校与部队共育人才。

适应军队职能任务需求和国家政策制度创新，进一步完善军事人力资源政策制度和后勤政策制度，构建体现军事职业特点、增强军人荣誉感自豪感的政策制度体系。调整军队人员分类，逐步建立军衔主导的等级制度，推进军官职业化，改革兵役制度、士官制度、文职人员制度。完善退役军人安置政策和管理机构。深化经费管理、物资采购、工程建设和军人工资、住房、医疗、保险等制度改革。全面停止军队开展对外有偿服务。

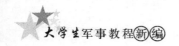

着眼于形成全要素、多领域、高效益的军民融合深度发展格局，构建统一领导、军地协调、顺畅高效的组织管理体系，国家主导、需求牵引、市场运作相统一的工作运行体系，系统完备、衔接配套、有效激励的政策制度体系。分类推进相关领域改革，健全军民融合发展法规制度和创新发展机制。

加强中央军委对武装力量的集中统一领导，调整武警部队指挥管理体制，优化力量结构和部队编成。

全面贯彻依法治军、从严治军方针，改进治军方式，实现从单纯依靠行政命令的做法向依法行政的根本性转变，从单纯靠习惯和经验开展工作的方式向依靠法规和制度开展工作的根本性转变，从突击式、运动式抓工作的方式向按条令条例办事的根本性转变。健全军事法规制度体系和军事法律顾问制度，改革军事司法体制机制，创新纪检监察体制和巡视制度，完善审计体制机制，改进军事法律人才管理制度，建立健全组织法制和程序规则，全面提高国防和军队建设法治化水平。

（六）推进军民融合深度发展

贯彻军民结合、寓军于民的方针，走军民融合式发展路子，是实现富国和强军相统一的重要途径。军民融合发展作为一项国家战略，关乎国家安全和发展全局，既是兴国之举，又是强军之策。必须不断完善融合机制、丰富融合形式、拓展融合范围、提升融合层次，努力形成全要素、多领域、高效益的军民融合深度发展格局。

把军民融合发展上升为国家战略，是我国长期探索经济建设和国防建设协调发展规律的重大成果，是从国家安全和发展战略全局出发作出的重大决策。

今后一个时期军民融合发展，总的是要加快形成全要素、多领域、高效益的军民融合深度发展格局，丰富融合形式，拓展融合范围，提升融合层次。军政军民团结是我军特有的政治优势。军队要强化宗旨意识和群众观念，积极参加和支援地方经济社会建设，以实际行动为人民群众造福兴利。各级党委和政府要把关心支持国防和军队建设当作分内之事，满腔热情为军队建设、为广大官兵排忧解难。全党全军全国各族人民要大力弘扬军爱民、民拥军的光荣传统，巩固发展坚如磐石的军政军民关系，为实现中国梦、强军梦凝聚强大力量。

要坚持需求牵引、国家主导，充分发挥市场在资源配置中的决定性作用，引导国家经济社会资源更好的服务国防和军队建设，注重从体制机制上解决军民融合式发展存在的矛盾和问题。军队要遵循国防经济规律和战斗力建设规律，自觉将国防和军队建设融入经济社会发展体系。要深入推进军民融合式发展的顶层规划和统筹，完善军地统筹建设运行模式，加快重要建设领域军民融合式发展。

国防科技工业是武器装备科研生产的重要基础和支撑力量，也是国民经济发展的重要构成力量，是落实军民融合式发展战略，统筹武器装备建设与国民经济发展的关键所在。

加强依托国民教育培养军事人才。促进军事教育与普通高等教育有机融合并在军事人才培养活动中发挥合力。这既是利用军事教育资源的独特优势为国家经济建设培养人才，更是依托国民教育体系的强大支持，将军事人才培养纳入国民教育大体系，借助国民教育优势和地方科技优势，把军队人才培养与国民教育结合起来，在新的历史条件下构建起新型军事人才培养体系。

三、习近平关于国防和军队建设重要论述的地位作用

（一）习近平国防和军队建设重要论述是党的军事指导理论创新发展的最新成果

新形势下，习近平准确把握时代特征和当代中国军事实践，对我军所处历史方位和阶段性特点作出新定位，明确了筹划推进国防和军队建设的战略基点；对军队建设目标作出新概括；对推进军队建设、改革和军事斗争准备提出新要求，揭示了新的历史条件下建军治军的特点规律。习近平关于国防和军队建设的重要论述，以及一系列新思想、新观点、新论断，科学阐明了加快推进国防和军队现代化的重要理论和现实问题，丰富发展了党的军事指导理论，续写了马克思主义军事理论中国化的新篇章。

（二）习近平国防和军队建设重要论述反映了实现中华民族伟大复兴中国梦的根本要求

习近平关于国防和军队建设的重要论述，站在实现中华民族伟大复兴的战略高度，全面阐述新形势下军队建设的地位作用、目标任务、方针原则、战略步骤等重大问题，体现了实现国家民族最高利益对人民军队的历史重托，体现了完成党的执政使命对军队建设的时代要求，为我军更好担负起维护国家统一、领土主权、海洋权益和发展利益的职能使命提供了有力引领。

思考题

1. 如何理解军事思想的含义？
2. 军事思想的发展经历了哪些阶段？
3. 如何理解毛泽东军事思想的科学含义？
4. 毛泽东军事思想的主要内容有哪些？
5. 简述毛泽东军事思想的历史地位和现实意义。
6. 为什么要坚持共产党对军队的绝对领导？
7. 邓小平新时期军队建设思想的主要内容有哪些？
8. 江泽民国防和军队建设思想的主要内容有哪些？
9. 胡锦涛国防和军队建设思想的主要内容是什么？
10. 习近平关于国防和军队建设的重要论述主要有哪些？

第三章　战略环境

战略环境是指定战略的客观基础。任何国家或集团的战略，无一不受战略环境的制约和影响。对所处的战略环境进行客观分析和科学判断，是一个国家特别是国家的战略指导者，制定正确的国际战略和外交方针的客观基础和前提条件。

第一节　战略环境概述

战略环境作为一个随着国际国内形势的变化而变化的动态因素，对一个国家的生存发展起着特殊而重要的作用。它主要包括国内外政治、经济、军事、外交、科技、地理等方面的客观条件及其所形成的战略态势，是影响国家安全或战争全局的重要客观条件。

一、战略

（一）战略的含义

战略是用来设计开发核心的军事政策，是军事活动的主要依据，是指导战争全局的方略，也是运用军事力量支持和配合国家进行政治、经济、外交等领域斗争的重要保障。战争指导者为达成战争的政治目的，依据战争规律所制定和采取的准备和实施战争的方针竞争力、获取竞争优势的一系列综合的、协调的约定和行动，泛指统领性的、全局性的、左右胜败的谋略、方案和对策。在现代社会的政治、经济等竞争领域，战略具有重要的地位和作用。本书中所指的战略，是指军事方面的战略，它是国家根本性的策略和方针，即称为战略。战略的指导对象是军事斗争的全局，它既指导军事斗争从发生、发展到结束的全过程，又关照其各个方面和各个部分间的关系。当代的国家安全战略，是指在平时和战时，组织和运用国家武装力量的同时，组织和利用国家的政治、外交、经济等综合力量以实现国家目标的艺术和科学。

军事战略是国家总体战略的重要组成部分，是国家总的方针、路线、政策在军事方面的具体表现，是国家关于军事斗争路线、方针、政策和策略以及斗争原则的集中反映。军事战略应当判断国家安全面临威胁的性质和程度，确定战略上的主要对手和作战对象，提出军事斗争所要达到的总体目标和主要任务，规定战略上的重点方向和地区，确定准备与实施军事斗争的指导方针和基本原则，以确定斗争的主要手段、形式、保障方法等，并依此制订总体行动计划和实施步骤。不同历史时期的战略内容各有特点。但总结其共同点，可知战略是指导全局的一种理论和艺术，是为了达成某种政治目的而采取的具有全局性的策略。

（二）战略的特征

一般来讲，战略具有以下五项主要特征：

1. 战略具有目标性

战争是政治的继续，具有很强的政治目的。任何战略都反映一个国家或政治集团利益的根本目标方向，体现它们的路线、方针和政策，是为其政治目的而服务的，具有鲜明的目标方向性。

2. 战略具有全局性

全局性表现在空间上，整个世界、一个国家、一个战区、一个独立的战略方向，都可以是战略的全局。全局性表现在时间上，贯穿于指导战争准备与实施的各个阶段和全过程。战略的领导者和指挥者要胸怀全局，通观全局，把握全局，处理好全局中的各种关系，抓住主要矛盾，解决关键问题；同时注意了解局部，关心局部，特别是注意解决好对全局有决定意义的局部问题。

3. 战略具有谋略性

战略是基于客观事实而提出的克敌制胜的斗争策略，它是在一定的条件下变被动为主动、化劣势为优势，以少胜多、以弱制强，乃至不战而屈人之兵的重要方法。制定战略强调深谋远虑，尊重战争的特点和规律，多谋善断，料敌定谋，灵活多变，高敌一筹，以智谋取胜。

4. 战略具有对抗性

制定和实施战略都要针对一定对象，通过对其各方面情况的分析判断，确定适当的战略目的，有针对性地建设和使用好武装力量。要在对抗中掌握斗争的特点和规律，采取多种斗争形式和方法，对敌抑长击短，对己扬长避短，以取得预期的斗争效果。

5. 战略具有预见性

预见性是谋划的前提、决策的基础。在广泛调查研究的基础上，全面分析和正确判断国际国内战略环境、敌友关系和敌对双方战争诸因素的发展变化，明确现实的和潜在的斗争对象，判明面临威胁的性质、方向和程度，揭示未来战争的特点和规律，是制定、调整和实施战略的客观依据。

（三）战略的构成要素

战略的构成要素，就是构成战略的基本成分，它集中反映了战略的本质属性，是战略内容和形式的具体展现。战略的构成要素主要包括以下五点：

1. 战略主体

战略主体即是战略的制定者和实施者。它可以包括国家、国家联盟、政治军事集团、战略区域等。由于国家是现代国际社会的主要行为主体，因而现代战略行为主体也主要由国家来担任。

2. 战略目的

战略目的是战略行动所要达到的预期效果，是制定和实施战略的出发点和归宿点，是国家一定时期内总的路线、方针、政策在军事上的反映，是制定战略的出发点和实施战略

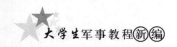

的落脚点。战略目的是根据战略形势和国家利益的需要来确定的，具有很强的时代特点。不同性质的国家和军队，其战略的目的不同。对于奉行防御战略的国家来说，其战略的基本目的在于维护国家和民族的根本利益、长远利益和整体利益，特别是维护国家的主权和领土完整。确定战略目的，强调需要与可能相结合，具有科学性和可行性，符合国家的路线、方针和政策，与国家的总体目标和国力相适应，满足国家在一定时期内对维护自身利益的基本要求。

3. 战略方针

战略方针是制订战略计划的基本依据，是统领战争全局、指导军事行动的总纲领、总方针、总原则。它是在分析国际战略形势和敌对双方战争诸因素基础上制定的，具有很强的针对性。对不同的作战对象、不同条件下的战争，应采取不同的战略方针。每个时期或每次战争除了具有总的战略方针外，还需制定具体的战略方针，以确定战略任务、战略重点、主要的战略方向、力量的部署与使用等问题。

4. 战略力量

战略力量是战略的物质基础和支柱，它以国家的综合国力为后盾，以军事力量为核心。军事力量既是确立战略的重要物质基础，又是实施战略的主要工具；战略决定着军事力量建设与运用的性质和方向，又主要依靠军事力量贯彻落实。必须在发展经济和科学技术的基础上，根据战略目的和战略方针的要求，确定其建设的规模、发展的方向和重点，并与国家的总体力量协调发展。

5. 战略措施

战略措施，有时也称为战略手段。它是为准备和实施战略目的而进行的具有全局意义的保障。它是战略决策机构根据战略需要，在政治、军事、经济、外交、科学技术、战略领导和指挥等方面所采取的各种全局性的、确实可行的方法和步骤，是任何战略不可缺少的重要组成部分。

（四）决定战略的基本因素

1. 国家利益

国家利益是决定一个国家军事战略走向的基本依据，是国家军事战略的出发点和归宿点。

2. 政治因素

政治对战略具有统率和支配作用，决定战略的性质和目的，赋予其任务和要求，影响战略的制定、实施和调整。战略服从并服务于政治，满足政治的要求、政治目的和政策要求，并经常性地运用政治手段。

3. 战争力量

战争力量指的是战争实力和战争潜力。战争实力即是能够立即用于战争的军事、政治、经济与精神力量的总和；战争潜力则是指上述要素中平时处于潜在状态而在战争前夕或战时通过动员，被挖掘出来以增强战争实力的能力。

4. 地缘战略关系

地缘战略关系是指地缘关系和国家间的地缘战略关系。地缘关系，通常是指地理环境基础之上，人类在一定的共同地域内从事居住、生活、生产等社会活动而形成的"社会—地理"空间关系。国家间的地缘战略关系是指相关国家间在自然地理和地缘环境的基础上形成的利益相关的诸种战略关系。

地缘战略关系包括地理位置、国土大小、国土形状、自然资源、边疆国界、国家间的相对距离和战略空间等。地缘战略关系对战略制定的影响主要表现在：大国关系形成的地缘战略关系格局，决定本国的战略定位；现实或潜在威胁的地缘分布，决定自己的战略威胁方向；地缘战略空间的不同特点，决定本国怎样合理建构和部署战略力量等。

5. 战略文化传统

战略文化传统是一个国家在战略行为上所表现出来的持久和相对稳定的文化特征，它是一个民族的文明历史经验、民族特性、价值追求及文化心理在战略领域的集中反映。一个国家的战略行为，既反映了它的现实需要，同时也深深地扎根于历史的战略文化之中。战略文化的基本特征是历史的延续性、文明的关联性和价值观的主导性。

6. 国际法

国际法是各国公认的、在国际关系上对国家有法律拘束力的行为规则，它既调整和平时期国家之间的关系，也调整敌对状态下国家之间的相互关系。国际法在现代战争中的作用主要表现在：一是揭露敌人，争取国际社会的同情支持，争取战略主动地位的有力武器；二是衡量和区分正义性与非正义性的重要尺度；三是确定和惩治战争罪犯的主要法律依据。

二、战略环境的研究对象

战略环境是国家或政治集团在一定时期内所面临的影响其安全及筹划、指导战争全局的客观情况和条件。它随着人类历史的发展而发展、随着国内外形式的变化而变化。战略环境的研究对象可分为国际战略环境和国内战略环境。

（一）国际战略环境

1. 国际战略环境的内容

国际战略环境是指世界各主要国家或政治集团在一定时期内在战略上相互联系、相互作用、相互斗争所形成的世界全局性的大环境和总体趋势。国际间战略利益的矛盾和斗争，是构成国际战略环境的基本方面。它关系到参与斗争各方的生存与发展、国家战略目标的得与失等根本利益，并由此决定国家军事力量建设、应用的基本方针和原则，是国家制定军事战略的外部环境和条件。

影响国际战略环境的主要因素包括：国际战略利益的矛盾及其发展；政治、军事、经济力量在世界范围内的分布与配置；主要国家之间的战略关系及其斗争、制约、合作的态势；战争的进程和结局，以及战争威胁的性质和程度等。

2. 把握国际战略环境的关键因素

对于战略指导者而言，要想准确把握当前国际战略环境，必须注重以下五点关键因素：

（1）时代特征。时代，是世界整体在发展进程中所处的阶段。时代特征，是将不同阶段进行区分的标志，它反映了世界发展总进程中的矛盾领域和斗争状况。正确认识时代特征，才能帮助战略指导者从宏观上对国际战略环境作出正确判断，避免战略失误。

（2）世界战略格局。世界战略格局是世界各国和政治集团在政治、经济、军事等各种力量的此消彼长、分化组合过程中形成的，对世界战略全局产生重大影响又相对稳定的力量结构。对世界战略格局进行分析研究，有助于从总体上了解世界各国的国际地位和战略利益诉求，可以帮助战略决策者对世界形势作出正确判断。

（3）主要国家的战略动向。世界各国之间因为政策的导向和利益的需求，既互为依存，又相互制约；既是敌人，也是朋友。世界大国和大国之间的联合组织，其战略制定对于地区和世界局势有着重要的影响。了解世界主要国家的战略动向，有助于从国际关系层面研究国际战略环境，进而能够对国际形势有更正确的判断。

（4）当代世界战争与和平的发展趋势。战争与和平是世界性的问题，也是威胁国家安全和世界安全的最不确定因素。因此，在国家制定战略决策前，必须关注和研究世界战争与和平的发展趋势，以辨别危险，防患于未然。

（5）周边安全形势。周边安全形势，是周边国家或集团直接或间接的影响本国安全的条件和因素。周边国家对本国的政策企图、利益矛盾、军事理论部署等内容是其中需要着重关注和把握的内容。

（二）国内战略环境

1. 国内战略环境的内容

国内战略环境是指对筹划、指导军事斗争全局有重大影响的国内社会环境与自然环境。它反映了国家军事力量建设与运用的可能条件和制约因素，决定着战略的基本性质和方向，是制定战略的依据。国内战略环境主要包括国家的政治、经济、军事、地理等方面的基本状况。

2. 把握国内战略环境的关键因素

（1）地理环境。地理环境主要包括国家（战区）的地理位置、幅员、人口、资源、地形、气候以及行政区划、交通要地等状况。它既是制定战略的重要客观依据，也是影响胜负的重要因素。一切军事活动都离不开一定的地理空间，都要受到地理环境的影响和制约。因此，加强对地理环境的认识与研究，是使战略指导符合客观实际的重要环节。

（2）政治环境。主要包括国家基本国策和政治、法律制度，以及国内政治安全形势。国家的基本国策和政治、法律制度是国内政治环境的本质和核心，对军事斗争全局的筹划、指导具有决定性的影响。这些经过国家最高权力机关立法规定，并在国家政治生活中得以贯彻和体现的关于中国国体、政体和大政方针的根本法律制度与基本国策，充分反映了中国各族人民的根本利益和共同政治需要，具有最高的法律地位和法律效力，是战略必须服从并为之服务的最高政治准则，是确立军事斗争的目的、性质、任务、基本方针、政策和战略指导原则的政治依据，同时也是保证战略得以贯彻实施的政治基础。国内政治安全形势，主要包括在一定时期内的阶级、民族、宗教政治集团之间相互关系的基本状况及其对政局和国家安全的影响。其中，敌对势力分裂、颠覆国家和发生武装冲突或国内战争的情况，是直接影响国家统一和稳定的国内因素，是筹划、指导军事斗争必须关注的重要问题。

（3）综合国力状况。综合国力是衡量一个国家基本国情和基本资源最重要的指标，也是衡量一个国家的经济、政治、军事、技术实力的综合性指标，它是一个国家全部物质力量、精神力量、实力和潜力的综合，包括物质资源、人力资源、基础设施、知识资源和资本资源等。综合国力是军事斗争特别是战争的物质基础，也是军事理论和作战方法发展进步的重要条件。一切军事斗争和军事活动，归根结底都要依靠综合国力，特别是经济、科技和军事实力的支撑，并受其制约。战略指导者必须立足于国家综合国力的实际状况，筹划、指导军事力量的建设和运用，使之与国家建设和社会发展的总体水平相适应。

第二节　国际战略格局

一、国际战略格局概述

战略格局，是国际社会中有关国家或力量集体，在一定时期，为了一定的政治、经济、军事利益，相互依赖、相互制约而组成的一种关系和结构，是这些国家或力量集团在斗争中处于相对平衡的发展阶段的关系和结构。国际战略格局，就是在世界范围内由各国和各力量集团之间的纵横博弈而形成的多层次、多方面的综合态势，它是一种动态的、随着时代发展而不断演变的结构。

二、国际战略格局的历史转换

国际战略格局的演变受到很多因素的影响和制约，其中最根本的还是各战略主体间力量和实力的对比。随着历史上各个大国或者国家集团的力量此消彼长，国际战略格局先后经历过四次比较大的历史转换。

（一）拿破仑战争形成的"维也纳格局"

18 世纪末到 19 世纪初，法国的资产阶级革命遭到了欧洲一些国家的反对。1793 年 1月，英、普、奥等国组成了第一次反法同盟，企图扼杀法国革命。1799 年 11 月 9 日（法国新历共和 8 年雾月 18 日），拿破仑发动"雾月革命"，推翻了法兰西第一共和国督政府，成立了由三个执政官组成的政府，拿破仑自任第一执政官。1804 年拿破仑称帝，废除共和政体，建立了法兰西第一帝国。为了称霸欧洲，拿破仑发动了一系列横扫欧洲的侵略战争，但都遭到了其他国家的反抗，最后在俄、普、英、瑞（典）、奥等国反法联盟的攻击下，法国战败。

1814 年 4 月，拿破仑退位并被流放到地中海的厄尔巴岛。1814 年 10 月，战胜国在维也纳召开会议，以法国战败为基础，重新划分了欧洲的政治地图，并力图削弱法国的力量以防其东山再起。1815 年 3 月，拿破仑逃回法国重新掌权，俄、普、英、瑞（典）、奥等国又迅速组成了第七次反法同盟，于同年 6 月 18 日在滑铁卢战役中大败拿破仑军队。7 月

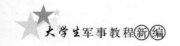

7 日，联军进入巴黎，拿破仑再次退位，"百日王朝"宣告结束。6 月 9 日，盟国在维也纳签署了《维也纳会议最后文件》。维也纳会议结束后，纷纷复辟的旧王朝，企图联合起来对付主张共和的革命运动和民族独立运动。在这种形式下，1815 年 9 月 26 日，俄、普、奥三国皇帝发表了在任何情况下都要互相援助的共同宣言，即所谓的"神圣同盟"。

到 1815 年底，除英国和土耳其外，几乎所有的欧洲国家都加入了这个同盟。在这个同盟中，俄、奥起到主导作用。在神圣同盟订立两个月后，英、俄、奥、普四国订立了《四国同盟条约》，规定在任何一方遭到法国的攻击时，缔约国各出 6 万人给予帮助。后来，四国同盟又邀请法国参加，扩大为五国同盟。

拿破仑曾以法国强大的军事力量横扫欧洲，打破了 18 世纪欧洲群雄并立的局面。在法国企图称雄欧洲的战争中，形成了英、俄、普、奥联合反法的格局。《维也纳会议最后文件》建立了新的欧洲均势，而神圣同盟和五国同盟的确立则形成了以镇压革命、民族独立运动和维持新的均势为目标的欧洲协调体制。历史上称以这三个文件为基础达成的一系列安排为"维也纳体系"。由于奥地利总理梅特涅在建立这一体系中起着十分重要的主导作用，因此人们又称这一体系为"梅特涅体系"。这一格局（体系）大体维持了 40~50 年的时间。

（二）普法战争导致的"法兰克福格局"

在维也纳格局的发展过程中，欧洲工业的进步促使各国资本主义反对封建制度及其残余的革命斗争迅猛发展。1830 年，法国爆发了"七月革命"，推翻了波旁王朝。以 1848 年 1 月西西里起义为开端，革命运动席卷整个欧洲大陆，法、奥、德、意等国先后爆发起义。1848 年 3 月维也纳起义后，梅特涅被解职并流放英国，"梅特涅体系"宣告解体。1862 年，俾斯麦出任普鲁士王国首相兼外交大臣之后，先后发动了对丹麦、奥地利的战争。1867 年，以普鲁士为首的莱茵河以北 22 个德意志国家和 3 个自由市组成了北德意志联邦，并成为法国在欧洲的劲敌。拿破仑三世力图通过战争阻止德国的统一，俾斯麦亦决心通过战争的方式实现德国的统一。

1870 年 7 月，拿破仑三世对普宣战。战争开始后，法国接连失利，在 9 月 1 日的"色当会战"中惨败，拿破仑三世率 10 万军队投降。11 月，南德意志联邦与普鲁士签订联合条约，条约规定法国割让阿尔萨斯和洛林给德国，赔款 50 亿法郎，三年付清后德国占领军开始撤退。5 月，两国正式签署《法兰克福和约》，确立上述内容。为确保对法胜利成果，战后，俾斯麦组织了新的反法同盟，并于 1873 年建立了以德、奥、俄"三皇同盟"为基础的新的战略格局，史称"俾斯麦体系"。在普法战争中，德意志实现了统一，在欧洲中心，一个强大而富有侵略性的德意志帝国出现在开始衰弱的法国和奥地利的身边，使得欧洲的均势开始动摇。但英、法、德、奥、俄仍是左右欧洲乃至世界形式的主要强国，世界仍是一种群雄角逐的多极状态。因此，"法兰克福格局"也称"法兰克福多极格局"。这一格局维持了 40 年左右。

（三）"一战"后的"凡尔赛—华盛顿格局"

"法兰克福格局"形成之后，法国复仇主义和遏制法国的德、奥、俄"三皇同盟"的矛盾不断刺激着欧洲的军备竞赛。由于德国和俄国之间的矛盾也不断激化，俄国反对德国对法国挑起战争，而奥地利由于俄国在巴尔干的利益矛盾不断升级，德国便决定建立以打击法俄两国为目标的联盟体系。

1882 年德、奥、意同盟建立，1883 年德、奥、罗同盟建立，1887 年德国又利用英国同法国、俄国的矛盾，指使奥地利、意大利与英国签订了两个分别针对法国、俄国的《地中海协定》。19 世纪 70 年代以后，工业技术从"蒸汽时代"跃进到"电气时代"，资本主义世界迎来了第二次工业革命。

后起的帝国主义国家要求重新瓜分世界，而老牌帝国主义又力图保住既得利益和它们经营多年的殖民地，它们之间的矛盾便急剧发展起来。在这种形势下，便形成了英、法、俄三国摒弃前嫌，组成"三国协约"（协约国）联合抗击德国，而德国同奥地利、意大利则订立"三国同盟"（同盟国），从而在欧洲形成两大军事集团对立的局面。为战胜对方，双方都在积蓄力量，准备决一死战。最后终因 1914 年 6 月奥匈皇储在萨拉热窝遇刺为导火线引发了第一次世界大战。历时 4 年 3 个月的第一次世界大战，于 1918 年 11 月以同盟国（意大利后来转向协约国）失败而告终，从而使维持了 40 年的"俾斯麦体系"宣告结束。随着对战败国的处理，一个新的战略格局便开始形成。

1921 年底，在美国操作下召开了华盛顿会议，会议先后炮制了《四国条约》《五国海军条约》和关于中国的《九国公约》。通过这次会议，美国不仅拆散了英日同盟，挫败了日本独霸中国的野心，而且使英国接受了美国与英国在海上平起平坐的地位，这样便在承认美国实力优势的基础上，划分了战后帝国主义在远东和太平洋地区的势力范围。最后，战胜国又建立了一个与凡尔赛体系相平行的华盛顿体系，我们称它为"凡尔赛—华盛顿格局"。

（四）"二战"后的"雅尔塔格局"

20 世纪 30 年代，以原子能、电子计算机和空间技术为代表的科学技术革命开始兴起，推动了各国经济的大发展。特别是苏联十月社会主义革命的胜利，沉重地打击了帝国主义营垒的后方，动摇了帝国主义在殖民地和附属国的统治。

1933 年希特勒上台之后，开始第三帝国的法西斯统治，扩张野心急剧膨胀，一心想要从英、法手中夺回失去的殖民地和市场。另一方面，意大利和日本亦先后走上法西斯专制体制的道路。日本于 1931 年开始侵占中国东北，1937 年又全面发动侵华战争。1939 年 9 月 1 日德军向波兰发动进攻，9 月 3 日英法对德宣战，第二次世界大战全面爆发。随着战争的发展，先后有 60 多个国家和地区、20 亿以上的人口和 1.1 亿的军队卷入了这场战争。战争中有 50 多个国家结成了反法西斯统一战线，迫使意大利、德国和日本先后投降，二战结束。

苏、美、英三国首脑斯大林、罗斯福和丘吉尔于 1945 年 2 月 4 日至 11 日在苏联克里米亚半岛的雅尔塔举行会议，讨论了关于攻击法西斯德国、德国的占领与管制、德国的赔偿、关于联合国会议、关于被解放的欧洲宣言、关于和平时期保持并加强在战时所实行的合作以及苏联对日作战等问题。会议秘密签订了《雅尔塔协定》，发表了《克里米亚声明》。

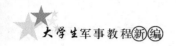

雅尔塔体系是建立在美、苏两极格局基础上的，美、苏凭借其军事、经济势力在世界划分势力范围。美国在二战后军事经济实力膨胀，意欲领导整个世界；而苏联凭借其强大的军事力量，也想在国际事务中发挥作用。由于意识形态的差异、国家利益的冲突，两大国由战时的盟友变为战后的对手，其对峙经历了"冷战"和"争霸"两个阶段。

二战后，遏制共产主义的叫嚷喧嚣起来，美国充当了国际宪兵的角色，对苏联推行除战争以外的冷战政策。冷战政策在舆论上的表现是丘吉尔发表的"铁幕演说"，它是冷战的信号；冷战政策在政治上的表现是杜鲁门主义，它是冷战的宣言书，是美国全球扩张的标志；冷战政策在经济上的表现是马歇尔计划的实施，它是杜鲁门主义在经济上的大规模运用。冷战政策在军事政治上的表现是组建北大西洋公约组织，北约和华约的建立是两大阵营对峙局面的标志。

20 世纪 60 年代，由于苏联推行霸权主义政策，中苏关系恶化，社会主义阵营不复存在；70 年代，欧共体和日本经济崛起，要求在经济政治上独立自主、不愿唯美国马首是瞻，于是，资本主义阵营分裂，两大阵营对峙局面终为美苏争霸所取代。美苏争霸历经了三个阶段：50 年代至 60 年代是第一阶段，其特征是互有攻守，其代表性事件是古巴导弹危机；60 年代至 70 年代是第二阶段，其特征是苏攻美守，其代表性事件是苏联进攻阿富汗、尼克松调整对外政策；80 年代是第三阶段，其特征是美攻苏守，代表性事件是美国星球大战计划。

雅尔塔格局是社会主义国家和资本主义民主国家共同反对法西斯国家胜利的产物，具有其积极性和消极性。积极性体现在：它在一定程度上体现了和平和民主的原则，表明不同社会制度和意识形态的国家，只要互相尊重、愿意合作，是可以和平共处的；它使世界顺利地实现由战争到和平的转变，从而有利于维护世界和平；它促进了人民民主、社会主义和民族解放事业的发展和胜利，为世界经济发展和科技革命创造了条件。

而它的消极性则体现在：这是一个体现大国强权政治的格局，它造成了国家分裂，造成人口迁徙、背井离乡；它保持和形成不平等的国际关系和经济秩序，给许多国家的社会经济发展带来不利影响；它造成军事上的两极和两大军事集团的对立，成为战后国际紧张局势和大战危险的根源。

三、走向多极化的当今国际战略格局

当今世界正面临前所未有之大变局，国际力量对比、全球治理体系结构、亚太地缘战略格局及国际经济、科技、军事竞争格局正在发生历史性变化。和平、发展、合作、共赢成为时代潮流，世界向相对和平的多极化方向发展，经济全球化深入推进，各国之间的联系交往更趋紧密。但同时，世界仍然很不太平，不稳定、不确定因素增多，危机与冲突此起彼伏，传统与非传统安全威胁相互交织。金融危机、地区乱局和恐怖主义威胁等一系列具有战略性影响的重大事件，对国际战略形势产生重大冲击，国际战略格局的调整变革仍面临着诸多挑战。

（一）国际格局加速演变和深度调整

1. 世界多极化继续发展

当前，国际形势正处于一个新的历史转折点，各战略力量分化组合、加速调整，国际力量对比、全球治理体系结构、亚太地缘战略格局以及国际经济、科技和军事竞争格局都正在发生历史性变化。

美国总体实力受到削弱，但"一超"地位并未根本性改变。美国作为唯一的超级大国，由于受国际金融危机和反恐战争影响，财政赤字居高不下，社会民生压力加大。欧盟、俄罗斯、中国、印度以及东盟等国家和地区组织的综合实力提升势头明显，在国际事务中的地位和作用日益增强。但是，美国与其他力量中心的力量对比依旧不对称，不论在政治、经济、军事领域，还是在文化、科技等领域，美国较之其他国家都拥有较大优势，在国际重要事务中仍占据主导地位，仍然是具有世界影响的力量中心，"一超多强"的基本格局并未发生根本性改变。"一超"和"多强"作为世界政治格局中的"极"，都对全球和地区事务发挥重要影响，其战略动向和政策调整都会牵动大国关系，进而影响国际战略形势。

世界其他战略力量实力快速提升，国际力量对比正发生历史性变化。随着以金砖国家为代表的新兴市场国家和发展中大国快速崛起，以及非国家行为体的大量涌现，国际力量对比正发生较大改变，世界多极化趋势更加明显。

2. 经济全球化深入发展

随着信息化技术的高速发展，国际分工不断细化，市场规模不断扩大，商品、服务及各主要生产要素在全球范围内的自有流动不断增强，世界经济相互融合程度更深，各国之间联系更加紧密，交往更加密切。随着"金砖国家"等新兴大国的崛起，发展中国家参与全球化的步伐明显加快，推动国际经济秩序继续发生深刻变化，区域一体化市场不断完善，国际贸易发展进一步推动经济全球化向纵深发展。

（二）国际形势保持总体和平、缓和与稳定

1. 和平仍然是时代主要潮流

当今世界，和平已经成为不可阻挡的时代潮流，国与国相互依存的利益交融日益加深，新兴市场国家和发展中大国整体性崛起，主要大国共同构建以合作为主导的新型大国关系，这些都有力地促进了和平力量不断增强，和平的时代潮流更加强劲。

各主要战略力量不断分化组合、相互影响，世界爆发大规模战争的可能性在降低。随着国际体系的演变与调整，各种国际力量加快分化组合，大国关系进入全方面角力新阶段，围绕权力和利益再分配的斗争十分激烈。大国之间继续保持对抗与合作并存、斗争与妥协交织的基本态势，国际体系处于大调整、大变革时期。霸权主义、强权政治和新干涉主义虽有所上升，但由于面对越来越复杂而紧迫的安全威胁和现实问题，霸权国家不得不主动寻求与其他战略力量进行多方面合作，共同应对挑战，这无疑增加了大国关系的稳定性和相对缓和态势。同时，恐怖主义、环境恶化等全球性问题也要求世界各国尤其是大国进一步加强国际合作，通过协调一致的共同努力予以防范、治理和解决。近些年来，大国之间围绕地缘战略、新型安全领域等产生的矛盾纠纷虽然时有激化，但相互间的协调合作也得到明显增强。大国间的相互依存与相互制约加深，使国家间更倾向于通过对话、协

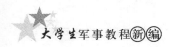

商、谈判等方式解决问题，世界战略格局中爆发大范围、高强度、大规模战争的可能性不断减小，和平的可能性持续增加。

2. 发展是世界各国的共同追求

发展问题是全世界面临的共同问题，不仅发展中国家要发展，发达国家也要发展。

推动共同发展，不仅能为各个国家实现繁荣稳定提供保证，也有利于扩大共同利益，增强维护世界和平的物质基础。当前，国际金融危机深层影响仍在持续，制约发达国家经济增长的痼疾尚未得到妥善解决，西方主要经济体在经济发展方面仍面临各自难题。发展中国家经济崛起虽势头良好，但也面临经济增速放缓、发展模式转型等问题。随着经济全球化的深入推进，南北经济的相互依存度和互补性不断提高，发达国家和发展中国家在经济上作为一个整体共谋发展的意愿更趋强烈。

3. 以合作共赢为核心的新型国际关系逐步建立

当前，世界各国相互依存度不断加深，在经济、安全上合作的需求进一步增强，彼此间社会文化联系日趋紧密，中、美、俄等大国关系不断调整深化，日益活跃的区域经济合作和多变安全合作蓬勃发展，对维护和平、促进共同发展都发挥了积极作用，也有力推动着新型国际关系的构建。中美作为两个大国，越来越注重加强各层次的对话沟通，建立起战略与经济对话、人文交流高层磋商等对话沟通机制，不断增进相互理解和信任，努力构建"不冲突、不对抗、相互尊重、合作共赢"的中美新型大国关系。中俄两国经过20多年不懈努力，建立起中俄全面战略协作伙伴关系。此外，中欧全面战略伙伴关系的建立、美欧相互间的协调合作等大国关系的深化发展，也为构建新型国际关系提供了有力支撑。同时，国际社会中的各种区域经济合作组织也在迅猛发展，如亚太经合组织、北美自由贸易区、欧盟以及中韩自由贸易区等，成为新型国际关系的一大特色。国际多边安全合作作为一种多变安全机制，也成为各国维护共同安全、促进国际合作发展的一个重要趋势。冷战虽然早已结束，但冷战思维并未彻底退出历史舞台，部分国家仍希望以集团对抗的形式控制国际安全秩序。但随着时代的发展，以平等、协商、对话、合作为内涵的新安全观念和安全方式正取得积极进展，各国间的相互理解与信任也在增强。以东盟地区论坛、东北亚合作对话会议、香格里拉对话、亚太安全合作理事会等为代表的官方和非官方地区安全论坛，已成为政府和民间讨论安全问题的重要渠道。全球性组织也积极推动多边安全合作，在缓和或解决重大热点问题上发挥作用。联合国安理会仍是国际社会共同探讨和处理国际热点事件的重要场所，在有效应对全球性挑战中发挥着重要作用。

(三) 世界仍然面临多种安全威胁

1. 霸权主义和强权政治仍然威胁着世界和平与稳定

世界虽已进入21世纪，但霸权主义、强权政治和新干涉主义不仅没有退出历史舞台，反而有许多新的表现，造成国际社会局部动荡频繁发生，现实和潜在的战争威胁依然存在，对世界和平与发展构成严重威胁和挑战。

以强大军事实力为支撑，频繁实施军事干涉行动。近年来，美国在利比亚战争中，通过高技术武器，对精心选择的目标实施突袭；在中东及亚太地区保持足够的军事力量，炫耀实力，随时准备进行武力干涉；在伊拉克等国设立"禁飞区"，实施空中封锁。这些军事干涉行动，直接引发了一些地区的危机和战火，加剧了地区紧张局势，破坏了地区和平稳定。以"民主""人权"为名，企图构建西方主导的世界体系，维持实际的领导地位是21世纪美国全球战略的基本目标。用西方的社会制度、价值观念和道德标准同化整个世界，确立西方主导的价值体系，是实现这一目标的重要手段。为此，美国打着维护"民主"和"人权"的旗号推行霸权，以软硬兼施的方式向广大发展中国家和社会主义国家输出美国的民主模式，竭力在政治上控制发展中国家，导致许多发展中国家政局不稳、社会动荡、战乱频发。尤其是在人权问题上，美国竭力鼓吹"人权高于主权"等观点，每年出台所谓的"人权报告"，对中国等许多发展中国家内政指手画脚，粗暴干涉别国内政。

大力实施文化渗透，诱发某些国家社会动乱。近年来，美国大力提倡的"软实力"中，十分强调以文化渗透向其他国家推行其生活方式和政治制度。美国利用信息和技术优势，跨国进行思想文化渗透，渲染西方的物质富裕和民主自由，企图削弱别国民众尤其是青少年对本国本民族优秀文化遗产和历史传统的向往和凝聚力，诱惑其认同西方的价值观体系。文化渗透已成为某些西方大国对别国进行"和平演变"的基本手段。

2. 局部冲突和动荡此起彼伏

近年来，国际形势呈现出"总体和平、局部战争；总体稳定，局部紧张；总体缓和，局部动荡"的基本特征。在世界大战打不起来、大国之间大规模战争与冲突可能性降低的背景下，地区或国家内的战争、紧张和动荡持续发展，因历史恩怨、民族矛盾、宗教对立、领土争端等因素，导致的战争和武装冲突此起彼伏。特别是近年来的埃及、叙利亚、利比亚等国内战争和武装冲突，乌克兰危机中的内部动荡，都引起全世界的高度关注。这些冲突既有跨国性质，又有内部冲突特征，并且相互交织，使地区局势更为错综复杂。

从冲突爆发诱因看，导致局部动荡和冲突加剧的原因复杂多元。一是美国以反恐为名谋求全球霸权，给地区局势造成了严重混乱。二是民族、宗教矛盾导致的冲突此起彼伏。三是边界领土争端使局部冲突频发。

3. 传统安全与非传统安全威胁相互交织

近些年来，非传统安全威胁不断上升，并与传统安全威胁相互交织，使世界和平、稳定和发展面临着新的威胁与挑战。传统安全威胁依然存在，是世界局势动荡不安的重要根源。一是由于民族宗教冲突、领土争端等原因引发的局部战争和武装冲突不断，地区冲突和地区危机增多。二是全球军费开支不断增加，国际裁军和军控进程出现倒退甚至失控的局面。三是因岛屿归属和海洋权益争端诱发战争的风险不容忽视。

非传统安全威胁明显上升。随着全球化和信息化的迅猛发展，国际恐怖主义更为猖獗，生态、能源、金融、信息、文化、社会、运输通道等方面的安全问题日益凸显，自然灾害、疾病蔓延、环境恶化、国际犯罪等跨国性问题的危害越来越大，正在成为国际矛盾和冲突的新根源，对国家乃至全球构成新的威胁。其中，恐怖主义已成为21世纪人类所面临的最严重的威胁之一。恐怖主义对传统主权国家概念及国家安全构成了巨大的冲击和挑战，恐怖与反恐怖将成为未来一个时期国际政治军事斗争的矛盾焦点之一。

同时，大规模杀伤武器扩散的风险也有所增大。此外，生态环境的严重恶化，全球气候变暖，大规模自然灾害等全球性问题，也给国际社会的安全与发展构成了现实威胁，成为维护世界和平与稳定的现实问题。

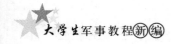

第三节　我国周边安全环境

新形势下，我国国家安全的内涵和外延比历史上任何时候都要丰富，失控领域比历史上任何时候都要宽广，内外因素比历史上任何时候都要复杂。

一、国家周边安全环境的基础理论

对环境安全进行分析，要用科学的理论体系，对可能对国家安全构成威胁的各种客观要素进行理论思考和全面的分析。

（一）威胁的要素

1. 实力

实力就是能力，是构成威胁的客观要素。力量强大的国家相对有较多的条件对弱国构成威胁，而弱国一般没有能力对强国构成威胁，因此，国家的强弱是能否构成威胁的实力要素。构成一国实力的因素是多方面的，包括政治、经济、军事、外交、科技等。就威胁实力而言，主要是指军事实力。因此，判断一个国家或地区的威胁实力，在判明其军事实力的同时，还要判明其可以迅速转化的军事潜力，更要判明其综合国力。

2. 企图

企图就是图谋和打算，是构成威胁的主观要素，也是不可忽视的重要因素。一个国家对另一个国家能否构成威胁，一看力量，二看企图。判明一个国家威胁企图的根本方面，应该从其政治制度和外交政策方面进行着重分析。

3. 环境、时机和方式

任何威胁行为总是在一定的环境下，抓住一定的时机，以一定的方式表现出来。任何一个国家的威胁行为，都是在一定的国际环境下表现出来的，是在一定的时间条件下反映出来的，有其特有的表现方式。

（二）威胁的转化

威胁不是一成不变的，在一定条件下它是可以转化的。威胁的转化是有条件的，如果构成威胁的原因淡化了，威胁就可能转化为缓和；如果构成威胁的原因激化了，威胁就可能转化为战争。

分析威胁的意义，在于认清我国所处的安全环境，从而不断敲响国防教育的警钟，有针对性地加强国防建设。

二、我国地缘环境的基本情况

地缘环境，即战略地缘环境，是基于地理因素之上的主要由各种对外关系构成的战略环境。国家的地缘环境，是持久地影响着国家安全的基本因素之一，因此，研究国家周边安全环境，必须重视地缘政治，从研究地缘环境入手。中国地缘环境三面陆地，东面海洋。陆地三面北边是荒原和冰冻之地，西边是戈壁、沙漠，南边是崇山峻岭、大河和热带雨林，在历史上是一个相对封闭的环境。现在社会随着海陆交通的发达，东面和西面已经分别成为中国经济和能源的战略要地，处于对外交流的前沿。纵观我国的地缘环境基本情况，可以得出以下三个特点：

（一）边界线长，邻国众多

我国地处亚洲东方，既是一个陆地大国，也是一个海洋大国。陆地国土面积 960 万平方千米，海洋国土面积 300 余万平方千米，陆海相连，总面积 1260 余万平方千米。我国陆地与 14 个国家接壤，蒙古、俄罗斯和越南，是与中国陆地共同边界最长的三个国家，分别达到了 4670 千米、4330 千米和 2000 千米。我国海岸线总长度 3.2 万千米，其中大陆海岸线 1.8 万千米，岛屿海岸线 1.4 万千米，岛屿海岸线总长度 15 万千米。我国的东海、南海、黄海总面积为 468 万平方千米，其中面积 500 平方米以上的海岛约 6500 个。我国与 8 个国家的大陆架或 200 海里专属经济区相连接，隔着黄海、东海、南海与韩国、日本、菲律宾、印度尼西亚、马来西亚、新加坡、文莱等国相望，还与美国等许多国家隔洋相望。此外，由于历史等方面的原因，有些国家，如柬埔寨、泰国、孟加拉国等国家虽然与中国没有共同的边界或者海疆，但与中国的关系一直非常密切。

在中国绵长的边界线上的众多邻国里，有的过去曾对中国发动过侵略战争，并且现在仍有着强大的经济和军事实力，具有对中国安全造成重大影响的能力。有的邻国相互之间有着很深的积怨，国家之间严重对立，随时有爆发武装冲突的可能性，对于中国的边境安全造成很大影响。有的国家居民与中国边境地区的居民属于同一民族或者信奉同一宗教，这种情况一方面有利于国家间开展友好往来、发展国家间关系，另一方面也可能会被一些国家的狭隘民族主义者和极端宗教势力者所利用，增加中国边境地区的不稳定因素。还有的国家仍然与中国存在着历史遗留下来的边界领土争议和海洋国土划界争议，这些争议也是引发边界危机和冲突的隐患。

（二）人口密集，热点集中

中国本身是一个人口大国，根据 2010 年进行的第六次全国人口普查结果显示，中国总人口超过 13 亿，占世界人口的五分之一。而在中国的周边，存在着众多人口大国，比如人口 11.6 亿的印度、2.4 亿的印度尼西亚、1.7 亿的巴基斯坦、1.4 亿的俄罗斯、1.27 亿的日本等；还有菲律宾、越南、泰国、韩国等数千万至一亿人口的国家。可以说中国所处的地缘位置是世界人口最密集的区域，这些人口加起来有 30 多亿，占到世界总人口的一半以上。

中国及其周边不仅是世界人口最密集的地区，也是世界热点相对集中的地区。朝鲜半岛、台湾海峡、南沙群岛、千叶群岛、克什米尔等热点地区都在此区域；世界五大力量中的中、美、俄、日也都交汇于此；世界上的有核国家和核门槛国家也在中国周边密集分布。这些因素汇集在一起，对中国的周边环境造成了巨大的安全压力。

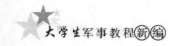

（三）环境复杂，影响深远

中国的周边有着复杂的环境和局势。这种复杂性，是由于周边各国政治制度的差别、发展速度的差别、外交政策的差别、民族和宗教信仰的差别等因素造成的。在这个区域，有社会主义国家也有资本主义国家，有发达国家也有发展中国家，有老牌强国也有新兴国家，有富裕的国家也有贫穷的国家。这些不同性质的国家因追求的利益不同，政策目标不同，因此所奉行的国家安全战略和外交政策也就不尽相同，这种复杂的周边环境对中国的安全带来一定的不利影响。

我国周边地区民族众多，分布和构成广泛而复杂，宗教信仰和文化传统差异明显，这些差异所导致的矛盾也对我国的国家安全造成消极影响。近年来，先后出现我国周边地区的极端的民族或宗教势力向我境内渗透；宗教极端主义、民族分离主义、国际恐怖主义这"三股势力"与国际反华势力相互勾结破坏我国边疆地区的和平稳定等情况。这些不稳定的因素对我国社会稳定和民族团结构成了严重威胁。

根据两大地缘战略区的划分（即欧亚大陆战略区和海洋战略区），中国虽然地处欧亚大陆地缘战略区，但是它背靠欧亚大陆，面向太平洋，连接东北亚、东南亚、南亚和中亚，实际处于两大地缘战略区的交汇处。这种特殊的地缘关系，造成了中国在历史上曾受到两大战略区强国的侵略和压迫，也使得中国能够在今天成为对两大战略区都能产生重要影响和发挥重要作用的战略力量。

因此，身处"世界要塞"的中国，如何处理好与两大战略区重要国家的关系，如何应对好周边复杂的战略环境，不仅关系到中国自身的安全，也深刻地影响着东亚地区、亚太地区乃至整个世界的和平、稳定与发展。

三、缓和是我国周边环境的主流

随着维护和平力量的上升和制约战争因素的增多，以及我国综合国力、抵御风险能力的明显增强，国际地位和国际影响力、营造安全环境的能力显著提升，我国与多数国家关系呈现进一步深化发展趋势，外部环境总体有利，周边和平态势可望保持，我国发展仍将处于可以大有作为的重要战略机遇期。

近年来，中国国家领导人踏出国门，登陆亚、欧、美、非四大洲。在当今世界大发展、大变革、大调整的时代，习近平主席从国内国外两个大局着眼，基于我国发展仍然处于大有作为的重要战略机遇期的科学判断，以和平、发展、合作、共赢的大国外交理念，构建合作共赢新伙伴、打造人类命运共同体，服务和平发展大局、善处利益纷争乱局、开创共同发展新局，唱响中国声音、宣示中国主张、贡献中国智慧，谱写大国外交新华章。

（一）中国与世界主要大国和国家集团都建立了友好合作关系

中国作为多极世界当中必不可少的一极，依靠其快速稳定的发展和不断增强的综合国力，在国际社会发挥着越来越大的作用，甚至在一些国际问题上处于主导地位。世界主要大国和国家集团出于自身利益和解决世界问题的综合因素考虑，必须和中国建立起友好合作的关系，在互惠互利的同时，共同维持和保障了世界局势的和平稳定。

中国与美国的关系一直在曲折反复中稳步发展，中美重新打开交往大门 40 多年来，在中国几届领导人和美国历届政府的共同努力下，两国关系总体保持了稳定发展势头。过去十年可以说是中美关系迅速发展的十年。新时期，我国提出了构建"不冲突、不对抗、相互尊重、合作共赢"的中美新型大国关系。美国也意识到合作与对话比对抗更符合美国的利益，美国将致力于同中方一道，在相互尊重、相互信任、平等相待的基础上，建设美中新型大国关系。中美关系已成为当今世界最重要、最富活力的双边关系之一，主要体现在以下三个方面：一是中美两国的利益联系日益紧密。中美互为第二大贸易伙伴。二是中美高层往来和对话磋商愈发频繁和深入。双方新建了中美战略与经济对话、人文交流高层磋商、战略安全对话、亚太事务磋商、中东事务磋商、省州长论坛等多个重要对话机制。通过这些交往，双方就广泛议题保持着深入、坦诚沟通，对加深了解、增进互信、深化合作、管控分歧发挥了重要作用。三是中美在国际和地区问题上保持着密切沟通与合作。两国加强宏观经济政策对话，在应对国际金融危机中进行建设性合作，为推动世界经济复苏和增长做出重要贡献。两国在朝核、伊朗核等地区热点问题以及反恐、防扩散、气候变化、能源、粮食安全、疾病防控等全球性问题上广泛开展了富有成效的协调与合作。

中国和俄罗斯是横跨欧亚大陆的两个地域辽阔大国，也是两个毗邻而居的全球性大国。无论从国际力量平衡还是从地缘政治来看，中俄关系的意义都超出双边关系的范畴，而对整个世界战略格局变化具有重大影响。中俄两国在 21 世纪一直保持着良好的战略伙伴关系，两国领导人多次互访，先后签订了一系列联合声明和友好条约。未来中俄战略伙伴关系会更深化，但不会出现"冷战"时的军事同盟关系。中俄战略伙伴关系的深化有利于地区稳定和世界和平，有利于打破强权思维。2013 年双方签订的《中华人民共和国和俄罗斯联邦关于合作共赢、深化全面战略协作伙伴关系的联合声明》宣示中俄就两国战略协作及重大国际问题的立场主张，中俄关系已达到前所未有的高水平，为大国间和谐共处树立了典范，为促进地区乃至世界和平与安全发挥着重要的稳定作用。2016 年 6 月，两国元首一致同意，坚持战略协作精神和世代友好理念，加大相互支持，增进政治和战略互信，坚定不移致力于深化中俄全面战略协作伙伴关系。

中国和欧盟保持着密切友好的关系。1975 年，中国与欧洲经济共同体建立外交关系，双方交流揭开崭新的一页。20 世纪末以来，中欧着眼长远，顺应潮流，推动双方关系连续登上建设性伙伴关系、全面伙伴关系、全面战略伙伴关系三个台阶。中国国家主席习近平于 2014 年访问欧盟总部，是中欧建交 40 年来中国国家元首的首次访问。建交 40 年来，在双方共同努力下，中欧关系取得了长足发展。中欧双方在维护世界和平、促进共同发展方面的共识不断扩大、合作的深度和广度持续发展，中欧关系战略意义日益突出，已经成为全球最重要的双边关系之一。中欧打造和平、增长、改革、文明四大伙伴关系。

（二）中国积极倡导和参与多边区域合作

中国对多边区域合作的参与经历了一个认识不断深化、行动日益主动的转变过程。20 世纪 90 年代初期，中国开始参与各种多边区域合作，但由于担心国家的主权权益受侵犯，这一时期中国的参与活动主要是尝试性的。进入 20 世纪 90 年代中期以后，中国的区域意

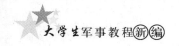

识不断增强，对多边区域合作的政策开始转向积极参与。进入 21 世纪后，中国开始成为亚太地区多边区域合作的推动者，倡导建立了一系列新的多边区域合作机制。在这一过程中，中国负责任大国的国际形象及其和平发展战略日益为亚太各国普遍认同。2015 年 4 月，习近平出席亚非领导人会议和万隆会议 60 周年纪念活动。他在出席亚非会议期间提出三大合作："深化亚非合作""拓展南南合作"和"推进南北合作"。

上海合作组织就是由中国积极倡导和参与的合作组织典范。上海合作组织成员国总面积达 3000 多万平方千米，占欧亚大陆总面积的五分之三，人口 16 亿多，为世界总人口的四分之一。这是中国首次在其境内成立并以其城市命名的国际性组织。上海合作组织成立以来在促进并深化成员国之间睦邻互信与友好关系、巩固地区安全和稳定、促进联合发展方面发挥了积极作用。上海合作组织的建立和发展顺应了冷战结束后人类要求和平与发展的历史潮流，展示了不同文明背景、传统文化差异的国家通过互尊互信实现和平共处、团结合作的巨大潜力。

（三）中国与邻近国家关系发展良好

中国一直秉持"与邻为善，以邻为伴"的外交方针，努力与邻国一道营造和平稳定、平等互信、合作共赢的地区环境。在世界形势变化和我国外交政策的推动下，我国与邻国的关系逐步密切，共同建立了全面发展的睦邻友好关系。

总体来看，中国在北边与欧亚多国合作建立上海合作组织；在南边与东盟进行了有效的协调；在东边与韩日等国开展了符合实际的外交。具体来说，一是与巴基斯坦、柬埔寨、缅甸、朝鲜等国的传统友好关系得以继续巩固、发展，例如 2015 年 4 月，习近平访问巴基斯坦，将中巴战略合作伙伴关系提升为全天候战略合作伙伴关系；二是与日本、越南、菲律宾、印度等与我国存有争端的国家维持求同存异、共同发展的状态。虽然不能否认我国与其他一些国家在领土、边境等问题上的纠纷，但爆发大规模武装冲突的可能性很小，缓和前进的步伐不会停止。

四、我国周边安全环境存在威胁和挑战

随着世界战略格局的不断变化，在和平稳定的大环境下，我们也要清醒地认识到我国周边安全环境面临的不确定、不稳定因素。我国周边存在的安全隐患问题形成了一条"V形热点线"，呈放射状特点，在北部、西部、南部、东部和东南部都存在着不安全因素。V 形线的左端是一条西北东南走向的大陆线，有中亚五国问题、阿富汗冲突、印巴冲突、印中争端等问题；V 形线右端是一条东北西南走向的海洋线，有日俄北方四岛之争、日韩竹岛（独岛）之争、朝鲜半岛之争、中韩黄海大陆架之争、中日东海大陆架、钓鱼岛之争和我国南海之争等。

居安思危，防患于未然。只有充分认识到存在的挑战和威胁，才能更好地帮助我们制定更加科学合理的国际战略，通过多种渠道和方式保证有利于中国发展的长期稳定的周边环境。

（一）台湾问题

台湾地处我国东南海域，居于我国沿海岛屿中枢，扼守西太平洋海上航道要冲，是我国南北两大战略海区的连接点和枢纽部，是我国跨越西太平洋第一岛链，走向太平洋的战略门户，是我国集攻防为一体的战略要地和海防屏蔽。台湾问题的解决，祖国的统一，是维系国际经济发展命脉的对外贸易交通运输线得以保护和畅通的前提，是维护中国国家安全利益的保障，事关中国国家主权与领土完整，事关中国民族的发展和复兴。

作为一个涉及中国核心利益的问题，正确妥善地处理好台湾问题对于中国的和平发展和中华民族的伟大复兴有着十分重要的意义。要想和平统一中国，就必须认识到如今的台湾问题已不仅仅是中国的内政问题。以美、日为首的国际因素为了遏制中国，谋求自身利益，极力阻碍台湾问题的顺利解决。美日安全联盟的存在和发展，给中国和平解决台湾问题客观上设置了极大的障碍。

美国在台湾的利益诉求包括政治、经济、军事、安全、地缘战略等多方面的内容。政治层面上，台湾是美国用以遏制中国发展的最方便也是最有效的工具。经济上，虽然中美贸易发展如火如荼，中国已成为美国不可或缺的贸易伙伴，但在台湾的一些固有经济利益仍是美国所不愿放手的。最重要的一项就是军火销售。同时美国也明白，台湾以东的洋面是中国进入太平洋的唯一战略出海口，如果这里能被自己所控制，将可以有效限制中国的海洋发展，同时也将使得中国沿海地区直接受到外部势力的威胁，中国的地缘环境将会极度恶化。所以美国必然会努力坚守在台湾的"阵地"，维护既得利益，不断打压中国。

此外，虽然在台湾岛内，大多数民众对于自己是中国人有着强烈的身份认同，期待中国统一是他们一直以来的希望。但也存在着一些极端分子，就是"台独"势力，他们不顾历史渊源、现实发展、人民需要和民族利益，为了自身利益和个人喜好而一意孤行，以台湾"脱离祖国"，成立"独立国家"为目标从事分裂主义行径。在现在的台湾，国民党和亲民党是承认一个中国的政党代表，"泛蓝"政党都主张在"一个中国，各自表述"的基础上，通过协商、对话和制度竞争，最终达到民主、自由、均富的统一。而民进党、李登辉牵头的台联党和极端激进的"建国党"则是支持"台独"的"泛绿"代表。政党的斗争随时影响着台湾"统独"的走向。我们要认清形势，有针对性地开展"团结一部分、打击一部分"的工作，才能在对"台独"分子的斗争中占得先机。

多方因素的综合，使得台湾问题的解决非常复杂，绝非一朝一夕之功。马英九执政之后，台湾方面的变化发出两点信号：一是主张反对"台独"、坚持"九二共识"的政党上台，两岸关系再获难得发展机遇；二是"九二共识"、两岸关系和平发展得到台湾主流民意的认同。2015年11月，两岸领导人习近平、马英九在新加坡香格里拉大酒店会面，这是1949年以来两岸最高领导人首次会面。

台湾民进党领导人蔡英文于2016年5月20日正式就任新一届台湾地区领导人。她在发表"就职演说"，在两岸同胞最为关注的维护两岸关系和平发展政治基础问题上，依然采取模糊的态度、回避的做法。她虽然提到尊重1992年两岸两会会谈达成若干的共同认知与谅解这个历史事实，但并没有讲清楚"共同认知"的具体内容，并没有明确接受"九二共识"两岸同属一个中国的核心意涵。这份没有完成的答卷，并不能为大陆方面和

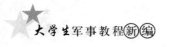

国际社会所信服。

推进祖国和平统一进程、完成祖国统一大业，是实现中华民族伟大复兴的必然要求。"一国两制"在实践中已经取得举世公认的成功，具有强大的生命力。两岸关系和平发展是维护两岸和平、促进共同发展、造福两岸同胞的正确道路，也是通向和平统一的光明大道。坚持"九二共识"、反对"台独"是两岸关系和平发展的政治基础。中国坚决反对"台独"分裂势力。

（二）海洋权益之争

海洋权益是国家在其管辖海域内所享有的领土主权、司法管辖权、海洋资源开发权、海洋空间利用权、海洋污染管辖权以及海洋科学研究权等权力和利益的总称。中国的海洋权益有着十分丰富的内涵，既包括在中国管辖海域范围内的权益，也包括中国在公海、国际海底区域和南北极等国家管辖范围以外的权益。作为一个海洋大国，维护海洋权益是保障国家安全、维护国家主权的重要内容。

1. 南海问题

南海是中国海域中面积最大的一个海，面积近360万平方千米。南海排在南太平洋的珊瑚海和印度洋的阿拉伯海之后，是世界第三大海。所谓南海问题，指的是南海周边的6国7方，即中国大陆和台湾、越南、马来西亚、印度尼西亚、文莱和菲律宾，在南海岛礁归属和海域划分上存在分歧和争端。

无数考古证据和历史文献证明，南海诸岛最早发现、命名、开发和连续管辖的历史都属于中国。18世纪至19世纪，荷兰、英国、法国、美国和日本，都曾有船多次进入南海活动，这些外国人在他们的记录和写的书里都承认，在南海诸岛上，他们看到、碰到的人都是中国渔民。岛上有中国渔民搭的草棚、建的小庙、修的坟墓，这些表明，中国渔民历史上从未中断过在南海的生产作业。20世纪以来，世界主要国家出版的198种地图集和权威百科全书无不明确标明或承认南沙群岛及其附近海域在中国南海的传统海疆之内。中国历史上在南海有几次非常重要的行使主权行动——明朝的郑和下西洋、清朝晚期的李准巡滩、国民政府在二战胜利后接收南海诸岛。有意思的是，这些行动都在南海诸岛的岛礁名中留下了纪念，而这些岛礁名又反过来以历史背景的真实证明了中国历朝对南海管辖有案可查。

南海的历史并没有阻止周边国家对它的争夺。20世纪60年代在南海盆地发现大量石油、天然气资源，南海成为"第二个波斯湾"，世界四大储油区之一，这是引发南海争夺高潮的实质原因。在巨大利益驱使下，这些南海周边国家已经不顾南海主权历史上一直属于中国的事实，以占领就是拥有的野蛮逻辑侵占南海岛礁，不顾中国的抗议，在南海的中国传统海疆内强行开采油气。

南海所拥有的资源利益固然非常重要，但海洋对于沿岸国和航道使用国而言，战略空间和战略位置才是其重要性的本原。比如菲律宾就曾有政治家把南沙群岛比作"抵在菲律宾腰间的一把匕首"，充分显示了这些国家侵占南海区域的战略目的。在全球战略地图中，南海是连接太平洋与印度洋、亚洲与大洋洲的要道，陆缘国要争海权，南海是必由之路，海缘国要夺陆权，南海是战略基点，在中国全面发展综合实力、力争海洋权益的今天，这种战略意义尤显突出。

中国政府一贯主张"主权属我、搁置争议"的主张，但个别海上邻国在域外大国支持下采取挑衅性举动，在非法"占据"的中方岛礁上加强军事存在，并频繁推出外交、舆论、法律等对抗措施，导致海上方向维权斗争进一步复杂化、扩大化、国际化和长期化。

美国将南海问题视作分化我国与东南亚国家关系、迟滞我国和平发展的重要议题，今年极力插手南海事务，高调宣布"在南海自由航行"。为了抗衡所谓的我国"扩大军事存在"，美国还坚持从"实力的立场"出发采取行动，加大在南海武装巡逻和对我抵近侦察力度，多次与我形成军事对峙。随着中日关系渐趋紧张，日本扩大对东盟投资，通过开展高官访问、举行双边首脑会议和联合军事演习、加大政治和军事援助等方式，乘势提出更多安全合作愿望，意图成为地区海上安全机制领导者，同时寻求将两海问题联动起来，对我国进行侧翼牵制。

2013 年菲律宾单方面就南海问题提交国际仲裁。2016 年 7 月 12 日，菲律宾诉中国南海仲裁案仲裁庭作出非法无效的所谓最终裁决。仲裁庭建立在菲律宾单方面请求基础上，中方多次声明，菲律宾共和国阿基诺三世政府单方面提起仲裁违背国际法，仲裁庭没有管辖权，中国不接受，不承认。中国对南海诸岛及其附近海域拥有无可争辩的主权。菲律宾滥用《联合国海洋法公约》强制争端解决机制，单方面提起并执意推动南海仲裁，是披着法律外衣的政治挑衅，其实质不是为了解决争端，而是妄图否定中国在南海的领土主权和海洋权益。作为主权国家和《联合国海洋法公约》的缔约国，中国享有自主选择争端解决方式和程序的权利。

2. 东海问题

东海问题主要是中日之间的争端造成的，其中既包括中日专属经济区界线的划分之争、中日东海油气田之争等。为世人所瞩目的钓鱼岛问题也在东海海域之内。

钓鱼岛及其附属岛屿位于我国台湾省基隆市东北约 92 海里的东海海域，主要由钓鱼岛、黄尾屿、赤尾屿、南小岛和北小岛及一些礁石组成。钓鱼岛及其附属岛屿自古以来就是中国的神圣领土，有史为凭、有法为据。钓鱼岛等岛屿是中国人最早发现、命名和利用的，中国渔民历来在这些岛屿及其附近海域从事生产活动。早在明朝，钓鱼岛等岛屿就已经纳入中国海防管辖范围，是中国台湾的附属岛屿。钓鱼岛从来就不是什么"无主地"，中国是钓鱼岛等岛屿无可争辩的主人。

1895 年，日本在甲午战争末期，乘清政府败局已定，非法窃取钓鱼岛及其附属岛屿。日本强迫清政府签订不平等的《马关条约》，割让"台湾全岛及所有附属各岛屿"。二战结束后，根据《开罗宣言》和《波茨坦公告》，中国收回日本侵占的台湾、澎湖列岛等领土，钓鱼岛及其附属岛屿在国际法上业已回归中国。1951 年，日本同美国等国家签订片面的"旧金山和约"，将琉球群岛交由美国管理。1953 年，美国琉球民政府擅自扩大管辖范围，将中国领土钓鱼岛及其附属岛屿裹挟其中。1971 年，日、美两国在"归还冲绳协定"中又擅自把钓鱼岛等岛屿列入"归还区域"。中国政府对日、美这种私相授受中国领土的做法从一开始就坚决反对，不予承认。1972 年中日邦交正常化和 1978 年缔结和平友好条约谈判过程中，两国老一辈领导人着眼大局，就"钓鱼岛问题放一放，留待以后解决"达成重要谅解和共识。

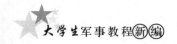
为了遏制我国发展，日本积极谋求摆脱战后体制，大幅调整安全政策，坚持在东海问题上向我国示强，应对策略趋于强硬，并日益显示出军事化、对抗性特征。首先，加大对钓鱼岛的所谓"行政管控"力度。针对我国执法力量进入钓鱼岛巡航执法，日本不断强化钓鱼岛"警备"体制，包括拟定"钓鱼岛12海里警备保全法"，组建海上保安厅钓鱼岛专属船队，长期在钓鱼岛维持大规模海空存在，并经常性的监视、跟踪和骚扰我国执法力量。其次，加大钓鱼岛方向军事准备力度。近年来，日本将方位重点快速转向西南地区，把军事防御范围向我大陆方向大幅推进，通过积极构建"联合机动防卫力量"、向美国采购先进装备、修建机场等基础设施、与美国频繁举行"夺岛"军演等方式，不断强化警戒监视、岛屿防卫作战、情报搜集、运输、指挥控制和情报通信、反导作战等能力。尤为严重的是，日本频繁派遣军机进入我东海防空识别区，跟踪和骚扰我海军进出相关水道，允许自卫队对进入钓鱼岛海域的他国船只使用武器强制驱离，使得两国发生军事摩擦甚至冲突的风险增大。

（三）边境争端

由于历史遗留原因，中国同周边接壤的一些邻国之间存在着悬而未决的边界领土之争，中国政府坚持"和平共处五项原则"，既考虑历史背景，又兼顾现实情况，通过和平谈判，友好地解决了一批边界问题，先后与朝鲜、巴基斯坦、尼泊尔、缅甸、蒙古、俄罗斯等邻国妥善解决了部分争端，但仍然有同印度、越南等的边界遗留问题处于争议中。

中印边境问题是历史遗留问题。历史上，两国的习惯边界是喜马拉雅山南麓，基本没有争议。英国占领印度后，英、印政府不断实施侵占西藏的阴谋，给今天的中印边界争端埋下了祸根。现在整个中印边界全长1700千米，分东、中、西三段。在每一段边界上都有争议领土，双方争议地区约12.5万平方千米。

1914年英国政府代表亨利·麦克马洪私自同"西藏地方"代表在印度新德里以秘密换文的方式炮制了所谓的"中印边界线"，即"麦克马洪线"。对于英国人将我国领土私相授受的行为，历届中国政府从来没有承认这条边界线的合法性。1951年，印度军队乘中国在朝鲜激战无暇西顾，派兵占领了西藏地方政府管辖的达旺地区。1959年，印度公开支持和收容西藏叛乱分子并在中印边境制造流血事件。1962年，中印边界战争全面爆发。中印战争50年来，两国在边界问题上始终存在严重分歧，但经过双方的共同努力，也达成过一些共识。1988年，拉吉夫·甘地成功访华，中印双方同意通过和平方式协商解决边界争端。2003年，印度总理瓦杰帕伊访华，两国同意任命特别代表，探讨解决边界问题的框架。经过五轮谈判后，双方于2005年4月达成了解决中印边界问题政治指导原则。2012年两国政府共同举办"中印友爱协作年"，并在指导原则中提出要"推动两国边界会谈，应用好边疆事务商量和和谐任务机制，独特保护边疆地域战争安定"。在中印关系密切发展的时候，中印两国军队又在喜马拉雅山脉中印边界发生了对峙事件，在对峙过程中，中国边防部队一直严格遵守两国达成的有关协议，尊重和遵守中印边境地区的实际控制线，在中方一侧进行正常巡逻，没有越过实控线一步，所以没有造成实际的军事冲突和武力对抗。但由于中印两国本身就对于"实控线"有着不同的认识，所以这种边境的争端和冲突还会时有发生。

中印边界问题的历史和现状之间有着巨大的差异，所以我们在解决的过程中，应当既考虑历史，又照顾现状；我们需要信心，更需要耐心。在边界问题上，双方要继续通过友好协商，寻求公平合理、双方均能接受的解决方案。在边界问题最终解决前，共同管控好争议，维护好边境地区和平安宁，不使边界问题影响两国关系发展。

（四）周边局势

影响我国安全的周边局势主要有东北亚方向局势和朝核问题。朝鲜核问题，是指朝鲜开发核应用能力而引起的地区安全和外交等一系列问题，相关方为美国、中国、韩国、俄罗斯和日本。

为使朝核问题和平解决，中国政府积极斡旋，于2003年4月促成有朝鲜、中国、美国参加的朝核问题三方会谈。2003年8月，中国在北京举行有中国、朝鲜、韩国、美国、日本、俄罗斯参加的朝核问题六方会谈，并确立了通过谈判和平解决朝核问题的原则。截至2008年6月，六方会谈已进行到第6轮。2016年3月2日，联合国安理会一致通过决议，决定实施一系列制裁措施遏制朝鲜的核、导开发计划，并呼吁恢复六方会谈。

妥善处理朝鲜半岛核问题事关半岛及东北亚地区和平稳定，符合有关各方共同利益，也是各方担负的共同责任。我国表示：第一，不管什么情况下，半岛都不能有核，无论是北方还是南方，无论是自己制造，还是引进部署。第二，不能用武力解决问题，那将使半岛生战、生乱，中国不会允许。第三，中国自身的正当国家安全利益必须得到有效维护和保障。

我国对美国决定在韩国部署"萨德"反导系统的动向表示明确反对。"萨德"反导系统覆盖范围，特别是其X波段雷达监测范围远远超出半岛防卫需求，深入亚洲大陆腹地，不仅将直接损害中国的战略安全利益，也将损害本地区其他国家的安全利益。我国坚决反对任何国家借用半岛核问题侵害中国的正当权益。

思考题

1. 什么是国际战略环境？
2. 当前国际战略格局的主要特点有哪些？
3. 我国周边安全环境有哪些主要特点？
4. 我国相对缓和的周边安全环境主要体现在哪些方面？
5. 我国相对缓和的周边安全环境中存在哪些不安全因素？

第四章　军事高技术

科学技术的发展特别是军事高技术的发展正在军事领域引发一场深刻的变革。从 20 世纪 80 年代以来发生的屡次局部战争，人们可以看出：现代战争已在很大程度上表现为高技术的较量，谁拥有军事高技术，谁就能够在战争中占据更大的主动权；现代战争已进入高技术时代。

第一节　军事高技术概述

一、军事高技术的含义和分类

在新军事变革的推动下，局部战争正向信息化时代迈进，军事高技术的内涵越来越丰富。由此，我们可以对军事高技术给出一个较为确切的定义。

（一）军事高技术的含义

1. 高技术

高技术一词来源于美国，是 High Technology 的译语，亦称高新技术。它是指以当代科学最新成就为基础，处于时代科学技术的前沿，对发展生产力、促进社会文明进步、增强综合国力起先导作用的技术群。它主要包括相互支撑、相互联系的六大技术群，即信息技术群、新材料技术群、新能源技术群、生物技术群、海洋技术群和航天技术群。[①] 每个技术群既各自独立又相互渗透、相互促进、相互融合。在这六大技术群中，信息技术是其核心，对经济社会发展和国防建设具有巨大的推动作用。以信息技术为核心的高技术的迅猛发展和广泛应用，正在深刻地改变着世界的社会经济面貌，也在深刻改变着军事斗争的面貌，引发了一场全球性的新军事变革。与一般技术相比，高技术有高智力、高投资、高竞争、高风险、高效益、高渗透、高速度七大特点。[②]

2. 军事高技术

军事高技术是指应用于军事领域的现代高新科学技术。军事高技术只是一个相对的概念，是相对于它出现以前的那些技术而言。具体来说，军事高技术是建立在现代科技成就基础上，处于当代科技前沿，以信息技术为核心，在军事领域发展和应用的，对国防科技和武器装备发展起巨大推动作用的那部分高技术的总称。

---

①②　《军事高技术知识教材》（上册），解放军出版社，1995 年，第 1 页。

（二）军事高技术的分类

从军事高技术与武器装备的关系来看，军事高技术可分为两个层次，即军事基础高技术和军事应用高技术。军事基础高技术是指对我支撑高技术武器装备发展的共性基础技术。主要包括微电子技术、光电子技术、电子计算机技术、新材料技术、高性能推进与动力技术、仿真技术、先进制造技术等。军事应用高技术是指直接应用于武器装备研制和生产的技术。主要包括侦察监视技术、伪装与隐身技术、精确制导技术、电子战与信息战技术、指挥自动化系统技术、军事航天技术、核武器和化学武器及生物武器技术、新概念武器技术等。

二、军事高技术的发展和应用

如何认识军事高技术的发展和应用，可谓仁者见仁，智者见智。有的认为是信息化、智能化、集约化；有的认为是太空化、微观化、多元化；有的则认为是社会化、模块化、多能化、网络化。各种认识都有道理，只是观察的角度不同。本节试图从朝阳技术入手对军事高技术的发展和应用做一些探讨。

（一）军事信息技术将持续快速发展

当前，信息技术正以惊人的速度、向着更广更深的领域推进，社会的信息化程度不断提升，信息技术已经成为现代高技术群的领衔技术。信息技术的核心地位和高速持续发展的趋势正在和必将继续全面影响军事高技术的发展，使军事信息技术的快速持续发展成为军事高技术发展的重要特点和趋势。另一方面，信息化战争在向新的更高层次的演变过程中，也对军事信息技术提出了越来越高的要求，从而也极大地推动了军事信息技术的发展。

从近期军事信息技术的发展情况看，也能明显地感觉到这种趋势。例如：军用微电子技术目前正向超微型、系统集成和边缘整合三个方向发展。一是使电子器件的尺寸越来越小，以适应现代武器装备体积小、效能高的要求。有的发达国家正在努力研制尺寸极小甚至达到纳米阶段的军用电子器件。二是积极研制系统集成芯片，使各种物理的、化学的和生物的敏感器和执行器与信息处理系统结合在一起，从而更加有效地完成从信息获取、信息处理、信息存储、信息传输到信息执行的一系列系统功能。系统集成芯片被认为是微电子技术领域的一场重要革命，今后相当长的一段时间内将是系统集成芯片技术真正快速发展的时期。三是将微电子技术与其他技术结合，产生新的军事技术。比如微机电系统技术（MEMS）是微电子技术与机械技术、光学技术等相结合而产生的；生物芯片则是微电子技术与生物工程技术结合的产物。这些技术可能不久便会取得突破，并对军事活动产生重大的影响。

军用计算机也将向运算速度更快、形式多样化、高智能化的方向发展。我国最近正在努力研制每秒能运算四千多亿次的"曙光3000"超级服务器。美国也雄心勃勃地计划建造每秒一千万亿次的"蓝色基因"超级计算机。另外，各国科学家还正在研制各种各样的

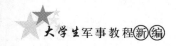

新型计算机，如数据流计算机、神经计算机、生物计算机、光学计算机、超导计算机、阵列计算机等。目前美、日、英等国家还在大力研制智能计算机，这种计算机可模拟人的思维方式并进行较为复杂的推理。这些高性能计算机的发展，将使军事信息技术得到进一步发展，给信息化战争带来崭新的面貌。

（二）军事人工智能技术的地位将越来越高

人工智能技术在 20 世纪 70 年代以来被称为世界三大尖端技术之一（空间技术、能源技术、人工智能技术），也被认为是 21 世纪的三大尖端技术之一（基因工程、纳米科学、人工智能）。近 30 年来，人工智能技术获得了迅速的发展，取得了一系列成果，对信息化社会的发展和人类的生产生活产生了很大的影响，其地位不断提升。而人工智能技术被应用于军事领域后所形成的军事人工智能技术同样得到飞速的发展。在指挥控制系统、精确制导系统、侦察监视系统、战场机器人系统等方面得到广泛运用和取得巨大的战场效应，改变了战场的面貌，催生了新的作战方法，对信息化战争的发展做出了不可或缺的贡献。同时，由于军事人工智能技术的运用不仅能提高作战效能，还有利于政治目的和军事战略的实现，这是许多国家的政治家、军事家所期望的。因此，军事人工智能技术的发展不可避免地得到重视。目前，各国都加大了对军事人工智能技术研究工作的投入，展开了激烈的竞争，新的计划和成果不断涌现。军事人工智能技术的高速发展和对现代战争的巨大影响已成为必然的趋势。

当前，战场指挥控制系统（C4ISR）中人工智能技术的作用日益重要。一些国家正在研制智能决策系统中使用的智能计算机，试图模拟人的大脑功能，替代人脑从事某些指挥、决策等工作。美国推出网络中心战模式作为未来作战系统，把 C4ISR 系统与各种作战平台整合为一体，对战场情况进行自动化处置。美、日、欧等国家和地区，计划通过建立庞大的太空卫星系统，编织一张囊括全球的指挥控制网，以提高其战场反应的智能化水平。

人工智能技术在军事领域中越来越重要这一趋势还表现在精确制导武器的智能化程度的不断提升上。第一代精确制导武器，需要以手动操纵跟踪目标；第二代精确制导武器可以发射后不用管；第三代精确制导武器只需确定目标，弹药发射后能自动寻找、识别、击毁目标。目前美国正在研制第四代、第五代精确制导武器。今后的精确制导武器将会具有一定的逻辑判断能力，在实施攻击时，不仅可以进行威胁判断、多目标选择和自适应抗干扰，还能自动选择最佳命中点，自动寻找目标最易损、最薄弱的部位，以获取最高作战效能。

战场机器人的不断涌现，是人工智能技术发展趋势的重要标志。目前，许多国家都投入巨资积极研发各种类别的军用机器人。无人侦察飞机和无人战斗机的品种和数量越来越多，无人战车和无人舰船等也已有面世。一些国家的空军已开始部署大型的无人作战飞机。美军试图在未来十年内组建由士兵和机器人组成的人、机混合兵团，并打算在 2050 年后不再使用有人驾驶的飞机。一些国家还在积极研究昆虫机器人等其他各具特色的新型机器人。

（三）军事航天技术将成为又一个战略制高点

现代科技的迅猛发展把人类带进了越来越宽广的空间，人类的智慧之箭射向了遥远的太空。航天技术的发展给人类的物资、精神生活都带来了巨大的变化。人类还将在通往太空的征程中孜孜不倦、奋力拼搏。军事航天技术是近年来发展成果最多的军事高技术领域之一，它对军事通信、侦察、军事导航、指挥控制、网络等领域的发展做出了极大的贡献。一定意义上说，信息化战争的发展必然以军事航天技术的发展为前提。对此，各国都有共同的认识，在制定社会发展战略时，都把发展航天技术尤其是军事航天技术作为夺取世界未来的战略制高点的手段。投入巨资，激烈竞争。军事航天技术必将成为人类战争和社会发展进程中的又一个战略制高点。

目前，一些国家在不断改进航天器运载技术的同时，积极开展了军用卫星技术、空间站技术、太空载人技术、星球探测技术、反卫星技术和近太空高速投送技术的研究工作。美国准备在太空部署密集的微卫星群，用作对地面目标的即时攻击和太空战。美国打算大力改进其第二代卫星导航系统（GPS）的性能；我国的北极星卫星导航系统以及欧洲和一些国家联合开发的伽利略卫星导航系统正在推进。美国研制中的天空飞机，用于在大气层内外空间的高速运行，2~3小时就能绕行地球一周。日本、印度等国近年来加快了航天技术发展的步伐。还有一个值得关注的方面是，航天技术与其他技术结合将孕育出新的武器系统。比如，当前军事科学家们正在研究将航天技术和激光技术、定向能技术相结合，以便能够研制出新的太空武器系统，用来攻击卫星、飞机、导弹、海洋中的舰艇、地面上的车辆等目标。

（四）军事纳米技术将取得重要的突破

现代科技在关注宏观世界的同时，也将触角伸向微观世界。近年来，纳米技术发展迅速，已经对诸多领域产生了重要的影响。许多国家都加强了对纳米技术的研究。军事纳米技术将可能取得重要的突破，从而对现代战争产生许多重大的影响。

目前，军事纳米技术正向以下三个方面发展：一是微机电系统。即在非常微小的空间内构建微型系统，由在硅片上制造的微型电机、作动器和传感器组成，可用于分布式战场传感器网络、有毒化学战剂报警传感器、高性能敌我识别器和微型机器人电子失能系统等。二是专用微型集成仪器，特别是纳米卫星。这种仪器可用微电子工艺技术和微机电技术开发出来，不仅可替代现有航天器和运载火箭上的有关系统，还将导致研制出重量只有100克、可大量部署的军用纳米卫星。三是所谓的"微型军"装置。"微型军"装置是指能像士兵那样遂行各种军事任务的超微型智能装备，目前美、英、德、俄等国正在研制的"微型军"装置主要有"间谍草"、袖珍遥控飞机、"机械蚂蚁"和"机器虫"。这些微型兵器可执行战场侦察和特种作战等任务。

（五）军事生物技术可能引起军事领域的又一次革命

有人预测，生物技术的发展和生命科学的研究，将是今后四五十年里最令人振奋的科技领域。美国科技前沿的科学家有三分之一在从事生命科学研究。生物技术和生命科学的

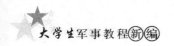

发展有可能引发人类社会的又一场革命。许多国家都对生物技术和生命科学的发展作出了长远的规划，并投入许多资源用于生命科学的研究和生物技术的开发。生命科学和生物技术的持续发展必将成为人类科学技术发展的重要趋势。在这个背景下，军事生物技术的发展也已取得一些成果，并将以更快的速度持续发展。而军事生物技术的进步必然对军事领域产生巨大的影响甚至可能是一场新的变革。以生命科学为基础的综合性技术——生物技术也将成为军事高技术的制高点。生物技术在军事领域的应用非常广泛。

三、军事高技术对现代作战的影响

（一）极大地提升了人类在现代作战中的能力

高技术尤其是信息技术的进步引发了武器装备领域和军队建设领域的一场革命。武器装备的性能得到明显改善甚至是质的飞跃，军队战斗力直线上升。从而使人类的现代作战能力得到极大的提高。主要表现在：（1）战场感知能力的提升。由于电、光、声等传感器技术和卫星、飞机等侦察监视平台的发展，人类已经可以在距离目标数千上万千米的地方准确地发现、查明和跟踪目标，战场感知的范围比二战时扩大了十倍以上。地球表面的任何一点都可能在对方侦察器材的监视之下。（2）战场反应能力的提升。由于计算机技术、通信网络技术和指挥控制技术的发展，对战场目标做出反应的时间已比二战时缩短了十倍以上。一个炮兵阵地完成射击准备的时间只需 60 秒，发射反应的时间仅仅几秒钟。（3）战场到达能力的提升。由于航天航空技术、火箭技术、信息技术和新材料新能源技术的发展，人类已经能在 24 小时左右将兵力、火力投送到地球的任何地方，开辟出陆、海、空、天和电磁战场。（4）战场突击能力的提升。精确制导技术、隐身技术和新能源技术的发展，使现代突击兵器的精确打击能力、突防能力和突击速度大大提高。突击兵器的命中概率达到 80% 以上。二战中，摧毁敌方一个铁路枢纽时约需要几千架次飞机投掷数千枚炸弹，而现在只需要投掷几枚精确制导弹药。

（二）改变了现代作战的直接目标

高技术尤其是信息技术给武器系统带来的最大变化就是其主导技术的变化。在高技术大量运用之前，战场武器系统的主导技术是机械类的，在战场上起重要作用的是飞机、坦克、军舰和相应的机械化军队，所以作战的直接目标即是消灭对方的以机械能、化学能支撑的有生力量。而高技术运用于战场后，信息技术主导了战场武器系统，几乎所有的武器都依赖于信息技术，信息化兵器、信息化军队和其他信息资源已经成为战场力量的主体。因此，现代作战的基本内容即是对信息资源的争夺，以夺取信息优势和消灭对方的信息力量为直接目标。

（三）催生了新的作战方法

高技术尤其是信息技术运用于战场后，信息战成为现代作战的基本内容。因此，过去的机械化战争时期的作战方法已经不能实现现代战争的作战目标了。这就催生了一系列围绕信息战而展开的新的作战方法。如美国军队在伊拉克战争中便采取了电子战、网络战、指挥系统瘫痪战、战略心理战、震慑战、舆论战、斩首战等。

（四）推动了军队的转型

高技术尤其是信息技术的进步，对从机械化战争时期走来的军队提出了挑战。旧的军队的编制、武器、训练、作战模式和思想理念，已经不能适应现代战争的需要了。这就推动了军队的转型。如美军自 20 世纪 90 年代就开始着手于军队的转型，提出了建设信息化军队的目标。

（五）孕育了新的作战理论

在高技术尤其是信息技术运用于战场后，旧的机械化战争的作战理论已经不能反映现代战争的规律，而以信息战理论为主线的新的作战理论体系则破土而出，不断发展。这些理论试图揭示现代战争的特殊规律，研究新的作战原则、作战手段和军队的建设等课题。如一些国家提出了现代作战的信息优势原则、系统对抗原则、精确作战原则、实时行动原则、威慑制胜原则等。

（六）促进战争形态的演变和发展

高技术尤其是信息技术的发展，使人类由工业社会逐步进入信息社会。而信息化社会在战争中的表现形态便是信息化战争。因此，军事高技术对现代作战的影响的最终表现是在促进机械化战争形态向信息化战争形态的演变和发展上。

四、正确认识军事高技术

高技术武器装备在其战术性能上与传统武器相比，有着非常突出的优势。这些武器装备的侦察预警能力、电子干扰能力、快速反应能力和系统配套协同能力强，命中率高，毁伤力大。但是，高技术武器也有弱点，如造价昂贵、保养困难等，各种武器也各有克星。

从现代战争的经验中可以看出，不是仅有高技术武器装备就能打赢高技术战争。既要加速改善武器装备，又要抓紧人才素质的提高。毛泽东在《论持久战》中批判唯武器论时指出："武器是战争的重要因素，但不是决定的因素，决定的因素是人不是物。"在高技术条件下，这一战争指导规律仍然有效。要正确认识人与武器的辩证关系，这是因为，高技术在军事上的英勇，虽然促使武器装备产生了质的飞跃，但是武器威力的提高归根到底是人的智慧的结晶，而且要使之在战争中充分发挥作用，同样要依赖于人的因素，人仍是决定战争胜负的主要因素。武器准备越先进，越需要高素质的人。

第二节　精确制导技术

精确制导技术的发展和在武器装备中的广泛运用，带动了精确制导武器发展的巨大飞跃。精确制导武器的出现是第二次世界大战后军事技术发展最引人注目的进展之一，它的精度远非传统武器所能比拟，必将对未来作战产生巨大的影响。

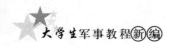

一、精确制导技术的原理和分类

（一）精确制导技术的原理

制导是指按一定的规律对某些武器进行引导和控制，并调整其运动轨迹直至以允许误差命中目标。制导技术是一种按照特定规律控制武器（含导弹）的飞行方向、姿态、高度和速度，引导和控制武器系统对目标攻击的综合性技术。它是以微电子、电子计算机和光电转换技术为核心，以自动控制技术为基础而发展起来的高新技术。

制导武器的制导是由制导系统来完成的，制导系统通常由导引系统和控制系统组成。[①] 导引系统一般包括探测设备和计算机变换设备。其功能是测量制导武器与目标的相对位置和速度，计算出实际飞行弹道与理论弹道的偏差，给出消除偏差的指令。控制系统通常由敏感设备、综合设备、放大变换装置和执行机构（伺服机构）组成。其功能是根据导引系统给出的制导指令和制导武器的姿态参数形成综合控制信号，再由执行机构调整控制制导武器的运动或姿态直至其命中目标。

（二）精确制导技术的分类

制导武器的制导方式主要有寻的制导、遥控制导、惯性制导、地形匹配与景象匹配制导、全球定位系统制导和复合制导。

1. 寻的制导

寻的制导又称"自动寻的"或"自动导引"。它是利用弹上导引装置接收目标辐射或反射的能量（无线电波、红外线、激光等）形成导引信号，自动跟踪目标并控制制导武器飞向目标的制导。

按照照射目标能源所处的位置可区分为主动寻的制导（照射目标的能源位于弹上，并由弹上导引头接收来自目标的反射能量）、半主动寻的制导（照射目标的能源不在弹上，可设在地面、水面和空中等位置，弹上导引头仅接收来自目标的反射能量）和被动寻的制导（不发射照射能源，弹上导引头直接感受目标辐射能量）。

寻的制导的导引精度通常不受飞行距离的影响，并且精度很高，但制导的作用距离较近，因而常用于制导武器的末制导。

2. 遥控制导

遥控制导是指由弹外制导站发送指令或波束，弹上导引装置形成导引信号，控制导弹飞向目标的制导。遥控制导的遥控设备由弹上导引装置和弹外制导站组成。制导站可以设在地面、舰船或飞机上，时刻跟踪目标和制导武器，随时测取它们的运动参数，故常用于攻击运动中的目标。

遥控制导通常可分为指令制导和波束制导两大类。

（1）指令制导

指令制导是制导站通过测量、计算形成制导指令，然后将制导指令发送给制导武器，

---

① 《军事高技术知识教材》（下册），解放军出版社，1995年，第76页。

并控制其飞向目标的制导。通常可分为有线指令制导和无线电指令制导。

有线指令制导是通过连接制导站和弹体的专用导线传输制导指令的一种遥控制导。由于受导线长度的限制，这种制导方式多用于射程较近的反坦克导弹上。新出现的有线指令制导是"光纤制导"，用光纤代替铜导线，由装在导弹上的电视摄像机获取目标的信息图像，经传输能力大的光纤送到制导站，制导站形成的控制指令再经光纤送回导弹，直至摧毁目标。

无线电指令制导是将制导指令以无线电波的形式发送到弹上的一种遥控制导。弹上设备接到制导指令后，形成导引信号，控制制导武器的飞行。目前使用较多的有雷达指令制导和电视指令制导。

（2）波束制导

波束制导又称"驾束制导"，是由弹外制导站发射波束跟踪并照射目标，当制导武器进入波束后，导引装置控制制导武器沿波束中心线飞向目标的制导。通常有雷达波束制导和激光波束制导。

3. 惯性制导

惯性制导是利用惯性测量设备测量导弹运动参数并随时修正导弹运动偏差的制导技术。导弹飞行过程中，计算机根据惯性测量装置测得的数据和初始条件给出制导指令，弹上控制系统根据指令导引导弹飞向目标。

惯性制导是一种自主制导技术，飞行中不需从导弹外部获得信息，隐蔽性好，抗干扰性强，不受环境和气象条件的影响。主要缺点是制导精度随飞行时间（距离）的增加而降低，故常与其他制导方式组成复合制导，如惯性+GPS制导。惯性制导常用于中远程弹道导弹及巡航导弹中，一般用于攻击固定目标。

4. 地形匹配和景象匹配制导

地形匹配制导又称地图匹配制导，通常用来修正中远程惯性制导的导弹在中段和末段飞行中的误差。其工作原理是：在导弹发射区与目标区之间选择若干特征明显的标志地点或景物，通过遥测、遥感手段按其地面坐标点标高数据绘制成数字地图，预先存入弹载计算机内。导弹飞临这些地区时，弹载的雷达高度表和气压高度表测出地面相对高度和海拔高度数据，计算机将其同预存数字地图比较，算出修正弹道偏差的指令，弹上控制系统执行指令，控制导弹飞向目标。

景象匹配制导又称数字景象匹配区域相关制导或区域相关制导。其工作原理与地形匹配制导相似，是利用弹载"景象匹配区域相关器"获取目标区域景物图像数字地图，将其与预存的参考图像进行相关处理，从而确定导弹相对于目标的位置。

地形匹配和景象匹配制导主要适合用来攻击固定目标，但在平原和大面积水域上空难以发挥作用，因为没有明显的地形特征。另外，由于事先要把大量的地形或景物数据输入导弹上的存储器，所以发射准备时间较长。

5. 全球定位系统制导

美国为满足各军种导航的需要，于1987年开始发展"导航星"全球定位系统，简称GPS。该系统由空间设备、地面控制设备及用户设备三部分组成。空间设备由24颗导航卫星（其中21颗工作卫星，3颗备用卫星）构成；地面控制设备由5个地面监控站、3个上

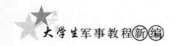

行数据发送站和 1 个主控站构成；用户设备为各种 GPS 接收机（导航接收机）。"导航星"全球定位系统是受美国军方控制的军民两用导航定位卫星系统，在军事上的应用十分广泛，可为精确制导武器的投掷与发射提供精确制导、定位、计时和测速数据。制导武器可利用弹上安装的 GPS 接收 4 颗以上导航卫星播发的信号来修正其飞行路线，提高制导精度。

目前，中国的北斗卫星导航系统是继美国全球定位系统（GPS）、俄罗斯格洛纳斯卫星导航系统（GLONASS）之后第三个成熟的卫星导航系统。北斗卫星导航系统（BDS）和美国 GPS、俄罗斯 GLONASS、欧盟 GALILEO，是联合国卫星导航委员会已认定的供应商。2012 年 12 月 27 日，北斗系统空间信号接口控制文件正式版 1.0 正式公布，北斗导航业务正式对亚太地区提供无源定位、导航、授时服务。2013 年 12 月 27 日，北斗卫星导航系统正式提供区域服务一周年新闻发布会在国务院新闻办公室新闻发布厅召开，正式发布了《北斗系统公开服务性能规范（1.0 版）》和《北斗系统空间信号接口控制文件（2.0 版）》两个系统文件。

6. 复合制导

任何一种制导方式都有其优缺点，如能取长补短则能趋利而避害，更好地满足作战的需要，因此复合制导也就应运而生。

导弹从发射到命中目标一般要经历三个飞行阶段：初始段、中段和末段。若在其中某段或某几段采用一种以上制导方式，即称为复合制导或组合制导。

根据复合方式不同，可分为串联复合制导和并联复合制导。串联复合制导是在飞行弹道不同阶段采用不同制导方式。通常有：惯性制导+寻的制导、惯性制导+遥控制导、遥控制导+寻的制导、惯性制导+遥控制导+寻的制导等。在制导方式转换时，应保证弹道的平滑过渡。并联复合制导是在同一飞行阶段，同时或交替采用几种不同的制导，以便适应各种环境，提高制导精度。例如，采用惯性制导的同时，再用地形匹配制导、GPS 或指令制导进行弹道校正。

在现代武器装备中，复合制导已被广泛应用于精确制导武器上，特别是导弹。如美国"捕鲸叉"反舰导弹，采用惯性+主动雷达寻的末制导；挪威"企鹅 3"空舰导弹，采用惯性+红外寻的末制导。

二、精确制导武器

精确制导武器是采用精确制导系统，具有很高命中精度的导弹和其他制导弹药的统称。[①] 制导武器的直接命中概率通常超过 50%。精确制导武器必须符合两点：其一，采用了精确制导技术；其二，直接命中概率在 50% 以上。直接命中的含义是指制导武器的圆概率误偏差（CEP）小于该武器弹头的杀伤半径。

---

① 沈永平：《军事高技术知识》，解放军出版社，2004 年，第 308 页。

（一）精确制导武器的特点

1. 命中精度高

这是精确制导武器最显著的特征。如美国"战斧"巡航导弹的命中精度可达 9 米，激光制导炸弹和制导炮弹的理论命中误差仅为 1 米。精确制导导弹的命中率可达到 85%～95%，精确制导炸弹的命中率可达 90% 以上，与同类非制导炸弹相比，命中概率提高了 30 倍。使用电视制导的导弹，比同类非制导武器的命中精度提高了 100 倍。早在 1972 年，美军在越南战场上为炸毁越南一座桥梁，曾出动飞机 600 多架次，投下普通炸弹 500 多吨，桥不但未炸毁，反而损失了一定数量的飞机。后来美军利用激光制导炸弹，仅出动 12 架次飞机就将桥梁炸毁，接着又轰炸了附近的 20 座油库，其中 19 座被命中。

2. 作战效能高

精确制导武器的效能是用精度、效费比、可靠性和全天候作战能力等主要战技指标来衡量的。虽然精确制导武器的技术复杂、成本高，但其作战效能更高。如英阿马岛战争中，阿根廷一枚 20 万美元的"飞鱼"反舰导弹击沉了英国一艘 2 亿美元的"谢菲尔德"号驱逐舰；在海湾战争中，"战斧"巡航导弹能从 1000 千米以外发射，准确命中并摧毁严密设防的巴格达市内高价值的战略目标，其总体效能远远优于普通轰炸机群使用常规航弹的空袭。所以，虽然无制导武器的单价低，但由于用精确制导武器完成同一作战任务的消耗量少，故所需费用仍远远低于常规弹药。

3. 技术含量高

关键技术是微电子技术和光电技术。微电子技术的发展，使制导系统小型化，在炮弹的弹头上也能装自寻的系统。而计算机微型化，给在 20 世纪 60 年代基本上快被淘汰的巡航导弹带来新的活力，使其精度得到极大提高。同时探测技术和高速信号处理技术也为制导精度和抗电子干扰提供了条件。高新技术在精确制导武器中的广泛应用，使得精确制导武器的技术含量越来越高，也使得目前许多精确制导武器具备了"发射后不用管"的自主制导能力，它可以完全依靠弹上制导系统独立自主地捕捉、跟踪和攻击目标，不需要人工或其他辅助设备进行干预。

此外，精确制导武器通常还具有较高的机动能力和较强的全天候攻击能力，射程远、威力大，能有效摧毁目标或杀伤人员。

（二）精确制导武器的分类

精确制导武器通常可分为导弹和精确制导弹药两大类。两者最大的区别就是导弹依靠自身的动力系统和导引、控制系统飞向目标，后者自身无动力装置，其弹道的初始段、中段需要依靠飞机、火炮投掷。

1. 导弹

导弹是指依靠自身的动力装置推进，由制导系统导引、控制其飞行路线并导向目标的武器。近期发生的几场局部战争中使用了大量精确制导武器，其中绝大多数是各种导弹。它是精确制导武器中类别最多，研制、生产、装备和使用数量最大的一类，占到精确制导武器的 93%。

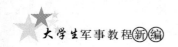

导弹通常由弹体结构、发动机、控制与导引系统、战斗部（或弹头），以及弹上电气系统组成。导弹摧毁目标的有效载荷是战斗部（或弹头），可为核装药、常规炸药、化学战剂、生物战剂，或者使用电磁脉冲战斗部。有的导弹则利用高速飞行的动能，采取直接碰撞的方式摧毁目标。

导弹种类繁多。自从导弹问世以来，世界各国先后研制过约 600 种导弹，目前正在生产、服役和研制的有 400 种左右。其中美国、俄罗斯、法国和英国四个国家研制的导弹种类最多，约占总数的 78%。

导弹可从多种角度分类，并从不同角度反映出其性能、用途和特征。一是按导弹发射点和目标位置分类，可分为地对空导弹、地对地导弹、空对空导弹和空对地导弹等。二是按导弹的射程分类，可分为近程导弹（射程在 1000 千米以内）、中程导弹（射程 1000～3000 千米）、远程导弹（射程 3000～8000 千米）、洲际导弹（射程为 8000 千米以上）。各国对导弹按射程分类的标准不尽一样，如美国和俄罗斯在限制战略武器会谈中规定：中程导弹的射程为 1100～2700 千米；远程导弹的射程为 2700～5500 千米；洲际导弹的射程在 5500 千米以上。三是按作战任务的性质分类，可分为战略导弹和战术导弹。四是按攻击的目标分类，可分为反坦克导弹、反舰导弹、反潜导弹、反辐射导弹、防空导弹等。五是按飞行弹道特征分类，可分为飞航式导弹（如"战斧"巡航导弹）和弹道式导弹（如"民兵 3"洲际弹道导弹）。弹道导弹具有如下主要特点：一是采用垂直发射，导弹平稳、缓慢上升，有利于缩短导弹在稠密大气层中的飞行时间；二是导弹沿着一条预订的弹道飞行，攻击固定目标；三是导弹绝大部分弹道在稠密大气层以外；四是弹头再入稠密大气层时，速度大、空气动力加热剧烈，须采用有效的防热措施；五是导弹飞行姿态的修正，须借助推力方向的调节或改变喷管内排出气流的方向来实现。

（1）地地弹道式战略导弹

地地弹道式战略导弹是指从地面包括地下井或机动运载工具上发射的按弹道轨迹飞行的射程大于 1000 千米以上，打击地面目标的导弹。按动力装置的不同，它们又可分为液体导弹和固体导弹两种类型。由于其通常携带核弹头，射程远、速度快、命中精度高、杀伤破坏威力大，平时是一种强大的威慑力量，如美国"民兵 3"导弹、俄罗斯 SS-25"白杨"导弹等。

（2）地地战术弹道导弹

地地战术弹道导弹是指从地面发射用于支援战场作战、压制和消灭敌方战役战术纵深目标的导弹。地地战术弹道导弹通常携带常规弹头，也可携带低当量核弹头，一般从机动发射车上垂直或倾斜发射。同火炮和火箭炮相比，具有射程远、命中精度高、杀伤能力强等优点。按射程可分为远程（500～1000 千米）、中程（300～500 千米）和近程（300 千米以内）地地战术弹道导弹。

目前，地地战术弹道导弹已发展到第三代，全部采用固体火箭发动机，具有机动灵活、制导技术先进、反应速度快和命中精度高等特点，同时有多种战斗部，可用于不同的作战目的，已成为陆军作战的重要武器，如美国的"陆军战术导弹系统"（ATACMS）、俄罗斯的 SS-21 等。地地战术弹道导弹是远程精确打击的重要力量，未来的地地战术弹道导弹在继续保持体积小、重量轻、机动性高的同时，还应注重以下四个方面：一是发展精确制导技术，提高命中精度，同时增大射程；二是一弹多用，采用多种弹头，提高杀伤能力；三是提高生存能力和实战能力；四是提高突防能力。

（3）潜射导弹

潜射导弹是一种由潜艇发射攻击海面舰艇、空中目标和地面目标的导弹。潜射导弹按照导弹的作用可以简单地分为潜射战略导弹和潜射战术导弹。

潜射战略导弹主要用于远程战略性威慑与战略性打击。如"巨浪-2"、美国的"三叉戟"等。这些潜射战略导弹大多是惯性制导和卫星惯导相结合，发射前数据已输入导弹，发射后无须雷达指引，按已有的指令飞行。这种导弹射程较远，一般为3000~12000千米，战斗部通常为核弹等大规模杀伤性武器。

潜射战术导弹主要用于近程战术层面的潜艇作战，可进一步分为反舰型、攻地型与防空型导弹。如反舰型的有俄罗斯"俱乐部系列"、美国的"鱼叉"；攻地型的有俄罗斯的"俱乐部-S"潜射型对地巡航导弹；防空型的有美国的"西埃姆"近程低空潜射防空武器系统。

（4）舰舰导弹

舰舰导弹是指从水面舰船发射，主要用于攻击出水潜艇、驱逐舰、航空母舰、商船等水上目标的导弹武器系统，是舰艇的主要攻击武器之一，具有较高的效费比。舰舰导弹与舰艇上的导弹射击控制系统、探测跟踪设备、水平稳定和发射装置等构成舰舰导弹武器系统。它通常采用复合制导；飞行速度多为高亚音速，少数为超音速。同舰炮相比，射程远，命中率高，威力大。如法国"飞鱼"-MM38型近程舰舰导弹、俄罗斯SS-N-22舰舰导弹。

（5）反坦克导弹

反坦克导弹是指用于摧毁坦克和其他装甲目标的导弹。近年发展的反坦克导弹还可用于摧毁其他坚固目标，如防空阵地、地面指挥所和防御工事、桥梁、水面舰艇等。与传统的反坦克武器（火箭筒、无后坐力炮、反坦克炮）相比，反坦克导弹具有射程远、精度高、威力大、重量轻、机动性强（可车载、机载）等优点，已成为反坦克武器系统的主力军。

反坦克导弹有多种分类方法：按发射平台可分为地面发射型和机载空中发射型两类，前者又可细分为单兵便携式、三脚架发射式、车载式和炮射式四种。按射程可分为近距离（1000米以内）、中距离（1000~3000米）和远距离（3000米以上）三类。迄今反坦克导弹已发展到第三代，共有30多个型号，总数量突破200万枚大关。目前性能较好的第二代反坦克导弹已成为许多国家主要的反坦克武器，如美国的"龙式""陶式"，俄罗斯的AT-4、AT-5，德法共同研制的"米兰""霍特""小羚羊"，瑞典的"比尔"（RBS-56）、"卡尔库斯塔夫"等。第三代反坦克导弹采用聚能装药战斗部，或攻击顶部装甲的战斗部，或多级串联战斗部，最大破甲厚度一般在800~1000毫米之间，制导方式为主动激光制导、激光驾束制导、红外成像制导或多模复合制导，具有"发射后不管"能力，能对付多种装甲目标，如美国的"海尔法"、俄罗斯的AT-6（螺旋）、AT-7（混血儿或萨克斯管）、"短号"，法德英合作的"崔格特"等都是第三代反坦克导弹的代表。此外，美国、瑞士共同研制的"阿达茨"导弹既可对付低空飞机，又可打击坦克。

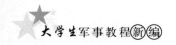

（6）反辐射导弹

反辐射导弹是利用电磁辐射信号进行导引，从而直接摧毁敌方辐射源的导弹，也称反雷达导弹。反辐射导弹使电子战装备由单一的"软杀伤"发展为"软""硬"结合的统一体，它极大地提高了电子对抗的能力，为夺取战场的电磁优势，发挥武器装备的效能提供了有效的保障。反辐射导弹通常有空对地、空对空和舰对舰等类型。空对地型反辐射导弹主要用以攻击防空警戒雷达、导弹制导雷达和高炮瞄准雷达等目标；空对空型反辐射导弹主要用以攻击机载雷达和机载电子干扰机及其载机，如预警飞机、电子战飞机等。世界上有 20 多种型号的反辐射导弹，现已发展到第三代，其中具有代表性的有美国的"哈姆"、俄罗斯的 AS-12、英国的"阿拉姆"、法国的"阿玛特"等。

（7）空空导弹

空空导弹是指从空中平台发射，攻击空中目标的导弹。它是歼击机对空作战的主要武器，也是歼击轰炸机、轰炸机、攻击机的空中自卫武器。与航炮相比较，它具有射程远、命中精度高和毁伤威力大等优点。按导弹射程可分为近距（20 千米以内）、中距（20～100 千米）和远距（100 千米以上）空空导弹。被誉为现代空战"杀手锏"的空空导弹，迄今已经发展到第 4 代。第一、第二代空空导弹以近距攻击和格斗导弹为主，现已退役；第三、第四代空空导弹则为兼顾近距格斗、中距和远距拦截的导弹。

第四代近距空空导弹有两个突出特点，一是大都采用红外成像导引头，能看到和识别目标飞机的图像；二是大都采用推力矢量控制，即通过控制火箭发动机所产生推力的方向来提高导弹机动性。推力矢量控制能迅速改变导弹的方向，从敌意料不到的方向对目标实施攻击，如美国的 AIM-9X、俄罗斯的 R-73、以色列的"怪蛇"-4 等。

第四代中距空空导弹是针对新一代战斗机设计的，多采用无线电指令+捷联惯性中制导+单脉冲主动雷达导引头的复合制导方式和推力矢量控制，实现了超视距发射后不管和多目标攻击能力，并有较高的命中精度和抗干扰能力，在复杂的电子对抗条件下，具有明显的空战优势，如美国的 AIM-120、俄罗斯的 R-77 等。

（8）空地导弹

空地导弹是指从空中平台发射，对敌方地面、水面、地下、水下目标实施攻击的导弹。它是现代战略轰炸机、战斗轰炸机、攻击机、武装直升机和反潜巡逻机等的主要攻击武器。空地导弹与航空炸弹、航空火箭弹等武器相比，具有较高的目标毁伤概率和机动性强、隐蔽性好、发射距离远等特点。空地导弹目前已发展到第四代，第三代是国外大量装备的机载武器，第四代普遍在研，有的已经开始装备。

第三代空地导弹多采用电视、红外成像、激光等新的制导方式，命中精度和抗干扰能力均大大提高，是现役主力空地导弹，其典型代表有美国的"小牛"、AGM-130 等。正在研制的第四代空地导弹将大量采用高新技术，其主要特点为：一是采用复合制导，增强抗干扰能力，提高命中精度和毁伤效果；二是提高飞行速度，增加射程，从而达到防空区外发射，减少载机的战损率；三是具备全天候和恶劣气象条件下的作战能力、"发射后不用管"能力；四是发展远距离发射的集束弹和子母弹，攻击敌纵深内严密设防的目标和第二、三梯队装甲集群目标；五是采用模块式结构，提高使用灵活性，维修方便并降低成本。

（9）巡航导弹

巡航导弹是指在大气层中飞行，利用气动升力支持其重量，依靠推进装置的推力克服前进阻力，大部分时间以近乎等速、等高状态飞行的导弹。按作战任务不同，巡航导弹可分为战略和战术巡航导弹；按目标种类不同，可分为对地、反舰巡航导弹等；按飞行速度不同，可分为亚音速、超音速和高超音速巡航导弹；按射程不同，可分为近程、中程和远程巡航导弹；按发射位置不同，可分为陆射、海射和空射巡航导弹。通常战术巡航导弹携带常规弹头，战略巡航导弹既可携带常规弹头，也可携带核弹头。其中最具代表性的巡航导弹是美国的"战斧"巡航导弹。1991 年 1 月 17 日，美军首先从停泊在海湾地区的"密苏里"号和"威斯康星"号战列舰等水面战舰上，向伊拉克总统府、国防部大楼和防空阵地等目标发射了 100 多枚"战斧"巡航导弹，拉开了海湾战争的序幕。

现装备的巡航导弹的一个主要缺点是飞行速度慢（亚音速，即飞行速度低于声音在空气中传播的速度），一旦被发现，可以用多种武器拦截，因此，目前已成为远程精确打击主力的巡航导弹正在向着提高速度、提高精度、缩短任务规划时间、提高作战灵活性的方向发展，一些军事强国，特别是美国正在发展的超音速和高超音速巡航导弹已在 2010 年左右装备部队，从而使巡航导弹具备快速远程精确打击能力。

2. 精确制导弹药

精确制导弹药包括末制导弹药和末敏弹药两类。

（1）末制导弹药

末制导弹药有寻的器和控制系统，在其弹道末段能根据目标和弹药本身的位置自行修正或改变弹道，直至命中目标。主要有制导炸弹、制导炮弹、制导雷等。

制导炸弹也叫灵巧炸弹，是指有制导装置和空气动力操纵面的航空炸弹。美国 20 世纪 60 年代初开始研制制导炸弹，1967 年装备部队，随后在越南战场用于实战。制导炸弹是航空炸弹的新发展，通常是在制式航空炸弹上加装制导装置和气动力装置，靠飞机投弹时给予的初速滑翔飞行，其制导系统同一般空对地导弹的导引头相似，有的甚至就是直接移植而来的，因而结构简单，是一种经济而精确的空对地武器。制导炸弹与空对地导弹相比，射程较近，机动能力有限，但结构简单，造价较低。在各种类型的精确制导武器中，制导炸弹占有比较重要的地位。目前制导炸弹主要有激光制导炸弹和电视制导炸弹。

制导炮弹是用地面火炮发射，弹丸带有制导装置的炮弹的总称。它是一种长"眼睛"的炮弹，它像导弹那样自动跟踪目标，却没有导弹那样的动力装置；像普通炮弹那样用火炮发射，却又比普通炮弹多一种本领——能自动导向目标。制导炮弹是普通炮弹和制导技术的结合体，它能够在火炮的最大射程内以很高的单发命中概率攻击目标，主要用于打击坦克、装甲车、观察所、掩蔽部等目标，目前主要有激光制导炮弹、毫米波制导炮弹和红外寻的制导炮弹等。

制导雷是一种将自毁破片技术、遥感技术和微处理机结合起来的新型雷。通常在普通地雷、水雷上加装制导系统后即可成为制导雷，它使地雷由一种完全被动的防御性武器变成能主动攻击目标的新型火力。制导雷有一个庞大的家族，通常可分为三大类：一类是打击坦克、装甲车和直升机的制导地雷；一类是执行反潜、反舰任务的制导水雷；一类是执行反卫星任务的太空雷。

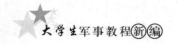

（2）末敏弹药

末敏弹药不能自动跟踪目标，也不能改变飞行弹道，只能在被撒布的范围内利用其自身的探测器（寻的器）探测和攻击目标。

末敏弹药通常由一些子弹药组成。子弹药被抛撒后，立即用其自身携带的探测器开始在小范围内探测目标，发现目标后，即可沿探测器瞄准的方向发射弹丸，对目标进行攻击，既有较大的毁伤面积，又有较高的命中精度。它是子母弹技术、碎片技术和先进的传感器技术相结合的产物。

三、精确制导技术在军事上的应用

自二战后期，德国对英国 V 形导弹的使用拉开了近代精确制导技术和精确制导武器在军事、战争中的序幕。在近几场高技术局部战争中，精确制导技术和武器的运用越来越广，地位越来越突出。特别是伊拉克战争中，自开战以来，以巡航导弹等防区外发射武器和带卫星导航系统的航空兵器为主导精确制导武器，成为美英对伊的基本打击手段和主攻兵器。美军使用精确制导武器占总投掷量的90％以上。未来战争中，精确制导技术的运用将会更加广泛，并朝着如下趋势发展。

（一）命中精度和智能化程度进一步提高

提高精确制导武器的命中精度是精确制导武器发展的永恒主题。未来战争将更加注重实施"点穴""外科手术刀"式的打击，做到无附带伤害，即"零伤害"，这对精确制导武器提出了越来越高的要求。为了达到首发命中，甚至命中目标的薄弱部位，各种精确制导武器都需要不断提高和完善末制导技术。命中精度的提高主要取决于制导系统的目标探测器对目标的分辨率，探测器的工作波长越短、天线或透镜孔径越大则分辨率越高，即一方面制导系统的工作波长从微波工作频率向毫米波、红外和可见光波段转移；另一方面研制合成孔径雷达，它不仅有一般微波雷达所具有的全天候、作用距离远的特点，而且还具有较高的分辨率。

随着信息化在战争中的应用，未来战场环境越来越复杂，精确制导武器要在极短的时间内将目标摧毁，仅仅依靠人工引导已难以达到作战要求。必须使精确制导武器具有某种人工智能，在陆上能区分出坦克、卡车、火炮等不同目标，在空中能区分不同类型的飞机，在海上能区分各种类型的舰船，同时还应具备判断和首先攻击对己方威胁最大的目标的能力。目前有一种称为"图像理解"的人工智能技术，精确制导武器上的计算机将探测器获得的图像与存储于数据库中的图像加以比较，就能知道探测到的是何种目标，这样不仅可以分清敌我，还可以有选择地攻击目标。如美国已经在论证具备人工智能的"黄蜂"机载反坦克导弹，这种导弹能在距离目标很远的飞机上发射，到达目标上空时能自动搜索、发现和识别敌方坦克，然后对其要害部位和薄弱环节进行攻击。

（二）武器系统的生存能力进一步提高

提高生存能力，即提高精确制导武器的突防概率。提高精确制导武器的生存能力一直是设计技术追求的目标，因为只有能够飞越到目标区上空，才能对目标实施有效攻击，才能达到作战的目的。目前一般是通过增加飞行速度、采用隐身技术与机动弹道攻击、提高制导系统的抗干扰能力等方式来达到提高生存能力的目的。西方国家特别强调用隐身技术来减少导弹自身的可观察性，使敌方雷达难以发现。对于巡航导弹来说，由于射程远，速度慢，导弹暴露的时间长，采用隐身技术的重要性是十分必要的。强调采用扩展频谱、频率捷变和单脉冲等技术，从而提高制导系统的抗干扰能力，进而提高其生存能力。

（三）全天候作战能力进一步提高

目前，精确制导武器正向通用化方面发展。所谓通用化指三个方面：一是一种武器可在多种平台发射；二是一种平台可以发射多种武器；三是一种武器可以打击多类目标。如在近程空对地导弹中，不但要能够攻击硬目标，也要能攻击软目标；不但能攻击像海岸码头、仓库等固定目标，而且还能攻击地面和海面移动目标，特别是混杂在机动道路上和渔船中的小型军事目标。

作战中双方往往都会利用夜暗、浓雾等不良天候发动攻击，以求达到攻击的突然性和隐蔽性。在此情况下，精确制导武器是否具备全天候作战能力也就决定了其在行动中能否使用的问题。为此世界各国竞相提高精确制导武器的全天候作战能力，以适应未来战场的需要。如美国为了使"小牛"空地导弹能在白天、黑夜和不良天候等各种条件下使用，研制了电视、红外成像和激光三种制导装置，采用不同的气候条件选择相应的制导装置的方法，从而提高了导弹全天候的作战能力。

（四）向轻小型化方向发展

为达到武器系统轻小型化，通常可在武器系统中采用新型材料、新工艺、微型化、固体化、多功能化部件的办法。如美国的"爱国者"导弹系统采用大规模集成电路和固体电子器件，其重量和体积比"奈基Ⅱ"均减轻和减小五分之四；"爱国者"制导系统采用一部相控阵雷达，起到了"霍克"导弹5部雷达的作用，大大简化了系统的组成。同时，武器系统的轻小型化，还可达到提高效率、降低拦截概率和降低武器费用的目的。

第三节 隐身伪装技术

一、隐身技术概述

随着电子信息技术高速发展及其在军事领域中的广泛应用，战场军事侦察的技术手段已经实现了高技术化。精确制导武器的广泛应用，意味着战场目标"发现即可命中"，这就促使了反侦察技术的发展。现代战争中，隐身技术作为高技术反侦察手段已成为战场重要组成部分。

（一）隐身技术概念

隐身技术又称隐形技术或低可探测技术，是改变武器装备等目标的可探测信息特征，

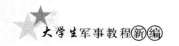

使敌方探测系统不易发现或发现距离缩短的综合性技术。

隐身技术是传统伪装技术的一种应用和延伸，是现代内装式伪装的典型代表。

军事隐身技术有很强的综合性，所涉及的学科包括光学、电学、声学、热学、化学、植物学、仿生学、流体力学、材料学等。

（二）隐身技术的发展

现代隐身技术首先应用于航空领域，在 20 世纪 30 年代初，随着无线电技术特别是雷达的问世，最早的"隐身"材料也出现了，如荷兰科学家研制的雷达用吸波材料，以及日本人开发的铁氧体材——硅钢片。

二战期间，美国及纳粹德国，开始研制新型吸波材料，并在飞机和舰艇上使用，使敌方雷达的探测距离大大缩短。

20 世纪 50 年代，为了获取情报而又能隐蔽飞行，美军在侦察飞机上涂上了吸波材料，以减弱电磁波反射强度。以后，又采用了更先进的隐身吸波涂层，使其防雷达探测性能有很大提高。在越南战争中，美军还使用了一种采用红外特征减弱措施的武装直升机，从而大幅度降低了苏制红外制导地空导弹的命中率。

随着高技术侦察器材的广泛运用，隐身技术的发展进入了一个新的发展阶段。以美国为首的发达国家竞相开展隐形技术的开发研制工作。到 20 世纪 80 年代，美国的多种隐身作战飞机开始装备部队，并在局部战争中发挥了令人瞠目的巨大作用。

（三）隐身技术的主要手段和途径

隐身技术的出现已使伪装技术由消极被动变为积极主动，不仅可以由于"隐真"而保存自己，也可以因"示假"而迷惑对方。

1. 隐身外形技术

外形是目标暴露的主要特征，现代兵器对外表形状处理得如何，将直接影响到防可见光和雷达侦察效果。目前对武器装备的外形设计是以防雷达侦察为主，兼顾到对付可见光侦察。

反雷达探测隐身外形技术：目标的雷达反射截面积与雷达探测距离的 4 次方成正比，它直接决定着雷达的探测能力。因此，要想缩短雷达的探测距离，防雷达探测的外形设计也必须把减小雷达反射截面积作为武器系统隐身的重要措施。在外形设计时，避免出现任何边缘、棱角、尖端、缺口等垂直相交的面，将这些部位设计成锐缘或弯曲缘，以抑制强天线型反射和谐振反射。

反可见光探测隐身外形技术：在可见光侦察条件下，目标的可见性除与目标和背景间的颜色差别、目标与背景间的距离、照明条件、大气透明状况等一系列因素有关外，目标的可见尺寸越小越难辨认，目标的外表形状越不规则，则外形轮廓也越不清楚。因此，隐身兵器的外形设计，必须考虑到尽量减小目标的外形尺寸。

2. 隐身结构技术

兵器结构的隐身，是以整体结构和局部结构为对象，探索其组合规律和合理形式，达到减小目标暴露特征的目的。现代兵器的结构非常复杂，反光、声、电、热、磁探测的隐身结构技术则与之相匹配发展。

反雷达隐身结构技术主要包括：合理设计发动机进气和排气系统；减小辐射源数量，尽量消除外露凸起部分；采用遮挡结构；为缩小兵器尺寸，采用高密度燃油及适应这种燃油的发动机等。

反红外隐身结构技术主要是通过改造红外辐射源来抑制目标的红外辐射。其技术措施包括：采用散发热量较小的发动机；改进发动机结构，改进发动机喷管的设计；采用闭合环路冷却的环境控制系统，用以降低载荷设备的工作温度等。

反电子隐身结构技术包括：减少无线电设备；采用低截获概率技术改进的电子设备；减小电缆的电磁辐射；避免电子设备天线的被动反射等。

反可见光隐身结构技术内容包括：控制目标的亮度和颜色；控制目标发动机喷口的火焰和烟迹信号；控制目标照明和信标灯火；控制目标运动构件的闪光信号等。

反声波隐身结构技术主要包括：改进发动机和辅助机的设计；采用减振和隔声装置；减小螺旋桨运动对介质的扰动噪声；合理进行目标整体设计等。

3. 隐身材料技术

在兵器隐身化的发展过程中，隐身材料占有极为重要的地位。它是隐身兵器不可缺少的物质基础。隐身材料技术是隐身技术的关键技术。

吸波、透波材料：当目标体或其蒙皮采用吸波、透波材料制造时，则照射其上的雷达波，会有部分被吸收，或被透过，从而减小雷达回波强度，达到目标隐身目的。

吸热、隔热材料：吸热材料是指那些热容量较大或能将热能转换成其他能量的材料。用于隐身兵器的吸热材料，由于热容量大、升高温度所需吸收的热量就较多，目标向外辐射红外线就少；材料又能将部分热量转换成其他形式的能量，使目标向外辐射红外的强度减弱。

吸声、阻尼声材料：声音来源于物体的振动。为了降低被声呐等探测设备发现的可能性，提高其隐蔽性，兵器在设计、制造时都必须采用高性能的吸声、阻尼声材料。

（四）隐身兵器

隐身兵器是把隐身技术应用于武器装备上而形成的新式武器，它可以是对原来不具隐身能力的武器装备的改进，也可以是新设计、研制的武器。

1. 隐身飞机

隐身飞机是研制最早、发展最快、隐身技术含量最高的隐身兵器。它的发展经历了利用单一技术对飞机进行局部隐身和运用综合技术对飞机进行全面隐身两个阶段。已研制成功的隐身飞机主要有：SR-71隐身战略轰炸机、F-117A隐身战斗轰炸机、B1-B隐身战略轰炸机、B-2隐身战略轰炸机等。其中F-22和B-2两种飞机隐身性能最好。目前F-22、F-35已成功取代F-117A成为新一代隐身战斗机。

2. 隐身导弹

隐形远程空空导弹，由吸波复合材料构成其外层，可以吸收导弹的红外线，不易被对手发现。导弹在飞机上挂载时，将置于机体内，进一步控制导弹的红外特征。作战时，它可攻击100千米远的对方飞机。目前，美空军还在发展一种近距空中格斗用的隐形导弹，

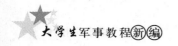

属于"响尾蛇"空空导弹的最新发展。

3. 隐形舰船

隐身舰船的概念是近年来提出的。也是由于各种侦察系统、红外寻的反舰导弹、新一代鱼雷和水雷迅速发展，要求降低舰船可探测概率的结果。

隐身舰艇采用的隐形措施主要有：为减少雷达反射截面，改进舰体及上层建筑形状，使用吸波、透波材料，采用尾流隐蔽技术，千方百计地降低噪音辐射，抑制红外辐射，控制电磁特征。

近年来，研制比较成熟的有：英国的 23 型护卫舰、美国的"阿利·伯克"级导弹驱逐舰、中国的 056 型护卫舰等。而高隐身性能的舰船用于战场已为时不远。

（五）隐身兵器对作战的影响

1. 隐身飞机的使用，增大了对空防御难度

部分隐身飞机和隐身导弹的研制成功并用于战场，使空袭武器的结构发生了变化。随着其他隐身飞行器的不断出现，空袭武器装备将发生根本性的飞跃。这必定给反空袭作战带来很大的困难。普通预警系统将失去预警功能，无法实施有效的对空防御。隐身飞机由于其目标信息特征小，一般的雷达系统无法发现，使得已有的防空兵器无法发挥作用。

2. 地面隐身兵器的出现，使战场生存能力明显提高

地面兵器隐身性能的提高，将极大地增强其隐蔽性和防护力。如研制中的新一代坦克和其他装甲车辆，广泛地采用了隐身材料、外形设计、结构设计和部件设计技术，使目标的暴露特征信息明显降低。

3. 指挥系统面临生存威胁

现代战争是诸兵种协同作战，对指挥系统的依赖极大，交战双方都把打击对方的指挥系统作为打击的重点目标和首要任务。而武器系统的隐身攻击能力提高，使得指挥系统面临生存威胁。

4. 使电子对抗、侦察和反侦察的斗争更加剧烈

大量用于战场的隐身兵器，由于采用电子对抗隐身技术，将使电子对抗的均势被打破，伪装由消极的反侦察向积极的反侦察方向发展。这必将刺激电子支援技术和侦察技术的发展，从而形成更高层次的电子对抗和侦察反侦察的斗争。

现代科学技术特别是高技术的发展，使军事侦察与监视的技术水平和能力有了极大提高。现代侦察设备器材或侦察探测系统有可见光、微波、红外、声学侦察探测设备，并可部署在地面、海上、水下和空中、太空。利用高性能的侦察探测系统可进行全时域、大空域及覆盖全侦察与监视，可迅速、准确、全面掌握敌方情况。世界各国都非常重视现代侦察监视技术的发展，现代侦察监视技术已成为军事高技术重要领域。

二、现代伪装技术

（一）现代伪装的概念和分类

伪装技术是为了隐蔽自己和欺骗、迷惑敌人所采取的各种隐真示假的技术措施，是军

队战斗保障的一项重要内容。针对高技术侦察的特点，现代伪装技术主要是为减少目标和背景在光学、热红外、无线电波等方面的反射或辐射能量差异而采取的各种工程技术措施。

伪装按其在作战中的运用范围，可分为战略伪装、战役伪装和战术伪装。

战场目标的隐身技术属于战术伪装。

按伪装所对付的高技术侦察器材的工作频谱范围，可分为防光学探测伪装、防热红外探测伪装、防雷达侦察伪装和防声测伪装。

目前，各种隐身兵器是以防雷达侦察为主，兼顾到对付可见光侦察。

伪装自古就为兵家所重视。《孙子兵法》中就指出："兵者，诡道也。故能而示之不能，用而示之不用，近而示之远，远而示之近。"这是关于在战争中如何运用伪装的最早论述。

到了近现代，伪装得到进一步的广泛运用，成为保障军队作战必不可少的战斗措施。在第二次世界大战的诺曼底登陆战中，在朝鲜战争中，在第四次中东战争、马岛战争、海湾战争、科索沃战争等高技术战争中，伪装在新的技术基础上得到广泛运用，所采用的隐蔽、伴动、设置假目标、施放烟幕和兵器隐身等技术措施，发挥了很大作用。

（二）伪装的基本原理

伪装是与敌侦察作斗争的基本手段。

侦察的目的是要探测和识别各种军事目标，而伪装则是尽量保护这些军事目标的暴露征候，使其不被对方的侦察所发现。

伪装的基本原理：

防光学侦察的原理是消除和降低目标与背景之间的色彩和亮度上的差别，达到伪装目的。

防红外侦察的原理是消除和降低目标与背景之间的反射红外线的差别，达到伪装目的。

防雷达侦察的原理是消除和降低目标与背景之间的反射雷达波的差别，达到伪装目的。

（三）现代伪装方法

现代伪装技术主要有遮蔽、融合、示假、规避四种。

1. 遮蔽技术

遮蔽技术又称遮蔽隐真技术，是把真目标遮蔽起来，不让敌人发现和识别的技术。遮蔽技术在高技术局部战争中是反侦察和对付精确制导武器最有效的方法之一。

遮蔽技术可分为两个种类：

（1）迷彩伪装遮蔽

迷彩遮蔽是用涂料、染料和其他材料改变目标和背景的颜色、图案所实施的伪装。

（2）人工遮障

人工遮障又叫人工遮蔽，是利用各种制式伪装器材对目标进行伪装的一种方法。人工

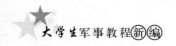

遮障通常由遮障面和支撑构件组成。支撑构件由竹木或金属支架、控制绳等组成。

按其用途和外形不同分为：伪装网遮障和烟雾遮障。

2. 融合技术

融合技术指减小和消除目标与背景的差别，使目标融合于背景中的技术。例如，单个士兵可用油彩涂抹皮肤的暴露部位，在钢盔和衣服上披上麻皮，抹上涂料和编插新鲜植物，以求得与周围背景近似或相融合。

融合技术主要分为：

（1）防光学侦察融合技术

该技术的实质就是要降低或消除目标与背景的对比度，其途径是将传感器所要接收目标信号的强度降低或使背景的信号强度增强，以便使目标和背景的反射或辐射强度相接近。

（2）防雷达侦察融合技术

防雷达侦察融合技术采用角反射器、龙伯透镜反射器、偶极子反射体等方式来实现。

（3）防红外侦察融合技术

防红外侦察的融合技术，是通过适当的方式把热红外目标乔装打扮，使其与背景具有相似的表面特征，也就是使伪装后的红外目标与背景的反射特性、热辐射特性和表面结构相一致，使热红外目标完全融合在背景当中的技术。如在海湾战争中，伊拉克采用烟火剂燃烧发出红外辐射的诱饵弹，来模拟飞机、舰艇、坦克、战斗车辆等红外目标。红外诱饵弹发出的红外辐射，能以假乱真，吸引、迷惑、干扰敌人的红外侦察和红外寻的制导导弹，造成削弱或破坏这些装备的工作效能和使导弹攻击失误，从而使真目标免遭攻击。

3. 示假技术

在海湾战争中，伊拉克用塑料、硬纸板、木板和铝板制造的大量假飞机、假火炮、假导弹和假坦克等目标，涂上与真目标一致的涂料，并在内部安装了与真目标反射频率相一致的频率发射器，达到真假难辨，使多国部队"很快将伊拉克摧毁"的速战速决战略计划化为泡影。

高技术条件下的示假技术主要有：光、声、热、电模拟示假技术。它是利用侦察器材只识别各种"源"的弱点，用"源"模拟各种目标在特定的背景上所产生的暴露征候，以达到蒙蔽和欺骗侦察器材的目的。

4. 规避技术

虽然现代侦察技术能多谱段、全方位、全天候、高分辨地收集情报，但并未达到"天网恢恢，疏而不漏"的境界。可以根据侦察的盲点，来对目标进行规避，方法有两种：一是掌握侦察卫星的运动规律，利用不良天气或敌侦察卫星的过境时间，使军队行动避开敌卫星的侦察；二是选择合理的行动路线，能有效地对付雷达等侦察。

（四）现代伪装器材

目前各国装备部队的伪装器材一般都是配套的遮蔽伪装器材，包括遮障面和支撑系统。其中遮障面（伪装网、伪装盖布）是进行遮障伪装的主体，可单独使用。针对现代侦察技术和手段，世界各国所使用的遮障面都具有防可见光、红外线和雷达侦察的综合性能。其中美军伪装装备在性能上较为优越。

我军现装备的人工遮障制式器材有成套遮障、各种伪装网、角反射器等。

国外军队列装的气溶胶即烟幕伪装器材有40多种，包括发烟手榴弹、发烟火箭、发烟炮弹、发烟炸弹、烟幕施放器、飞机布撒器和航空发烟器等。

（五）伪装技术对作战的影响

1. 伪装是造成敌人获取错误情报的重要方法

敌对双方的作战企图和行动是建立在所获取情报基础上的。尽管现代光电侦察技术具有全天候、实时化、高分辨率和准确的定位识别能力，但由于伪装技术的运用，能使敌人造成错觉，以致获取错误情报。

2. 伪装是提高作战部队生存能力的重要措施

战场上，作战双方都将面临如何保存自己的问题。通过伪装，既可增加敌人侦察的困难，使其不易发现真目标，又可诱骗敌人实施攻击，分散敌人火力；可使敌人真假难辨，无所适从。从而减少敌武器的命中率和杀伤率，提高部队生存能力。

3. 伪装使作战任务和作战方法发生了变化

从提高部队的打击能力和提高部队的生存能力出发，未来战场将有更多的部队担负战略伪装任务，伪装也将成为战场所有部队的任务之一。伪装技术的发展，将使人们重新认识近战、夜战和步兵的作用，高技术条件下作战缺少伪装技术必将失去战场的主动权。

第四节 侦察监视技术

一、侦察与监视技术概述

（一）侦察与监视技术相关概念

侦察是军队为获取军事斗争，特别是战争所需敌方或有关战区的情况而采取的措施，是实施正确指挥、取得作战胜利的重要保障。侦察监视技术是指发现、识别、监视、跟踪目标并对目标进行定位所采用的技术。现代侦察与监视系统是根据现代战争的需要，把各种高新技术设备有机结合起来，以实现各种侦察目的的情报保障系统。直接目的是探测目标，分为发现、识别、监视、跟踪及对目标定位。

发现：依据目标与周围背景的某些不连续性，将目标提取出来，确定某个地方有目标。

识别：确定目标的真假和区分真目标的类型。

监视：严密注视目标的动静。通常隐蔽地实现。

跟踪：对目标连续不断地监视。

定位：按照一定的精度探测确定出目标的位置，即方位、高度和距离。

侦察监视技术是指发现、识别、监视、跟踪目标并对目标进行定位所采用的技术。其基本原理是："利用多种媒介传感器，探测来自目标的电磁波、弹性波、应力等物理特征

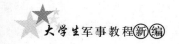

信息，从而发现并监视目标。"①

理论上，自然界中任何实物目标及其所产生的现象总会有一定的特征，并与其所处的背景有差异。目标与背景之间的任何差异，如外貌形状差异，或在声、光、电、磁、热、力学等物理特性方面的差异，都可直接由人的感官或借助一些技术手段加以区别，这就是目标可以被探测到的基本依据。侦察监视系统根据目标的特征信息，包括声、光、电、磁、热、力学等特征信息，完成任务。

（二）侦察监视技术分类

现代侦察技术有多种分类方法，通常分为以下三类：

战略侦察、战役侦察和战术侦察：目标性质、范围、情报使用和所引起的作用不同。

侦察设备的运载工具及其使用：地（水）面、水下、空中和空间四个侦察系统。

根据遥感设备的不同：可见光、多光谱、红外、微波、声学侦察等。

二、现代侦察监视技术和手段

（一）地面侦察监视技术

地面侦察监视技术是一种传统的侦察监视方式，它是在陆地上进行的侦察和监视。地面侦察监视手段有很多，包括常见的无线电通信侦察、雷达侦察、地面传感器侦察、夜视技术等。

1. 无线电通信侦察

无线电通信侦察是使用无线电收信器材，截收和破译敌方无线电通信信号，查明敌方无线电通信设备的配置、使用情况及其战术技术性能的一种侦察手段。主要是运用电波传播、信号及联络三个规律来实施侦察。无线电通信侦察包括侦听和侧向定位两个方面。其具有侦察距离远、速度快、工作隐蔽，受环境、地形、气候等自然条件影响小的特点。

2. 雷达侦察

雷达侦察是利用物体对无线电波的反射特性来发现目标和测定目标状态的一种侦察。其具有探测距离远、测定目标速度快、精度高、能全天候使用等特点，在战场上应用十分广泛。

雷达种类繁多，用途各异，根据任务或用途的不同，可分为：

警戒/引导雷达：对空情报雷达；对海警戒雷达；机载预警雷达；超视距雷达；弹道导弹预警雷达。

武器控制雷达：炮瞄雷达；导弹制导雷达；鱼雷攻击雷达；机载截击雷达；机载轰击雷达；末制导雷达；弹道导弹跟踪雷达。

用于侦察的雷达：战场侦察雷达；炮位侦察校射雷达；侦察与地形显示雷达。

航行保障雷达：航行雷达；航海雷达；地形跟随与地物回避雷达；着陆（舰）雷达。

3. 地面传感器侦察

地面传感器是一种在地面能够独立的对目标进行侦察识别的侦察兵器。与其他侦察兵

---

① 雷厉：《侦察与监视——作战空间的千里眼和顺风耳》，国防工业出版社，2008 年，第 17 页。

器相比，地面传感器具有结构简单、携带方便、便于投放、易于伪装、隐蔽性强、不受地形和气候限制等优点，并能够有效弥补光学侦察和雷达系统的不足，从而扩展了战场信息探测的空间。地面传感器已经发展成为一个包括振动传感器、压力传感器、声响传感器、红外传感器、磁性传感器和扰动传感器的大家族。

4. 夜视技术

夜视技术是借助于光电成像器件实现夜间观察的一种光电技术。夜视技术包括微光夜视和红外夜视两方面。

微光夜视技术又称像增强技术，是通过带像增强管的夜视镜，对夜天光照亮的微弱目标像进行增强，以供观察的光电成像技术。目前，微光夜视仪在国外广泛装备部队，它分为像增强微光夜视技术（直接观察）、金额微光电视（间接观察）两种。

红外夜视技术分为主动红外夜视技术和被动红外夜视技术。主动红外夜视技术是通过主动照射并利用目标反射红外源的红外光来实施视察的夜视技术。被动红外夜视技术是借助于目标自身发射的红外辐射来实施观察的红外技术。

（二）水下（面）侦察监视技术

水下侦察监视系统，是利用水下侦察监视设备来探测水下的各种目标。水下侦察监视装备大体可分为水声探测设备和非水声探测设备。

1. 声呐

声呐是一种利用声波在水下的传播特性，通过电声转换和信息处理，完成水下探测和通信任务的电子设备。它有主动式和被动式两种类型，属于声学定位的范畴。声呐是利用水中声波对水下目标进行探测、定位和通信的电子设备，是水声学中应用最广泛、最重要的一种装置。

声呐是各国海军进行水下监视使用的主要技术，用于对水下目标进行探测、分类、定位和跟踪；进行水下通信和导航，保障舰艇、反潜飞机和反潜直升机的战术机动和水中武器的使用。此外，声呐技术还广泛用于鱼雷制导、水雷引信，以及鱼群探测、海洋石油勘探、船舶导航、水下作业、水文测量和海底地质地貌的勘测等。

声呐的类型根据使用对象不同，分水面舰艇声呐、潜艇声呐、航空声呐和海岸声呐。

2. 水下电视

水下电视是将摄像机置于水下，对水中目标进行摄像的应用电视。用于水下侦察、探雷、导航、防险救生、资源调查勘探等。按工作原理，分可见光水下电视和超声波水下电视。

可见光水下电视，使用较普遍。由水下摄像机、传输电缆、控制器和监视器等组成。水下摄像机置于耐压、防水、抗腐蚀的金属壳内，由潜水员携带或安装在深潜器或拖体内；通常使用高灵敏度的摄像管，工作深度可达 6000 米。

超声波水下电视，利用超声换能器阵连续发射超声波，"照射"被观察物体，反射的回波由超声波摄像机接收，由声透镜聚焦在图像变换器上变成图像电信号，通过电缆传输到控制器，由显示器显示出可视图像。图像信号的大小，取决于被摄物体对超声波的反射强度，其作用距离比可见光水下电视远，但尚未普遍使用。

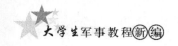

3. 舰载雷达

舰载雷达是装备在船舶上的各种雷达的总称，它们可探测和跟踪海面、空中目标，为武器系统提供目标数据，引导舰载机飞行和着舰，躲避海上障碍物，保障舰艇安全航行和战术机动等。各种舰艇上装备的雷达种类和数量，取决于舰艇的战斗使命、武器装备和吨位大小。通常小型战斗舰艇装1~2部；大、中型战斗舰艇装10多部，有的多达20余部。

按战术用途，可分为七类：一是警戒雷达，有对空警戒雷达和对海警戒雷达，用于发现和监视海面、空中目标，与敌我识别系统相配合判定目标的敌我属性，给导弹制导雷达和炮瞄雷达提供目标指示等。二是导弹制导雷达，有舰舰导弹制导雷达和舰空导弹制导雷达，用于跟踪海面和空中目标，为导弹武器系统的计算机或射击指挥仪提供目标的坐标和运动数据，并配合导弹武器系统控制导弹飞行。三是炮瞄雷达，用于跟踪海面和空中目标，为火炮射击指挥仪或火控计算机提供目标的坐标数据和炸点偏差数据，以控制火炮射击。四是鱼雷攻击雷达，装在鱼雷艇和潜艇上，用于搜索、跟踪海面目标，为鱼雷攻击指挥仪提供目标的坐标和运动数据，以控制鱼雷攻击。五是航海雷达，用于观测岛岸目标，以确定舰位，并根据航路情况，利用计算机进行避碰解算和显示，引导舰船安全航行。有些航海雷达还配有询问器，能与直升机上的应答器协同工作，以指挥引导舰载直升机的飞行。六是舰载机引导雷达，一般装在航空母舰上，用于对舰载机进行指挥引导。七是着舰雷达，一般装在航空母舰上，用于在复杂气象条件下引导舰载机安全着舰。

（三）航空侦察监视技术

航空侦察监视是利用航空器在环绕地球的大气空间，对地面、水面或水下以及空中的情况进行的侦察与监视。在两次世界大战中，空中侦察发挥了重要的作用。第二次世界大战以后，空中侦察进入一个崭新的阶段，它既是获取战术情报的基本手段，也是获取战略情况的得力助手。

航空侦察设备主要有：可见光照相机、红外扫描装置、多光谱照相机、激光扫描相机、电视摄像机、合成孔径雷达、机载预警雷达、微波辐射仪、机载微光电视、无线电技术侦察设备等。

航空侦察所使用的平台主要有：预警机、有人驾驶侦察机、无人驾驶侦察机、侦察直升机、气球和飞艇、联合监视与目标攻击雷达系统等。

1. 预警机

预警机即空中指挥预警飞机，是指拥有整套远程警戒雷达系统，用于搜索、监视空中或海上目标，指挥并可引导己方飞机执行作战任务的飞机。

由于地面雷达受到地球曲度限制，对低高度目标搜索距离有限，同时由于受地形干扰导致搜索效果受限。预警机将整套雷达系统放置在飞机上，借由飞行高度，自空中搜索各类空中、海上或者是陆上目标，提供较佳的预警与搜索效果，延长容许反应的时间与弹性。它能够集预警、指挥、控制、通信功能于一体，起到活动雷达站和空中指挥中心的作用。

2. 侦察机

侦察机专门用于从空中获取情报的军用飞机。现代战争中的主要侦察工具之一。按遂行任务范围，分为战略侦察机和战术侦察机。战略侦察机一般具有航程远和高空、高速飞行性能，用以获取战略情报，多是专门设计的。战术侦察机具有低空、高速飞行性能，用以获取战役战术情报。

侦察机一般不携带武器，主要依靠其高速性能和加装电子对抗装备来提高其生存能力。通常装有航空照相机、前视或侧视雷达和电视、红外线侦察设备，有的还装有实时情报处理设备和传递装置和目前最先进的合成孔径雷达。侦察设备装在机舱内或外挂的吊舱内。侦察机可进行目视侦察、成像侦察和电子侦察（见电子对抗飞机）。成像侦察是侦察机实施侦察的重要方法，它包括可见光照相、红外照相与成像、雷达成像、微波成像、电视成像等。

（四）航天侦察监视技术

航天侦察监视技术是指利用航天器的光电遥感器和无线电接收机等侦察设备获取情报的技术。它的特点是轨道高、发现目标快、侦察范围广；可以长期反复地监视全球，也可定期或连续地监视某一区域，不受国界和地理条件的限制。

1. 照相侦察卫星

照相侦察卫星是利用光电遥感器对地面摄影以获取军事情报的侦察卫星，是发展最早、最快，发射数量最多，技术最成熟的卫星之一。卫星所载遥感器主要有可见光照相机、红外相机、多光谱或超光谱相机、电视摄像机、成像雷达和扫描仪等。目标信息记录在胶片上或星载记录器中，由地面回收胶片或接收无线电传输的图像信息，加工处理后，判读和识别目标的性质，并确定其地理位置。

2. 电子侦察卫星

电子侦察卫星是用于侦察、截收敌方雷达、通信和武器遥测系统所发出的电磁信号，并测定信号源位置的侦察卫星。卫星所载电子侦察设备由接收机、天线和终端设备组成，对侦收的电磁信号进行预处理后，发送到地面接收站，以分析电磁信号的各种参数，对信号源进行定位或破译，从中提取有价值的军事情报。

3. 导弹预警卫星

导弹预警卫星是用于监视和发现敌方战略弹道导弹并发出警报的侦察卫星。通常被发射到地球静止卫星轨道，由几颗卫星组成预警网。利用卫星上的红外探测器探测导弹在飞出大气层后发动机尾焰的红外辐射，并配合使用电视摄像机跟踪导弹，及时准确判明导弹并发出警报。

4. 海洋监视卫星

海洋监视卫星用于监视海上舰只潜艇活动、侦察舰艇雷达信号和无线电通信的侦察卫星。海洋监视卫星能有效探测和鉴别海上舰船并准确地确定其位置、航向和航速。这种监视由主动型和被动型两类卫星成对协同进行。由于它所覆盖的海域广阔，探测目标多而且是活动的，所以它的轨道较高，并且多采用多星组网体制，以保证连续监视。

三、侦察监视技术在军事上的应用

侦察监视技术的发展及其在战场上的应用，使战场侦察与监视手段显著改善。侦察手

（一）作战空间扩大

千里眼，顺风耳。

现代侦察技术装备可以覆盖整个战场并在全球范围内进行全纵深、大面积的侦察和监视。陆战场监视系统侦察纵深可达 150 千米以外；高空侦察机飞行距离 4800 千米，值勤时间 12 小时，每小时监视能力达 38.9 万平方千米；卫星侦察与监视可覆盖数百万平方千米，作战侦察距离的增大，为实施远距离作战提供了条件；又使传统近战战法受到严重挑战，必须探索新的对敌作战方式。

（二）信息获取手段改善

装备先进，手段多样。

侦察技术的发展，使现代战争的情报侦察方式发生了变革，过去战场侦察主要是依靠侦察兵或特工人员使用目视观察器材进行侦察，而现代战争的情报侦察主要是使用配备有先进的光、电、磁传感器的侦察设备，获取军事情报，为制订作战计划和作战行动提供依据。使用现代侦察手段，可以深入敌人后方，全面详细地了解掌握战场的情况。

（三）指挥质量提高

情报准确，及时性强。

现代战场复杂多变，实时获得高质量的情报信息越来越显重要。现代侦察监视技术特别是卫星、遥感技术应用于军事领域后，使获取信息的范围显著增大，速度和准确率也大大提高。海湾战争中，为了对付伊拉克的"飞毛腿"导弹，美军使用的预警卫星能在"飞毛腿"发射后 90~120 秒内捕获目标并判明弹着点，3 分钟即可将信息传至海湾的防空导弹部队，可以提供 90~120 秒的预警时间，为实施指挥和反击赢得时间。高技术侦察装备这种实时、快速、准确传递信息的能力和手段，极大地提高了作战指挥的时效性。

现代侦察监视系统不仅能为指挥员提供直读、直观、直闻的不同距离的、全方位的、有声有色的情报，可用计算机的逻辑功能帮助计算、分析和判断，可对指挥员作出的计划方案进行"对抗模拟"，比较方案的可行性，以便于选择最佳方案，提高了指挥质量。

（四）促进反侦察技术发展

以假乱真，以假当真。

侦察技术在战场上的运用，促进了反侦察技术的发展。战场"透明度"越来越大，部队隐蔽行动企图更加困难，必须探索新的伪装方法和行动方法。如常用的伪装方法对目视侦察和微光侦察有效，但热成像器材出现后，这些方法失去了作用。高技术侦察设备大量使用，使战场目标的生存面临更大的威胁。为提高战场目标的生存能力和达成战役战斗的突然性，必须发展反侦察技术。

四、现代侦察监视技术的发展趋势

（一）空间上立体化

由于现代武器的射程急剧增加，部队的机动能力迅速提高，现代战争必须是大纵深的立体战争。为了适应这种特点，侦察与监视体制必须是由空间、空中、地（水）面、水下组成的"四合一"系统。

（二）速度上实时化

现代战争快速多变，要求侦察与监视所用的时间尽量最短。因此，信息处理和传输速度是关键。随着遥感技术和计算机技术的发展，必须借助以计算机为核心的遥感图像自动分类和识别技术，提高处理速度。

（三）手段上综合化

随着侦察技术的不断改进，各种反侦察设备和伪装干扰技术也得到了发展，为了识别伪装，提高侦察效果，要加速研制新的红外、激光、微波遥感器，使用多种遥感器，同时观测同一地区，这样既能获得多种信息，又能增加侦察监视效果。

（四）侦察监视与攻击一体化

侦察、监视与攻击系统一体化就是将部队的侦察监视系统与武器装备有机地结合起来，构成一个合理的整体，以便及时发现和摧毁目标。如有的遥控飞行器携带有侦察、跟踪、瞄准装置和弹药，侦察发现目标后，能很快将目标摧毁。

（五）提高侦察监视系统生命力

各种反侦察武器特别是精确制导武器的出现，对侦察监视系统构成了严重的威胁。侦察监视系统本身的生存能力，成了完成任务的重要因素。因此，提高整个侦察监视系统自身的生存能力，又成了迫切需要解决的新课题。

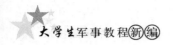

第五节　电子对抗技术

19世纪末，电磁波的发现和无线电技术的发明及其实用化，为人类战争形态进入电磁战构建了初级平台。在21世纪高度信息化的战场上，各种武器装备无论其技术性能如何先进，都离不开电子系统的控制、指挥和引导。可以说，电子系统是作战中执行火力摧毁和杀伤的神经中枢。

一、电子对抗的概念与分类

（一）电子对抗的概念

电子对抗是指军事上为削弱、破坏敌方电子设备（系统）的使用效能，保护己方电子设备（系统）正常发挥效能而采取的各种措施和行动的统称。西方国家称之为电子战，我国称之为电子对抗。电子对抗作为一种重要的作战手段，通常由电子对抗侦察、电子进攻和电子防御三部分组成。

电子对抗侦察的目的是为搜索、截获、识别和定位敌方电磁辐射源，从而分析其敌电子设备的技术参数，判断其属性、用途及位置，为部队组织实施电子干扰和电子防御作战行动提供准确的情报。它是组织实施电子进攻和电子防御的前提条件。

电子进攻的目的是削弱、破坏敌方电子设备工作效能，从而造成敌方无线电通信中断或混乱，制导兵器失控，雷达迷盲，指挥失灵，协同失调，判断错误。电子进攻通常包括电子干扰和摧毁两种形式。

电子防御的目的是为防止己方电子设备辐射的电磁信号及其战术与技术参数被敌方侦悉，消除或削弱敌方电子干扰对己方电子设备的有害影响，避免遭受反辐射武器和制导火力破坏而采取的综合措施。它包括反电子侦察、反电子干扰和反摧毁等几个方面。

由于电子对抗是在军事领域中使用电磁波的斗争，因此所有使用电磁波的设备，如C4ISR系统、雷达、通信、导航、敌我识别、精确制导、无线电引信、计算机和光电兵器等，都是电子对抗的对象。每一项电子技术的新发展，都会引出新的对抗措施和手段。

（二）电子对抗分类

电子对抗是由综合的、交叉的、多层面的多种学科所构成的军事科学体系。按照不同的侧重，会有多种不同形式的分类。

按电子设备工作的频谱范围划分，通常分为：射频对抗（亦称无线电对抗）、光电对抗和声呐对抗等。

从作战空间上可分为：地面、海上、空中和外层空间的电子对抗。

从作战内容及电子设备的类型上可分为：雷达对抗、无线电通信对抗、光电对抗、水声对抗等。

从作战表现形式上可分为电子侦察与反侦察、电子干扰与反干扰、摧毁与反摧毁。

二、电子对抗的主要领域和内容

（一）无线电通信对抗

无线电通信对抗是为削弱、破坏敌方无线电通信系统使用效能和保护己方无线电通信系统使用效能的正常发挥所采取的措施和行动的总称。通常又被简称为通信对抗。通信对抗是电子对抗的重要组成部分，其实质是敌对双方在通信领域为争夺无线电频谱控制权而展开的电磁波的斗争。基本内容包括通信对抗侦察、通信电子进攻和通信电子防御。

通信对抗的研究领域是随着无线电通信的发展而不断拓宽的。从波段来看，包括超长波、长波、中波、短波、超短波和微波，并且扩展到光波，涉及军用无线电通信的所有波段。通信对抗侦察和干扰的具体对象是无线电话机、电报、数据和图像通信等。

在无线电通信过程中，通信系统内的发射机向空间辐射载有信息的无线电信号，而通信对象的接收机则从复杂的电磁环境中检测出有用信息。这种开放式的信息交流特点成为实施无线通信对抗的基础。

通信对抗侦察是使用通信对抗侦察接收设备和无线电测向设备，对敌无线电通信设备所发射的通信信号进行搜索截获、测量分析和测向定位，以获取信号频率、电频、通信方式、调制样式和电台位置等信息，对其截听判别，以确定信号的属性。

通信电子进攻通常包括通信干扰和通信电子摧毁两种形式。通信干扰是根据通信对抗侦察获得的敌方无线电通信的有关特征情况，运用电子干扰设备发射适当的干扰信号，以破坏和扰乱敌方的无线电通信。实施通信干扰，都要发射干扰电磁波，因此通信干扰属于有源干扰。通信干扰可分为欺骗性干扰和压制性干扰两类。欺骗性干扰又称通信欺骗，是指模仿敌通信电台的信号特征，使用敌台的通信联络规定，冒充敌通信网内的某一电台与敌主台或其他电台进行通信联络，向敌方传递假命令、假文电和假图像信息，以此迷惑敌人，造成敌方判断错误、决策失当。压制性干扰是发射足够强的干扰信号，使敌方通信接收机难以或不能正常接收通信信息。干扰按其频谱宽度分为瞄准式干扰与阻塞式干扰两大类。瞄准式干扰是实施干扰时，仅压制敌方正在工作的一个信道。干扰信号频谱宽度仅占一个信道宽度，准确地与信号频谱重合，而不干扰其他信道的通信。阻塞式干扰是压制敌方在某一段频率范围内正在工作的全部信道。由于其单机干扰频谱宽，干扰功率比较分散，所以同样的干扰功率比瞄准式干扰的威力要小。通信电子摧毁是通过硬杀伤的各种武器使敌方通信设备和系统彻底瘫痪。

通信电子防御，是采用通信反侦察、通信反干扰和通信反摧毁等各种战术与技术措施，保障己方无线电通信系统的正常工作。

无线电通信反侦察是指己方无线电通信为防止敌方无线电通信侦察而采取的措施。它的任务是防止敌截收、破译己方无线电通信的内容和掌握无线电通信设备的战术与技术性能，隐蔽己方无线电通信台、站的配置与使用情况，减少对己方无线电通信的干扰，保障无线电通信的安全。如加强无线电通信保密、控制无线电发信、进行无线电通信伪装、实施无线电佯动和欺骗、发展现代通信新技术等。

无线电通信反干扰和反摧毁是指为削弱或消除敌方对己方无线电通信设备的干扰和破

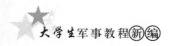

坏，保证己方通信发挥正常效能而采取的措施。无线电通信反干扰和反摧毁的技术与战术措施主要包括：控制无线电波的发射时机；简化通信手续；降低发射功率；控制发射方向；实施电台伪装；开发使用新的通信频段；注意通信保密；采用自适应天线阵技术、自适应通信系统、跳频通信、扩频通信和猝发通信等。另外，在条件允许的情况下，可以对干扰源进行精确测向与定位，用火力摧毁干扰源。

（二）雷达对抗

雷达对抗是为削弱、破坏敌方雷达的使用效能和保护己方雷达效能正常发挥所采取的措施和行动的总称。雷达对抗的主要内容包括：雷达对抗侦察、雷达电子进攻和雷达电子防御。

雷达对抗侦察是使用雷达对抗侦察设备截获敌方正在工作的雷达信号，并经过分析、识别、测向和定位，以获取战术与技术情报。雷达对抗侦察的主要任务是：侦察敌雷达信号载频、信号波形、脉冲宽度、脉冲重复频率、信号强度、波束宽度、天线扫描方式和扫描速率等；测定雷达信号到达方向或对雷达定位；通过对雷达信号参数和雷达位置或方向的分析，查明敌方雷达的类型、技术体制、性能、用途和配置情况，查明敌雷达使用规律和相关武器的配置和使用情况，从而进一步判别敌作战系统的配置、战斗部署和作战企图等。

雷达电子进攻通常分为雷达干扰和摧毁两种形式。雷达干扰是指利用雷达干扰设备或器材，通过辐射、转发、反射或吸收电磁能量，削弱或破坏敌方雷达探测和跟踪能力的战术与技术措施。雷达干扰是电子进攻的主要手段之一。

雷达干扰按干扰设备是否辐射电磁波可分为有源干扰、无源干扰；按干扰方式可分为压制性干扰和欺骗性干扰。

有源干扰是由专用的干扰发射机发射、转发干扰电磁波；削弱或破坏雷达的正常工作能力。有源干扰的实质是降低接收机的信杂比，增加对有用信号检测的不确定性，或者增加接收机的虚假信息，提高数据的错误率和虚警率。

无源干扰是利用本身不产生电磁波辐射但对电磁波的反射、散射或吸收有极大影响的器材，干扰敌方雷达辐射的电磁波，从而阻碍雷达对真目标的探测、跟踪或产生错误。在作战中，常常把有源干扰和无源干扰结合起来运用，形成复合干扰。

压制性干扰也称遮盖性干扰，它是利用强烈的干扰信号遮盖或淹没回波信号，或者使雷达信号处理器饱和，从而阻止敌方雷达获取目标信息。按照干扰带宽与受干扰雷达接收机通频带的比值又可分为窄带瞄准式干扰、宽带阻塞式干扰和扫频式干扰。瞄准式干扰能集中能量有效地使用干扰功率，但同一时间只能干扰一部雷达；阻塞式干扰能同时干扰某一频带内的多部正在工作的雷达，但功率分散；扫频式干扰兼有两者的特点，适宜于对付多威胁信号环境，但扫频速度必须选择得当。利用雷达有源干扰设备或无源干扰器材都可以产生压制性干扰。应用最广的有源压制性干扰是噪声干扰，它对各种技术体制的雷达均有明显的干扰效果。

欺骗性干扰是模拟目标的回波特性，使雷达得到虚假的目标信息，作出错误判断或增大雷达自动跟踪系统的误差。欺骗性干扰可以用有源干扰设备产生，也可以用无源干扰器材产生。欺骗性雷达干扰可以有距离欺骗、角度欺骗、速度欺骗和假目标欺骗等。目前雷达常用的无源器材和技术主要有：箔条（或称干扰丝）、各种角反射器、气悬体、假目标和雷达诱饵、电磁波吸收材料、雷达隐身技术等。

雷达电子摧毁主要是使用各种平台发射反辐射导弹、反辐射无人机对雷达设备及其载体进行实体破坏。

雷达电子防御，包括实施各种雷达反侦察、雷达反干扰、雷达反摧毁的战术和技术措施，防止己方雷达信号被敌方侦察，并在受到敌干扰和威胁时，保障己方雷达效能正常发挥。

雷达反侦察是为了防止敌方侦察己方雷达的位置、数量、性能和各种技术参数。这样才可能使敌方在战时不能对己方各种雷达实施干扰和摧毁，不致过早地暴露己方兵力的活动和作战意图，赢得战役战斗的主动权。雷达反侦察的技术措施主要包括：采用新的工作频段；采用低副瓣或超低副瓣天线；发射与敌方雷达所用的信号参数与工作方式相似的欺骗信号等。其反战术措施主要包括：控制雷达的开机时间；控制雷达发射功率和辐射方向；控制雷达信号参数和工作模式的作用；设置假阵地，用简易辐射源发射假信号等。另外在必要时还可以攻为守，对敌方电子侦察设备实施干扰或摧毁。

雷达反干扰和反摧毁是指为削弱或消除敌方干扰和破坏对己方雷达的影响，保障雷达发挥正常效能而采取的措施。其中技术措施包括：采用空间选择技术，尽量减少干扰进入接收机的能量；加大雷达发射机的功率，增大信号与干扰的比值；采用频率选择技术、极化选拔技术、波形选择技术、最佳接收技术和抗干扰电路技术以及采用抗干扰能力强的雷达工作体制等。战术措施包括：合理部署和使用雷达网，采用多种观察器材和采用多种反干扰方法配合使用等。在条件允许时，用硬杀伤武器摧毁干扰源。

（三）光电对抗

光电对抗是为削弱、破坏敌方光电设备的使用效能和保护己方光电设备使用效能正常发挥所采取的措施和行动的总称。

光电对抗是自第二次世界大战以来，随着光电侦测器材及光电制导武器的使用而出现的电子对抗的一个重要领域。光电制导武器与侦测器材的最显著的特点是精度高、分辨力高和抗电子干扰能力强。因此，光电对抗领域发展非常迅速。

光电对抗包括光电对抗侦察、光电进攻和光电防御三个基本内容。光电对抗实质上是作战双方在光频段，利用光电设备、器材或其他设施所进行的电磁斗争。光电对抗频段包括激光、红外与可见光频段。光电制导包括红外点源制导、红外成像制导、红外/雷达复合制导、红外/紫外双色制导、激光制导及电视制导等十几种体制数十种型号。光电威胁频谱宽：紫外波段 0.2～0.4 毫米；可见光波段、激光波段 0.53～0.904 毫米，1.06～10.6 毫米；红外波段 1～3 毫米，3～5 毫米，8～14 毫米。光电威胁是全方位、全天候的威胁。光电电子对抗的作战样式与雷达电子对抗类同，包括攻、防两个方面，但其频段高（波长短）、技术难度大，构成独立的光电对抗领域。

光电对抗侦察主要是利用光电对抗侦察设备，截获敌方的光电辐射信号、测量技术参数、分析识别辐射源类型、判断威胁性质、获取战术技术情报。光电对抗侦察是光电对抗

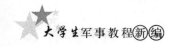

的前提，为实施有效的光电干扰及反辐射摧毁提供依据。

光电进攻通常包括光电干扰和光电摧毁两种形式。光电干扰是利用光电干扰设备和光电无源干扰器材，通过发射、反射、散射和吸收光波能量的方法，使敌光电设备和光电制导武器不能正常地探测和跟踪目标。光电干扰分有源和无源两种方式。有源干扰是利用己方光电设备和器材，有意识地发射高能脉冲激光束，使对方光电设备的传感器致盲、阻塞，甚至烧毁；发射各种红外、激光诱饵，诱骗对方光电跟踪系统。前者称为压制性干扰，后者称为欺骗性干扰。无源干扰是利用本身并不产生光频辐射的干扰物，反射或吸收对方光波的能量，或者人为地改变目标的光学特性，使对方光电设备效能降低、失效或受骗。无源干扰的实施方法简单，技术上也容易实现。光电摧毁是通过硬杀伤的各种武器和反辐射武器，使敌方光电设备和系统彻底瘫痪。

光电防御，是防止敌光电对抗侦察设备对我光电辐射信号的侦察，降低敌光电干扰和破坏的效果，以保障己方光电设备正常工作所采取的战术和技术措施。光电防御包括反光电对抗侦察、反光电干扰和反摧毁三个方面的内容。

光电反侦察可通过使用烟幕干扰技术，采用假目标、涂料与伪装和改变目标光学特性的器材及手段来达到反侦察的目的。

光电反干扰和反摧毁是指在敌方实施光电对抗的情况下，削弱或消除敌方对己方光电设备的干扰和破坏，保证己方光电侦察设备、光电跟踪设备和光电制导设备，能正常发挥效能而采取的措施。光电设备反干扰和反摧毁的技术与战术措施主要包括下列几个方面：提高光电侦察设备的抗干扰性能，常用的技术有：多光谱技术、编码技术、背景辐射鉴别技术、自动图像识别技术、红外焦平面阵列技术、凝视阵列技术等；使用抗干扰能力强的设备；采用复合制导；采用防护镜防护激光或其他光源的干扰及伤害；采用反辐射导弹攻击光电干扰源；加强抗干扰训练与协同，全面提高光电设备的抗干扰和抗摧毁的能力。

（四）C4ISR 系统的电子对抗

C4ISR 系统（军队指挥自动化系统）是战场情报、分析判断、决策指挥、作战行动连为一体的军事电子的作战体系，利用它可实施信息战，压制敌信息系统，保护自己信息优势。C4ISR 系统中的电子对抗既包括作战保密、军事欺骗、心理战和实体摧毁，也涵盖了电子战技术领域的各个方面。因此，C4ISR 系统中的电子对抗具有信息对抗、系统对抗、体系对抗的作战功能。

分布式综合通信网是 C4ISR 系统与各类武器连接的"黏合剂"。它把 C4ISR 系统、电子战系统和武器系统紧密结合为一体。在未来战争中，C4ISR 系统是首要打击的目标之一，其抗毁生存能力极其重要。为此，应采用机动、隐蔽、伪装、反侦察、反干扰、反摧毁的技术途径和分布式的体系结构。若采用积极的电子进攻手段，利用己方的电子干扰、欺骗、计算机病毒干扰和反辐射武器等电子进攻的手段去削弱、破坏、摧毁敌方 C4ISR 系统，可造成敌方武器控制系统失效、信息传输阻断、战场指挥失灵、协调能力和整体作战能力丧失，从而使己方获取信息优势。因此，C4ISR 系统中的电子对抗系统是完成上述作战功能的电子防卫系统。

（五）计算机网络对抗

计算机网络对抗的内涵是"以计算机网络与之相连的计算机软件和硬件为手段，针对信息系统及其各类信息的保密性、完整性、可用性与真实性为攻防目标的对抗性行为"[①]。计算机网络对抗是信息化战争中重要的作战手段之一，是提高己方信息优势、削弱敌方信息优势的重要环节。当计算机网络系统成为武器系统时，无论是空间、时间都具有"战"与"非战"界限模糊，作战力量可广泛动员，攻击目的、目标多样化，技巧性、时效性强和效费比高的特点。主要包括：计算机网络软、硬攻击技术和计算机网络防护技术。

计算机网络软攻击技术是利用计算机网络系统的安全缺陷，运用破坏程序对敌方军事指挥系统的计算机网络进行攻击的技术。它包括病毒攻击、假冒用户攻击、获取数据信息、破坏系统程序等手段。诸如"蠕虫"病毒、特洛伊木马、逻辑炸弹、"黑客"等。计算机网络软攻击技术可以完成信息侦察、信息欺骗、信息干扰和信息删除等功能。

计算机网络硬攻击技术是以打击计算机和网络为主要目标的信息武器系统。这种武器技术包括两种：一是对计算机和网络实物实施打击的可控芯片自毁武器、电磁脉冲武器、电子生物武器和定向能信息战武器；二是对敌方的指挥中心、通信枢纽、通信线路或其他重要信息节点等信息系统实体进行摧毁的精确制导武器和其他火力打击武器。

计算机网络防御技术是指对网络和通信系统可能的威胁采取的安全防范措施。[②] 主要措施有：信息加密技术、防火墙技术、查防病毒技术、加密网关设施和身份鉴别技术等。

（六）水声对抗

水声对抗是针对水面舰艇和水中精确制导武器提出来的。水声对抗是敌对双方围绕水下领域进行的声学战争。

水声对抗主要包括海洋水文条件利用、水声侦察和反侦察、水声干扰等。水声干扰是水声对抗的核心，是指利用水声对抗设备发射、转发某种声波信号，或对敌探测信号进行反射、散射、吸收、削弱或破坏敌方声呐和声制导武器对目标的探测和跟踪能力。干扰器、声呐诱饵等是主要的传统水声对抗装备。

构成水声对抗的方法主要有水声侦察、鱼雷报警、水声干扰等。

水声侦察是依靠水声设备在水中查明敌防水声设备、声制导武器和一切水下声辐射源信号的方位及技术参数，确定敌目标类型、部署和数量，判断威胁程度，获取水下情报，为水声对抗提供依据。

水声侦察可分为情报侦察和技术侦察。情报侦察在于查明敌舰艇出入基地、港口等情况，发现敌潜艇和水下其他兵器，尤其是弹道导弹核潜艇，并对其实施跟踪和监视；技术侦察的目的是查明敌防潜预警系统、水下制导兵器和各种设备的战术技术数据，包括工作频率、发射功率、脉冲宽度、作用距离、工作方式等，为水声对抗提供战术技术根据。水声侦察主要由侦察声呐来完成。它以被动工作方式搜集敌舰或水下制导兵器辐射噪声的频

---

①　沈永平：《军事高技术知识》，解放军出版社，2004 年，第 253 页。

②　沈永平：《军事高技术知识》，解放军出版社，2004 年，第 261 页。

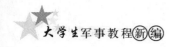

谱特征参数和敌方主动声呐的特征参数。

鱼雷报警是实施水声对抗的前提。它以水声探测设备接收到鱼雷主动探测信号或鱼雷辐射的噪声信号，通过主动识别或人工识别后，对来袭鱼雷进行声光报警。现代海战对鱼雷报警提出了很高的要求，因此一般由专用的鱼雷报警声呐来实现。

水声干扰是指利用水声对抗设备发射、转发某种声波信号，或对敌探测信号进行反射、散射、吸收、削弱或破坏敌方声呐和声制导兵器对目标的推测和跟踪能力的干扰。

三、电子对抗手段

电子对抗宏观上包括电子对抗与电子反对抗两个方面。电子对抗手段不断创新，派生有电子隐身与反隐身、电子制导与反制导等。归结起来主要包括：电子侦察与反侦察、电子干扰与反干扰、摧毁与反摧毁。

（一）电子侦察与反侦察

电子侦察是利用电子装备获取敌方电子情报的侦察活动。侦察手段有地面电子侦察站、电子侦察飞机、电子侦察船、电子侦察卫星和投掷式电子侦察器材等。电子侦察是通过截获、探测、分析、识别威胁辐射源信号特征及有关参数，输出各类辐射源的特征报告，然后对多类报告的信息进行相关跟踪/滤波、融合/归并、识别/更新、态势评价和威胁估计等数据处理，获得准确可靠和完整的电子情报，为电子对抗及作战提供情报。

反电子侦察是为了防止敌方截获、利用己方电子设备发射的电磁信号而采取的措施，目的是使敌方难以截获己方的电磁信号，无法从截获的信号中获得有关情报。反电子侦察的主要措施有：电子设备设置隐蔽频率和战时保留方式，平时采用常用频率工作；减少发射次数，缩短发射时间，尽可能采用有线电通信、摩托通信、可视信号通信等通信手段；使用定向天线，充分利用地形的屏蔽作用，减少朝敌方向的电磁辐射强度；将发射功率降低至完成任务的最低限度；转移发射阵地，不使敌人掌握发射规律；减少发射活动，实施静默。其具体做法还有：设置简易辐射源，实施辐射欺骗或无线电佯动；采取信号保密措施，使用不易被敌截获、识别的跳频电台等新体制电子设备。

（二）电子干扰与反干扰

电子干扰是为削弱敌方电子设备的使用效能或使其完全失效所采取的电波扰乱措施。目的是削弱或破坏敌方电子系统遂行战场侦察、作战指挥、通信联络和兵器控制能力，为隐蔽己方企图，达成战役、战斗的突然性和提高己方飞机、舰艇、装甲车辆等武器装备的生存能力创造有利条件。

电子干扰是一种软杀伤手段。它主要是通过电磁波的作用来扰乱或破坏敌电子设备的正常效能发挥，并不是摧毁敌方的电子系统。实施电子干扰的一般程序是：侦察敌方电子目标的电磁波信号，测定有关电子参数和战术诸元；在频率和方向上引导干扰机对准干扰目标；选择相应的干扰方式和干扰时机实施干扰；检查干扰效果并及时调整干扰方式等。

电子干扰可分为有源干扰、无源干扰两大类。按干扰专业、干扰专用平台、干扰技术、干扰方式和干扰机组成类型有多种分类法。专业领域不同，干扰技术特点不同，电子设备的类型不同，信号波形不同，干扰波形设计也不同，如预警、探测、目标监视雷达与跟踪、制导雷达、火控雷达的干扰技术不同；干扰平台不同，作战环境不同，干扰机的设计原则也不同，干扰方案、战术、战法都不同；此外，自卫干扰、随队干扰、远距离支援干扰的设计重点也不同；所有一切构成了各军兵种的电子干扰装备系统。对于指挥员而言，重要的不是深研设计技术，而是要了解电子干扰技术概貌，决策干扰手段，选用干扰装备，组织电子战斗。

反电子干扰是在敌方施放电子干扰的情况下，为确保己方电子设备的有效使用而采取的措施。反电子干扰随着电子系统不同而异，天线、发射、接收、显示、波形设计均可采用反干扰技术，而且从系统体制、组网运行上反干扰效果更佳。反电子干扰按电子设备种类可分为：雷达反干扰、通信反干扰、引导反干扰、导航设备反干扰、光电设备反干扰等。按作战使用可分为：技术反干扰和战术反干扰两大类。技术反干扰主要是提高电子设备本身在干扰条件下的工作能力，在电子设备的发射机、天线、接收机、信号处理系统中采取反干扰措施。技术反干扰针对性强，通常一种反干扰措施只能有效对抗一种干扰。战术反干扰主要是调整电子设备的配置、组网工作和综合运用等，将不同体制、各种频段的雷达配置组网，发挥整体抗干扰能力。综合运用多种探测和通信手段：如有源、无源探测相结合；红外寻的、激光制导和雷达制导相结合；有线通信、运动通信和无线电通信相结合；设置隐蔽台、站（网），适时启用；利用干扰信号对干扰源进行跟踪寻的、定位，必要和可能时实施火力摧毁。

（三）摧毁与反摧毁

摧毁是指在查明敌方电子对抗装备及其工作的情况基础上，用直接毁伤的方法使其瘫痪，并在短期内难以恢复正常工作的一种电子对抗手段。主要有火力摧毁、派遣人员摧毁和反辐射摧毁等。电子摧毁是对敌方的电子设备实体摧毁。一是航空兵使用航空炸弹、空地导弹，炮兵使用火炮在侦察引导兵力的引导下，将敌方电子设备摧毁。二是用反辐射导弹、反辐射无人机等"硬摧毁"的反辐射武器系统对辐射源进行摧毁。它们都是利用敌方辐射源辐射的电磁波作为制导信号自动导向目标，准确地杀伤目标的。三是派遣特种部队、地方武装等利用夜暗和不良天候，采用直升机机降等方法，进行突然袭击，将敌电子设备摧毁。随着高新技术在军事上的应用，还可使用定向能武器达到毁伤敌方电子设备与系统的目的。

反摧毁是针对敌方攻击手段，保障己方电子设备生存而采取的措施。反电子侦察是反摧毁的重要环节，对电磁辐射加强管制是反电子摧毁的有效措施之一。电磁管制方法包括部分或全部停止电磁信号的发射活动，控制开机时机和发射方向等。如使用雷达、红外、激光、电视等跟踪方法，并根据反辐射导弹制导的方式灵活变换跟踪手段。修筑坚固的防护工事，适当增大雷达观察室与天线的距离，即使导弹命中雷达站，也可减少兵器和人员的损伤。

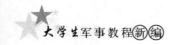

四、电子对抗的发展趋势

未来信息化局部战争，是以高技术武器装备主宰战场并左右战争进程和结局的局部战争。电子技术是当今高技术发展最重要的领域之一，它以最广泛的渗透性进入军事斗争的各个领域，成为战场指挥控制系统和先进武器系统的核心和支柱。近些年来，世界发生的几场局部战争充分表明，以削弱、破坏敌方电子系统效能、保护己方电子系统效能为目的的电子对抗，已成为信息化战争作战行动的先导，在改变双方力量对比、决定作战进程乃至胜负上具有重要的作用。电磁优势已成为作战双方激烈争夺的又一焦点。为了夺取未来信息化局部战争电子对抗斗争中的优势，各国军事都在加紧研究电子对抗的作战思想，发展电子对抗装备和手段，加强电子对抗力量建设，其发展趋势主要表现在以下三个方面。

（一）电子对抗的电磁频谱范围将从射频段向全频段发展

现代通信、雷达装备的迅猛发展以及光电和毫米波设备的大量使用，使军用电子设备的频率范围从射频扩展到声波、光波频段。如雷达侦察技术向扩展频段、提高测向/测频精度、增强信号处理能力方面发展。根据目前的现役及在研的电子侦察设备预测，今后电子电磁斗争频谱将从射频段向全频段发展。目前无线电通信设备的工作频率范围，已包括了极低频直至微波波段，并且正在向光波波段发展；同时通信设备也正在从单频段向宽频段和多频段方向发展。

（二）电子对抗技术装备向多功能、自动化的综合电子对抗系统方向发展

现代战争中，战场上的电磁环境日益复杂，而且电子对抗的作战对象是防空雷达网、指挥通信网和大纵深多层次的防御电子兵器，是系统对系统、体系对体系的斗争，以往那种彼此分离、功能单一的电子对抗装备已无法保障对敌方综合性电子兵器进行有效地压制，不能适应现代作战的需要了。因此，电子对抗行动必须从战略战术上统一考虑，部署和实施电子对抗作战任务，以把不同种类、不同型号、不同用途和频段的多种电子对抗装备和多种电子对抗手段，通过不同时空综合的应用。电子对抗装备必须从单一功能的状态，向多功能、自动化的综合电子对抗系统方向发展，从而最大限度地发挥整体作战效能。

（三）电子对抗的领域将不断拓展，新样式不断出现

在高新技术的强力推动下，电子对抗装备不断更新，电子对抗领域将不断拓展。

1. 计算机病毒对抗将成为电子战的新领域

由于电子计算机广泛运用于军事系统，并成为指挥、控制的神经中枢，因而破坏计算机的正常工作，已成为电子对抗的新目标。据报道：美国国防部高级研究计划局正在研制一种新式武器，称为计算机战武器，其功能就是把计算机病毒注入对方武器系统中的计算机，使其不能正常工作。计算机病毒是一种可以直接或间接运行的程序，它可以隐藏在计算机的操作系统、执行程序或数据文件中，利用系统的数据资源进行繁殖和生存，并通过

系统数据共享的途径进行传染。一旦解决了传播注入的方法，可以预计，计算机病毒对抗将成为电子对抗的一个新领域。

2. 定向能武器可望成为电子战的又一"拳头"

定向能武器是高能激光器、粒子束武器、微波/毫米波射束武器和等离子射束武器的总称，亦称聚能武器。定向能武器是利用电磁能代替爆炸能，把能量聚成细束，以接近光波的速度照射目标，从而破坏电子设备的正常工作。这种方法比用常规干扰的方法更有效，因而获得军事大国的青睐。美陆军还在发展装甲车载近距作战激光武器和前沿激光武器。定向能武器已可初步投入作战使用，成为未来电子战的又一"拳头"力量。

3. 电磁脉冲弹可能成为电子设备的新"克星"

电磁脉冲弹是利用一种叫作脉冲等离子磁流体动力技术，将炸弹爆炸的化学能转化为电磁能，在爆心周围产生强大的电磁脉冲，通过电子设备的天线、外壳感应出强大的电流进入设备内部，从而将电子设备中的某些器件烧毁。美军从 20 世纪 60 年代就开始研究，20 世纪 80 年代进行了实验。它可能成为未来战场电子进攻的大威力武器。

4. 网络战将成为信息争夺的重要平台

网络战是为破坏敌方信息网络系统的使用效能和保障己方信息网络系统正常发挥效能而采取的综合性行动。计算机技术与先进的通信技术相结合，使当今世界进入了一个相互联系和相互依存的信息网络时代。从网络上的大量公开信息中，可搜集整理出具有重要价值的情报，还可通过窃取网络上的信息来获得秘密情报，以及在网络上实施信息攻击等。信息的公开性和可渗透性为进行人为破坏提供了条件。因此，网络战将成为信息争夺的重要平台。目前，世界各主要军事强国都非常重视网络战能力的建设。未来的网络作战中，激活预置破坏程序、有线与无线注入病毒、使用电磁脉冲武器和芯片细菌、黑客攻击对方信息系统等，将成为主要的作战手段。

第六节　航天技术

随着卫星、空间站、航天飞机等航天器的相继诞生，以航天技术为基础，以军事应用为目的的军事航天技术已成为军事高技术的重要组成部分，它的出现使战争空间由陆地、海洋、大气层扩展到了外层空间，必将对未来军事活动产生深远的影响。

一、航天技术概述

（一）航天技术的基本概念

航天技术是探索、开发和利用太空以及地球以外天体的综合性工程技术，也称空间技术。它是一个国家现代技术综合发展水平的重要标志。

军事航天技术是为军事目的而研究和应用的航天技术。它是通过将无人或载人航天器送入太空，达到开发和利用太空的军事目的，用以完成侦察、摧毁、俘获、通信、监测、导航、定位、测绘和气象测报等各种军事航天任务的综合性工程技术。

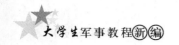

（二）航天技术的组成

航天技术由航天运载器技术、航天器技术和航天测控技术三大部分组成。

1. 航天运载器技术

航天运载器技术是航天技术的基础，要把各种航天器送到外层空间，必须利用航天运载器克服地球引力和空气阻力将航天器送到外层空间。常用的运载器有运载火箭，一般为多级火箭，即由两级或两级以上火箭组合而成。运载火箭是单向运输系统，它只能将有效载荷从地面送往轨道，而不能将轨道上的有效载荷送往地面。

运载火箭主要由动力系统、控制系统、箭体结构和无线电测量系统组成。动力系统由火箭发动机和推进剂组成，如果是液体火箭发动机，还应有液体推进剂和输送系统。动力系统有火箭的"心脏"之称，它是使火箭实现飞行运动的原动力。控制系统由制导、姿控以及程控等分系统组成。它是火箭飞行中的指挥系统，被称为火箭的"大脑"，其任务是用来保证火箭的稳定飞行，并确保火箭精确地进入预定轨道。箭体结构包括整流罩、仪器舱段、贮箱、尾部舱段、级间舱段和各舱段的连接、分离等机构。各舱段用来安装宇宙飞行器、制导系统、无线电测量系统和动力系统。箭体结构设计要使火箭具有良好的气动力外形，保护箭体内部的各种仪器设备在良好的环境下工作。同时火箭在运输、起吊和飞行过程中，箭体结构还用来承受各种载荷。在运载火箭上，都装有一些小型的无线电测量系统，主要是用于了解火箭飞行情况的测量和跟踪系统，它为设计者和使用者提供火箭飞行实况资料，供性能分析及必要时进行故障原因分析之用。

运载火箭的技术指标包括运载能力、入轨精度、火箭对不同有效载荷的适应能力和可靠性等。运载能力是指火箭能送入预定轨道的有效载荷的质量，它随轨道高度和倾角的增大而减小。

运载火箭的发射需要有专门的发射场。火箭从地面发射台上垂直起飞，一般在十几秒钟后按预定程序转弯，第一级火箭工作完毕后分离，第二级接替工作，直至末级火箭把有效载荷送入预定轨道。

2. 航天器技术

航天器分为无人航天器和载人航天器两大类。

无人航天器按是否环绕地球运行又可分为人造地球卫星和空间探测器。人造地球卫星是环绕地球运行而不载人的航天器，通常分为科学卫星、应用卫星和技术试验卫星。空间探测器是脱离地球引力飞往其他星球或在星际间运行的航天器，按探测目标可分为月球探测器、行星（金星、火星、水星、土星等）探测器和星际探测器。

载人航天器是在宇宙空间运行的载人的航天器，分为载人飞船、空间站和航天飞机。

3. 航天测控技术

航天测控技术是指对航天器飞行状态进行跟踪测量并控制其运动和工作状态的专用技术。为保证航天器在轨道上正常工作，地面必须建立测控系统对航天器进行遥测、遥控、跟踪和通信。航天测控系统主要包括：光学跟踪测量系统、无线电跟踪测量系统、遥测系统、实时数据处理系统、遥控系统和通信系统等。

（1）轨道控制和姿态调整

由于受地球、月球等的引力和大气阻力的影响，航天器在运行过程中轨道和姿态会不断变化，偏离原来位置。当姿态和轨道的变化影响到工作时，航天测控系统就要发出指令，让航天器进行轨道控制和姿态调整，使它恢复原来的姿态和轨道位置。

（2）日常管理

为确保航天器在轨道上的正常工作，航天测控系统需要对航天器进行日常管理，包括航天器工作状态监视、备用仪器管理、能源管理、使用管理和故障处置等。

（3）为用户提供使用信息

航天测控系统可以定期或不定期向用户提供航天器的工作情况和轨道位置，以便用户正确地利用航天器。

二、航天器

航天器是指在地球大气层以外的宇宙空间执行探索、开发和利用太空等航天任务的飞行器。

（一）航天器飞行的基本条件

1. 航天器运行的速度

根据对航天器的不同运行要求，通常将航天器运行速度分为第一宇宙速度、第二宇宙速度和第三宇宙速度。

第一宇宙速度，又称环绕速度。指航天器绕地球作圆轨道运行而不掉回地面所必须具有的速度，为7.9千米/秒。

第二宇宙速度，又称脱离速度。航天器运行速度大于环绕速度时，将沿椭圆轨道运行。当速度增加到11.2千米/秒时，航天器将挣脱地球引力，成为一颗绕太阳运行的人造行星。

第三宇宙速度，又称逃逸速度。当航天器运行速度大于16.7千米/秒时，航天器将脱离太阳系，进入茫茫宇宙深处。

2. 航天器运行的高度

地球周围有稠密的大气层，空气密度与距地面的垂直高度成反比。在距地面100千米的高度上，空气密度约为海平面的一百万分之一，在距地面200千米的高度上，空气密度只有海平面的五亿分之一。航天器运行轨道太低时，与空气摩擦产生高温，会将航天器烧毁，空气阻力也会使航天器运行速度下降而陨落。要使航天器在空间轨道上安全运行，除必要的速度外，运行高度通常在120千米以上。

（二）航天器的运行轨道

航天器运行轨道是指航天器围绕地球（或其他天体）运行时其质心运动的轨迹，由入轨点位置及入轨点速度大小和方向决定。为便于说明航天器运行轨道的形状、大小、在空间的方位以及在特定时刻所在的位置，常用一些特殊的量来描述，称为轨道参数。常用的

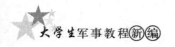

有以下三种：

运行周期。航天器绕地球一周所需要的时间称为运行周期，一般用分钟计算。

航天器高度。航天器到地球表面的垂直距离称为航天器高度，一般以千米为单位。沿圆形轨道运行的航天器，其中心是地球，高度可视为恒值。沿椭圆轨道运行的航天器，到地球的距离是个变量，距离地球最近的位置称为近地点，距离地球最远的位置称为远地点，其高度分别称为近地点高度和远地点高度。

轨道倾角。航天器运行的轨道平面与地球赤道平面之间的夹角称为轨道倾角。

按照轨道倾角的大小，航天器的运行轨道可分为三种：一是倾角为零度，轨道平面与赤道平面重合，航天器始终在赤道上空运行，这种轨道称为赤道轨道；二是倾角为90度，轨道平面与赤道平面垂直，航天器飞越南、北极上空，称为极地轨道；三是除上述两种情况外，其他运行轨道称为倾斜轨道。其中，倾角大于零度而小于90度，航天器运行方向与地球自转方向相同，称为顺行轨道。倾角大于90度而小于180度，航天器运行方向与地球自转方向相反，称为逆行轨道。

此外还有两种经常使用的特殊轨道。

地球同步轨道。地球自转一周的时间为23小时56分4秒。航天器沿赤道轨道自西向东顺着地球自转方向运行，且运行周期正好等于地球自转一周时间的运行轨道称为地球同步轨道。

太阳同步轨道。它是指航天器轨道平面绕地轴的旋转方向和周期，与地球绕太阳的公转方向和周期相同的一种逆行轨道。太阳同步轨道的特点是卫星以相同方向经过同一纬度的当地时间相同。

（三）航天器的军事应用

航天器的军事应用，主要通过航天器加载各类军事装备组成军用航天器，完成空间军事和作战任务。军用航天器通常包括军用卫星和军用载人航天器。

1. 军用卫星

军用卫星是指完成各种军事任务的人造地球卫星。它是发射数量最多的一类卫星，占世界各国航天器发射数量的三分之二以上。军用卫星按用途可分为侦察卫星、军事通信卫星、军事导航卫星、军事气象卫星、军事测地卫星等。

（1）侦察卫星

侦察卫星是发展最早、数量最多、应用最广的一种军用卫星。主要用于获取军事情报。它携带光电设备或无线电接收机等侦察设备，从轨道上对既定目标实施侦察、监视或跟踪，以搜集地面、海洋及空中目标的情报。

与其他侦察手段相比，侦察卫星具有"得天独厚"的特点：

一是轨道高，发现目标快，侦察范围广。如一颗近地点150～200千米的照相侦察卫星，其一张照片即可拍照数万平方千米的地面景物。

二是可长期、反复地监视全球，也可定期或连续地监视某一地区。

三是可在短期内或实时地提供侦察情报，能满足军事情报的时效性要求。如传输型侦察卫星利用中继卫星转发信息，可近实时地发回目标的信息。

四是不受国界和地理条件的限制。

侦察卫星的用途十分广泛，主要有：侦察对方各种战略目标；对领土进行测图；监测对方的武器系统；侦察对方部队部署和战场情况等。

侦察卫星主要包括照相侦察卫星、电子侦察卫星、导弹预警卫星、海洋监视卫星和核爆探测卫星等。

（2）军事通信卫星

通信卫星是人造地球卫星中应用最广泛、对人类影响最大的一种卫星。通信卫星是20世纪60年代初才问世的一门新兴技术，是空间技术和通信技术相结合的产物，它像悬挂在高空的微波中继站和接力站，接收从地面或其他卫星发来的无线电信号，经转发器放大后，再以另一频率发回地面另一地方或其他卫星上。现在，我们能及时收听、收看到来自世界各地的新闻，通信卫星起到了环球顺风耳的作用，功不可没。

卫星通信具有覆盖范围大、通信距离远、通信容量大、传输质量高、机动性和生存能力强等优点，因而在军事通信中起着举足轻重的作用。现在，除了一些商用通信卫星同时用于军事通信之外，还研制、部署和使用了专门的军事通信卫星。

军事通信卫星就是指以军事服务为目的而设计的通信卫星。主要用来担负保密的、大容量的、高速率的战略和战术通信勤务。目前美国所有军事长途通信的70%～80%的信息是由卫星传送的。为了保证在核战条件下提供可靠的通信，未来的军事通信卫星将逐步采用多波束的自动调零天线，扩展频谱的调制技术，自适应的位置保持系统，星上抗辐射加固，卫星间中继链路等技术，以大大提高保密、机动、抗干扰及在核战下的生存能力。

（3）军事导航卫星

在茫茫大海和无垠的蓝天上，我们乘坐轮船和飞机，仅靠肉眼是无法知道自己所处的位置和航向的。最初，人们通过北斗星等天体来确定自己的位置，但易受天气的影响。后来人们借助无线电进行导航，但又受地球曲率的影响，无线电波不能传送到很远的距离以外，导航距离有限。现在，航天技术的发展，为人们找到了一个理想的办法，那就是把地面导航台搬到太空。卫星导航从此走上历史舞台。

导航卫星是为航天、航空、航海、巡航导弹和洲际导弹等提供导航信号与数据的卫星。一颗导航卫星，就相当于一个设在空间的无线电导航台。导航卫星上所装有的无线电信标机以固定的频率，按照规定的时间间隔向地面、海上、空中、空间等用户发射无线电信号，报道当时卫星在空间的位置和发出信号的时间，用户利用无线电接收设备接收到卫星发出的信号，从而确定自身的位置和航向。用导航卫星进行导航不受气象条件和距离的限制，而且导航精度高。

卫星导航系统通常由数颗导航卫星构成导航卫星网，具有全球和近地空间的立体覆盖能力。卫星导航定位已经广泛应用于军事各个领域，可为各种运动目标提供定位信息，甚至可为单兵和高速飞行的武器系统提供准确的速度、时间和位置信息。

目前，卫星导航发展最快、最先进的是美国，即美国的"全球定位系统"。其次是俄罗斯。另外，欧洲正在与多国合作开发卫星导航系统，称为"伽利略"卫星导航系统。

（4）军事气象卫星

气象卫星从外层空间对地球及其大气层进行气象观测，是从空间获取军事气象情况的

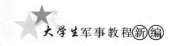

重要手段，对全球天气监视和天气预报业务均有十分重要的作用。它相当于一个无人高空气象站，与以往的地面观测方法相比，具有全球性、预先性和准确性。

气象卫星上携带有多种气象遥感器，包括多通道扫描辐射计、高分辨率红外分光计和微波辐射计等。这些仪器能接收和测量地球及其大气层的可见光、红外和微波辐射，将它们转换成电信号传到地面。地面台站将卫星送来的电信号复原，绘制成云图、地表和洋面图，经进一步处理，即可得出各种气象资料。

气象卫星按所在轨道可分成两类：太阳同步轨道气象卫星和地球静止轨道气象卫星。太阳同步轨道气象卫星每天对全球表面巡视两遍，可以获得全球气象资料。地球静止轨道气象卫星高悬在赤道上空的固定位置，能对地球的中、低纬度地区天气系统的形成和发展进行连续监测。这两类卫星大都是军民合用，但也有专门的军用气象卫星。专门的军用气象卫星为全球范围的战略要地和战场提供实时气象资料，具有保密性强和图像分辨率高的特点。

（5）军事测地卫星

测地卫星是用于从宇宙空间，对大地进行重力分布、形状、精确地理坐标测量的人造地球卫星。与常规测量法相比，它具有周期短、精度高的特点，是进行大地测量的一种重要而有效的手段。

地球不是标准球体，而且地面上有山、河、湖、海，高低不平，因此地球重力场的分布不均匀。同时又由于测量误差等原因，原有地图上标明的各种地理位置常与实地不符。这一切对导弹弹道的计算，对导弹的惯性制导及巡航导弹的地图匹配制导都会造成很大的影响。如果不消除或减小这些影响，就会产生误差，从而降低武器的命中精度，影响武器的效能。而使用测地卫星正是解决这一问题的有效方法，它能够精确地测量地球的形状和大小、地球重力场的分布、地面目标的精确地理坐标。先进的测地卫星的测量精度可达厘米数量级，对现代战争具有十分重要的意义。目前，各国都在利用测地卫星进行全球大地测量，以获取重要的具有战略意义的资料。此外，测地卫星还可以配备其他专用设备（如多光谱观测相机等）进行地球资源的勘察，成为地球资源卫星，用于了解和掌握各国战略资源的储备情况等。

2．军用载人航天器

载人航天器可军用也可民用，军用载人航天器实际上是载人航天器的军事应用。载人航天器包括载人飞船、空间站、航天飞机和正在研制中的单级火箭式空天飞机，它们都可执行军事任务。

（1）载人飞船

载人飞船是能保证宇航员在空间轨道上生活和执行航天任务并返回地面的航天器。它的运行时间有限，仅能一次性使用，可独立进行航天活动，也可以作为往返于地面和空间站之间的"渡船"，还能与空间站或其他航天器在轨道上对接后进行联合飞行。

载人飞船是人类最早使用的载人航天器，是技术较简单的一种载人航天器，也是载人航天器中最小的一种，在空间轨道上一般只能单独飞行数天到十几天，完成飞行任务以后，沿弹道式或半弹道式路径返回地面。苏联是世界上发展载人飞船最早的国家，1961年开始载人飞船发射试验，先后实施了"东方"号、"上升"号和"联盟"号飞船发射计划。美国紧随其后，先后实施了"水星""双子星座"和"阿波罗"飞船发展计划。但由于载人飞船容积较小，所载消耗性物资数量有限，不具备再补给能力，不能重复使用。20世纪70年代以后，美国放弃发展载人飞船，转而发展技术难度更大的航天飞机。

典型的载人飞船由对接装置、轨道舱、返回舱、仪器设备舱（服务舱、推进舱）和太阳帆板等部分组成。

载人飞船作为地面与空间站的军事运输工具，可向空间站运送各种军事补给物资以及接送人员、进行空间救护；试验新的军用航天设备；用于特定目标的侦察与观察等。

（2）空间站

空间站是大型的、绕地球轨道作较长时间航行的载人航天器，是多用途的空间基地。

空间站如同地面上的车站、机场、码头一样，是部署在太空的多用途航天中心，是迎送航天员和物资的长久性太空基地。它有若干个对接口，可同时与数个航天器对接组成大型轨道联合体；可变轨机动；可在轨道上长久载人。新一代空间站还具有远高于航天飞机等航天系统的自主能力。因此，空间站不仅可以用于科学实验，而且可以广泛应用于军事领域。一些军事专家预言："在未来的战争中，空间站将是航行于天际间的'航天母舰'和布设于太空的军事基地。"

与载人飞船相比，空间站具有载人多、空间大、寿命长和综合利用的优点，在军事上有广泛应用前景。

空间站可应用于战场侦察、监视、气象观测及预报，获得有价值的战场实时景况，支援陆、海、空三维战场上的一体化作战。

空间站可以充当指挥所，航天员的视野异常广阔，可以观察、探测、判断敌我双方作战态势，为己方陆基、海基、空基攻击平台导航和指示目标，引导导弹攻击目标。

空间站可以充当一个军用通信中心，能满足各种军事通信需要，可把航天员从太空中搜集到的情报和观察到的战场实况直接送达指挥所。

空间站可以作为一个战斗站，利用站上的太空武器攻击陆、海、空部队以及太空目标。

空间站可以进行各种新武器的试验，如动能武器、粒子束武器、激光武器等新概念武器。

（3）航天飞机

航天飞机是借助运载火箭或助推器垂直发射，在近地轨道上完成任务后能像滑翔机那样在跑道上水平着陆、可重复使用的带翼航天器。它既可载人也可运货，或两者兼备。它集中了现代科学技术的众多成果，是火箭、航天器和航空器技术的综合产物。

航天飞机由轨道器、助推器（即助推火箭）、外燃料箱三部分组成。轨道器是航天飞机的主体，可完成航天飞机的各种功能，是整个系统中唯一可以载人、真正在空间轨道上飞行的部件。两台固体火箭助推器为航天飞机发射和飞出大气层提供推力，是可回收部件，每使用一次后进行维修，可重复使用20次以上。外燃料箱用于贮存轨道器主发动机使用的液氢和液氧，是航天飞机唯一不回收的部件，只使用一次。

航天飞机与普通飞机的主要区别：一是飞行空域不同。航天飞机在大气层以外的太空中环绕地球飞行，而普通飞机只能在大气层内飞行。二是动力装置不同。航天飞机采用火

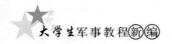

箭发动机，自带氧化剂和燃烧剂，所以能在大气层外飞行，而普通飞机采用的是喷气发动机，需要吸入大气中的氧作为氧化剂助燃，因此只能在有空气的大气层内飞行。三是起飞方式不同。航天飞机垂直发射，而普通飞机水平起飞。

航天飞机具有多次重复使用、发射成本低、载荷量较大和用途广等特点。在军事上有着广泛的用途，主要有：施放和回收军用卫星；试验新型空间武器；建造空间军事系统；直接进行作战行动。

2010年初，美国国家航空航天局（NASA）正式决定将日渐老化的航天飞机全部退役。2011年7月21日美国"亚特兰蒂斯"号航天飞机于美国东部时间21日晨在佛罗里达州肯尼迪航天中心安全着陆，结束其"谢幕之旅"，这寓意着美国30年航天飞机时代宣告终结。

（4）空天飞机

空天飞机是航空航天飞机的简称。它是一种装有空气喷气发动机和火箭发动机，能在机场水平起降，能在大气层内和大气层外飞行的可重复使用的带翼运载器和航天器的总称。

空天飞机与航天飞机一样，也是火箭技术、航空技术和载人飞船技术相结合的产物，代表当今最先进的航天技术。它与航天飞机最大的区别是可以在大气层内作有动力的飞行，充分利用了空气中的氧气作为燃料，大大降低了起飞质量。

目前，各国空天飞机的方案还都处于设想、设计或试验阶段，由于技术难度大、经费投入高，因而进展缓慢。但由于太空在军事、经济等方面的地位日益突出，作为未来控制太空活动的重要工具，空天飞机将受到进一步的重视和发展。未来空天飞机在军事领域的使用将给空间作战乃至整个军事活动带来重大影响。①

三、新中国航天技术的发展成就

中国的航天事业起步于1956年。这一年的10月6日，中国第一所火箭导弹研究机构——国防部第五研究院正式宣布成立，标志着中国航天事业从此走上世界的舞台。

（一）运载火箭

长征一号火箭于1965年开始研制。1970年4月24日，将中国第一颗人造地球卫星——东方红一号成功送入太空。

1975年11月26日长征二号运载火箭进行第二次发射，并成功将中国第一颗返回式卫星送入预定轨道。以长征二号运载火箭为原型先后研制出长征二号甲、长征二号丙、长征二号丁、长征二号E、长征二号F运载火箭，形成长征二号系列运载火箭。其中长征二号F运载火箭是我国载人飞船发射的唯一运载火箭，具有安全性高等特点，先后将我国十艘神舟号载人飞船和天宫一号空间试验室成功地送入太空预定轨道。

长征三号运载火箭主要用于发射地球同步轨道有效载荷。长征三号运载火箭在1984

---

① 余高达：《普通高等学校军事理论教程》，国防大学出版社，2003年，第306~307页。

年 4 月首次飞行，成功地将东方红二号试验通信卫星送入预定地球同步转移轨道。长征三号、长征三号甲、长征三号乙、长征三号丙构成了长征三号系列运载火箭。

长征四号系列运载火箭包括长征四号甲、长征四号乙、长征四号丙三种火箭。长征四号甲火箭是三级火箭，一、二、三级均采用常规推进剂，主要用于发射太阳同步轨道卫星。

长征五号运载火箭是中国研制的新一代运载火箭。长征五号在技术上是全新的火箭，相比以往的中国火箭的运载能力有成倍的提高。它研制成功后将改变目前中国火箭大幅度落后于世界运载火箭先进水平的局面。

长征六号于 2015 年 9 月 20 日在太原卫星发射中心点火发射，成功将 20 颗微小卫星送入太空。此次发射任务圆满成功，不仅标志着中国长征系列运载火箭家族再添新成员，而且创造了中国航天一箭多星发射的新纪录。这也是中国新一代运载火箭的首次发射。

长征七号运载火箭是我国新一代中型运载火箭，主要用于载人空间站工程，并发射货运飞船。2016 年 6 月 25 日，长征七号运载火箭在新建的海南文昌航天发射场发射升空，成功将载荷送入预定轨道。

除了长征系列火箭外，我国还有第一次发射"一箭三星"的运载火箭——"风暴一号"运载火箭。

（二）人造卫星

1965 年 9 月，中国科学院组建卫星设计院，提出第一颗人造地球卫星东方红一号的设计方案。

5 年后的 1970 年 4 月 24 日，东方红一号从酒泉卫星发射中心顺利升空，使中国成为继苏联、美国、法国和日本之后，第五个完全依靠自己的力量成功发射卫星的国家。

首颗返回式卫星于 1975 年 11 月 26 日发射成功，在轨运行了 3 天，各主要系统工作正常。此举使中国成为世界上第三个掌握返回式卫星技术的国家。

1984 年 4 月 8 日，我国发射了东方红二号通信卫星，这是中国第一颗地球静止轨道卫星。

1988 年 9 月 7 日，我国首次成功发射实验型气象卫星"风云"1A，准确地进入了太阳同步轨道。"风云"1A 的升空，使中国成为第三个能自行研制极轨气象卫星的国家。为了极大地改善区域性短期天气预报，我国还积极研制静止轨道气象卫星，并于 1997 年 6 月 10 日发射成功第一颗静止轨道气象卫星"风云"2A。

中国于 1999 年 10 月 14 日成功发射了同巴西合作研制的第一颗"中巴地球资源卫星"（又称资源一号），开创了我国航天遥感新的里程碑。

2002 年 5 月 15 日，中国发射了第一颗海洋卫星海洋一号，运行在高 798 千米的太阳同步近圆轨道上。

2000 年 10 月 31 日，中国成功地将第一颗北斗导航定位卫星送入太空。北斗导航卫星系统是一个全天候、全天时提供卫星导航信息的区域性导航系统。2012 年 12 月 27 日，我国北斗卫星导航系统区域组网已经完成，并实现了 14 星组网，全面完成亚太区域导航系统建设任务，投入正式运行。2014 年 11 月 23 日，国际海事组织海上安全委员会审议通过

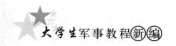

了对北斗卫星导航系统认可的航行安全通函，这标志着北斗卫星导航系统正式成为全球无线电导航系统的组成部分，取得面向海事应用的国际合法地位。

（三）载人航天

1992年，中国载人飞船正式列入国家计划进行研制，这项工程后来被定名为"神舟"号飞船载人航天工程。

神舟一号飞船是中华人民共和国载人航天计划中发射的第一艘无人实验飞船，飞船于1999年11月20日在酒泉航天发射场发射升空。飞船入轨后，地面的各测控中心和分布在太平洋、印度洋上的测量船对飞船进行了跟踪测控，同时，还对飞船内的生命保障系统、姿态控制系统等进行了测试。

2001年1月10日凌晨，神舟二号飞船发射成功。神舟二号是第一艘正样无人飞船，技术状态与载人飞船基本一致。它的发射完全是按照载人飞船的环境和条件进行的，凡是与航天员生命保障有关的设备，基本上都采用了真实件。

2002年3月25日，神舟三号飞船发射升空。神舟三号飞船搭载了人体代谢模拟装置、拟人生理信号设备以及形体假人，能够定量模拟航天员呼吸和血液循环等重要生理活动参数。飞船工作正常，预定试验目标全部达到，试验获得圆满成功。

2002年12月30日，神舟四号在经受了低温的考验后，成功发射，突破了我国低温发射的历史纪录。神舟四号除没有载人外，技术状态与载人飞船完全一致。飞行中，飞船相继完成了对地观测、材料科学、生命科学实验和空间天文和空间环境探测等任务。

2003年10月15日，我国第一艘载人飞船神舟五号成功发射。中国首位航天员杨利伟成为浩瀚太空的第一位中国访客。神舟五号21小时23分钟的太空行程，标志着中国已成为世界上继俄罗斯和美国之后第三个能够独立开展载人航天活动的国家。

2005年10月12日，我国第二艘载人飞船神舟六号成功发射，航天员费俊龙、聂海胜被顺利送上太空。神舟六号进行了我国载人航天工程的首次多人多天飞行试验，完成了我国真正意义上有人参与的空间科学实验。

2008年9月27日，执行神舟七号载人航天飞行出舱活动任务的航天员翟志刚在舱外挥动中国国旗。中国随之成为世界上第三个掌握空间出舱活动技术的国家。

2012年6月16日，神舟九号飞船在酒泉卫星发射中心发射升空，与天宫一号实施自动交会对接，这是中国实施的首次载人空间交会对接。神舟九号飞船搭载了3名宇航员发射升空，中国首位女宇航员刘洋也随飞船进入太空。

2013年6月11日，搭载着3名航天员的神舟十号飞船在酒泉卫星发射中心成功发射，随后，其在规定时间内准确入轨。在航天员聂海胜等的密切配合下，天宫一号目标飞行器与神舟十号飞船成功实现手控交会对接。自此，三名航天员已经先后完成自动交会对接、太空授课、手动交会对接3大任务。

（四）深空探测

2004年，中国正式开展月球探测工程，并命名为"嫦娥工程"。嫦娥工程分为"无人月球探测""载人登月"和"建立月球基地"三个阶段。

嫦娥一号探测器是中国自主研制并发射的首个月球探测器。嫦娥一号主要用于获取月球表面三维影像、分析月球表面有关物质元素的分布特点、探测月壤厚度、探测地月空间环境等。嫦娥一号于 2007 年 10 月 24 日在西昌卫星发射中心由"长征三号甲"运载火箭发射升空。嫦娥一号发射成功，中国成为世界上第五个发射月球探测器的国家。

嫦娥二号探测器于 2010 年 10 月 1 日在西昌卫星发射中心由长征三号丙运载火箭成功发射升空并顺利进入地月转移轨道。嫦娥二号完成了一系列工程与科学目标，获得了分辨率优于 10 米月球表面三维影像、月球物质成分分布图等资料。2011 年 4 月 1 日嫦娥二号拓展试验展开，完成进入日地拉格朗日 L2 点环绕轨道进行深空探测等试验。此后嫦娥二号飞越小行星 4179（图塔蒂斯）成功进行再拓展试验，嫦娥二号工程随之收官。

嫦娥三号探测器于 2013 年 12 月 2 日在中国西昌卫星发射中心由长征三号乙运载火箭送入太空，当月 14 日成功软着陆于月球雨海西北部，15 日完成着陆器巡视器分离，并陆续开展了"观天、看地、测月"的科学探测和其他预定任务，取得一定成果。2013 年 12 月 16 日，中国官方宣布嫦娥三号任务获得成功。2016 年 1 月 5 日，国防科工局正式发布国际天文学联合会批准的嫦娥三号探测器着陆点周边区域命名为"广寒宫"，附近三个撞击坑分别命名为"紫微""天市""太微"。此次成功命名，使以中国元素命名的月球地理实体达到 22 个。

第七节 指挥控制技术

指挥信息系统功能的发挥离不开指挥控制技术。指挥控制技术是军事信息技术中发展最为活跃、应用十分广泛的一个分支体系。建设信息化军队，满足打赢信息化战争的要求，必须持续不断地大力推动指挥控制技术的发展。

一、指挥控制技术概述

指挥控制技术，是在军队指挥系统应用的，便于指挥员和指挥机关对所属部队的作战和其他行动的指挥，实现快速和优化处理的一系列信息技术的统称。它以电子计算机技术为核心，是集侦察、监视、情报、指挥、控制、通信等于一体的综合技术体系。

（一）指挥控制技术的产生及发展

军队指挥控制技术的内涵，随着科学技术进步和作战需求的变化而逐步扩展，其称谓也随之不断变化。自从出现军队后，大同小异的各种类型的 C1（指挥）体制就诞生了。这种下级服从上级、将军指挥士兵的指挥体制延续至今已达数千年，其应用的指挥技术手段包括简易信号、有线通信、无线通信等传统技术手段。20 世纪 50 年代，随着军事装备的现代化、自动化，军兵种数量大增，作战距离、作战范围持续增大，部队机动能力也大大提高，军事指挥领域引入了"控制"一词，应用了控制技术，出现了 C2（指挥与控制）系统。20 世纪 60 年代，随着远程武器特别是战略导弹和战略轰炸机的大量装备，通信手段在 C2 系统中的作用日益完善、影响日益重要，于是又加上"通信"，形成 C3（指挥、控制、通信）系统。20 世纪 70 年代，美国首次把"情报"作为指挥自动化不可缺少的因素，出现了 C3I（指挥、控制、通信、情报）系统，并在较长时期内成为指挥系统自动化的代名词。20 世纪 80 年代末，由于计算机技术在指挥信息系统中的地位作用日益增强，又加上"计算机"，变成 C4I（指挥、控制、通信、计算机、情报）系统。20 世纪 90 年代中期，美国根据海湾战争的经验，进一步认识到掌握战场态势的重要性，提出"战场感知"的概念，即利用各种侦察监视技术手段，全面了解战区的地理环境、地形特点、气象情况，实时掌握敌我友三方兵力部署和武器系统配置情况及其动向，为作战行动提供可靠的依据。C4I 技术体系的内涵又进一步扩大，新融入了"监视与侦察"，变成了 C4ISR。进入 21 世纪，随着军队信息化水平的不断提高，C4ISR 与武器平台、弹药等作战系统的"融合"不断加深，同时信息系统的对抗手段也不断增多，使 C4ISR 系统不仅仅是保障性的指挥控制手段，而且逐渐具有杀伤进攻的作战能力，因此，C4ISR 系统又将新增"杀伤"手段，从而变成了 C4KISR 系统。指挥控制技术体系又增添了新的成员。

（二）指挥控制技术组成和分类

在功能上，指挥信息系统大体由信息获取、信息处理、信息传输和综合控制四个分系统构成。因此，对应上述功能，指挥控制技术可分为：信息获取技术、信息处理技术、信息传输技术和综合控制技术。

信息获取技术，是遍布陆、海、空、天的各种侦察与监视平台以及其搭载的雷达、夜视、光电和声呐等各种类型传感器的应用技术。

信息处理技术，是借助输入输出设备和计算机系统对获取的各种情报信息进行整理综合、有效管理和及时更新的技术方法和手段。

信息传输技术，是保证信息通过各种信道、交换设备和通信终端实现迅速、准确、保密和不间断传输的技术措施。

综合控制技术，是确保对各作战单元进行精确控制，确保指挥员意图实现的技术措施，包括精确计算、作战模拟、决策支持和实时控制。这是指挥信息系统的核心技术。

在指挥、控制、计算机和通信（C4）系统中，其主体是计算机技术和通信技术。此外，由于指挥信息系统向一体化方向发展的趋势越来越明显，使得综合集成技术和体系结构技术成为新的技术生长点。因此，对指挥控制技术的研究，主要围绕计算机技术、现代通信技术、系统综合集成技术和网络系统技术展开。

二、指挥控制技术现状及发展趋势

（一）计算机技术

电子计算机的发明是 20 世纪最辉煌的科学成果之一，使人类在继化学能、物理能之后，又找到了信息能。计算机从它诞生之日起就应用于军事领域，而且计算机技术的开发与进步往往始于军事应用的需求。

在军队指挥信息系统中，计算机主要的应用是信息处理，计算机技术的核心是信息处理技术。从作战指挥控制的角度来说，信息处理技术渗透到信息流程的大多数环节。在信息传输中采用了信息编码、加密技术；在信息存储时采用了压缩、索引技术；利用复制、镜像技术，实现信息共享；利用变换、选切技术，实现信息显示；信息安全技术中也大量采用了信息处理技术。

计算机的信息处理功能在指挥信息系统中的应用包括五点：一是军用文电处理，为各级领导机关、部队提供及时、可靠、安全和保密的信息，实现信息处理的自动化和规范化；二是军用图形处理，即利用计算机处理图上的作战态势信息；三是建立军用数据库系统；四是作战仿真，是实兵演习、沙盘作业、图上作业等传统手段的补充和发展，是用量化手段研究对抗双方或多方军事冲突过程的有效方法；五是人工智能和专家系统。

（二）现代通信技术

1. 现代通信技术的现状

计算机技术在通信领域的广泛应用，使得数字通信、网络通信成为现代通信技术飞速发展的重要支柱。数字通信与模拟通信相比，具有以下四个显著特点：一是抗干扰能力强。数字通信系统传输的是 0、1 二元信号，传输的脉冲波形只有两种状态。在接收端对每一个传输码元进行判决时，只要采样时刻的噪声绝对值与判决电平相比不超过某一个门限就不会形成误判，而且采用一些技术措施，可以具有检错和纠错能力，抗干扰能力更强。二是可实现远距离通信。模拟通信由于难以将信号与噪声完全分离，在放大过程中，信号和噪声一同被放大，难以进行多级传输。数字通信在进行判别后，即能恢复原始信号信息，因此，无论经过几级放大和传输，也不会产生过多的噪声，从而实现远距离通信。三是能适应各种通信业务。电话、电报、图像和数据等各种信息都可以转换为数字信号进行传输，所以数字通信能适应各种业务通信。四是保密性能强。数字通信可以方便地进行复杂的密码排列，使敌方难以进行解密等，而模拟通信就难以实现复杂的加密。

现代网络使通信技术发生了革命性的变化。网络通信具有三点优势：一是可以满足多业务通信传输的需要；二是可以传输多媒体信息；三是实现信息传递的宽带和高速化。由于网络通信的发展，自动交换技术、光纤通信技术、卫星通信技术等新的通信技术得到了长足的发展和应用，构成了一个多种手段、立体化的通信网络。这些网络在军事上的应用，使军事通信发生了深刻的变化，军事战略通信网、指挥自动化通信系统、战略战术通信网和军民结合的卫星通信网联成一个整体；使战场瞬息万变的态势可实时传输，供指挥员进行决策。使远程精确打击成为可能，毁伤效能大幅度提高；使作战效果得到及时反馈，作战节奏大大加快，彻底地改变了现代战争的面貌。

现代通信技术的快速发展集中体现在：程控数字交换技术是现代通信的基础，微波通信技术扩大了通信容量，光纤通信技术增强了实时通信能力，卫星通信技术实现了全球通信，移动通信技术解决了"动中通"难题。

2. 现代通信技术的发展趋势

一是采用军用 ATM 技术，提高战场适应能力。包括抗毁性 ATM 技术、军用 ATM 分布式交换技术以及网络抗毁自治愈技术。作为军用通信系统，必须在遭到损坏时，现有的资源能够继续运行，因此必须研究军用 ATM 分布式交换技术，提高 ATM 的抗毁性。以提高系统的安全性。采用链路重叠和网络拓扑结构可以加强网络的抗毁能力，但被毁后的网

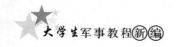

络快速愈合重组也是一项关键性的技术难题。由于作战使用的机动性,战场环境的电磁干扰严重,无线 ATM 的误码率要比光纤严重得多,必须动态地应用前向纠错(FEC)编码技术和在数据链路层采用自动请求重发(ARQ)协议,以提高无线 ATM 在战场环境下的可靠性。

二是开发军用 IP 技术,增强网络通信能力。当前的 IP 协议的技术标准都不支持路由器的移动性,而军用 IP 技术可以支持网络主干的移动,这就大大提高了军用网络系统的机动能力。军用网络的信息资源十分丰富,信息的时效性要求很高,处理能力要求很强,但工作环境却异常恶劣。因此,能够对网络各种复杂的信道资源、路由资源、频率资源、地理信息资源等进行有效的调配和利用,是军用网络管理技术必须解决的问题。

三是采用新的通信技术,提高抗干扰通信能力。研制多频带、多模式、数字可编程无线电台和大容量干线无线电台,采用综合抗干扰技术,利用无线组网,实现高机动性部队之间高可靠性、大容量的通信保障。

(三)系统综合集成技术

系统综合集成,是指使一个整体的各部分能够彼此有机地协调工作,以发挥整体效益,达到整体优化的方法。集成不仅强调将各个系统物理地集合在一起,更强调这些系统在逻辑上的联系。系统综合集成技术是对多种系统和技术进行裁剪,恰当合理地选择相关技术和策略,最佳地选择和配置各种软件和硬件资源,以构成满足用户需求的,整体性能最优的各类集成技术的统称。

1. 系统综合集成技术的内容

系统运行环境集成。它是将不同的硬件设备、操作系统、网络系统、数据库系统、开发工具和其他系统支撑软件集成为一个应用系统,形成高效、协调的应用平台,使得系统中的每一个用户都可以共享软件及硬件资源。

信息集成。从信息资源管理出发,进行全系统的数据总体规划、分布分析与应用分析,统一规划设计数据库,使不同部门、不同专业、不同层次的人员,在信息资源方面达到高度的共享。

应用功能的集成。利用各种技术手段,在运行环境和信息集成的基础上,建立一个满足用户功能需求的完整系统。

人员和组织集成。系统最终是为人员及其组织服务的,同时系统也是由人来控制的。通过对人员和组织的协调,使之适合集成后的系统,包括协同分工、友好的人机界面、智能化、自动化系统等。

集成的各个方面内容是有机的整体,信息集成是系统综合集成的核心,应用功能集成直接影响系统的效率和质量,系统运行环境集成决定了系统的技术水平和运行效率,人与组织的集成是系统效能发挥的关键。

2. 系统综合集成技术的发展趋势

系统综合集成需要重点解决的技术问题主要包括:软硬件平台集成、技术分系统集成、接口设计等。

软硬件平台集成,就是将不同的硬件平台、软件平台、开发工具以及有关系统支持软件等集成为一个协调运行的应用平台，用户可以共享系统软件及硬件资源。集成的结果要满足"五个统一"：统一的通信接口、统一的编程接口、统一的最终用户接口、统一的系统管理和服务、统一的信息格式和数据格式。同时，还应具备抗干扰和信息安全保密的要求。

技术分系统的集成，是将各要素的共性应用软件，按照功能要求进行分工，落实每个子系统的研制开发单位，并定义有关接口，以确保系统间的协调工作。

接口设计，是指挥信息系统综合集成的技术基础。只有具备了统一的接口，才可以进行统一的、标准的和互联互通的设计。系统综合集成是一个循序渐进的过程，是长期的技术工作，随着技术的发展，需要不断地进行更新和重新设计。

3. 系统综合集成技术的应用

通过各种综合集成技术，进行综合设计、综合整体集成、综合高效运用、综合技术嵌入和综合扩充更新，建立一个结构最优、自适应、高性能、高度抗毁与生存能力强的实时互操作的大系统。在战场上，实现武器、信息、战法的集成，实现火力、机动、防护、探测定位与跟踪、精确打击的集成；在武器装备上，实现平台、武器、信息化系统和支援保障系统的集成；在作战空间上，实现陆、海、空、天、电、信息的集成；在体制上，实现人员、武器、军事理论以及作战条令的集成。

（四）网络系统技术

网络系统技术的发展与运用，已经在军事领域内引起了一场深刻的革命。网络系统技术正处于快速发展之中，其发展现状和趋势集中体现在以下三个方面：

1. 信息网络技术

信息网络技术的主体是先进的软件技术、通信技术和计算机技术，以及支持主体技术的微电子技术、激光技术、自动控制技术、空间技术、高清晰度成像和显示技术等。它已成为现代军事技术的核心与主体技术。信息网络技术是自 20 世纪 60 年代末以来逐渐发展起来的，是最具先进性、应用性的一门综合性的技术。信息网络是由若干台独立计算机和其他数据终端设备在特定的硬件和软件支撑下，通过通信线路互联构成的系统。在计算机及其软件得以高度开发、多媒体技术有了迅速发展的今天，网络技术可以将各作战单元、各级各类指挥中心，在电磁干扰环境下与快速运动中形成全国、全军自动化指挥信息网络；各级各类指挥中心、各作战单元之间可互联、互通、互操作、互工作，实现数据、信息资源共享。

2. 平台网络一体化系统技术

平台网络一体化系统技术，是通过将平台及平台上的所有信息设备进行一体化系统设计，既使平台的作战效能达到最佳，也可获得最好的实效，从而满足未来作战环境的需要。通过采用多功能通用标准电子模块和具有多频谱传感器实时数据融合能力的计算机，不仅将多种信息战功能集于一身，真正实现雷达告警、导弹发射和攻击告警、信息支援、信息干扰及规避、协同一体化，而且与平台上其他信息设备综合为一体，达成信息共享。由于网络技术的发展，高技术作战平台的这种网络联通和信息融合能力越来越强。比如，现在的遥控飞行器自身就携带有侦察、跟踪、瞄准装置和弹药，侦察发现目标后，通过平

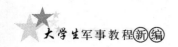

台单元内的信息协同，就能够很快将目标摧毁；侦察机的雷达发现 100~200 千米距离上的目标后，数秒钟之内就能完成信号处理、传输工作，并引导地面兵器准确打击目标；预警卫星能将所捕获到的敌目标信息及时传输给攻击系统，并能引导攻击系统对目标实施及时和准确的攻击，因而具有边发现和边摧毁的能力，等等。自海湾战争以来，美国十分注重发展网络一体化的作战平台，把全球信息感知和全球指挥控制作为联合作战的重要能力之一。

3. 指挥控制系统技术

未来战争将是体系与体系的对抗，要求指挥控制系统应实现网络状指挥信息结构。即由一系列节点联结成网络，覆盖整个战场地域，具有横向连通、纵横一体的扁平状外形，克服了树状结构信息传输慢、横向之间难以沟通、指挥灵活性和安全稳定性差的缺点。

"扁平化"指挥结构的主要特点包括以下四点：一是信息共享。它使更多的作战单元同处于一个信息流动层次，使情报、目标数据和其他数据在各作战单元之间进行分层式分发。二是确保作战指挥通信的稳定和不间断。它缩短了信息流程，当某一分支或节点遭到破坏和干扰时，可利用网络的多路横向信息路径传递指挥控制信息。三是能实施机动指挥。它可不设固定指挥所，利用车载或机载的形式，在作战地域或空域适时机动。四是网络化指挥信息机构可便利地将部分节点设置为假目标，以假乱真，以真示假，诱骗敌人，隐蔽自己企图，实现指挥所的隐蔽伪装。

三、指挥控制技术的运用

指挥控制技术在军事领域最直接和最重要的应用结果，就是物化为军队指挥信息系统。

所谓军队指挥信息系统，是指以计算机技术为核心，具有指挥控制、情报侦察、预警探测、通信、电子对抗和其他作战信息保障功能的军事信息系统。因此，指挥控制技术的作战运用，通过军队指挥信息系统的功能得以体现。

（一）军队战斗力的"倍增器"

指挥信息系统可以极大地提高军队的战斗力。战斗力是指军队实施战斗行动和完成战斗任务的能力，主要取决于两方面要素：一个是作战实力（简称兵力），另一个是指挥控制能力（简称用兵能力）。战斗力不是兵力、用兵能力两方面要素的简单相加，而是（战斗人员+武器系统）×（指挥谋略+指挥控制系统）的系统之积。因此，要想使兵力和兵器最佳组合，充分发挥它们的作战效能，最大限度地提高军队的战斗力，除了指挥员要有精深的谋略和高超的指挥艺术外，还需要功能强大的指挥信息系统。因为只有借助高效能的指挥信息系统，指挥员才能全面了解战场态势，作出正确的决策，并迅速、准确地加以贯彻执行，实现对部队和武器系统的有效指挥控制。否则，即使有较强的军事实力，在信息化条件下的局部战争中也难以发挥作用。1991 年海湾战争爆发时，伊拉克的防空力量并不弱。据有关资料介绍，其空军有 4 万多人，作战飞机 560 余架（包括 30 架先进的米格-29 和 94 架"幻影"战斗机），2 个防空导弹旅，地空导弹发射装置约 730 部，防空导弹约

3700 枚；各种高炮 4000 多门，防空武器比较齐全，有些还相当先进。但多国部队在发起大规模空袭前，首先实施高强度的综合电子战，瘫痪了伊军 C3I 系统，使其作战指挥系统成了"瞎子""聋子"和"哑巴"。结果，伊军根本未能组织起有效的防空作战。多国部队以很小的代价赢得了胜利，出动飞机 11.4 万架次，只损失固定翼飞机 47 架，真正战损仅 39 架，战损率为 0.034%，远低于 3%~5% 的平均战损率。伊军的教训说明，指挥信息系统对军队战斗力起到倍增或倍减的作用。

（二）军队一体化作战体系的"黏合剂"

指挥信息系统可以将现代军队的各个系统有机地联为一体，充分发挥整体威力。现代战争是诸军兵种一体化联合作战，参战军兵种多，武器平台多，战场分布广，如果没有一个高效率、高度集中统一的指挥信息系统作为军队的神经中枢，那么这支军队只能是一盘散沙，无法发挥应有的效能。因此，指挥信息系统是现代化军队一体化作战体系的"黏合剂"。美军认为，现代战争条件下，没有现代化的指挥信息系统，就等于没有一支军队。20 世纪 90 年代以来，从海湾战争、科索沃战争、阿富汗战争到伊拉克战争，都充分表明了这一点。阿富汗军队基本上没有指挥信息系统，因此就根本无法与美军直接对抗；南联盟的指挥信息系统是不完整的，因此只能组织有限的防护，也难以与以美国为首的北约军队抗衡；伊拉克虽然建立了较为先进的指挥信息系统，但却无法确保其在战时正常工作，或系统运行不稳定、不可靠，或缺少防护手段易遭摧毁，从而不能发挥其应有的效能，也同样逃脱不了失败的命运。相反，美军则高度重视并投巨资建设指挥信息系统，在战争中收到了奇效。

（三）军队指挥控制的重要手段

指挥信息系统可以大幅度提高联合作战指挥员的指挥能力。首先，它可为联合作战指挥员提供对广阔作战空间的感知能力。指挥员可在远离战场的指挥所里通过显示设备，实时、形象、直观地掌握战场态势和有关情况，了解战场态势所需时间大大缩短。其次，它可增强联合作战指挥员的有效用兵能力。联合作战指挥员可通过战场态势显示屏和通信网络直接指挥作战部队的行动，可对来袭的敌方各种空中目标实现从情报侦察、探测预警、监视捕捉、敌我识别、跟踪制导、电子对抗到命中目标的全程指挥控制，提高各种信息化武器装备的作战效能。第三，它可为联合作战指挥员提供高效的通信保障。由光纤、微波接力、对流层散射、卫星和激光等通信设备组成的通信网，可保证指挥员对部队实施高效的实时指挥控制。系统的这些功能提高了指挥员协调各军兵种参战部队的效率，使之保持协调一致的作战节奏。同时，各级参战部队也能更好地适应战场环境的变化，形成对敌绝对优势，不仅能有效、有选择地摧毁敌方目标，成倍提高联合作战能力，而且还能最终保障各军种部队在任何时间和任何地点都能有效地进行联合作战。第四，它能使战略决策层直接感知和控制战术行动。在现代战争中，有可能出现一些战略性战斗行动，超越战役级而直接与战略级发生关系。如美国空袭利比亚、出兵海地等军事行动，规模虽然不大，但事关全局。在处理这种战略性战斗行动时，既要求前线指挥员要直接对战略决策层负责，也要求战略决策层拥有实时掌握战术情况的能力，这一切都离不开指挥控制系统。

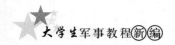

（四）打赢信息化条件下局部战争的根本保证

指挥信息系统是进行信息化条件下局部战争的基础，也是打赢信息化条件下局部战争的根本保证。在信息化条件下的局部战争中，作战力量的指挥控制将更加受制于复杂的战场环境。在包含大量信息化武器装备的数字化、网络化战场上，指挥控制系统能使信息与能量实现最佳结合，既能为战场上所有作战单位提供"无缝"的信息传输能力和互操作能力，又能在任何时间、任何地点，接收实时、融合、逼真的战场图像，准确提供敌人或潜在敌人指挥控制部队的各种信息，可全向发布、响应命令，指挥控制己方部队。另外，指挥控制系统是取得信息优势的必备条件。实施信息战的主要任务是压制、削弱、破坏和摧毁敌方指挥控制系统，同时确保己方指挥控制系统免遭这种攻击，使己方的信息收集、处理、传输和利用等不受影响，建立起信息优势。为此，敌对双方可能采取的战法主要有网络战、病毒战、干扰欺骗、实体摧毁等。这些对抗行动都将主要集中在指挥控制系统上，显然，其性能优劣将决定着信息战的成败。

四、指挥控制战的作战样式及作用

指挥控制战有多种作战样式，其作用各不相同，但是目标是一致的，即帮助夺取和保持指挥控制优势。因此，指挥控制战可以看成是制信息权和夺取信息优势的较量，其特点是按照观察、判断、决策、行动环线进行战斗。谁能够最快、最准确地完成这个循环，谁就能采取最有效的行动。指挥控制战创造了信息时代的可控性战争模式，对于现代战争的效能和作用是相当巨大的。俄罗斯军事理论家沃罗比约夫就曾说道，指挥控制战"从开始后几小时就能瘫痪敌国及其军事指挥机构，给武装力量以毁灭性打击，迫敌无条件投降"。

第八节　新概念武器

高技术的发展，正在引起军队武器的巨大变革，也为发展全新的非核武器开辟了诱人的前景。加速发展新概念武器，是各大强国确立军事高技术优势的重要手段之一。

一、新概念武器的概念与特征

新概念武器是指与传统武器相比，在基本原理、杀伤破坏机理和作战方式上都有本质区别，是尚处于研制或探索之中的一类新型武器。新概念武器的出现和陆续实用化，必将对21世纪的军事理论、作战方式、军队体制编制等产生一系列革命性的影响。

（一）新概念武器具有独特的工作原理

传统武器的工作原理，通常是依靠火药推力使弹头在空中飞行，最后击中目标轰炸。一些新概念武器比如动能武器等是靠电磁加速和电能加热加速，飞行速度甚至可以达到光速。

（二）新概念武器具有独特的杀伤机理

传统武器的种类繁多，性能各异，但其杀伤破坏机理主要有两种：一是靠爆炸杀伤；二是靠直接命中。而新概念武器采用了完全不同的全新的杀伤破坏机理，如激光武器是靠高温烧毁、熔化直至被摧毁。

（三）新概念武器具有独特的作战方式

如激光、粒子束等武器，无须使用弹药，但却具有巨大的能量，且使用灵活方便，能同时对多个方向上的目标实施攻击，既可实施硬杀伤，也可实施软打击。基因武器是靠传播细菌，而达到作战目的。

（四）新概念武器具有一定的历史阶段性

新概念武器是相对于常规武器和已经装备部队的大规模杀伤武器而言的。新概念武器是一个历史的范畴，具有一定的历史阶段性或时限性。随着科学技术和武器技术的不断发展，前一时代的新概念武器必然变为下一时代的常规武器。今天的新概念武器也许就是明天的常规武器。

二、激光武器

激光武器是利用激光的能量直接摧毁目标或使其失去战斗力的定向能武器。根据激光功率大小和用途的不同，激光武器可分为激光干扰与致盲武器、战术激光武器、战区激光武器和战略激光武器。激光干扰与致盲武器是低能激光武器，在武器装备的分类中属光电对抗装备。后三者为高能激光武器，也就是通常意义上的激光武器。高能激光武器又叫强激光武器或激光炮。高能激光武器的杀伤破坏效应，主要是烧蚀效应、激波效应、辐射效应。

激光干扰与致盲武器采用中、小功率器件，平均功率在万瓦级以下，但脉冲峰值功率可达 10 万至百万瓦级；战术防空激光武器的平均功率需达 10 万瓦以上，射程在 10 千米左右；战区防御激光武器的平均功率需达百万瓦以上，有效射程大于 100 千米；战略反导激光武器功率需达到 107 万~108 万瓦，射程在数百千米到数千千米；战略反卫星激光武器的作用距离一般为 200 千米，最高平均功率需达到几百万瓦。

激光武器具有许多独特的性能：一是反应迅速。光速以近每秒 30 万千米传输，打击战术目标不需要计算射击提前量，瞬发即中。二是可在电子战环境中工作。激光传输不受外界电磁波的干扰，目标难以利用电磁干扰手段避开激光武器的射击。三是转移火力快。激光束发射时无后坐力，可连续射击，能在很短时间内转移射击方向，是拦截多目标的理想武器。四是作战效费比高。化学激光武器仅耗费燃料，每次发射费用为数千美元，远低于防空导弹的费用。

激光武器的研制始于 20 世纪 60 年代末。经过近 50 年的发展，美、俄、英、德、法、以色列等国在激光武器研制方面均已取得长足进步。目前，强激光武器以发展高能氟化氢化学激光武器技术和高能氧碘化学激光武器技术为主，现已形成战术、战区和战略多层次防空、反导及反卫星激光武器技术体系。战术激光武器技术基本成熟，已研制出武器样机。战区防御机载激光武器关键技术已突破，激光器单模块功率已达 30 万瓦，光束主动跟踪系统已经能锁定 30~50 千米远处飞行速度为 1000 米/秒的助推段导弹。美空军正在大力推进大型机载激光器（ABL）计划，美陆军拟发展小型无人机载固体激光器方案。美国"阿尔法"激光器现已将输出功率提高到 500 万瓦，天基激光武器所需要的所有关键技术都通过了验证，并成功地进行了兆瓦级高功率激光器与光束控制、瞄准子系统的地面集成综合试验。其他国家也在大力发展强激光武器技术，俄罗斯的战术防空激光武器已具备实现武器化的技术能力，其天基激光武器系统的核心部件也正在接近百万瓦级的武器化技术指标。

当前各国正在发展的第一代强激光武器因体积和重量大，机动性和灵活性比较差，下一代强激光武器技术将向二极管泵浦固体激光武器技术、激光二极管相控阵列技术和自由电子激光武器技术等方向发展，器件将实现小型化，可实现在战斗机等小平台上使用。

三、粒子束武器

粒子束武器是以电子、质子、离子或中性粒子为弹丸，通过高能加速器将其加速到接近光速，聚集成密集的束流射向目标，以束流的动能或其他效能杀伤破坏目标的定向能武器。粒子束武器具有快速、高能、灵活、干净、全天候使用等特点。射击不用提前量，千分之一秒就能改变射向，在极短的时间内从容地对付多批目标，是打击空间飞行器、洲际导弹和其他高速运动点状目标的理想武器。

高能粒子束主要有三种破坏作用：一是使目标物质结构材料汽化或融化；二是提前引爆目标中的引爆炸药或破坏目标中的热核材料；三是使目标的电路被破坏、电子装置失灵。根据研究结果，粒子束武器在现代战争中的应用主要是识别和拦截洲际导弹。这是因为，洲际导弹在飞行中段除了释放弹头之外，还释放出大量的诱饵假弹头，只有中性粒子才能有效地对真假弹头进行识别，由此可见，粒子束武器是识别和拦截洲际导弹的最佳选择。

粒子束武器的技术原理，是用高能加速器将粒子加速到接近光速，并用磁场把它们聚集成密集的束流，直接或去掉电荷后射向目标，靠束流的动能或其他效应使目标失效。当然，作为完整的粒子束武器只有粒子加速器是不够的，它还应包括能源、目标识别和跟踪、粒子束瞄准定位、拦截结果鉴定和指挥控制等分系统。粒子束武器的原理尽管不复杂，但要实现战斗力它还有一系列关键技术需要解决。

四、微波武器

微波武器是利用定向发射的高功率微波束毁坏敌方电子设备或攻击敌方作战人员的一种定向能武器。所用微波的辐射频率一般在 1~30 吉（10^9）赫，功率在 1 吉瓦以上。能以极高的强度或密度照射和轰击目标，利用强大高温、电离、辐射等综合效应，杀伤人员和破坏武器。它的主要作战对象是雷达、战术导弹（特别是反辐射导弹）、预警飞机、卫星、通信设备、军用计算机、隐身飞机、车辆点火系统和人员等。与激光武器和粒子束武器相比，微波武器受天候影响小。微波武器的作战效能主要包括：

干扰作用。当使用 0.01~1 微瓦/平方厘米功率密度的微波束照射目标时，能干扰在相应频段上工作的雷达、通信设备和导航系统，使其无法正常工作；当功率密度达到0.01~1 瓦/平方厘米时，可导致雷达、通信和导航设备的微波器件性能下降或失效，还会使小型计算机芯片失效或被烧毁。

"软杀伤"作用。当使用功率密度为 10~100 瓦/平方厘米的强微波束照射目标时，其辐射形成的电磁场，可在金属目标表面产生感应电流，通过天线、导线、金属开口或缝隙进入飞机、导弹、卫星、坦克等武器系统电子设备的电路中，如果感应电流较大，会使电路功能产生混乱、出现误码、中断数据或信息传输，抹掉计算机存储或记忆信息等。如果感应电流很大，则会烧毁电路中的元器件，使电子装备和武器系统失效。

"硬杀伤"作用。当使用功率密度为 1000~10000 瓦/平方厘米的强微波束照射目标时，能在瞬间摧毁目标，引爆炸弹、导弹、核弹等武器。

对人员的杀伤。高功率微波武器对人员的杀伤分为"非热效应"和"热效应"两类。前者是由较弱的微波能量照射引起的，后者是由较强的微波能量照射引起的。当人员受到3~13 毫瓦/平方厘米的微波束照射时，会产生神经混乱、行为错误、烦躁、致盲、心肺功能衰竭等现象；功率密度达 10~50 毫瓦/平方厘米，频率在 10 吉赫以下时，人员会发生痉挛或失去知觉，飞机驾驶员受到照射后会发生坠机事件；功率密度达到 0.5 瓦/平方厘米时，可造成人员皮肤的轻度烧伤；功率密度达到 20~80 瓦/平方厘米时，仅需照射 1 秒钟，即可造成人员死亡。

20 世纪 80 年代以来，美、俄、英、法、澳、瑞典等国家纷纷大力开展高功率微波武器的研制工作，并取得了显著进展。国外有关高功率微波武器的研究基本处于保密状态，进入 20 世纪 90 年代后才陆续披露了一些试验和样机的研制情况。美国和俄罗斯在这一领域保持世界领先地位。

五、动能拦截弹

动能拦截弹是以火箭发动机增速获得巨大动能，然后通过精确地直接碰撞方式毁伤目标的动能武器。动能拦截弹的特点包括以下五点：

一是命中精度高，拦截脱靶量接近零。动能拦截器采用焦平面凝视成像导引头，没有角噪声，不会形成盲控距离，且利用快响应姿/轨控发动机进行直接侧向力控制，响应时延小于 10 毫秒，与目标的碰撞点不会越出目标本体，从而实现零脱靶。

二是杀伤力强，可有效对付核、化、生等大规模杀伤性武器。动能拦截弹与目标碰撞时的相对速度理论上可达 5~10 千米/秒，速度和质量，在碰撞时产生的能量可高达数亿焦耳，将会产生气化效应，形成摄氏几百万度甚至几千万度的高温高压等离子体，其瞬间的爆炸威力足以彻底摧毁现有任何类型的目标，包括弹道导弹所携带的核、化、生弹头，并且能够消除化学和生物弹头可能造成的污染。

三是轻质小型，机动性好。动能拦截弹采用碰撞杀伤方式，所携带动能杀伤拦截器的

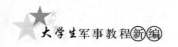

质量远小于传统的高爆战斗部。因为战斗部的质量较小，其运载器的尺寸也减小，从而使得整个拦截弹的尺寸得以缩减。另外由于质量小，在同等推力下具有更高的机动能力。

四是采用直接侧向力控制，可在大气层内外作战。常规导弹依赖气动力进行控制，只能在大气层内作战。动能拦截弹采取的是直接侧向力控制方式，不依赖于气动力，既可在大气层内作战，也可在大气层外作战。

五是在拦截弹道导弹时不存在引战配合问题。常规导弹带有战斗部和引信，在拦截弹道导弹上必须采用引战配合技术，即利用引信在适当的时候引爆战斗部，使得战斗部爆炸产生的破片正好覆盖目标的要害部位，以达到杀伤的目的。而动能拦截弹对弹道导弹实施拦截时，依靠很高的制导控制精度来实现对目标的直接碰撞，利用碰撞产生的巨大动能摧毁目标，故不要求引战配合。

目前，美、英、法、俄和以色列等国都致力于发展动能拦截弹技术。美国是世界上最积极发展动能拦截弹技术的国家，主要用于导弹防御计划和动能反卫星（KE-ASAT）计划。迄今为止，美国正在研制5种动能拦截弹，分别是地基拦截弹（GBI）、陆基战区高空区域防御（HAA）拦截弹、舰载"标准-3"（SM-3）拦截弹和陆基"爱国者-3"（PAC-3）拦截弹，以及地基动能反卫星（KE-ASAT）拦截弹。其中最成熟的是"爱国者-3"拦截弹。动能拦截弹作为新型的防空导弹，毫无疑问能够对飞机、巡航导弹等目标实施防御。动能拦截弹将成为未来空间战的主战武器之一。

六、计算机病毒武器

计算机病毒武器是指利用计算机病毒袭击军用计算机系统或网络，造成敌方指挥失灵、武器失控、通信中断或信息泄露，实现其破坏意图的一种新型武器。根据其引导方式，计算机病毒可以分为系统引导型病毒、文件引导型病毒、复合型病毒三大类。

计算机病毒（Computer Virus）在《中华人民共和国计算机信息系统安全保护条例》中被明确定义，病毒指"编制者在计算机程序中插入的破坏计算机功能或者破坏数据，影响计算机使用并且能够自我复制的一组计算机指令或者程序代码"。使用计算机病毒武器攻击，就是通过一些不确定的手段和途径将计算机病毒投放到要攻击的敌方计算机里，使其无法正常工作或窃取其情报信息。最容易染上计算机病毒或病毒武器攻击的目标，一是军队的各种信息系统，如指挥控制中心、计算机网络、雷达系统等；二是由计算机控制的各种武器系统，如飞机、舰艇、坦克、制导系统等。

2010年6月"震网"病毒首次被发现，它被称为有史以来最复杂的网络武器，侵入了西门子公司为伊朗核电站设计的工业控制软件，导致五分之一的离心机报废。"震网"是第一个专门攻击物理世界基础设施的蠕虫病毒。它能够攻击石油运输管道、发电厂、大型通信设施、机场等多种工业和民用基础设施，被称为"网络导弹"，这预示着计算机病毒武器已发展到以破坏硬件为目的的新阶段。

七、电炮

电炮是利用脉冲能源提供的电能或利用电能与化学能相结合，使弹丸或其他有效载荷达到的速度或动能大大超过传统发射方式，它是全新原理的发射技术。电炮总体上分为两大类：电磁炮和电热炮（化学炮）。

（一）电磁炮

电磁炮是利用运动电荷或载流导体在磁场中切割磁力线，产生的电磁力（洛伦兹力）来加速弹丸，是完全依赖电能和电磁力加速弹丸的一种超高速发射装置。电磁炮主要分为电磁线圈炮、电磁轨道炮两类。电磁线圈炮是利用感应耦合的固定线圈产生的磁场与弹丸线圈上的感应电流相互作用产生的电磁力，推动弹丸加速；电磁轨道炮是利用流经导电轨道和滑动电枢的强电流与其所产生的磁场作用的电磁力驱动弹丸。目前国外发展的电磁炮主要是轨道炮，其炮口初速远大于其他类型的电磁发射器，理论上可达十几至几十千米/秒。

与常规火炮相比，电磁炮炮口初速大、质轻型小、隐蔽性好、射击速率高、可控性好。电磁炮独特的优点，使其在未来战场的广泛领域中拥有重要的应用价值。在防空防天与反导方面，电磁炮可广泛用于反飞机、反巡航导弹、反弹道导弹甚至反卫星作战。在反装甲方面，电磁炮将成为侵彻各种新型装甲的有效途径，炮口动能15兆焦以上的电磁炮可以击毁常规火炮难以击毁的装甲目标。此外，在反舰、航天发射等方面也具有非常广泛的应用前景。1992年美国对电磁轨道炮进行靶场实验，炮本身重25吨，发射所需电流300安培，弹丸重2.384公斤，炮口动能8.8兆焦，可穿透世界上任何一种装甲目标。

（二）电热炮

电热炮是利用放电方法产生的等离子体，在封闭的放电管或炮膛内做功来推动弹丸。按照等离子体的形成方法差异，电热炮又分为直热式和间热式两种。直热式电热炮就是通常所说的纯电热炮，它是完全依靠电能工作，利用高功率脉冲电源放电产生高温高压等离子体，以等离子体膨胀做功直接推动弹丸前进。间热式电热炮是先利用高功率脉冲电源放电产生高温高压等离子体，然后再用此等离子体去加热化学工质，产生高温高压燃气，膨胀做功来推动弹丸。由于间热式电热炮的能量部分来自电能，部分来自化学能，因此又称作电热化学炮（ETC）。目前电热化学炮技术在电炮中发展最快。

八、环境武器

环境武器是指通过利用或改变自然环境状态所产生的巨大能量来打击目标的武器。战争总是在一定的环境中进行的，随着科学技术的发展，在未来的战争中，交战军队将有能力借助先进技术更大程度地利用自然环境中潜在的巨大能量呼风唤雨，让人工灾难降临到敌人头上。目前，环境武器主要分三种类型：一是气象型。即利用云和大气中微粒的微观不稳定性，人为地制造出洪涝、干旱、闪电、冰雹和大雾；利用大气中的不稳定性人工引起飓风、龙卷风以及台风等自然灾害，进而对人和生物等造成危害。二是地震作用型。地壳中隐藏的热应力分布不均，具有极强的不稳定性。因此通过人为激发可以诱发"人造地震"。实验证明，当量为100万吨TNT的核爆炸可能引发里氏6.9级地震。三是生态型。

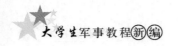

即通过向敌方地区撒播能阻止地球表面热量散发的化学物质，使敌国的大地变成干燥的沙漠，导致生态环境变化；还可以把大量的溴或氯释放到敌方上空，破坏臭氧层，使之形成"空洞"，让大量的紫外线辐射到敌国地面。

目前，气象武器具备的作战技术性能主要包括：

洪水技术。用飞机向敌方上空的云层中投放硝酸银颗粒，这些颗粒很小，与注射针头相仿，它们能使云层中的水蒸气形成大雨，从而造成洪水。

严寒技术。在敌方距离地面 17 千米左右的高空爆炸装有甲烷或二氧化碳的炸弹，释放出来的甲烷或二氧化碳密布天空，遮住太阳光，使敌方阵地的广大地区一片黑暗，温度下降，造成敌方人员伤害或设备无法使用。

热风暴技术。在沙漠地区使用激光将空气加热，形成龙卷风和沙漠风暴，以影响敌方的人员行动和设备使用。

水柱技术。在海底 30 米深处投放巨大威力的炸弹，形成海底地震，造成海啸，掀翻敌方军舰，冲垮海岸上的阵地和卷走人员。

浓云掩体技术。利用微波技术，在自己阵地上空制造乌云，使敌方飞机无法活动。

毛毛雨技术。利用微波技术，使敌方阵地下起毛毛细雨，雨滴虽小，但密度很大，形成一个"雨帘"，影响敌方的雷达工作。

未来还可能利用纳米技术，制造更小的"雄蜂"，随心所欲地远距离改变敌方天空的云层状况，为自己向敌军进攻创造条件。

九、次声武器

次声武器是利用低于 50 赫兹的低频声波在短时间内使人体器官产生强烈的共振，从而使人头昏、恶心、肌肉痉挛、神经错乱、呼吸困难、惶惶不安。次声对机体的基本作用原理是生物共振，人体内部各器官的振动频率均在次声频率范围内。当人体处于次声作用下时，只要声压级达到一定程度，体内器官就会发生共振，结果是各部位出现不同程度的不适，甚至造成器官破坏。次声武器有四个基本特点：

一是传播速度快。次声在空气中以时速约 1200 千米的速度传播。在水中传播速度更快，时速可达 6000 千米。

二是不易察觉，便于突袭。只要强度不是特别高，次声就不能被人耳所听到。

三是不易被吸收，传播距离远。由于空气的热传导、黏滞和分子吸收效应与频率的平方成正比，而次声的频率低，所以衰减小。例如，核爆炸所产生的次声可绕地球好几圈。

四是穿透力强，不易防护。声波的穿透能力与频率成反比。例如，7000 赫兹的声波可用一张厚纸挡住，而对于 7 赫兹的次声，墙壁也阻挡不住。实验表明，次声可穿透十多米的钢筋混凝土、建筑物、坦克、装甲车、深海里的潜艇等。

十、纳米武器

纳米武器大致分为两大系列，即纳米信息装备系列和纳米攻防武器系列。前者指利用纳米技术制造各种军用信息系统装备；后者是指运用纳米技术制造微智能型攻防武器。

与传统武器相比，纳米武器具有以下三个特点：

（一）体积和质量异常小

用基于纳米技术的量子器件取代大规模集成电路，可使武器控制系统的质量大幅度减小。纳米武器的体积只有昆虫大小，却能像士兵一样执行各种军事任务，并可潜伏在敌方关键设备中长达十几年之久。

（二）高度智能化

由于量子器件运行速度比半导体器件快 1000 倍以上，因此可大大提高武器装备控制系统的信息传输、存储和处理能力。在使武器装备体积大大缩小和信息获取能力大幅度提高的同时，纳米技术还可以使武器系统变得异常灵巧，如武器外表可觉察细微的外界刺激，可敏感地感觉水流、水温等极细微的变化，从而为飞行器、武器等提供高度智能化条件。

（三）适合于大规模使用

纳米武器内部几乎都是肉眼看不见的硬件单元连接，省去了大量线路板和接头等，这样便使得武器异常体小量轻。如纳米卫星质量小于 0.1kg，一枚运载火箭一次即可发射数百至数千颗卫星。

十一、基因武器

基因是一种生物细胞核内起遗传作用的物质，其化学组成为脱氧核糖核酸（DNA）。DNA 分子中储存着生物体的全部基因信息，同样也隐藏着人类生命和遗传的"密码"。20世纪 70 年代发展起来的遗传基因工程是基因武器的基础。遗传基因工程实质上是生命重组技术及其应用，通过把一个生物体内的部分 DNA 分离出来，同另一种生物体内的部分DNA 结合，从而创造出一种新的生物。显然，这种技术可以使一个国家制造出一种新的生物体来对付别国，并同时制造出对付这种生物的抗生素或疫苗来保护本国。这种技术还可以复制神秘的人体物质，生产出致命率比现有所有病毒都要大几百倍甚至几万倍的超级病毒素。因此，基因武器的基本原理就是运用基因遗传工程技术，根据作战需要通过重新排列 DNA 中核苷酸顺序，人为地利用一些特殊的致命基因来产生具有显著抗药性的致命病菌，或在一些本来不含致病的微生物体内接入致病基因，产生出新的致病生物制剂，从而导致种族或人群的灭亡。

十二、非致命武器

非致命武器是指为达到使人员或装备失能，并使附带破坏最小化而专门设计的武器系统。由于它不以杀伤人员和毁坏装备、设施为目的，而是针对人员、装备、基础设施的薄弱环节，使其失去作战能力或不能正常发挥作用，从而达到作战目的，因此又称作失能武器或非杀伤武器。从广义上讲，它是涵盖信息战装备、反机动、反人员等各种非杀伤性武

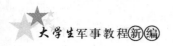

器的一种新概念武器群体。目前，国外发展的非致命武器，按照用途基本上可分为反装备非致命武器和反人员非致命武器两大类。

（一）反装备非致命武器

反装备非致命武器，主要是通过破坏装备本身的材料结构或外部条件，使其无法正常发挥作用，通常以阻止装备快速实施机动为主要目的。主要包括以下五种武器：

1. 强力黏结剂武器

强力黏结剂武器源于美国的"粘苍蝇纸"方案。它是通过飞机或炮弹（航空炮弹、火箭弹等）将一些具有极强黏力的以聚合物为基础的雾状黏结剂喷撒或投放在预定目标上，使飞机粘在机场跑道上而无法起飞，使车辆粘在公路上而不能行驶，使枪炮、通信设施或其他装备粘住而不能操作。这些物质如果在空中飘浮，还能破坏飞机、坦克发动机的运转；如果由士兵携带的喷撒器布撒，能在120～200米的距离上粘住敌方人员，使其无法行动。

2. 特种润滑油武器

特种润滑油武器技术方案正好与强力黏结剂武器相反。它是将一类极细微的高性能润滑粉剂，用飞机或炮弹撒播在地面，使飞机跑道、公路、铁路等表面异常光滑，导致飞机无法起飞或降落、车辆失控、列车脱轨，从而达到破坏部队行动的目的。这种可供选择的特殊光滑的物质有特氟龙（聚四氟乙烯）和它的衍生物。特氟龙不仅几乎没有摩擦系数，而且还有难以"清洗"的特点。

3. 超级腐蚀剂武器

超级腐蚀剂具有比氢氟酸还强的腐蚀性，可造成飞机和车辆的轮胎、人员的鞋底变质，破坏沥青路面和光学系统等装备。超级腐蚀剂可制成液体、粉末、凝胶或雾状，也可制成二元混合物，以便于安全使用。它可由飞机投放、用炮弹抛撒或由士兵施放在地面。美军在新武器构想中就推出了"钉在沥青路上"的方案，即在道路上喷撒一层能够很快使车辆的轮胎变质、破碎乃至爆裂的特殊物质，只要车辆从这里走过，就会受到严重损坏。

4. 金属致脆剂武器

金属致脆剂是用化学方法使金属屑或合金的分子结构发生改变，从而使其强度大幅度降低。它几乎可以使所有金属变脆，破坏飞机、舰船、车辆、桥梁、建筑物钢结构部件等。金属致脆剂一般是清澈透明的液体状物质，几乎不含任何杂质，可以用飞机从空中喷撒，也可装在炮弹内发射到敌军上空，还可装在喷雾器内喷撒。

5. 动力系统熄火弹

动力系统熄火弹是利用阻燃剂来污染或改变燃料性能，使发动机不能正常工作而熄火的武器。将特殊性能的化学添加剂，投射到敌阵地后弥漫在空气中。如果敌人的坦克发动机吸入后，将使燃料改变黏滞性和其他性能，阻滞燃料的正常工作而使发动机发生故障。美国将这种新概念武器视为遏制敌方坦克装甲车集群的有效手段之一。

（二）反人员非致命武器

反人员非致命武器可使敌方战斗减员。目前，国外正在研究开发的几种专门的反人员非致命武器包括：用于控制骚乱的非致命能力；使人员失能的能力；阻止人员进入某一（地面、海上和空中）区域的能力。主要有激光武器、次声武器、化学失能剂、刺激剂和黏性泡沫等类型。

从使用效果看，非致命武器在现代冲突中可以成为配合常规武器的重要补充手段，在某种条件下甚至可以起到战略性作用。例如，在冲突早期，非致命武器可以用作抑制冲突升级的压制性手段，从而能够有力地配合、支持经济制裁和军事打击。在高强度冲突中，非致命武器可以对敌武器系统、侦察通信系统、指挥控制系统、交通要道等目标进行干扰破坏，取得直接的战略性效果，加快战争进程。

思考题

1. 什么是军事高技术？简述它的分类。
2. 简述精确制导武器的基本原理及其作战特点。
3. 为什么说精确制导武器使作战方式发生了深刻变化？
4. 伪装的技术措施主要有哪几种？
5. 隐身的技术措施主要有哪几种？
6. 什么是电子对抗？其基本方法、手段和目的是什么？
7. 简述新中国在航天技术领域取得的成就。
8. 指挥控制系统在现代战争中的作用是什么？
9. 简述新概念武器的基本特征和类型。

第五章　信息化战争

信息化是新军事革命的核心，人类战争形态正在由机械化战争转变为信息化战争。军队建设的各个方面都将按照信息化要求进行彻底改造，使我军朝着建设信息化军队、打赢信息化战争的目标不断发展壮大。

第一节　新军事革命

进入 21 世纪以来，世界新军事革命进入加速和深化发展的关键阶段，呈现出许多新的特征。认清世界新军事革命的现状与发展趋势，对于准确把握当代世界军事形势，抓住机遇加快我军建设步伐，具有重要意义。

一、新军事革命

军事革命，是指人类历史上因社会技术形态、政治形态的重大变化而导致整个军事形态的划时代质变。[①] 回顾人类历史，迄今为止已经发生三次重大军事革命。第一次是冷兵器战争向热兵器战争的转变，即火药化军事革命；第二次是热兵器战争向机械化战争的转变，即机械化军事革命；第三次是信息化武器逐渐主宰战场，建立信息时代军事体系的信息化军事革命，即正在发生的世界新军事革命。

这场新军事革命发端于 20 世纪六七十年代，历经 40 多年的发展，已经形成一股强劲的世界潮流，深刻影响和改变着战争形态和世界军事面貌。

二、新军事革命发生的主要动因

（一）军事需求的强力拉动是新军事革命产生的内在动因

当前这场新军事革命，源于冷战时期敌对国家、政治集团对抗的需要，是美国与苏联之间争夺世界霸权的需要。

冷战结束后，两极格局解体，世界安全形势发生了深刻变化。冷战时期那种建立在机械化战争基础上，准备打大规模战争甚至核战争的军事斗争方式和军队建设模式，难以适应新的安全需求。因此，必须对建立在机械化战争基础上的军队进行彻底改革，以满足新的需要。

---

① 军事科学院世界军事研究部编：《世界军事革命史》（上卷），军事科学出版社，2012 年。

美国在这场新军事革命中发挥着独特的作用。这不仅因为美国拥有他国无可比拟的信息技术优势和综合国力，还有深层次的内在动力，主要表现在它有其单极独霸世界、追求绝对安全、保持军事力量绝对优势、刺激国内经济发展的战略需求。其中，谋求独霸世界是核心，保持军事力量的绝对优势是手段。

第二次世界大战以来，美国一直保持着强大的军事实力。目前，美国拥有精干的总体军事力量，拥有最先进的武器装备，拥有全球性的军事同盟体系。凭借这种超强的军事实力，政治上四处打压、经济上全球掠夺、军事上肆意干涉。但是，美国并不满足于现有的领先地位，力图通过新军事革命，进一步拉大与其他国家的军事差距，保证自己的绝对安全，谋求自己的绝对优势，保住自己的世界霸权地位。

在美国的带动下，英国、法国、德国、日本等已经公开宣布正在实施新军事革命，以使本国军事力量的发展跟上时代的步伐。俄罗斯、印度等国也在推进军队信息化建设，以维持自己的大国地位。

（二）科学技术的突破性发展是新军事革命的强大动因

20世纪后半叶，以信息技术为核心的一大批高新技术和高技术产业在全球迅猛发展。以信息技术为核心的高新技术在全球范围内的蓬勃兴起并被广泛应用于军事领域后，催生了新军事革命，并不断推动新军事革命向深度和广度发展，成为推动世界新军事革命最有力的杠杆。

信息技术在军事领域引发的变化，主要表现在它物化出新一代的信息化武器装备，并使军事理论和体制编制发生革命性的变化。其中，武器装备及其体系的变化是直接的、基础的和革命性的。

信息技术的迅猛发展导致武器装备信息化。现代武器装备广泛采用侦察监视、网络通信、导航定位等信息技术，大量装备传感器、计算机、显示器、控制器等先进的电子设备。除此之外，武器装备信息获取、信息处理、信息传输和信息对抗等信息能力的不断增强，使得战场感知、横向组网、远程精确打击和对抗等作战能力取得了长足的发展。

信息领域的激烈对抗导致信息系统武器化。现代战争，信息优势的争夺已经成为战争的重要内容。信息系统作为现代作战的重要手段，具备攻防兼备的功能，从而使武器化的信息系统在现代战争中发挥着日益重要的作用，具有软硬杀伤能力的电子装备是最早实现武器化的军事信息系统。

信息技术的综合应用导致指挥系统自动化。从第一台电子计算机研制成功迄今为止的70多年时间里，以电子计算机为核心设备的指挥控制系统已经形成，并逐步完善发展起来。它可以快速地获取、处理、显示与传递情报，科学地辅助指挥员决策。该系统既能充分体现先进技术的巨大威力，又能充分发挥指挥人员的聪明才智和创造性思维。

（三）军事理论的创新是新军事革命产生与发展的基础和先导

创新军事理论，既是新军事革命的重要内容，又是新军事革命的重要驱动力，对新军事革命的产生与发展起着基础性和先导性的作用。20世纪50年代以来，随着军事理论的不断创新与发展，引导着新军事革命沿着正确的方向顺利进行，从而使新军事革命的进程

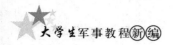

缩短、速度加快。

军事理论的创新促进了军事战略的调整。冷战结束后，世界各军事大国和强国的军事战略已经由机械化战争形态的军事战略向信息化战争形态的军事战略转变。

军队建设理论的创新引导了军队的改革与发展。各国军事领导人和军事理论家围绕着由工业时代的机械化军队向信息时代的信息化军队的转型，在军队建设特别是军队信息化建设方面提出了很多新概念、新见解，使军队建设的质量特别是高科技含量在不断提高。

作战理论的创新推动了作战方式的变革。作战理论是军事理论的核心。迄今为止，各种创新性作战理论层出不穷，如"空地一体战"理论、信息作战理论、空间作战理论、非线性作战理论、非接触作战理论、联合作战理论等相继提出与运用，催生了超视距打击、精确打击等新的作战方式，极大地改变了现代战争的面貌，引导着新军事革命的方向。

三、新军事革命的主要内容

当前正在发生的新军事革命，并不是互不相干的军事要素的单项革命，而是由一系列基本要素革命构成的军事系统革新。这些基本要素包括：高技术推动下的武器发展、军队体制编制调整、军事理论创新、作战方法推陈出新、信息化军事人才培养。

（一）高技术推动下的武器发展

武器装备是军队在作战时直接凭借的物质手段，也是衡量战争与军队发展水平的重要标志。发展全新的、信息化的武器装备，既是新军事革命的首要内容，也是实现新军事革命的基本前提。20世纪70年代以来，现代科技革命的不断深入，特别是以信息技术为核心的众多高新技术在军事领域的广泛应用，直接带动了侦察监视技术、精确制导技术、隐形技术、指挥自动化技术、军事航天技术、电子信息战技术、新概念武器技术等一系列军用高技术的迅猛发展。这些军用高技术广泛用于武器装备的研制和改造，极大地提高了武器装备的技术含量，使武器装备的发展呈现出信息化、智能化和高效化。

当前，美、俄、英、法、日等国为了使武器装备尽快实现信息化，都在斥巨资继续开发高新技术特别是信息技术，全面启动武器装备的信息化建设。目前，西方国家武器装备系统主体已经实现信息化。广大发展中国家武器装备大部分或绝大部分仍然处于机械化、半机械化状态，但它们已不同程度地开始走上装备信息化的发展道路。

为了检验信息化武器装备的效能，各种经过信息化改造的精确制导武器在战争中大量使用。信息化装备已经逐渐成为现代战争的主战装备。武器装备的发展主要着眼于以下几个方面：大力研制高性能信息化作战平台、大力研制信息化弹药、大力研制电子战装备系统、大力研制指挥自动化系统、大力研制单兵数字化装备和大力研制军用无人系统等。

（二）适应未来作战的军队体制编制调整

军队编成是保证军队的人员和武器装备有效结合。武器装备的发展及其对作战带来的影响，必然要求对军队编成进行相应的变革。

在这场以提高军事效能为目标的新军事革命过程中，世界各国大都注重从武器装备的发展状况与军事需求出发，以新的军事理论为指导，经过充分的科学论证，有计划、有步骤地对原有军队体制编制进行变革，确立与新兴武器装备系统相结合、与未来战争相适应的军队编成。总的趋势是，压缩常备军规模，裁剪一般部队，增编高技术军兵种部队，使军队向小型化、多能化、一体化方向发展。部队编制一体化要求打破军兵种界限，建设便于灵活组合的中小型模块化部队。

在指挥体制上，各国正在努力建立适合信息快速流通的扁平式作战指挥体制。这种指挥体制的特点是，作战指挥的纵向层次减少，横向联系增多，便于指挥信息的快速流动和提高指挥效能。变革的目标在于实现军队规模的适度化，实现军队结构的最优化，实现指挥体制的扁平化，实现作战编制的模块化、多元化和一体化，实现保障体制的集约化、一体化和社会化，突出新军兵种部队的发展。

（三）空前繁荣的军事理论创新

20 世纪 70 年代以来，随着以信息技术为核心的高技术武器装备的大量出现和广泛使用，当代世界军事领域发生了一系列重大而深刻的变革，使传统的军事理论面临着严峻的挑战。为了夺取未来战争上的主动和优势，许多国家都把酝酿军事理论的重大突破、确立新的军事理论体系作为军事理论创新的首要任务，从而导致军事理论的新观点、新学说层出不穷和空前繁荣。其中影响较大和具有代表性的，主要有信息战理论、联合作战理论、非对称作战理论和智能化军队理论等。

信息战理论实际上是强调"信息"将在未来战争中起主导作用，并以此为依据而形成的一种全新的作战理论。该理论认为，随着信息时代的来临，信息化战争将成为一种全新的战争形态，它是以信息化战场为依托，以信息化军队和信息化武器装备为基本力量，主要应用信息和信息手段，通过攻击敌信息系统，从而迫使敌方放弃对抗意志的一切战争行动和准战行动。

联合作战理论要求诸军兵种在取得信息优势的基础上，依照统一的作战原则，协调一致地组织实施陆、海、空、天、电、网一体化的全维作战行动，以充分发挥军队整体作战效能。

非对称作战理论是相对于对称作战理论而言的。按照美军的说法，对称作战是指两支相同类型军队之间的战争，如地面部队对地面部队、海军对海军、空军对空军等。非对称作战则是指不同类型部队之间的交战，如空军对海军、海军对陆军、地面对空战和海战作战等。其意图是运用联合部队的力量打击敌军弱点，在时间和空间上巧妙用兵获得决定性优势。

网络中心战理论是系统集成的硕果，具有鲜明的信息时代特点。它是利用通信系统和计算机系统，把地理上散布在战场各处的各个作战单元网络化、一体化地连接起来，使分散配置的部队同时掌握和了解战场态势，把信息优势转变为作战行动优势，实现先敌行动和部队自我同步协调，发挥联合作战的最大效能。

震慑理论是指利用信息、技术、火力和机动上的不对称优势，采取突然、迅速的作战行动，对敌实施精确打击，产生强烈的震慑效应，彻底摧毁敌方的抵抗意志。

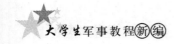

（四）推陈出新的作战方法

在信息时代的战争中，由于军事科技的高度发展，作战方式更为灵活：既可以地面作战为主，攻克或占领对方国土或某些战略要地，也可以空中远程打击为主，摧毁敌方重要战略目标，以威慑对手，迫使其放弃抵抗。作战方式的选择必须根据现代战争的特点和规律，围绕着作战目标的实现，灵活运用，予以创新适应战争形态发展的需要，灵活多变。

联合作战是两个或两个以上军种部队为实现共同的目标在统一计划下联合实施的作战行动。在联合作战中，一是作战空间在地面、空中、海洋、太空、信息、网络六维空间进行，特别是在后三维空间的作战对战争的进程和结局起决定作用；二是作战力量种类多，不仅有陆、海、空部队，还包括航天力量和信息战攻防部队；三是作战指挥体制，高级指挥机构主要由"联合军官"组成，军种色彩淡薄；四是作战保障在各军种部队中实施一体化的联合与相互保障；五是在战役作战编组上各军兵种部队混编，在作战时间和空间上各军种部队的作战行动高度融合，在目标攻击上打破军兵种界限。

精确作战是在综合电子信息系统提供的信息支援下，用信息化、智能化的高精度武器装备实施的作战行动。它要求对作战目标实施精确的侦察与定位，对作战决策实施精确的保障，对打击效果实施精确的评估，最终实现以最低的代价达成最佳的作战效果。

信息火力战是由信息流控制物质流和能量流，信息力与火力相辅相成、融为一体，攻击目标的准确性和实效性极佳，高度精确化的作战样式。要实施信息火力战必须具备两个基本条件：一是要有信息与火力高度融合的武器系统，使预警侦察、指挥控制、精确打击、毁伤评估、战场管理等领域的信息处理网络化、自动化、实时化；二是要有相应的军事组织结构，建构集电磁打击、网络攻击、心理作战和火力摧毁等各种作战能力于一身的作战力量编组。

空间战是指应用或针对空间军事力量实施的攻防作战行动。这种作战行动主要包括两项内容：一是争夺制天权的斗争，即在保护己方天基系统和保证己方在空间行动自由的同时，干扰、破坏、摧毁敌方天基系统和限制敌方在空间的行动自由的作战行动；二是应用空间军事力量达成整个战争目的的行动。

网络战是指在未来的信息化战争中，为干扰、破坏敌方网络化信息系统并保证己方网络化信息系统的正常运行而采取的一系列行动，目的是夺取或保持信息优势或制信息权。信息化战争中的网络战可分为两大类：一类是战略网络战，另一类是战场网络战。战略网络战又可分为平时和战时两种。平时网络战是在双方不发生有火力杀伤破坏的战争情况下，一方对另一方的金融信息系统、交通信息系统、电力信息系统等民用信息设施及军事信息系统，以计算机病毒、逻辑炸弹、黑客等手段实施的攻击。战时网络战是在爆发战争的情况下，己方对敌方战略级军用和民用网络信息系统的攻击，狭义战场网络战是指攻击、破坏、干扰敌军战场信息网络和防护己方信息网络的作战行动。广义战场网络战是指将军队的所有侦察探测系统、通信联络系统、指挥控制系统和各种武器装备，组成一个以计算机为中心的网络体系，各级部队与人员利用该网络体系了解战场态势、交流作战信息、指挥与实施作战行动的作战样式。

舆论战是根据国家政治外交、军事、经济斗争的需要，有效地利用传媒传播社会信息，有目的地生成和调控舆论，积极影响国际与国内舆论走向，影响公众信念、意见、情绪和态度的作战样式。

（五）培养信息化军事人才

军事人员既是军事形态的重要组成部分，又是开展和推动新军事革命的主体。信息时代呼唤知识型军事人才。建设信息化军队、进行信息化战争，要求军事人员必须具备更高的素质，特别是知识、思维和智力素质。为了造就信息时代的新型军人，美国等西方国家主要采取了以下措施：

一是贯彻两个"精英"的思想。信息时代的军队是规模小、少而精的军队，要有两个"精英"的思想。其一，军人在社会各界人员中是"精英"，这就要求改革兵役制度和募兵措施，把社会上的优秀青年吸收到部队中来。在改革兵役制度方面，很多国家都在变征兵制为志愿兵役制。在改进征兵措施方面，一些国家不仅大力宣传当兵入伍的好处，还严格了考核、考察和甄别标准。其二，"精英"是要使军队中的优秀人才晋升至将军。这就要求完善军事人才生成机制，在军人的选拔、培养、考核、晋升、退役上真正做到公正、公平、公开。

二是培育军人的信息素养。美军等发达国家军队提出要培养官兵的信息素养，以适应信息时代的需要。信息素养由三大要素构成：第一，信息意识。信息意识是人们在信息活动中产生的认识、观念和需求的总和。每一个军人必须牢固树立信息意识。其中主要包括：充分认识信息的重要作用，树立终身学习、勇于创新的观念；对信息有敏感性和洞察力，能迅速有效地发现与掌握有价值的信息。第二，信息知识。每一个军人要掌握与信息有关的理论和方法，包括传统文化素养、有关信息的基本知识、现代信息技术知识、外语知识等。第三，信息能力。即有效利用信息设备和信息资源，获取信息、处理信息、利用信息和创造新信息的能力。

三是大力培养信息战和信息技术人才。信息战是决定高技术战争胜负的全新作战样式。为了培养精于信息战的人才，外军很多院校已把信息战作为教育训练的重点内容。例如，美国国防大学信息资源管理学院成立了信息战与战略系，开设了新的高级课程——信息战战略课程，专门培养从事信息战的专家和指挥官。近年来，外国军队装备了大量信息系统，需要大量的信息技术人员来操纵、使用、管理和维护。为了培养高质量的信息技术人才，美、英等国军队推出了"通信兵培训计划""信息系统操作员和分析员培训计划"，以及各种信息技术学习培训班。

四是加大依托国民教育体系培养军事人才的力度。军事教育体系是国家教育体系的一部分。各国军队建设的实践表明，军队院校无法全部承担培养全部军事人才的任务，必须依靠国民教育体系。这主要表现在：军官的科学文化基础知识主要是在地方院校打基础；相当一部分专业技术军官靠地方院校培养与输送；大部分军人的继续教育要在地方院校进行；某些专业进修课程要靠地方院校开办；军事院校的某些课程要请地方院校的专家、教授讲授。随着人力密集型军队向科技知识密集型军队转化速度加快，军队需要的知识型人才大量增加，各国将更加重视依托国民教育培养军事人才。

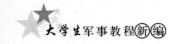

四、新军事革命产生的主要影响

新军事革命，促进了世界军事力量的大发展、大动荡和大调整，将对重建国际军事安全秩序、重建世界军事力量格局、重塑未来战争形态等产生决定性影响。

（一）进一步加剧了世界战略力量的失衡

美国最早认识和察觉到新军事革命的来临，并积极主动有计划、有步骤地率先启动和推行新军事革命。他们大胆地进行了军事技术创新、军事理论创新和军事制度创新，在军事信息化建设方面取得了长足进展。美国军队由于积极推行新军事革命，全面开展信息化建设，特别是武器装备信息化建设，因而先于世界其他任何国家的军队达到了从工业时代的机械化装备到信息时代的信息化装备的"临界质量"。

英、法、德、日等发达国家和俄罗斯，为拉近与美国的距离，正逐步加大投入，力争在某些领域取得优势。许多发展中国家，为避免陷入落后挨打的境地，也在千方百计发展国力，壮大军力，力求防止和消除出现"时代差"。但是，美国综合国力具有雄厚的基础，军费投入也远远高于其他国家。同时，发达国家与发展中国家之间的军事技术有可能进一步拉大。所以，从发展趋势看，新军事革命有可能进一步加剧战略力量对比的严重失衡，使各国已经存在的差距不仅不容易缩小，反而有可能进一步扩大。

（二）进一步拉大了世界各国军队武器装备和作战能力上的"时代差"

军事力量在综合国力中的地位举足轻重，军事力量在任何时候都是国家对外政策依托的最后手段。特别是在维护国家安全利益方面，是军事力量而不是经济力量起主导作用。一个国家只有拥有强大的军事力量，才能立于世界民族之林，才能在世界舞台上有发言权和影响力。一个拥有超强军事实力的国家如果有称霸世界的野心，将会严重影响世界和平与发展的进程。在当今世界，还没有任何一个国家或国家集团能够有效制约美国的行动。美国的霸权主义行径越是猖獗，国际战略格局多极化的色彩就愈加黯淡，单极化就愈加突出。美国之所以能毫无顾忌地推行单边主义，除了因为它有强大的经济实力、科技实力和政治文化影响力外，主要是由于它拥有超强的军事实力。只要美国掌握这种军事实力，世界多极化的进程就会步履维艰。

（三）进一步增强了军事手段维护国家安全的作用

新军事革命的重要结果之一，是产生了大量的高新技术兵器，从而为强国运用军事手段达成政治目的，提供了低风险、高效益、多样化的战略选择，也进一步拓展了军事手段的运用空间。特别是20世纪90年代以来发生的海湾战争、科索沃战争、阿富汗战争、伊拉克战争、利比亚战争，更显示出军事手段在解决争端中的泛化趋势。以美国为首的西方发达国家认为，拥有绝对军事优势是处理国际危机的前提。

由此可见，新军事革命不仅使军事手段的地位和作用明显上升，而且刺激了霸权主义和新干涉主义进一步抬头，从而使军事因素在国际事务中的地位和作用出现了明显上升的发展趋势，这就给世界和平与地区安全带来了新的威胁和挑战。

第二节 信息化战争概述

信息化战争是人类社会形态和科学技术形态综合演变的必然产物，是人类战争形态不断由低级向高级发展的必然趋势，是人类努力寻求战争目的和手段统一的必然选择。科学认识信息化战争的本质，把握信息化战争的特点与规律，才能直面信息化战争对国防和军队建设带来的挑战，为打赢未来战争做好准备。

一、信息化战争的含义

战争是敌对双方为了政治、经济目的，诉之武力进行的生死存亡的激烈军事对抗活动，也是解决阶级、民族、政治集团及国家之间矛盾冲突的最高斗争形式。有史以来，人类战争层出不穷，绵延不绝，随着科学技术的不断进步和社会文明的逐渐提高，战争形态也在发生着深刻演化。从科学技术进步的角度看，现代战争已进入信息化战争阶段。

目前，关于信息化战争的定义很多。综合来看，我国对信息化战争的基本认识为：信息化战争是信息化社会的主要战争形态。具体而言，信息化战争是以信息化武器装备为主要战争工具和作战手段，以系统集成和信息控制为主导，以夺取制信息权为核心目标，在全维空间内通过精确打击、实时控制、信息攻防等方式进行的瘫痪和震慑作战。

信息化战争是信息时代的基本战争形态，是信息化军队在陆、海、空、天、电、网、心理等空间，运用信息、信息系统和信息化武器装备进行的战争。其基本内涵包括六个方面：一是信息化战争作为信息时代的产物，是该时代生产水平和生产方式在战争领域的客观反映；二是信息化战争必然以信息化军队为主体作战力量，战争双方至少有一方拥有信息化军队才能进行的战争，机械化或半机械化军队之间打不了信息化战争；三是信息化战争的主要作战工具是信息、信息化和智能化武器装备平台，诸作战单元实现了网络化、一体化；四是要在全维战场空间进行，其中在航天空间、信息空间、认知空间和心理空间占相当大的比重；五是在物质、能量和信息等作战诸要素中，信息起主导作用，信息能在战争中表现为火力和机动力的物质能量；六是战争的破坏性和附带性伤亡依然存在，但附带破坏将降至最低限度。

二、信息化战争的产生与形成

（一）信息化战争是社会经济形态发展的必然结果

信息化战争与人类其他活动一样，也经历了一个从萌生、发展到成熟的过程。正确认识信息化战争的发展过程及其规律性，有助于更好地把握信息化战争的本质，把握军队发展的历史方位和建设基点，有助于有预见性地推进战争理论的研究与发展。

战争形态是人类社会经济形态的产物。因为人们从事战争的工具和手段，是由特定时代的社会经济形态所提供和决定的。

农业时代的手工业生产方式，决定了战争能量的释放形式主要是依靠人的体能，战争

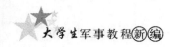

所使用的武器主要是冷兵器。因此，这一时代的战争被称为冷兵器战争。在漫长的农业时代，社会所创造的工具是人力工具，由于科学技术水平低下，生产力发展缓慢，生产工具只能通过人力来驱动，靠人去操纵，人们也只能使用手工制作的青铜和铁质的刀枪剑戟、弓箭和战车等冷兵器进行战争。这一时代有限的物质条件和效率低下的人力生产工具，以及自给自足的分散式农业生产和作坊式的手工业，使得战争形态的演变十分缓慢。

工业时代的机器大工业生产方式，决定了热能成为战争能量的释放形式，战争所使用的武器为机械化武器。因此，这一时代的战争被称为机械化战争。从 17 世纪上半叶开始，伴随着蒸汽机的发明和电力、化学等工业的产生，人类进入工业时代。由于人们对能量和物质资源的利用，动力生产工具的使用，导致了社会生产方式的机械化、电气化和规模化。机器大工业生产方式的出现，使人们能够大量运用火炮、坦克、飞机和舰船等机械化武器装备从事战争，战争的能量释放形式从以人的体能为主转变为使用热能和核热能。战争物质基础发生的根本性变化，必然推动和要求战争形态发生革命性的变革，使工业时代的战争呈现出空间广阔、规模宏大、人数众多、进程缓慢、消耗和损失巨大的特征。从冷兵器战争演进到机械化战争，完成这场军事革命的进程持续了 300 余年。

20 世纪中叶以来，由于科学技术的飞速发展和生产力水平的大幅度提高，以计算机技术和信息技术为龙头的高新技术群不断涌现，人类开始进入信息时代。随着信息技术在军事领域的广泛运用，大量信息化武器装备投入战场，为新一轮战争形态的变革提供了物质基础。在科学技术和战争实践的推动下，一场迄今为止人类军事史上波及范围最广、变化最深刻、发展最迅速的军事革命正在世界范围内蓬勃兴起。一个以使用信息化武器装备为主导，使战争基本方式发生根本变化的信息化战争，开始登上战争舞台。

人类社会和战争历史的发展表明，社会的经济形态是战争形态的母体，有什么样的经济形态，就会孕育出什么样的战争形态。这是不以人的意志为转移的客观规律。

（二）科学技术的发展是信息化战争产生的直接动因

战争形态的重大变革，通常发生在技术革命之后；而技术革命又往往是在科学技术水平迅猛发展并发生质的飞跃的情况下出现的。20 世纪 50 年代以来，陆续出现了一大批高新技术群：以微电子技术、电子计算机技术、人工智能技术和通信技术为基础的信息技术；以导弹为代表的精确制导技术；以人造卫星和航天飞机为代表的航天技术；以激光技术为先导的聚能技术；以核聚变为代表的新能源技术；以新材料为基础的隐形技术等。其中，信息技术在高技术群中起主导作用。这些新技术一经出现，便以前所未有的速度向深度和广度发展。高技术的迅猛发展和运用，必将导致新的技术革命。

技术革命必将引起军事领域的技术革命，军事技术革命则往往推动军事理论的革新。与以往历史上的军事技术革命不同的是，当今这场军事技术革命不是由单项和少数民用领域的技术引发的，而是由多项高技术交叉综合作用的结果。因此，这场军事技术革命是全方位的。其中起核心作用的技术是军事信息技术，其骨干技术包括：微电子技术、计算机技术、光电子技术和军事航天技术。军事技术革命的出现，必然导致武器装备发生质的变化。以军事信息技术为核心的军事高技术群的广泛应用和物化，使人类进行战争的工具发生了"断代性的飞跃"，即由机械化武器装备阶段进入了信息化武器装备阶段，从而导致作战方式、作战理论和军队编制体制发生了根本性变革，推动战争形态由机械化战争向信息化战争演变。

（三）近20年来局部战争实践是信息化战争产生的基础

20世纪90年代以来先后发生的海湾战争、科索沃战争、阿富汗战争、伊拉克战争和利比亚战争，是人类战争史上具有划时代意义、承前启后作用的战争。它们既是工业时代机械化战争的延续，更是孕育信息化战争雏形的"母体"。这几场局部战争几乎都使用了全新的武器和全新的战法，每场战争都给人们以耳目一新的感觉。一是先进的战场信息系统和现代输送工具的有机结合，为兵力投送和后勤保障奠定了坚实基础；二是拉开战争序幕并贯穿战争全过程的信息作战，成为夺取战争主动权乃至赢得战争胜利的重要手段；三是空袭作战不仅是决定战争胜负的重要阶段，而且在一定条件下，可直接达成战略目的；四是非线性、非接触的远程精确作战，成为战争的基本作战样式。人们越来越强烈地感悟到，战争形态正在发生深刻变化，机械化战争形态正向信息化战争形态转变，信息化战争已处于萌芽阶段。

总之，近年来几场局部战争的实践，使人们已经深刻感悟到新的战争形态所具有的深刻内涵，战争实践成为推动信息化战争形成和发展的催化剂。它促使人们更加自觉地接受信息化战争，适应信息化战争，更重要的是主动地选择和设计信息化战争。

（四）冷战期间及冷战后的国际环境为信息化战争的产生奠定了技术基础并提供了良好的外部条件

美国和苏联是冷战期间世界上最具影响力的两个超级大国。以美国为首的北约和以苏联为首的华约这两大军事集团，互为仇敌，剑拔弩张，进行了长期激烈的军备竞赛。在长达40多年的冷战过程中，美苏从各自称霸世界的需要出发，为了在军备竞赛中占据优势，倾注全力加大军费投入，发展尖端军事科技，不仅使各种武器装备的性能指标达到了物理极限，也强烈地刺激着信息技术、航天技术、新材料技术等高技术群的飞速发展，从而为信息化战争的产生奠定了技术基础。

冷战结束后出现的相对和平的国际环境，为信息化战争的产生提供了良好的外部条件。相对和平的国际环境为人们提供了研究信息化战争的机遇。冷战结束后，世界各国可以静下心来思考和筹划军队建设、武器装备发展等一系列问题，有步骤地进行战争准备。针对战略格局的新发展，探索如何更加有效地运用技术革命的新的技术手段达成优先战争目的等重大问题。相对和平时期，世界各国可以较为从容地对世界上发生的战争进行理论总结，揭示战争发展的规律和趋势。没有迫在眉睫的战争威胁，世界各国可以根据理论分析，充分利用新技术发展成果，改革编制体制，调整战略方针和战略重点，发展武器装备，研究试验新武器和新战法。

三、信息化战争的本质

认识信息化战争的本质，应着重把握以下三个方面：第一，信息化作战体系及其运

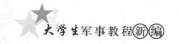

用，是信息化战争的核心，其鲜明标志是以信息技术为主导，以信息资源为核心，以信息网络为基础，以信息化武器为支撑，以信息人才为依托，以信息化作战理论为指导。第二，信息化战争的先导性和主导性目标是争夺信息优势，信息化战争的最终目标，仍然是通过多种手段迫使一方接受某种意志。第三，信息化战争仍然是流血的政治，仍然是政治的继续，战争的成败仍然取决于战争诸要素的综合对抗。

基于上述认识，在把握信息化战争本质时，应当强调以下四点。

（一）信息化战争没有改变战争的政治本质

在研究信息化战争中，有人认为在信息时代，战争的诱因发生了许多变化，企业、宗教团体、犯罪团伙、恐怖组织、贩毒集团，都可以发动一场战争；还有人认为，一些拥有计算机设备、掌握计算机技术的人，也可以利用网络发动一场特殊战争。由此进一步认为，信息时代，战争的本质开始淡化，特别是它的政治性开始淡化。

事实上，信息化战争仍然是政治的继续，仍然是流血的政治，仍然是"用以解决阶级和阶级、民族和民族、国家和国家、政治集团和政治集团之间矛盾的最高的斗争形式，是政治通过暴力手段的继续"。信息时代，霸权主义仍然是引发战争的主要根源。之所以出现战争政治性质淡化论，根本原因是混淆了一般性冲突与战争的界限。

在人类社会，由各种矛盾引发的冲突随时存在，这种冲突，还远不止以上提到的类型，还包括文化、法律、科技、经济等各方面的冲突，有时甚至是在局部使用武力来解决。但并非所有冲突都可称之为战争。只有到了运用国家、阶级或政治集团的力量，使用超越一般道德和法律界限的强制力去解决冲突时，才可称其为战争。

（二）政治动机仍然是判定战争正义性的主要标准

有观点认为，信息时代，判断战争的标准发生了变化，甚至主张用文明战争与野蛮战争来区分战争性质。这种把战争政治性质与技术特征相混淆的认识方法，必然导致战争理论上的混乱。战争是不是正义的，只能取决于它的政治动机、它所产生的社会效果即对社会发展的作用，取决于战争是否符合广大人民群众的根本利益。这个标准，并不因战争手段的变化而变化。所谓"文明战争"，不过是减少了战争中的附带损伤，它不可能取代正义与非正义的战争性质。

不能否认，信息时代社会关系和战略格局在不断发生变化，经济的全球化也使人们对战争本质和关系的判断更加困难，因而判断战争正义性的客观标准也在发生着一些变化。在这种情况下，一些霸权主义国家纷纷提出自己的正义战争的标准，即所谓整顿世界秩序、促进世界文明等，每次发动战争也都宣称自己的正义性。为了适应信息时代国际政治的变化和战争背景的复杂性，我们应该积极探讨判断战争正义性的一些时代标准。比如，世界各国把和平共处五项原则作为普遍的国际关系准则，我们可以将其作为判断战争性质的重要标准。按这个标准，由霸权主义和强权政治引发的战争无疑是非正义战争。联合国宪章和国际法也是世界各国应共同遵守的，那么，一切违反联合国宪章和国际法准则的战争也应视为非正义战争。国际恐怖主义是世界人民的共同敌人，真正的以反对国际恐怖主义、保卫世界人民和平生活为目的的战争当然也是正义战争，等等。

（三）战争与和平的界限没有消失

关于信息时代的战争与和平，美国空军学院教授格兰特·哈蒙德格兰特说过这样一段话："国家为准备战争而进行的激烈和紧张的竞争，才是真正的、永久的、永不停顿的战争，交战只不过是对和平间隔时期获得的优势的一种公开证实。因此，被称为战争的事物并不是真正的战争，无敌对行动的间隔时期并不是一片安宁，而是战争准备的竞争时期。这种竞争对作战能力的展示是必不可少的。但是，一味等待让武装冲突检验实力，很可能带来失败，到那时再要为确保胜利而集聚人力和物资，提出激励人心的道义目标，就已为时过晚。"有的人从这一段话中得到启发，提出了"真正的战争爆发在'战争'爆发之前"的观点。这种观点，用来形容战争爆发之前敌对双方斗争的激烈与升级，是一种不错的比喻，它强调的是：信息化战争，在传统战争的"第一枪"打响之前就已经爆发，这实际上是指信息领域的对抗。在信息化战争研究中，有不少人持有相近的观点，认为信息化战争将在政治、经济、科技、贸易、文化等领域发生，特别是网络战、电子战，早在传统的流血的暴力行动之前就已发生，因而很难区别哪些是战争行动，哪些不是战争行动。这种认识，必然导致战争与和平的界限模糊，以至将战争淡化，这种观点是很值得商榷的。

理论上的混乱源于认识方法的错误。如果以为战争可以使用各种手段，那么，使用这些手段进行的斗争就是战争，并由此进一步推论——由于以这些手段进行的斗争无时不在，因此战争与和平就交织到了一起。这恰恰犯了认识方法的错误，其错误主要有两个方面：一是逻辑推理的错误；二是战争与和平标准把握上的错误。从逻辑上讲，一种手段可用作战争手段，但绝不意味着凡使用这种手段都是在进行战争。比如，网络战是战争的重要手段，但只有当它为特定的战争目的服务时，它才成为战争手段。在和平时期，许多网络领域的对抗如病毒与反病毒，几乎无时不在进行，但不能认为每天都在进行战争。而一些人将这种对抗称为网络战，其实这是引申意义上的"战"，正如"商战""舌战"中的"战"一样，不是战争意义上的"战"，而只代表一种非战争状态下的对抗或斗争。推而广之，其他领域的斗争亦如此。从战争与和平的标志讲，战争与和平是有明确界限的两种社会状态，这个界限就是是否打破了一般法律和道德准则对另一国家、政治集团或阶级实施了强制性破坏。只有超越了一般法律约束来使用强制力，才能称其为战争。而在法律框架内的对抗，不能称其为战争。由此也可以认为，在法律框架内的行动是和平或和平状态下的对抗与冲突，超越了法律框架的冲突就成为战争。这个特征也不因信息化战争的到来而改变。

（四）信息化战争没有改变战争的暴力本质

在信息战、信息化战争理论研究中，曾经有人认为，信息时代的战争，与以往战争相比将日趋"干净"和"文明"。信息化战争主要是通过信息领域的对抗来攻击敌人的认识和信仰，使敌人放弃抵抗意志，实现不战而屈人之兵的目的。战争可以以不流血的方式进行，暴力将不再是战争的突出特征，战争将是一种脑力思维战，将由硬打击转为软毁伤，由血与火的战场搏击转为精神、意志和智慧的角逐，战争将变得"慈化""软化""非暴力化"。其实，这是对信息化战争的一种误解。如果按这种判断准备战争，一切硬杀伤手

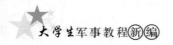

段都将退出战争舞台，没有制信息权纵然无法打赢战争，但如果认为有了制信息权就一定能全面控制战场，一定能打赢信息化战争，则可能违背战争的制胜规律。

诚然，随着信息技术的飞速发展，武器装备的信息化程度越来越高，命中精度也随之空前提高，战争的附带毁伤趋于减小，以往那种大规模的流血战争可能不再出现，但正如一些人所言："流血少并不是不流血，流血的多和少与是否流血是两个截然不同的概念。战争是以武装斗争为基本标志的社会活动，信息化战争中的信息对抗也必然伴着武力的对抗，武力对抗仍是达成战争目的必不可少的方式。同理，攻击敌人的信仰、认识和信念，使敌放弃抵抗的意志，也需要一定的手段来支撑和实现，而武力仍然是其中的首选手段。暴力性是战争区别于其他斗争形式的突出特征，这种情况在信息化战争中并不会发生根本变化。"暴力的本质是强制力，如果说暴力特征有所变化，那只能说使用暴力的方式发生了变化，暴力手段更加精确和可控，但它并不因为信息技术的广泛使用而消失。发生在 20世纪 90 年代之后的几场局部战争，没有哪一场战争是没有流血的暴力，今后的信息化战争，暴力仍然是主导战争进程，实现战争目的的首要选择和基本手段。

可以预见，21 世纪的战争将是信息主导、综合制胜的战争。信息是战争的组成部分，但不是全部，信息不能完全替代战争的物质资源的作用，信息、物质与能量的结合，是战争制胜的永恒主题。信息优势不可能完全撩开"战争迷雾"，人的判断力和科学决策，在信息化战争中仍将发挥主导作用。

四、信息化战争的基本作战样式

作战样式，是对作战类型的分类，是根据敌情、武器装备、地形、战法等具体情况而选择的作战方式。在作战人员和武器装备一定的前提下，作战样式直接关系着战争的成败。

传统战争的作战样式可以表现为阵地战、运动战、游击战、持久战等，但集中归纳到一点，它们都是侧重于以物质力量为中心展开的作战行动。信息化战争的基本作战样式和过去传统战争的作战样式不同。信息化战争是以信息的获取权、控制权和使用权为核心进行的争夺。由于大量信息化高、精、尖武器装备的出现和使用，使战场发生了前所未有的变化，由此也使信息化战争的作战样式更加与以往不同。

（一）制信息权争夺战

制信息权争夺战是运用多种手段以夺取一定时空范围内战场信息控制权为目的的作战。信息化战争中，及时掌握制信息权成为作战行动的前提。作战中要掌握战场的主动权进而实现行动的自由，首先必须夺取战场的制信息权。因此，制信息权争夺战将是信息化战争中的基本作战样式之一。

（二）指挥中枢瘫痪战

指挥中枢瘫痪战是在信息化战争的战场环境中，以指挥决策者为主体，以破坏和瘫痪敌方战场认识系统、信息处理系统和指挥控制系统为主要作战目标，综合运用以信息技术为核心的武器装备、作战系统和作战手段，剥夺敌方战场信息夺取权、控制权和使用权，使敌决策者和指挥机关难以定下正确的决心和进行有效的作战指挥。

（三）战争结构破坏战

战争结构破坏战是着眼战争全局，综合运用各种作战方法和手段，从破坏敌方维系整体作战能力的系统和联系入手，打击敌方作战协调行动的关节，造成敌方作战力量结构的紊乱和作战行动程序结构的脱节，致使敌方整体作战能力迅速降低，进而集中力量各个击破，达到瓦解、歼灭敌军的目标。

（四）心理系统瓦解战

心理系统瓦解战是以改变个体和群体心理状态为目标，运用各种形态的信息媒介，从认识、情绪和意志上打击瓦解敌人的一种作战样式。它着眼于对人的精神上、心理上的征服，利用人在对抗环境中的心理变化规律，通过大量的信息传递，干扰破坏敌方的决策过程和决策结果，瓦解敌方士气，削弱敌方抵抗意志，使其作出错误的决定，放弃抵抗、逃避战斗乃至缴械投降，从而不战而胜。

（五）战争潜力削弱战

由于科学技术的发展及其在军事领域的广泛运用，信息化战争已经活跃于战争舞台。战争潜力的构成发生了很大的变化，科技要素明显突出，战争比以往更加需要高素质的人和高科技的物。战争潜力削弱战就是综合运用硬摧毁和软杀伤的手段，削弱敌方为战争服务或使用的人力、物力、精神和科学技术等诸多因素构成的潜在的战争力量，破坏敌方将战争潜力转化为战争实力的转换机制，动摇敌方的战争基础，使敌方无法继续进行战争，从而达到迅速战胜对方的目的。

第三节　信息化战争的基本特征和发展趋势

信息化战争有着区别于机械化战争的特点，从总体上认识信息化战争的基本特征，深刻理解信息化战争的发展趋势，才能从根本上把握信息化战争的本质规律。

一、信息化战争的基本特征

（一）国家战略能力成为战争的制胜基础

信息时代是经济全球化的时代。信息时代造就了信息化战争。要打赢信息化战争，不仅需要军事能力，还需要由政治、经济、科技、文化、外交等多种因素结合在一起的国家战略能力。这种能力，是一个国家在需要进行战争或应对突发事件时所能调动的各种力量的总和，包括由经济实力、国防实力和民族凝聚力构成的全部综合国力，以及使其能在短时间内迅速聚合并发挥出来的战略组织力。国家战略能力是军队实施信息化战争的重要基础。

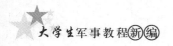

（二）武器装备系统的高度信息化

科学技术在军事领域的运用，特别是物化为战争"手臂"，是引起战争形态发生深刻变革的根本原因。信息化战争时代的战争，是以信息化武器装备系统为物质基础所进行的战争。信息化武器装备系统，是以计算机技术为核心，以信息技术为基础的一体化的武器装备系统，具体包括信息化攻防武器系统、单兵数字化系统、指挥控制系统。

信息化攻防武器系统包括软杀伤型信息武器和硬杀伤型信息武器。软杀伤型信息武器是指以计算机病毒武器为代表的网络攻击型信息武器和以电子战武器为代表的电子攻击型信息武器。这类武器在海湾战争时就已开始使用。硬杀伤型武器是指精确制导武器和各种信息化作战平台。精确制导武器能够获取和利用目标的具体位置信息，进行弹道修正并准确命中目标。大量地使用精确制导武器在近些年来的几场局部战争中十分突出。信息化作战平台包括飞机、舰艇、装甲车辆，直升机等。这些武器装有大量的电子信息传感设备，并与指挥控制系统（C4ISR）联网。它们集侦察、干扰、欺骗和打击功能于一体，既可实施战场侦察，为精确打击和各种战场行动提供目标信息，又可实施信息攻防作战，是信息化战争的重要物质基础。

单兵数字化装备是士兵在数字化战场上使用的个人装备，也称信息士兵系统。它主要由综合头盔分系统、武器分系统、电源分系统、单兵计算机和无线电分系统、综合人体防护保障分系统组成。这个系统既是战场网络系统的一个终端，也是基本的作战单元，具有人机一体化的远程传感能力、攻击和生存能力，能够实时实地为炮兵和执行空地作战任务飞机提供数字化目标信息。在阿富汗战争中，美国空军准确无误地对地面目标攻击，就是得益于特种作战部队装备的信息士兵系统与整个战场数字化网络连为一体，为其提供了及时准确的目标数据。

指挥控制系统（C4ISR）是战场指挥、控制、通信、计算机、情报、监视、侦察系统的简称。它把作战指挥控制的各个要素、各个作战单元黏合在一起，是使军队发挥整体效能的"神经和大脑"。这一系统，能为从总统到士兵的各级作战人员快速提供决策和作战所需的信息。在信息化战争中，指挥控制系统是敌对双方的主要作战目标，围绕着指挥控制系统展开的攻击和防护成为战争的重要作战行动。这在近几场局部战争中都有实践。

（三）信息资源急剧升值

工业时代的战争，起主导作用的是物质和能量，用装甲车、飞机等，打的主要是"钢铁仗"和"火力仗"。然而，在信息化战争中，信息是核心资源，是决定战争胜负的关键因素。从某种意义上说，信息化战争是以争夺战场"制信息权"为主要行动的战争。争夺"制信息权"将成为敌对双方对抗的焦点。拥有信息资源，握有信息优势是取得战争胜利的先决条件。

急剧升值的信息资源，决定了争夺制信息权的斗争将在全时空进行，决定了战争中交战双方将倾力、全力去争夺信息优势。

（四）作战空间超大多维

作战空间，随着科学技术和武器装备的发展逐渐呈现出日益拓展的趋向。由于飞机的问世和航空技术的发展，作战空间发生了第一次革命性变化，由陆海平面战场发展为陆海空三位一体的立体战场。20世纪80年代以来，随着航天技术特别是以计算机技术为核心的信息技术在战争中的运用，战争空间随之又发生了新的变化，不仅从陆、海、空三维物理空间扩展到了外层空间，而且一种新的作战空间——信息空间正在悄然形成。

1. 物理空间急剧拓展

第一次世界大战中，决定战争胜负的第二次马恩河战役、亚眠战役，战场范围仅有数百至数千平方千米。到了第二次世界大战，决定战争胜负的维斯瓦河—奥得河战役、柏林战役、诺曼底战役，战场范围扩大到数万或数十万平方千米。但是到了海湾战争，战场空间急剧扩展，东起波斯湾、西至地中海、南到红海、北上土耳其，总面积扩展达1400万平方千米。美军不仅在空中部署有各种侦察预警飞机，全方位、全时段监视对方的所有行动。尤其是在外层空间还部署了大量卫星，组成太空侦测网，全面监视伊拉克军队的动向。发生在20世纪末的阿富汗战争，其作战规模远远不及海湾战争和科索沃战争，虽然主战场基本上限于65万平方千米的阿富汗境内，但战争的相关空间却延伸到美国本土乃至全球。有89个国家向美军飞机授予领空飞越权，76个国家授予美军飞机着陆权，23个国家同意接纳美军部队。其作战空间范围要远比海湾战争和科索沃战争大得多。随着军事信息技术的高速发展，未来信息化战争的作战空间还将进一步拓展。

2. 信息空间多维广阔

信息空间是一个新的概念。它包括了电磁空间、网络空间和心理空间，并渗透到陆、海、空、天、电各个物理空间。由于信息和信息流是没有疆界的，使得信息作战的空间突破了传统战场的界限。

电磁战场被称作继陆、海、空、天之后的"第五维战场"，是信息化战争的主要作战空间。美军前参谋会主席托马斯穆勒海军上将曾经预言："如果发生第三次世界大战，获胜的必将是善于控制和运用电磁频谱的一方。"这说明电磁空间成为信息空间的重要领域。尽管第三次世界大战没有发生，但是从近年几场局部战争来看，完全证明了托马斯的预言。所以掌握电磁空间的优势，就能获得战争的胜利。

网络空间是人类进入信息社会的必然产物。信息时代的一个明显标志就是计算机和计算机网络技术的广泛运用。目前，国际互联网已经形成，全世界已有170多个国家和地区的计算机网络连为一体，信息高速公路全球范围逐步组成，时空的概念正在急剧缩小，地球正在变成一个数字化的小村庄。网络空间的出现，将使物理上的距离概念和国家之间的地理分界线失去意义，凡是与网络空间相联系的目标都可能遭到攻击。科索沃战争中，无形的"黑客"曾使美国白宫的网络服务器瘫痪数小时；北约空袭开始后，总部的网站每天都收到来自攻击者数以万计的电子邮件，严重阻塞了网络线路；巴尔干地区的一台电脑每天向北约总部发出两千封电子邮件，其中包括各种大大小小的电脑病毒。这些必然对作战行动产生一定的影响。

心理空间特别是决策者的思维空间是信息化战争的重要作战空间。心理是控制和决定

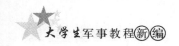

人的行为的重要因素。在信息化战争中，心理空间的对抗备受各国军队的重视。美军不仅编有心理战部队，而且在研制专用的心理战武器。美军在近些年几场局部战争中采用了军事打击与攻心并重的方针，成功地实施了心理战。伊拉克战争中，伊拉克的外交部长每天到电视上去讲，美军入侵部队不断遭到伊拉克军民的沉重打击；而美国则不停地宣传如何把伊拉克的军队打败了，把哪个城市攻克了。这是双方在打心理战。

（五）作战节奏和作战速度大幅提高，作战时间迅即短暂

时间是战争的基本要素。随着计算机、电子、通信、卫星技术和信息化武器装备的发展，信息化战争的作战节奏和作战速度比机械化战争大大提高，持续时间明显缩短，呈现出迅即短促的特征。历史上的战争持续时间通常为数年或数月。而近期几场局部战争持续时间急剧缩短。如美军空袭利比亚仅用了12分钟；以色列偷袭伊拉克核反应堆，实际作战时间只用了2分钟；"沙漠之狐"行动只用了52小时；规模较大的海湾战争和科索沃战争，也分别只用了42天和78天。促使战争时间迅即短促的主要因素有四个：

1. 战场信息流动加快，作战周期缩短

信息时代，数字技术的广泛运用，使得来自太空的情报源泉近乎同步进行，指挥控制系统使情报能够实时获取、实时传输、实时处理。信息流动速度空前加快，空间因素贬值，时间急剧增值，作战行动得以快速进行。美国的未来学家奈斯比特认为：信息社会的一个显著特点是"通过信息渠道的信息流动加快了，使发讯者和收讯者更加接近"。在网络化、数字化的战场上，尽管军队的作战程序没有发生变化，即发现目标、进行决策、下达命令、部队行动等环节，但是整个过程几乎接近到实时同步进行。

2. 战争的突然性增大，时效明显提高

从近些年几场局部战争实践看，进攻一方采取各种欺骗伪装措施，运用电子技术，隐形技术和信息化武器装备，在战争的初始阶段对敌实施突然进攻，迫使敌来不及作出有效反应，这可大大提高对实践的利用率。同时，各种信息武器具有快速的作战能力，使得作战行动的速度加快，时效性明显提高。例如美国的空对空导弹，从发现到攻击目标只要3~4秒。现在新的防空武器发现目标几秒钟以后就可以实施拦击目标。

3. 广泛实施精确作战，作战持续时间缩短

精确打击直接指向敌人的战争重心，迅速而有致命性，这必然使得作战时间短促，战争持续时间大为缩短。

4. 战争可控性增强，目的有限

信息化战争对战争目的、目标、规模、手段等都加以严格限制，使作战行动严格限定在政治目的的许可范围内，不再追求攻城掠地和歼灭敌方有生力量，而是追求在战略上迫使敌方屈服，达成目的即可结束战争。

（六）非接触作战成为信息化战争的主要行动样式

非接触作战，是敌对双方在不接触的情况下，使用信息系统和远程作战武器实施防区外打击的作战行动样式。从近期几场局部战争的实践来看，非接触作战已经走上战争舞台，成为信息化战争的主要行动样式。

非接触作战是美军首先提出的一种作战思想并用于战争实践。美国战略与国际问题研究中心针对美军拥有了信息系统和精确打击系统等高技术的实际，早在 1993 年就提出了脱离接触、间接打击的"非接触性作战"理论。科索沃战争中，以美国为首的北约部队充分运用高技术武器在速度、发射距离、命中精度和杀伤强度等方面的优势，远离实际战区，从其本土、同盟国或海上出动飞机或发射导弹，同时对南联盟战略、战役目标实施精确打击，真正与对手展开了一场非接触作战。

非接触作战行动样式的出现，是一体化的远距离侦察信息系统和远程作战武器发展的必然结果。一是侦察系统远距离一体化。在信息化战场上，从太空到高、中、低空，从地（海）面到水下，一体化的侦察、监视、预警系统可以对敌方实施大范围、全纵深、全天候的立体侦察，并迅速将信息传递给各个火力打击平台。二是武器装备的射程和航程空前增大。远距离作战兵器性能的大幅度提高，为实施非接触作战提供了可靠的物质保证。战争实践证明，非接触作战具有许多优越性。

二、信息化战争的发展趋势

从信息量范围看，战争形态正处在一个从机械化战争向信息化战争过渡的转型期。因此，在当前条件下，要准确地预测信息化战争的发展趋势还比较困难。然而，历史的发展有其自身的逻辑轨迹。运用历史唯物主义的方法，仍然可以大致地勾画出未来信息化战争的发展趋势。

（一）战争的表现形式不断拓展

未来的信息化战争将在战争的暴力性、战争的层次以及战争的主体等方面发生重大的变化，从而使传统的战争概念受到冲击，战争的表现形式有了很大的拓展。

1. 战争的暴力性减弱

传统的战争理论认为"战争是流血的政治"，但在未来的信息化战争中，由于各种经济活动和社会活动的高度计算机化、信息化和网络化，社会的经济生活和政治生活更多地依赖于各种信息系统。战争则有可能成为不流血或少流血的政治。像支撑社会经济和政治活动的金融系统、能源系统、交通系统、通信系统和新闻媒介系统等，都是以计算机为基础的信息网络系统。信息和信息系统既是武器，也是交战双方攻击的主要目标。而只需通过网络攻击、黑客入侵和利用新闻媒介实施大规模信息心理战等"软"打击的方式，破坏敌方的计算机信息网络，瘫痪敌方指挥系统，瘫痪敌国经济，制造敌方社会动乱，把战争意志强加给对方，以不流血的形式换取最大的政治和经济利益。在使用各种"硬"摧毁手段的作战中，进攻一方也不再以剥夺敌国的生存权利，或完全夺占敌方的领土等作为最终目标，而是注重影响对手的意志，尽可能地减少战争的伤亡，力争以最小的伤亡代价换取最大的胜利。战争暴力性将会减弱，传统战争的暴力行动，将被非暴力的"软"打击行动所替代。

2. 战争的层次更加模糊

在未来信息化战争中，战争的战略、战役和战术层次会逐渐模糊。一方面，战役或战

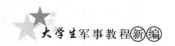
术行动具有战略意义。由于大量信息化、智能化装备和系统的集中运用，武器装备的作战效能越来越高，精确打击和信息战等作战行动对敌方军事、政治、经济和心理的攻击威力越来越大，因而小规模的作战行动和高效益的信息进攻行动就能有效达成一定的战略目的。这使得战争进程更为短暂，战争与战役甚至战斗在目的上的趋同性更为突出。另一方面，作战行动将主要在战略层次展开。信息化战争不再是从战术突破到战役突破再到战略突破，而是战争一开始，打击的对象就将主要集中于关乎敌方政治、经济和军事命脉的重要战略目标。尤其是在信息化战争中起主导作用的战略信息战，它对敌方经济和政治信息系统的攻击，以及对敌方民众和决策者心理的攻击，更具有全纵深和全方位的性质。大规模的信息进攻和超视距的非接触作战将成为未来信息化战争的主要行动样式。

3. 战争的主体多元化

传统的战争主要发生在国家和政治集团之间，战争打击的目标主要是对方的军事力量和战争潜力，战争的主体是军队。而在信息时代，由于信息技术和信息系统高度发展，计算机网络联通了整个世界，使得整个世界的政治、经济、科技和文化的联系日益密切，国家的安全受到来自多方面、多种势力的威胁，表现出易遭攻击的脆弱性。实施信息攻击的主体既可能是军队，也可能是社会团体，还可能包括恐怖组织、贩毒集团和宗教极端分子等。

随着科学技术的发展，使制造常规弹药易如反掌，制造核武器、化学武器和生物武器的技术也正在越来越多地被人们了解和掌握，这就使一些社会团体和组织，不仅可以掌握和使用常规武器，而且也有可能掌握和使用核化生武器，以及掌握和使用计算机病毒等信息武器。因此，这种情况使国家安全面临着严峻的挑战，并使得发动和从事战争的主体呈现出多元化的特征。当战争爆发时，受到攻击的一方，可能难以判明谁是真正的对手，也难以迅速做出有效的反应和反击。战争不仅会在国家与国家之间展开，而且也可能会在社会团体与社会团体之间、社会团体与国家之间、少数个人与社会团体之间展开。为了应对这种挑战，仅仅依靠军队力量是不够的，还必须依靠社会的各种力量，进行广泛的全民战争。

（二）战争的威力极大提升

战争的发展，从某种意义上说实际上就是作战效能不断提升的历史。核武器的出现，使热兵器作战效能的发展走到了极限。人类对武器作战效能的追求，反而使得具有最大杀伤威力的核武器无法在实战中运用。然而，人类并没有放弃对武器作战效能的追求，大量信息化武器和新概念武器的出现和运用，将使未来信息化战争具有亚核战争的威力。

首先，信息化时代的军事技术将把常规作战效能推到极致。未来信息化战争的常规作战效能将是建立在军事工程革命、军事探测革命、军事通信革命和军事智能革命已经完成或基本完成的基础之上。在这四大军事技术革命中，军事工程革命的起步最早。军事工程革命已经使传统武器装备跨越空间和速度基本达到物理极限。军事探测革命将使得侦察、探测的空域、时域和频域范围大大扩展，使对作战行动的感知、定位、预警、制导和评估达到几乎实时和精确的程度。军事通信革命将在未来信息化战争中实现军事信息的无缝链接和实时传输，使各指挥机构和部队、各侦察和作战平台之间达到在探测、侦察、跟踪、火控和指挥方面的信息畅通，真正实现实时指挥和控制。军事智能革命将真正实现作战指挥活动和作战武器装备的自动化和智能化。智能化指挥系统将使指挥控制活动的准确性和时效性大幅度提高。作战平台将集发现、跟踪、识别和自主发射为一体。智能化弹药将具有自动寻的和发射后不管功能，远程打击的精度将达到米级。同时大量高度智能化的机器人将投放战场，使指挥活动和作战行动的效率极大提高。

其次，大量新概念武器的使用将使信息化战争的作战效能具有亚核效果。在信息化时代，随着科学技术的进一步发展，大量新概念武器会不断出现和应用于战争。这些新概念武器具有完全不同的杀伤和破坏机理，它不以大规模杀伤对方人员的生命为目标，而是通过使对方的作战人员和武器装备丧失作战功能，或通过改变敌国的生态和自然环境来达成战争目的。

新概念武器中具有大面积破坏与毁伤效果的主要有次声波武器、电磁脉冲武器、激光武器和气象武器等。次声波武器具有洲际传送能力，并且可以穿透10多米厚的钢筋混凝土，因此作用范围极广。在高空施放的电磁脉冲弹可以在瞬间使大范围的电子设备丧失功能。在信息化战争中，大量新概念武器装备虽然不具备核武器那种大规模、大范围的物理杀伤和破坏作用，但它所拥有的系统集成能力、战场控制能力、精确摧毁能力和能够高效达成战略目的的能力是核武器所无法相比的。从这个意义上说，信息化战争具备了亚核战争的威力。

（三）军队将朝小型化、一体化和智能化方向发展

在未来信息化战争中，伴随着新军事革命的步伐，军队的发展趋势，将是高度的小型化、一体化和智能化。

1. 军队的规模将加速小型化

未来信息化战争中，先进的信息化系统和远距离的投送能力为军队的小型化奠定了基础。由于军队的作战能力将成指数增长，小规模的高度一体化和智能化的军队，即可达成战略目的。因此，未来军队的组织体制在数量规模上将具有两个基本的发展趋向：军队的总体规模将大幅度缩小。随着军队的信息化程度和作战能力的不断提升，缩减军队规模将是必然的趋势，拥有庞大的常备军将成为历史。作战部队的建制规模将更加小型灵巧。未来军和师的编制将可能最终消亡，旅、营或更低级别的战术单位将成为主要的作战建制，并可能出现按作战职能编成的小型作战群或能够同时在陆、海、空等多维空间作战的一体化的小型联合体。为适应未来信息化战争的需要，一些技术密集、小巧精干的新型兵种作战单元也将相继出现并逐步增多。

2. 军队信息系统的构成将高度一体化

未来信息化战争是高度一体化的作战，未来军队编成的一体化，将主要表现为按照系统集成的观点，建立"超联合"的一体化作战部队。为此，未来军队信息系统的构成，将按照侦察监视、指挥控制、精确打击和支援保障四大作战职能，建成四个子系统。侦察监视子系统将所有天基、空基、陆基和海基侦察监视平台和系统联为一体，完成对作战空间全天候、全方位的实时感知；指挥控制子系统把所有战略级、战役级和战术级指挥控制和通信系统联为一体，将对作战空间的感知信息转变为作战决策和控制；精确打击子系统把

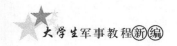

陆、海、空、天的信息和火力系统构成一体化的精确打击平台；支援保障子系统为作战行动提供实时精确的保障。这四个子系统的功能紧密衔接，有机联系，构成一体化的作战系统。

按照这个思路构建的军队，将从根本上抛弃工业化时代军队建设的模式，革除偏重发挥军种专长和追求单一军种利益的弊端，使作战力量形成"系统的集成"，从而能够充分发挥整体威力，实施真正意义上的一体化作战。

3. 军队的指挥与作战手段将高度智能化

信息化发展的高级阶段是智能化，因此信息化战争的发展趋势之一就是实现指挥平台与作战手段的高度智能化。随着纳米技术的发展，军用微型机器人将大量地投放于战场，执行侦察探测、信息传递、破袭敌电子设备和武器系统以及杀伤敌作战人员等任务。

一是指挥控制手段的高度自动化和智能化。其标志是 C4ISR 系统的高度成熟与发展。未来的 C4ISR 系统将真正实现侦察监视、情报搜集、通信联络、火力打击和指挥控制的无缝链接，成为作战指挥与控制的信息高速公路，可以高度自动化地确保指挥员近实时地感知战场，定下决心，协调、控制部队和武器平台的作战与打击行动。C4ISR 系统的高度发展，将使军队指挥员观察战场和指挥作战的能力大幅度提高。计算机是自动化指挥控制系统的核心，是实现智能化作战指挥的基础。随着高技术群体的不断发展，未来将相继出现智能计算机、神经网络计算机、光计算机、高速超导计算机、生物计算机等新概念计算机，使人工智能技术迈上新的台阶。由运算、存储、传递、执行命令转向思维和推理；由信息处理转向知识处理；由代替和延伸人的手功能转向代替和延伸人的脑功能。从而为作战指挥控制提供更加先进的智能化手段，使作战指挥与控制进入自动化、智能化时代。

二是大量智能化的武器系统和平台将装备军队，投入作战。在未来信息化战争中，精确制导武器系统、对空防御系统、勤务支援系统、物流分配保障系统和具有"发射后不管"和自动寻的功能的智能化弹药将得到更加广泛的运用；无人驾驶的智能化坦克、飞机和舰船也将规模化投入战场。无人机在阿富汗战争中已经发挥了重要的作用。尤其值得关注的是，众多类型不同、功能各异的纳米机器人，可能在战争中大规模地投放于战场，执行侦察探测、信息传递、破袭敌电子设备和武器系统以及杀伤敌作战人员等任务。

三是许多作战行动将发生在智能化领域。在传统的机械化战争中，虽然在智能化领域也存在着敌我对抗活动，如敌我之间的谋略对抗就是一种思维对抗，但这种对抗是间接的，需要用部队真实的作战行动才能表现出来。然而，在未来的信息化战争中，由于信息战的广泛运用，智能化领域将会发生激烈的对抗。认知、信息和心理这些智能化的范畴，既有可能是作战所使用的手段，也有可能是作战所要打击的目标，因此在智能化领域将会发生大量的直接对抗的作战行动。为了阻止敌方及时制定出正确的作战策略，不仅需要采用谋略行动欺骗敌方，而且更需要采取信息攻击手段，直接打击敌方的 C4ISR 系统，破坏敌方的决策程序。

第四节　信息化战争和国防建设

信息化战争登上了人类战争的历史舞台，不但改变了人类进行战争的方式和理念，也必然要求世界各国将自身的国防建设推向新的高度。面对信息化所带来的这场变革，我们应当看到这既是挑战，更是历史的机遇。我们只有准确认识信息化战争对国防建设提出的新要求，才能适应日新月异的新军事变革，从而推进中国国防建设跟上时代的步伐，实现信息化跨越发展的目标。

一、树立信息时代国防建设的新理念

机械化战争的制胜理念是消耗敌人、摧毁敌人，大量歼灭敌人的有生力量，而信息化战争的制胜理念是控制敌人、瘫痪敌人，通过破击敌人作战体系，达到巧战而屈人之兵的目的；机械化战争中，万炮轰鸣的火力倾泻为主要打击手段，而在信息化战争中，实施精确打击为首要选择。国防建设是军队打赢信息化战争的重要基础。因此，我们在考虑国防建设和经济建设时，从宏观规划到人力、物力和财力的动员，从经济基础建设到国防工程、交通信息、防汛和医疗卫生等建设都必须为打赢信息化战争通盘考虑、规划和建设。

一方面，牢固树立信息化国防观念。纵观最近二十年间发生的一些具有信息化战争特征的局部战争。我们发现，武器装备的时代差、国家战略能力、作战理念和军事理论等方面的全面差距导致了战场对于强势国家呈现出"单向透明化"的特点。这就使得以弱胜强变得极为困难。我国必须认识到这一深刻变化带来的启示：要取得信息化战争的胜利，仅仅依靠传统正义战争和人民战争的精神属性是远远不够的，必须以强大的适应时代发展的国防实力作为支撑，以不断更新的作战思维和战争理论作为指导，才有可能达成目标。

另一方面，加强维护国家信息安全观念。信息化战争的特点表明，战争的较量不仅仅局限于战时的战场，而且在非战争时期国家国防建设及其延伸领域都存在竞争。加强信息安全建设、国家信息安全观念的树立已经成为关系到国家战略层面的重大问题。

二、加强国家信息基础建设

在信息时代，国家的信息基础是国家战略能力的重要组成部分，是军队信息化战争的重要支撑。因此，必须把加强国家信息基础建设作为应对信息化战争的重要举措。当前，我国信息基础设施建设虽然已经获得了长足的发展，但是与发达国家相比，还有一定的差距。只有下大力加强我国的信息基础建设，才能不断提升我国的国家战略能力。

一是要努力发展以微电子技术、计算机技术和通信技术为主体的信息技术。二是要加快以信息高速公路为骨干的国家大型网络系统建设。三是要大力开发各种应用软件，使我国在拥有自主知识产权的软件研发上跻身于世界先进行列。

三、努力培养国防信息化人才队伍

人才是强国兴军之本，决定未来信息化战争胜负的是高素质国防和军队信息化人才。

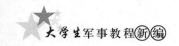

随着信息技术的飞速发展和在社会各领域的广泛运用，信息科技人才的紧缺已经成为一个世界性的问题。必须加大力度，努力培养新型国防信息化人才，为我军打赢信息化战争提供强大的智力支撑。为此，我们必须把国防信息化人才队伍的培养工作作为国防信息化建设的根本大计，树立超前意识，构建我军新型的国防信息化人才培养体系，抓紧培养复合型人才，尽快缩小与发达国家军队在人员素质上的"知识差"，以适应国防信息化建设和未来信息化战争的需要。

我国信息技术人才的匮乏突出，必须下大力采取多种有效措施加强国防信息技术人才的培养、引进与保留，建设一支雄厚的信息人才队伍，确保我国的信息基础建设能够持续不断地发展。一方面，要依托地方进行信息化人才的双向培养；另一方面，军事院校教学中要加大高新技术知识的比重，提高部队信息化条件下的训练水平，创造良好的信息化环境和信息化文化氛围。

四、加速推进国防和军队信息化建设的进程

我军在加强军队机械化建设的同时，必须乘国家加快经济和社会信息化发展之势，跨越式加快国防和军队信息化建设。如果按部就班地在完成机械化建设后再进行信息化建设，就会坐失良机，无法赶上西方发达国家和军队建设的步伐。推进国防和我军信息化建设的进程，必须解决好两个问题：

首先，要树立信息主导的思想。观念是行动的先导，一是确立信息化在军队建设中的主导地位，全面推进国防和军队的信息化建设。二是"系统集成观"。要用大系统的观念来筹划军队建设。在"作战力量"建设上，强调加强作战空间预警、指挥控制系统和精确使用作战武器；在战场准备上，要求建立数字化战场；在部队建设上，要求建立数字化部队；在装备建设上，要求积极推行"横向技术一体化"。三是"虚拟实践观"。虚拟现实技术的发展，为人们"虚拟实践"提供了可能。人们可以面向未来，创造一种"人工合成环境"，在实验室里"导演"战争，主动适应未来。为此，美、英等国军队建立了许多"战斗实验室""作战模拟实验室"和"作战仿真实验中心"等。

其次，要实现我军信息化建设的跨越式发展。国防和军队的信息化建设是一个十分复杂的系统工程。我军信息化建设要抓住三个重点：一是要大力发展信息化武器装备。我军一方面要致力发展信息化武器装备；另一方面要在信息化弹药、信息化作战平台、专用信息战武器三个方面取得突破性进展，这样才能缩小与发达国家的时代差。二是要大力推进数字化部队建设。在建设思路上要突出我军的特色，走出一条投入少、周期短、效益好的发展路子。三是要大力加强数字化战场建设。数字化部队和数字化战场是信息化战争的两大支柱，有了数字化战场数字化部队才有可靠依托。我军数字化战场建设，应充分运用空间基础数据建设成果，将导航定位、天基立体测绘和时间基准、地球中心坐标系统相统一，建设成能够覆盖整体作战空间的多维信息获取系统，形成平战结合、诸军一体的战场信息系统，推进我军的国防和信息化建设。

第五节　信息化战争战例：伊拉克战争

伊拉克战争，又称美伊战争，是以英美军队为主的联合部队在 2003 年 3 月 20 日对伊拉克发动的军事行动，美国以伊拉克藏有大规模杀伤性武器并暗中支持恐怖分子为由，绕开联合国安理会，单方面对伊拉克实施军事打击。到 2010 年 8 月美国战斗部队撤出伊拉克为止，历时 7 年多，美方最终没有找到所谓的大规模杀伤性武器，反而找到萨达姆政权早已将其销毁的文件和人证。2011 年 12 月 18 日，美军全部撤出。

一、战争起因及经过

（一）战争起因

美国 911 恐怖袭击事件发生后，总统布什宣布向恐怖主义作战，并将伊拉克等多个国家列入"邪恶轴心国（Axis of Evil）"。

美国等国对伊拉克开战的主要理由是认为萨达姆政权拥有大规模杀伤性武器、伊拉克当局政府践踏人权。据美国国防部长拉姆斯菲尔德表示，这场战争的主要目的为：

第一，铲除萨达姆独裁政权，帮助伊拉克人民建立一个自由、民主的政权。

第二，搜寻并销毁隐藏在伊拉克境内的大规模杀伤性武器，剿灭恐怖分子。

第三，结束独裁统治，提供人道主义援助。

第四，保护伊拉克的石油及其他天然资源。

但是包括部分美国人士在内的很多舆论认为原因并不单纯。如伊斯兰共和报等媒体表示美国已经被犹太集团操纵，占领伊拉克仅仅是庞大侵略计划的序曲而已。美联储前主席格林斯潘在其回忆录中称，基于政治原因，他不方便承认众所周知的事实，即进攻伊拉克是为了石油资源；2011 年 2 月 15 日，当年向美国及德国透露伊拉克藏有大规模杀伤性武器的情报人员首次承认一切均为谎言。

（二）战争经过

战争大致可分为四个阶段：

1. 开始阶段

美英联军从 2003 年 3 月 20 日（伊拉克时间）起向伊拉克发动代号为"斩首行动"和"震慑"行动的大规模空袭和地面攻势。布什在战争打响后向全国发表电视讲话，宣布推翻萨达姆政权的战争开始，强调战争将"速战速决"。在这一阶段，美英联军先后向巴格达、巴士拉、纳杰夫、摩苏尔、基尔库克、乌姆盖斯尔等十余座城市和港口投掷了各类精确制导炸弹 2000 多枚，其中战斧巡航导弹 500 枚。与此同时，萨达姆也向全国发表讲话，号召伊拉克人民抗击美国侵略，击败美英联军。

2. 僵持阶段

由于供给线太长和伊拉克方面的抵抗，美英联军"速战速决"的目标未能实现，地面进攻曾一度受阻。伊军在伊中部的卡尔巴拉、希拉、欣迪耶等地与美英联军展开激战。与

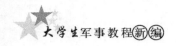

此同时，每天都有数百名伊拉克人从约旦等国家返回伊拉克，加入与美英联军作战的行列。

3. 转折阶段

美英联军凭借空中优势和机械化部队，兵分几路发起强大攻势，先后攻陷伊南部巴士拉等重要城市和战略要地，并对巴格达形成合围，从而使战事呈现一边倒的态势。2003 年 4 月 8 日，美军从北部和南部两个方向推进到巴格达，并夺取了巴格达东南的拉希德军用机场。美国坦克开进巴格达，占领了萨达姆城。面对美军长驱直入巴格达和提克里特，伊拉克领导人号召军队和人民对美英联军采取"同归于尽"式的袭击行动。在劝说百姓与敌人同归于尽后，其本人与少数亲信为了生存藏匿起来。

4. 收尾阶段

美军 2003 年 4 月 15 日宣布，伊拉克战争的主要军事行动已结束，联军"已控制了伊拉克全境"。据美国官方公布，在伊拉克战争中死亡的美军人数为 262 人，其中 139 人阵亡，123 人死于事故。英军士兵死亡 33 人。战争消耗了美国 230 亿美元。

二、战争特点

伊拉克战争是 21 世纪第一场大规模高技术局部战争。战争中，美军的信息优势得到了淋漓尽致的发挥，整个战场对美军几乎是单向透明的近实时精确打击。这场战争具有以下三个特点：

（一）典型的现代高技术局部战争

美英联军的战争目的只有一个，就是推翻萨达姆政权，扶植一个亲美的伊拉克政府。为此，美英以"伊拉克隐藏大规模杀伤武器"为由，绕过联合国授权，直接发动了这场战争。这是一场在国际战略环境下，超级大国利用经济、军事和信息优势，通过陆、海、空、天、电、网体系作战，利用"外科手术"式精确打击，强行摧毁弱国政权的高技术局部战争。

（二）战争的信息化程度比历次高技术局部战争都要高

美英联军经过多年信息化建设和前几次高技术战争（海湾战争、科索沃战争和阿富汗战争）的实践，已经建立了相当完善的军队指挥控制系统和信息化武器装备体系。因此，这场战争中，首次采用了比前几次高技术局部战争更多、更先进的侦察、监视系统，确保了战场对己方的单向透明，加速了战争胜利进程。如在战争中，通过所提供的 90 多颗侦察、通信、导航、气象和全球定位卫星，以及 U2 战略侦察机、RC135 电子侦察机、E8C 联合监视与目标攻击雷达系统以及多种无人侦察机等，多层次、多来源、全时空、近实时地搜集各种战场信息，并把这些信息快速、准确地传递给作战指挥中心，保证美英联军攻击行动由目标信息获取到火力打击完成的整个过程几乎做到了实时。

（三）实施"决定性快速作战"，使基于效果的精确打击进一步提升

在"决定性快速作战"的指导思想下，为了打击敌方凝聚力和对推翻萨达姆政权快速

达到战役目的，利用了反应快速的指挥控制系统、信息化弹药和精确制导武器装备。整个战争中，共投射 2 万余枚弹药。其中，精确制导弹药比两年前的阿富汗战争又有大幅度的提升。

总之，伊拉克战争是综合应用信息优势，制敌机动和精确打击，实施基于效果作战的范例，标志着信息化战争发展达到了一个新的高度。

思考题

1. 什么是信息化战争？
2. 简述信息化战争的本质。
3. 信息化战争有哪些主要特征？
4. 阐述应该如何加强国家和军队的信息化建设。

第六章 条令条例教育与训练

条令，是中央军委以简明条文的形式发布给军队的命令，是军队正规化建设的依据，是军队行动的准则。《中国人民解放军内务条令》《中国人民解放军纪律条令》和《中国人民解放军队列条令》（简称《内务条令》《纪律条令》《队列条令》）是全军的共同条令，是军人必须遵守的法典。

2010 年 6 月 3 日，时任中央军委主席胡锦涛签署命令，发布施行新修订的《中国人民解放军内务条令》《中国人民解放军纪律条令》和《中国人民解放军队列条令》（统称共同条令）。

第一节 《内务条令》教育

《内务条令》是规定军队内部关系、生活制度和军人职责的条令，是全军进行行政管理、教育的依据。

一、内务的概念、性质和作用

内务，从一般词义上讲，泛指内部事务，或集体生活室内的日常事务。军队内务，是指军队内部日常生活的一切事务。内务条令则是规定军人职责、军队内部关系、日常生活制度、勤务管理的条令。

中国人民解放军为在全军建立正规的内务制度，维护良好的内外关系，明确职责，进行行政管理和教育，培养优良作风，特制定《内务条令》。

《内务条令》是中国人民解放军内务建设的基本依据，适用于中国人民解放军现役军人和单位，以及参训的预备役人员。它是规定军人基本职责、军队内部关系和日常生活制度的法规，是军队生活的准则、行政管理的依据，由军队最高领导人或领导机关颁发全军执行。目的在于建立和维护团结统一的内部关系、紧张有序的生活秩序、严整的军容、优良的作风和严格的组织纪律，以巩固和提高战斗力，保证作战及其他任务顺利进行。

二、《内务条令》的主要内容

《内务条令》的主要内容包括：总则、军人宣誓、军人职责、内部关系、礼节、军人着装、军容风纪、与军外人员的交往、作息、日常制度、值班、警卫、零散人员管理、日常战备和紧急集合、后勤日常管理、装备日常管理、营区管理、野营管理、常见事故防范、国旗军旗军徽的使用、附则等。这些规定体现了人民军队的建军宗旨和原则。全军贯彻执行内务条令，对于保持和发扬优良传统，促进革命化、现代化、正规化建设，具有十分重要的作用。

新修订的内务条令，在总则中增写了把科学发展观作为国防和军队建设的重要指导方针、全面履行新世纪新阶段我军历史使命、发扬"听党指挥、服务人民、英勇善战"的优良传统、大力培育当代革命军人核心价值观、实施科学管理、坚持安全发展理念等重要内容。

三、《内务条令》的教育养成

贯彻执行内务条令是军队正规化建设的基础，因此部队各级高度重视，采取了有效措施，使《内务条令》的各项规定真正得到了落实。

（一）加强学习，端正认识

通过学习，着重弄懂内务条令的目的、意义和要求，明确贯彻执行条令与部队平时的内务秩序，培养和锻炼部队适应现代战争的各种能力，切实从思想上提高贯彻执行《内务条令》的自觉性。

（二）抓好养成，形成习惯

各级机关和部队，要从一点一滴，一言一行抓起，常抓不懈，一抓到底。特别是基层干部，要做到身教重于言教，以榜样的力量去带动下级。要做到腿勤、眼勤、嘴勤、脑勤，经常地进行宣传和解决问题。要提倡群众性的互相监督，互相教育，养成人人按条令办事的习惯，形成好的风气。

第二节 《纪律条令》教育

《纪律条令》是用简明条文规定的、通过命令颁布的关于军队纪律及奖惩的规则。它既是维护和巩固纪律的准则，又是部队实施奖惩的根本依据。

一、纪律的概念、性质和作用

纪律，是各种组织要求其成员共同遵守的行为规则。纪律是一定阶级意志的体现，是为一定阶级利益服务的。在社会主义制度下，纪律反映人民群众的共同意志，维护人民群众的共同利益，是执行党的路线、方针、政策，搞好社会主义建设的重要保证。

为了维护和巩固中国人民解放军的纪律，正确实施奖惩，保证军队的高度集中统一，加强革命化、现代化、正规化建设，巩固和提高战斗力，根据有关法律规定，结合我军实际，中央军委制定了《纪律条令》。

《纪律条令》是中国人民解放军维护纪律、实施奖惩的基本依据，适用于中国人民解放军现役军人和单位，以及参战、支前的预备役人员。

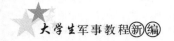

二、《纪律条令》的主要内容

《纪律条令》内容包括：总则、奖励、处分、特殊措施、控告和申诉、首长责任和纪律监察、附则等。这些规定反映了人民军队的本质，体现了赏罚严明，以说服教育为主、惩处为辅和严禁打骂、体罚、侮辱人格等基本原则，保证了革命军人的民主权利。

该条令继承了我军维护和巩固纪律的优良传统。条令通篇贯穿了依法治军的思想，规定了中国人民解放军纪律的基本内容和要求，反映了人民军队的本质，既体现了赏罚严明，以教育为主、惩处为辅的原则，又体现了党的十一届三中全会以来的路线、方针、政策和国家宪法、法律的有关精神，完全符合新时期部队建设的新要求。

三、《纪律条令》的贯彻执行

军队是担负着特殊使命的武装集团，而纪律是军队赖以生存和发展的必备条件。特别是在新的历史时期，对军队纪律提出了更高更严的要求。实现我军革命化、现代化、正规化建设需要严格的纪律；未来高技术条件下的协同作战需要有严格的纪律。因此，各级在贯彻《纪律条令》的过程中，要常抓不懈，一抓到底，讲求实效，全面落实。

（一）坚持以思想教育为主的方针

这一方针是《纪律条令》本身的明确要求，也是我军维护和巩固纪律的光荣传统。首先，要严格管理，以身作则，加强群众监督。其次，要经常组织部队认真学习，不断提高政治觉悟。要经常进行理想道德、法制和纪律教育，使官兵养成高度的组织性、纪律性。

（二）坚持赏罚分明原则

正确地实施赏与罚，是维护纪律的必要措施。要使纪律真正得到执行，成为大家自觉遵守的原则，关键是正确地实施赏罚。只有赏罚严明，实事求是，坚持原则，不徇私情，才能使纪律条令顺利执行。

第三节　《队列条令》教育

《队列条令》是规定军队队列动作、队列队形和队列指挥的法规和准则，是军队队列训练和队列生活的依据。

一、队列的概念、性质和作用

队列自古有之。可以说，自从产生了军队就有了队列。队列有广义和狭义之分，从广义上讲，泛指排成行列的队伍；从狭义上讲，特指军队进行集体活动时按一定的顺序列队的组织形式。在军队的训练、工作和生活中，队列是必不可少的。队列伴随着军队的发展而发展。在冷兵器时代，队列直接表现为作战的阵式，队列的组织形式就是作战的阵式。

操场上队形怎么列，作战的阵式就怎么布，队列与阵式是一致的，只是随着冷兵器的发展和战术的变化，队列的形式也随之发展变化了。

为了规范我军的队列动作、队列队形和队列指挥，保持整齐划一和严格正规的队列生活，制定《中国人民解放军队列条令》。本条令适用于现役军人和参训的预备役人员。现行的《队列条令》以培养军人良好的姿态、严整的军容、优良的作风，提高部队的组织纪律性，增强我军战斗力为目的，继承了我军"严格要求，严格训练"的光荣传统，使新时期我军队列动作、队列生活得以进一步规范。在军队的建设发展中，《队列条令》有着十分重要的地位和作用。

二、《队列条令》的主要内容

（一）单个军人的队列动作训练

1. 立正、稍息、跨立、整理着装

立正、稍息是军人的基本姿势，是队列动作的基础。跨立主要用于军体操、执勤和舰艇站立等场合，可与立正互换。

（1）立正

◆口令：立正。

◆要领：两脚跟靠拢并齐，两脚尖向外分开约60度；两腿挺直；小腹微收，自然挺胸；上体正直，微向前倾；两肩要平，稍向后张；两肩下垂自然伸直，手指并拢自然微曲，拇指尖贴于食指第二节，中指贴于裤缝；头要正，颈要直，口要闭，下颌微收，两眼向前平视。

（2）稍息

◆口令：稍息。

◆要领：左脚顺脚尖方向伸出约全脚的三分之二，两腿自然伸直，上体保持立正姿势，身体重心大部分落于右脚。稍息过久，可以自行换脚。

（3）跨立

◆口令：跨立。

◆要领：左脚向左跨大约一脚之长，两腿挺直。上体保持立正姿势，身体重心落于两脚之间。两手后背，左手握右手腕，拇指根部与外腰带下沿（内腰带上沿）同高；右手手指并拢自然弯曲，手心向后。（见图6-1）

（4）整理着装

整理着装，通常在立正的基础上进行。

◆口令：整理着装。

◆要领：双手从帽子开始，自上而下，将着装整理好。必要时，也可以相互整理。整理完毕，自行稍息。听到"停"的口令，恢复立正姿势。

2. 停止间转法

停止间转法是停止间变换方向的方法。分为向右转、向左转、向后转，需要时也可以半面向右（左）转。

图6-1 跨立

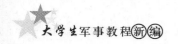

（1）向右（左）转

◆口令：向右（左）——转。

半面向右（左）——转。

◆要领：以右（左）脚跟为轴。右（左）脚跟和左（右）脚掌前部同时用力，使身体协调一致向右（左）转90度，体重落在右（左）脚。左（右）脚取捷径迅速靠拢右（左）脚，成立正姿势。转动和靠脚时，两腿挺直，上体保持立正姿势。

半面向右（左）转，按照向右（左）转的要领转45度。

（2）向后转

◆口令：向后——转。

◆要领：按照向右转的要领向后转180度。

3．行进与立定

（1）行进

行进的基本步法分为齐步、正步和跑步。

①齐步

齐步是军人行进的常用步法。

◆口令：齐步——走。

◆要领：左脚向正前方迈出约75厘米，按照先脚跟后脚掌的顺序着地，同时身体重心前移，右脚照此法动作；上体正直，微向前倾；手指轻轻握拢，拇指贴于食指第二节；两臂前后自然摆动，向前摆臂时，肘部弯曲，小臂自然向里合，手心向内稍向下，拇指根部对正衣扣线，并与最下方衣扣同高，离身体约25厘米；向后摆臂时，手臂自然伸直，手腕前侧距裤缝线约30厘米（见图6-2）。行进速度每分钟122步。

图6-2　齐步

②正步

正步主要用于分列式和其他礼节性场合。

◆口令：正步——走。

◆要领：左脚向正前方踢出约75厘米（腿要绷直，脚尖下压，脚掌与地面平行，离地面约25厘米）。适当用力使全脚掌着地。同时身体重心前移，右脚照此法动作；上体正直，微向前倾；手指轻轻握拢，拇指伸直贴于食指第二节；向前摆臂时，肘部弯曲，小臂略成水平，手心向内稍向下。手腕下沿摆到高于最下方衣扣约10厘米处，离身体约10厘米；向后摆臂时（左手心向右，右手心向左），手腕前侧距裤缝线约30厘米（见图6-3）。行进速度每分钟110~116步。

③跑步

跑步主要用于快速行进。

图6-3　正步

◆口令：跑步——走。

◆要领：听到预令，两手迅速握拳（四指蜷握，拇指贴于食指第一关节和中指第二关节），提到腰际。约与腰带同高，拳心向内，肘部稍向里合。听到动令，上体微向前倾，两腿微弯，见图6-4中（1），同时左脚利用右脚掌的蹬力跃出约85厘米，前脚掌先着地，身体重心前移，右脚照此法动作，见图6-4中（2）；两臂前后自然摆动。向前摆臂时，大臂略垂直，肘部贴于腰际，小臂略平，稍向里合，两拳内侧各距衣扣线约5厘米；向后摆臂时，拳贴于腰际。行进速度每分钟170~180步。

（2）立定

◆口令：立——定。

◆要领：齐步和正步时，听到口令，左脚再向前大半步着地（脚尖向外约30度），两腿挺直，右脚取捷径迅速靠拢左脚，成立正姿势。跑步时，听到口令，再跑2步，然后左脚向前大半步（两拳收于腰际，停止摆动）着地，右脚靠拢左脚，同时将手放下，成立正姿势。踏步时，听到口令，左脚踏1步，右脚靠拢左脚，原地成立正姿势（跑步的踏步，听到口令，继续踏2步，再按照上述要领进行）。

（1）　　　　　　（2）

图6-4　跑步

4. 步法变换

步法变换，均从左脚开始。

（1）齐步、正步互换，听到口令，右脚继续走1步，即换正步或者齐步行进。

（2）齐步换跑步，听到预令，两手迅速握拳提到腰际，两臂前后自然摆动；听到动令，即换跑步行进。

（3）齐步换踏步，听到口令，即换踏步。

（4）跑步换齐步，听到口令，继续跑2步，然后，换齐步行进。

（5）跑步换踏步，听到口令，继续跑2步，然后换踏步。

（6）踏步换齐步或者跑步，听到"前进"的口令，继续踏2步，再换齐步或者跑步行进。

5. 行进间转法

（1）齐步、跑步向右（左）转

◆口令：向右（左）转——走。

◆要领：左（右）脚向前半步（跑步时，继续跑2步，再向前半步），脚尖向右（左）约45度，身体向右（左）转90度时，左（右）脚不转动，同时出右（左）脚按照原步法向新方向行进。

半面向右（左）转走，按照向右（左）转走的要领转45度。

（2）齐步、跑步向后转

◆口令：向后转——走。

◆要领：左脚向右脚前迈出约半步（跑步时，继续跑2步，再向前半步），脚尖向右约45度，以两脚的前脚掌为轴，向后转180度，出左脚按照原步法向新的方向行进。

6. 坐下、蹲下、起立

（1）坐下

◆口令：坐下。

枪靠右肩——坐下。

◆要领：左小腿在右小腿后交叉，迅速坐下，手指自然并拢放在两膝上，上体保持正直。携枪（筒）坐下时，枪（筒）靠右肩（枪面向右、筒面向左），右手自然扶贴护木，左手手指自然并拢，放在左膝上。

（2）蹲下

◆口令：蹲下。

◆要领：右脚后退半步，前脚掌着地，臀部坐在右脚跟上（膝盖不着地），两腿分开约60度，手指自然并拢放在两膝上，上体保持正直。蹲下过久，可以自行换脚。

（3）起立

◆口令：起立。

◆要领：全身协力迅速起立，成立正姿势或持枪（炮）、肩枪（筒）立正姿势。

7. 敬礼

（1）敬礼、礼毕

①敬礼

◆口令：敬礼。

◆要领：上体正直，右手取捷径迅速抬起，五指并拢自然伸直，中指微接帽檐右角前约2厘米处（戴无檐帽或者不戴军帽时微接太阳穴，与眉同高），手心向下，微向外张（约20度），手腕不得弯曲，右大臂略平，与两肩略成一线，同时注视受礼者。

②礼毕

◆口令：礼毕。

◆要领：行举手礼者，将手放下；行注目礼者，将头转正；行举枪礼者，将头转正，右手将枪放下，使托前踵（半自动步枪托底钣）轻轻着地，同时左手放下，成持枪立正姿势。

（2）单个军人敬礼

◆要领：单个军人在距受礼者5~7步处，行举手礼或者注目礼。

徒手或背枪时，停止间，应面向受礼者立正，行举手礼，待受礼者还礼后礼毕；行进间（跑步时换齐步），转头向受礼者行举手礼（手不随头转动），并继续行进，左臂仍自然摆动（见图6-5），待受礼者还礼后礼毕。

携带武器（除背枪）等不便行举手礼时，不论停止间或行进间，均行注目礼，待受礼者还礼后礼毕。

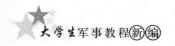

图6-5

行进间徒手敬礼

（二）分队队列动作训练

1. 班的队形

班的基本队形，分为横队和纵队。需要时，可以成二列横队或二路纵队，队列人员之间的间隔（两肘之间）通常约 10 厘米，距离（前一名脚跟至后一名脚尖）约 75 厘米。需要时，可以调整队列人员之间的间隔和距离。

2. 集合、离散

（1）集合

集合，是使单个军人、分队、部队按照规范队形聚集起来的一种队列动作。

集合时，指挥员应先发出预告或者信号，如"全连注意"，然后，站在预定队形的中央前，面对预定队形成立正姿势，下达"成××队——集合"的口令。所属人员听到预告或者信号，原地面向指挥员成立正姿势；听到口令，跑步到指定的位置面向指挥员集合（在指挥员后侧的人员，应从指挥员右侧绕过），自行对正、看齐，成立正姿势。

◆口令：成班横队（二列横队）——集合。

◆要领：基准兵迅速到班长左前方适当位置，成立正姿势；其他士兵以基准兵为准，依次向左排列，自行看齐。

成班二列横队时，单数士兵在前，双数士兵在后。

◆口令：成班纵队（二路纵队）——集合。

◆要领：基准兵迅速到班长前方适当位置，成立正姿势；其他士兵以基准兵为准，依次向后排列，自行对正。

成班二路纵队时，单数士兵在左，双数士兵在右。

（2）离散

离散是使列队的单个军人、分队、部队各自离开原队列位置的一种队列动作。离散包括离开和解散。

①离开

◆口令：各营（连、排、班）带开（带同）。

◆要领：队列中的各营（连、排、班）指挥员带领本队迅速离开原列队位置。

②解散

◆口令：解散。

◆要领：队列人员迅速离开原列队位置。

3. 整齐、报数

（1）整齐

整齐，是使列队人员按规定的间隔、距离。保持行、列齐整的一种队列动作。整齐分为向右（左）看齐和向中看齐。

◆口令：向右（左）看——齐。向前——看。

◆要领：基准兵不动，其他士兵向右（左）转头（持枪、炮时，听到预令，迅速将枪、炮稍提起，看齐后自行放下）。眼睛看右（左）邻士兵腮部，前四名能通视基准兵，自第五名起，以能通视到本人以右（左）第三人为度。后列人员，先向前对正，后向右

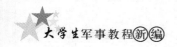

（左）看齐。听到"向前——看"的口令，迅速将头转正，恢复立正姿势。

◆口令：以×××为准，向中看——齐。向前——看。

◆要领：当指挥员指定"以×××为准（或者以第×名为准）"时，基准兵答"到"，同时左手握拳高举，大臂前伸与肩略平，小臂垂直举起，拳心向右。听到"向中看——齐"的口令后，其他士兵按照向左（右）看齐的要领实施。听到"向前——看"的口令后，基准兵迅速将手放下，其他士兵迅速将头转正，恢复立正姿势。

◆一路纵队行齐时，可以下达"向前——对正"的口令。

（2）报数

◆口令：报数。

◆要领：横队从右至左（纵队由前向后）依次以短促洪亮的声音转头（纵队向左转头）报数，最后一名不转头。数列横队时，后列最后一名报"满伍"或者"缺×名"。连集合时，由指挥员下达"各排报数"的口令，各排长在队列内向指挥员报告人数，如"第×排到齐"或者，"第×排实到××名"。

必要时也可统一报数。

◆要领：连实施统一报数时，各排不留间隔，要补齐，成临时编成的横队队形。报数前，连指挥员先发出"看齐时，以一排长为准，全连补齐"的口令，尔后下达"向右看——齐"口令，待全连看齐后，再下达"向前——看"和"报数"的口令，报数从一排长开始，后列最后一名报"满伍"或者"缺×名"。

4. 出列、入列

单个军人和分队出、入列通常用跑步（5步以内用齐步，1步用正步），或者按照指挥员指定的步法执行；然后，进到指挥员右前侧适当位置或者指定位置，面向指挥员成立正姿势。

（1）单个军人出、入列

①出列

◆口令：×××（或者第×名），出列。

◆要领：出列军人听到呼点自己的姓名或者序号后，应答"到"，听到"出列"的口令后，应答"是"。

位于第一列（左路）的军人出列，按上述规定执行。

位于中列（路）的军人，向后（左）转，待后列（左路）同序号军人向右后退一步（左后退一步）让出缺口后，按上述规定从队尾（纵队时从左侧）出列；位于"缺口"位置的军人，待出列军人出列后，即复原位。

位于最后一列（右路）的军人出列，先退一步（右跨一步）然后按有关规定从队尾出列。

②入列

◆口令：入列。

◆要领：听到"入列"口令后，应答"是"，然后，按照出列的相反程序入列。

（2）班、排出列、入列

◆口令：第×班（排），出（入）列。

◆要领：听到"第×班（排），出（入）列"的口令后，由出（入）列班（排）的指挥员答"到（是）"，并用口令指挥本班（排）按有关规定，以纵队形式从队尾（位于第一列的班取捷径）出（入）列。

5. 行进、停止

横队和并列纵队行进，以右翼为基准，纵队行进以左翼为基准（一路纵队行进以先头为基准）。

①行进

◆口令：×步——走。

◆要领：听到口令，基准兵向正前方前进，其他士兵向基准翼标齐，保持规定的间隔、距离行进。纵队行进时，排、连通常成三路纵队，也可成一、二路纵队。行进中，需要时，用"一二一"（调整步伐的口令）、"一二三四"（呼号）或者唱队列歌曲，以保持步伐的整齐和振奋士气。

②停止

◆口令：立——定。

◆要领：听到口令，按照立定的要领实施，分队的动作要整齐一致。停止后，听到"稍息"的口令，先自行对正、看齐，再稍息。

三、《队列条令》的教育训练

（一）提高认识，增强自觉性

要经常地进行《队列条令》教育，使干部、战士确实熟悉条令的内容和要求。明确训练的目的、意义。自觉养成讲礼貌、讲纪律、讲团结的好作风。加强队列训练，增强军人体质，以适应现代化战争需要。

（二）严格要求，严格训练

条令是法规，每名军人必须遵守。队列训练要严肃认真、一丝不苟地按照条令规定的动作去做，达到条令要求的标准。

（三）教养一致，搞好传帮带

在训练场上要按照条令规定的动作严格训练，在日常生活中，也要严格要求，养成良好的习惯，做到教养一致。干部要做好表率，以自身的行动去影响、带动和教育战士。

第四节　阅兵

一、阅兵权限和阅兵形式

（一）阅兵权限

阅兵是党和国家领导人，中央军事委员会主席、副主席、委员及团以上部队军政主要

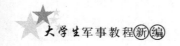

首长或者被上述人员授权的其他领导和首长实施。通常由一人检阅。

（二）阅兵形式

阅兵分为阅兵式和分列式。通常进行两项，根据需要，也可只进行一项。

二、阅兵程序

阅兵分为上级首长检阅和本级首长检阅。当上级首长检阅时，由本级军事首长任阅兵指挥；当本级军政主要首长检阅时（由1人检阅，另1名位于检阅台或者队列中央前方适当位置面向部队），由副部队长或参谋长任阅兵指挥。

步兵团阅兵程序如下：

（一）迎军旗

迎军旗在阅兵式开始前进行。

步兵团迎军旗时，主持迎军旗的指挥员下达"立正""迎军旗"的口令，听到口令后，掌旗员（扛旗）、护旗兵齐步行进，当由正前方向向本团右翼进至距队列40～50步时，主持迎军旗的指挥员下达"向军旗——敬礼——"的口令，听到口令后，位于指挥位置的军官行举手礼，其余人员行注目礼；掌旗员（由扛旗换端旗）、护旗兵换正步，取捷径向本团右翼排头行进，当超过团机关队形时，主持迎军旗的指挥员下达"礼毕"口令，部队礼毕；掌旗员（由端旗换扛旗）、护旗兵换齐步。军旗行至指挥员右侧3步处时，左后转弯立定，呈立正姿势。

（二）阅兵式

团阅兵式的队形，通常为营横队，或者由团首长临时规定。列队时，各枪手持枪（冲锋枪手握枪）。

阅兵程序如下：

1. 阅兵首长接受阅兵指挥报告

当阅兵首长行至本团队列右翼适当距离或者在阅兵台就位后（当上级首长检阅时，通常由团政治委员陪同入场并检阅），阅兵指挥在队列中央前下达"立正"的口令，随后跑到距阅兵首长5～7步处敬礼，待阅兵首长还礼后礼毕并报告。例如："师长同志，步兵第×团列队完毕，请您检阅。"报告后，左跨一步，向右转，让首长先走，尔后在其右后侧（当上级首长检阅时，团政治委员在团长右侧）跟随陪阅。

2. 阅兵首长向军旗敬礼

阅兵首长等到距军旗适当位置时，应立正向军旗行举手礼（陪阅人员面向军旗，行注目礼）。

3. 阅兵首长检阅部队

当阅兵首长行至团机关，各营部，各连及后勤分队队列右前方时，团机关由副团长或参谋长，各营部由营长，各连由连长，后勤分队由团指定的指挥员下达"敬礼"的口令。

听到口令后，位于指挥位置的军官行举手礼，其余人员行注目礼，目迎目送首长（左、右转头不超过 45°）。当首长问候"同志们好"或者"同志们辛苦了"时，队列人员应当齐声洪亮地回答："首——长——好！"或者"为——人民——服务！"当首长通过后，指挥员下达"礼毕"的口令，队列人员礼毕。

4. 阅兵首长上阅兵台

阅兵首长检阅完毕后上阅兵台，阅兵指挥跑步到队列中央前，下达"稍息"的口令，队列人员稍息。当上级首长检阅时，团政治委员陪同首长上检阅台，然后跑步到自己的队列位置。

（三）分列式

团分列式队形由团阅兵队形调整变换，或者由团首长临时规定。

团分列式，应当设四个标兵，一二标兵之间和三四标兵之间的间隔各为 15 米，二三标兵之间的间隔为 40 米。标兵应携带 81 式自动步枪或者半自动步枪，并在枪上插上标兵旗。

分列式程序：

1. 标兵就位

分列式开始前，阅兵指挥在队列中央前，下达"立正""标兵，就位"的口令，标兵听到口令，呈一路纵队持（托）枪跑步到规定的位置，面向部队呈持枪立正姿势。

2. 调整部（分）队为分列式队形

标兵就位后，阅兵指挥下达"分列式，开始"的口令，尔后，跑步到自己的队列位置。

听到口令后，各分队按规定的方法携带武器（掌旗员扛旗），团、营指挥员分别进到团机关和营部的队列中央前，各分队指挥员进到本分队队列中央前，下达"右转弯，齐步——走"的口令，指挥分队变换成分列式队形。

3. 开始进行

变换成规定的分列式队形后，团机关由副团长或参谋长下达"齐步——走"的口令。听到口令后，团指挥员、团机关人员齐步前进，其余分队依次待前一分队离开约 15 米时，分别由营、连长及后勤分队指挥员下达"齐步——走"的口令，指挥本分队人员前进。

4. 接受首长检阅

各分队行至第一标兵处，将队列调整好。行至第二标兵处，掌旗员下达"正步——走"的口令，并和护旗兵同时齐步换正步，扛旗换端旗（掌旗员和护旗兵不转头）。此时，阅兵首长和陪阅人员应当向军旗行举手礼。副团长或参谋长和各分队指挥员分别下达"向右——看"的口令，队列人员听到口令后（可喊"一、二"），按照规定换正步（步枪手换端枪）行进，并在左脚着地的同时向右转头（位于指挥位置的军官行举手礼，并向右转头，各列右翼第一名不转头）不超过 45°注视阅兵首长，此时，阅兵台最高首长行举手礼，其他人员行注目礼。

行进到第三标兵处，掌旗员下达"齐步——走"的口令，并与护旗兵由正步换到齐步，同时换扛旗；其他分队由上述指挥员分别下达"向前——看"的口令，队列人员听到

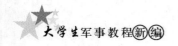

口令后，在左脚着地时礼毕（将头转正），同时换齐步（步枪手换托枪）行进。

当上级首长检阅时，团长和团政治委员通过第三标兵后，到阅兵首长右侧陪阅。各分队通过第四标兵，换跑步到指定位置。待最后一个分队通过第四标兵，阅兵指挥下达"标兵，撤回"的口令，标兵按照相反顺序跑步撤至预定位置。

（四）阅兵首长讲话

分列式结束后，阅兵指挥调整好队形，请阅兵首长讲话。讲话完毕，阅兵指挥下达"立正"口令，向阅兵首长报告阅兵结束。当上级首长检阅时，由团政治委员陪同阅兵首长离场。

（五）送军旗

送军旗在阅兵首长讲话后或者分列式结束后进行。

步兵团送军旗时，主持送军旗的指挥员下达"立正""送军旗"的口令。听到口令后，掌旗员（成扛旗姿势）、护旗兵按照迎军旗路线相反方向齐步行进。军旗出列后行至团机关右侧前时，主持送军旗的指挥员下达"向——军旗——敬礼"的口令。听到口令后，掌旗员（由扛旗换端旗）、护旗兵换正步，全团按照迎军旗的规定敬礼。当军旗离开队列 40~50 步时，主持送军旗的指挥员下达"礼毕"的口令，部队礼毕；掌旗员（由端旗换扛旗）、护旗兵换齐步，返回原出发位置。

思 考 题

1. 什么是《内务条令》《纪律条令》《队列条令》？
2. 如何贯彻落实《内务条令》？
3. 奖励和处分的目的、作用和项目是什么？
4. 如何搞好《队列条令》的教育训练？
5. 如何阅兵？

第七章　轻武器射击

　　轻武器，又称"轻兵器"。在传统意义上专指枪械（手枪、步枪、冲锋枪、机枪等）。根据现代战争的特点，轻武器也包括单人或班组使用的其他武器，如手榴弹、枪榴弹、火箭筒、小口径迫击炮和轻型无后坐力炮等，这些武器主要因重量轻而得名。其主要装备对象是步兵，也广泛装备于其他军种和兵种。轻武器的主体是枪械。轻武器重量轻、体积小、便于携带、使用方便，特别适用于近战，是军队中装备数量最多的武器。其主要作战用途是杀伤有生力量，毁伤轻型装甲车辆，破坏其他武器装备和军事设施。

第一节　武器常识

一、战斗性能

　　半自动步枪和自动步枪均称自动步枪，其主要区别在于：前者是射手每扣动一次扳机只能射出一发子弹，后者只要射手扣住扳机不放，就可连续射击。随着时代的发展，冲锋枪逐渐被自动步枪所替代，这些武器在 400m（机枪 500m、手枪 50m）内对单个目标射击效果最好，集中火力可以射击 500m 内敌人的飞机、伞兵和杀伤 800m 内的集团目标，弹头飞行到 1500m（手枪 500m）仍有杀伤力。

（一）56 式半自动步枪

　　56 式半自动步枪是步兵使用的单人武器，它以火力、刺刀及枪托杀伤敌人，有效射程达 400m，集中火力可杀伤 800m 内集结之敌人及 400m 以内的低速空中目标，装上专用的发射器还可发射枪榴弹。

　　口径：7.62mm

　　初速：735m/s

　　有效射程：400m

　　射速：35~40 发/min

　　弹仓容量：10 发

　　全枪长：1260mm（刺刀打开）、1020mm（刺刀折叠）

　　全枪重：3.85kg（不装弹）

　　注：这种枪我国早已停止使用，20 世纪 70 年代还用作军训（打靶），现在只作礼仪用枪。

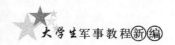
（二）63 式自动步枪

63 式自动步枪把 56 式半自动步枪和 56 式冲锋枪有机地糅合在一起，取长补短，实现了以步枪性能为主兼有冲锋枪性能的要求，达到了提高射击精度，保证可靠性，增强火力、减轻质量的目标。其结构简单、易于操作训练，适合我军已经非常熟悉的轻武器。大部分构件相似或相同于 56 式武器，易于生产。

63 式自动步枪是我国自行设计的第一支步枪，深受 56 式武器的影响，它取得的成就和经验为我国步枪的发展提供了重要参考，在我国步枪发展的历程中，起着承前启后的作用。

口径：7.62mm

枪长：1342mm（枪刺打开）、1033mm（枪刺折叠）

枪重：3.8kg

初速：735m/s

射速：40 发/min（单发）、60 发/min（点射）

有效射程：400m

弹匣容量：20 发

枪弹：56 式步枪弹

（三）81 式自动步枪

81 式自动步枪是 20 世纪 70 年代初设计的，1981 年设计定型，它包括 81 式 7.62 毫米步枪（木托）、81-1 式 7.62 毫米步枪（折叠枪托）、81 式 7.62 毫米轻机枪。这 3 种武器的主要结构相同，约有 65 种零部件可以互换通用。该枪族的出现，使中国的武器基本适应了当今世界一枪多用、枪族系列化、弹药通用化的发展趋势，极大地方便了部队的训练、使用和维修，既加强了战斗分队的战斗力，也为枪械互换、增强火力提供了条件。81 式枪族射击精度好，动作可靠，质量轻，枪身短，结构简单紧凑，携行方便，机动性好，火力猛，寿命长，一枪多用，其弹鼓、弹匣等多数零部件都可以在枪族各枪之间互换通用，全枪外形美观大方。从 1983 年起全军装备，全面替代了 56 式武器，是我军目前的正式装备。该枪自动方式采用导气式，枪机回转式闭锁，可实施单、连发射击，用 30 发弹匣供弹，弹头初速 720m/s，固定的枪榴弹发射具能用空包弹发射 60 毫米反坦克枪榴弹，也可用实弹发射 40 毫米枪榴弹系列。

81 枪族的成功，标志着我国轻武器界在论证、设计、研制、生产方面达到了一个新水平。

口径：7.62mm

初速：750m/s

枪重：3.4kg/3.5kg

枪长：955mm（81）、730mm（81-1）

弹量：30 发

有效射程：400m

（四）95 式自动步枪

95 式 5.8 毫米自动步枪是我国新一代的制式自动步枪，1995 年设计定型，现已陆续装备部队。

口径：5.8mm

枪长：746mm

枪重：3.25kg

初速：930m/s

理论射速：650 发/min

战斗射速：40 发/min（单发）、100 发/min（连发）

直射距离：370m

有效射程：400m

弹匣容量：30 发

枪弹：87 式 5.8mm 步枪弹

二、名称用途和半自动原理

（一）名称用途

1. 56 式 7.62 毫米半自动步枪名称用途

56 式半自动步枪由枪刺（刺刀）、枪管、瞄准具、活塞及推杆、机匣、枪机、复进机、击发机、弹仓、木托十大部分组成，另有一套附品。

（1）枪刺（刺刀）：用以刺杀敌人。

（2）枪管：用以赋予弹头飞行方向。

（3）瞄准具：由表尺和准星组成，用以瞄准。

（4）活塞及推杆：活塞装在活塞筒内，用以传导火药气体压力，推压推杆向后运动，由此带动枪机后坐。

（5）机匣：用以容纳枪机和复进机。

（6）枪机：由枪栓和机体组成。用以送弹、闭锁、击发和退壳，并能使击锤向后运动，由此带动枪机后坐。

（7）复进机：由复进簧、导管、导杆和支撑环组成，用以使枪机回到前方位置。

（8）击发机：用以枪机相互作用形成待发状态和实施击发。

（9）弹仓：由弹仓体、弹仓盖、托弹板、托弹杆等组成，用以容纳和托送枪弹。可以容弹 10 发。

（10）木托：用以在举枪瞄准和抵肩射击时保持正确的姿势，以及在白刃格斗时持枪行动方便。

2. 81 式自动步枪名称用途

81 式自动步枪由刺刀（匕首）、枪管、瞄准具、活塞及调节塞、机匣、枪机、复进机、击发机、弹匣和枪托十大部分组成，另有一套附品。

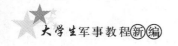

（1）刺刀（匕首）

刺刀（匕首）用以刺杀敌人。刺刀上有刺刀柄、连接环、限制凸笋及卡笋，平时作匕首用，并装入刀鞘挂在腰带上，战时结合在枪上。

（2）枪管

枪管用以赋予弹头及枪榴弹的飞行方向。

枪管内是枪膛，枪膛分为弹膛和线膛。弹膛用以容纳子弹，线膛能使弹头在前进时旋转运动，以保持飞行的稳定性。线膛有四条右旋膛线（阴膛线），两膛线间的凸起部分叫阳膛线，两条相对的阳膛线间的距离是枪的口径。

枪管前端有枪榴弹发射具。发射具前端下方有凹槽，用以控制刺刀的安装位置。

枪管外有导气箍，用以引导火药气体冲击活塞。导气箍上刻有"0""1""2"的数字，用以表示火药气体冲击活塞的大小。下护木，便于操作和携带。枪管外有刺刀座、通条头槽。

（3）瞄准具

瞄准具由表尺和准星组成，用以瞄准。

表尺钣上有缺口和护铁。缺口用以通视准星向目标瞄准，护铁用以保护缺口。表尺转轮，用以装定所需的表尺分划和固定活塞护盖，转轮上刻有0-5的分划，"0"分划用以分解结合，"1-5"的分划，每一分划相应100米。表尺座侧面圆点为表尺定位点，用以指示所装定的分划。

准星可拧高、拧低，准星移动座可左右移动，准星移动座和准星座上刻有一条刻线，用以检查准星位置是否正确。准星座上还有护圈。

（4）活塞及调节塞

活塞及调节塞用以承受火药气体的压力，推压枪机向后。

活塞簧，用以使活塞回到前方位置，护盖上有护木和活塞定位凸笋。导气箍上的"1""2"，分别表示调节塞上的小孔和大孔，通常装定在"1"上，当武器过脏来不及擦拭或在严寒的条件下射击时装定在"2"上。变换调节塞位置时可用弹壳底部卡入弹底槽转动。

当发射枪榴弹时，必须将调节塞转动到"0"的位置，以防损坏活动机件。

（5）机匣

机匣用以容纳枪机、复进机、固定击发机和弹匣。

机匣外有机匣盖，用以保护机匣内部免沾污垢。机匣外还有握把、扳机护圈和弹匣卡笋。

机匣内有闭锁卡槽，能保证枪机闭锁枪膛。枪机阻铁，当弹匣内无子弹时，能使枪机停在后方位置。凹槽用以容纳复进机导管座。拨壳凸笋用以拨出弹壳（子弹）。

（6）枪机

枪机由机栓和机体组成。用以送弹、闭锁、击发和退壳，并能使击锤向后成待发状态。机栓上有圆孔和导笋槽，用以容纳机体，并引导机体旋转形成闭锁和开锁。机栓上还有解脱凸笋、机柄和复进机巢。机体上有击针，用以撞击子弹底火，抓弹钩用以从膛内抓出弹壳（子弹）。机体上还有导笋、送弹凸笋、闭锁凸笋和弹底巢。

（7）复进机

复进机是由导管、导杆、导管座、复进簧和支撑环组成的。用以使枪机回到前方位置。导管座上有机匣盖卡笋。

（8）击发机

击发机用以与枪机相互作用形成待发和击发。

击发机上有：击发控制机，能在枪机闭锁枪膛前防止击发；保险机，用以保险和控制单发射、连发射（"1""2""0"分别为单发射、连发射、保险）。击发机上还有击发阻铁、单发阻铁、击锤和扳机。

（9）弹匣

弹匣用以容纳和托送子弹。可装30发子弹。弹匣由弹匣体、托弹钣、托弹钣簧、固定钣、弹匣盖组成。弹匣体上有：凹槽和挂耳，用以将弹匣固定在枪上；检查孔，当看到子弹时，则已装满子弹。

（10）枪托

枪托便于操作。枪托由枪颈、托底钣、附品盒巢和枪托卡笋组成。平时呈打开状态，必要时可折叠。

附品用以分解组合、擦拭上油、携带和排除故障。附品包括擦拭杆、鬃刷、铳子、附品盒、通条、油壶、背带和弹匣带。

3. 95式自动步枪名称用途

95式5.8毫米自动步枪由刺刀、枪管、导气装置、瞄准装置、机匣、枪机、复进机、击发机、枪托和弹匣十大部分组成，另有一套附品。

（1）刺刀：用于刺杀敌人，也可作格斗匕首和野战工具用刀。多功能刺刀由刺刀和刀鞘组成。

（2）枪管：用以与火药气体配合，赋予弹头一定的初速、旋速和飞行方向。

（3）导气装置：由气体调节器和活塞簧组成。调节火药气体的大小，标有"0""1""2"字样，分别表示闭气、小孔和大孔位置。

（4）瞄准装置：由机械瞄准具及白光、微光瞄准镜组成。用以对目标进行瞄准。

（5）机匣：机匣用于连接全枪各部零件成一整体；引导枪机、枪机框前后运动，与枪机配合闭锁枪膛。

（6）枪机：由枪机框和机体组成。完成送弹、闭锁、击发、开锁、退壳等动作，并能使击锤向后成待发状态。

（7）复进机：用于储存能量使枪机回到前方位置。由复进簧、簧座组成。

（8）击发机：用于控制待发、操纵击发和保险。由扳机、阻铁杠杆、击发阻铁、单发阻铁、不到位保险机、快慢机、击发机座和击锤组成。

（9）枪托：用于射击时抵肩、携持操作步枪，由上、下护盖和枪托体组成。

（10）弹匣：用于容纳枪弹（30发）。

（二）自动原理

扣扳机后，击锤打击击针，撞击子弹底火，点燃发射药，产生火药气体，推送弹头沿

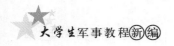

膛线向前运动；弹头经过导气孔，部分火药气体通过导气孔，涌进导气箍，冲击活塞，推动枪机向后，压缩复进簧，完成开锁、抛壳，并使击锤向后成呈发状态；枪机退到最后方时，由于复进簧伸张，使枪机向前运动，推动一发子弹入膛、闭锁。此时，如保险定在连发位置，扳机未松开，击发阻铁不能卡住击锤，击锤再次打击击针，形成连发；如保险定在单发位置，击锤被单发阻铁卡住不能向前，若再次发射，必须松开扳机，再扣扳机。

（三）分解结合

1. 分解结合的目的和要求

分解结合是为了擦拭、上油、检查和排除故障。

（1）分解前必须验枪。

（2）分解结合应按顺序和要领进行，不要强敲硬卸。

（3）分解下来的机件应按次序放在干净的物体上。

（4）除所讲的分解内容外，未经许可，不准分解其他机件。

（5）结合后，应拉松枪机数次，检查机件结合是否正确。

2. 分解的要领

（1）卸下弹夹。左手握护木，枪面稍向左，右手握弹匣，拇指按压弹匣卡笋（也可右手掌心向上握弹匣，以手掌肉厚部分推压弹匣卡笋），前取推下。

（2）拔出通条和取出附品筒。向下向外拉开枪刺约呈45度，拔出通条，折回枪刺，用食指顶开附品巢盖，取出附品筒。

（3）卸下机匣盖，抽出复进机。左手握枪颈，拇指抵压机匣盖后端，右手扳连接销，扳手向上呈垂直状态，再向右拉到定位，向后拆下机匣盖。

（4）抽出复进机。右手向后抽出复进机。

（5）取下枪机。左手握住护木，右手拉枪机向后取出，然后将枪栓、枪机分开。

（6）卸下活塞筒。左手握下护木，右手将固定栓扳向上，使固定栓平面垂立，向上卸下活塞筒，取出活塞。

结合时按分解相反顺序进行。

三、子弹

（一）子弹的各部名称

子弹由弹头、弹壳、底火和发射药组成。

（二）子弹的种类、用途和标志

（1）普通弹：用以杀伤敌人的有生力量。

（2）曳光弹：主要用以试射、指示目标和作信号。命中干草能起火。曳光距离可达800米。弹头头部绿色。

（3）燃烧弹：主要用以引燃易燃物体。弹头头部红色。

（4）穿甲燃烧弹：主要用以射击飞机和轻装甲目标（在200米距离上穿装甲厚度为7

毫米），并能在穿透装甲后引燃汽油。弹头头部黑色并有一道红圈。

四、擦拭上油

爱护武器、子弹是干部、战士的重要职责，是一项经常性的战备措施，也是预防故障的有效方法。为此必须做到勤检查、勤擦拭、不碰摔、不损坏、不丢失，使武器、子弹经常保持完好状态。

实弹射击后，应用浸透油或碱水的布，将武器内的烟渣、污垢擦洗干净，并用干布擦干后再上油，在以后三四天内应每天擦拭一次；训练、演习后，应适时地用干布和油布进行擦拭；不经常使用时，每周至少擦拭一次。

第二节　简易射击原理

简易射击原理是射击学的组成部分，是射击的基本理论知识。目的是研究武器在发射过程中的物理、化学变化和外界条件对射击的影响，以提高射手的射击技能和命中精度，发挥武器的最大效力。

一、发射与后座

（一）发射

火药气体压力将弹头从膛内抛射出去的现象称为发射。发射时，击针尖撞击底火，使起爆药发火，火焰通过导火孔引燃发射药，产生大量火药气体，形成高压，推动弹头脱离弹壳，沿膛线旋转加速前进，直至推出枪口。发射有以下特点：（1）压力大。火药气体压力高达 2000~3000 个标准大气压。（2）温度高。火药气体温度高达 2500~3500 摄氏度。（3）时间短。发射现象持续时间只有 1~60 毫秒。

（二）后坐

武器发射时，武器向后运动的现象，称为后坐。当武器发射时，火药燃烧，它向弹膛各方向施加压力。该压力迫使弹头沿着枪膛向前运动，并使枪机向后，推动整个武器向后，产生后坐力。

二、弹道形状

（一）弹道

弹头在运动中，其重心所经过的路线叫弹道。子弹发射后，弹头在空气中飞行，同时受三个因素的影响。一是火药气体压力作用下所形成的惯性，使弹头向前运动；二是地心吸力的作用，使弹头逐渐离开发射线向下降落；三是空气阻力的作用，使弹头飞行力量逐渐减少，速度越飞越慢。结果形成了一条不均等的弧线，其特点是升弧较长较直，降弧较短较弯曲。

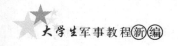

（二）弹道要素

起点：枪口中心点（外弹道开始点）。

枪口水平面：通过起点的水平面。

射线：发射前枪身轴线的延长线。

射角：射线与枪口水平面所夹角。

发射线：发射瞬间枪身轴线的延长线。

发射差角：发射线与射线所夹的角。

落点：弹道降弧与枪身水平面交点。

弹道最高点：枪口水平面上弹道最高的一点。

升弧：由起点到弹道最高点之间的弹道。

降弧：由弹道最高点到落点之间的弹道。

弹道高：弹道上任何一点到枪口水平面之间的垂直距离。

最大弹道高：弹道最高点到枪口水平面之间的垂直距离。

射程：起点到落点之间的水平距离。

三、直射及其实用意义

（一）直射

瞄准线上的弹道高在整个表尺距离内不超过目标高的发射，叫直射。这段距离叫直射距离。

（二）直射的实用意义

战斗中，对在直射距离内的目标可以不变更表尺分划，瞄准目标下沿射击，以增大射速，提高射击效果。运用直射组织侧射、斜射和夜间标定射击，能获得良好效果。

四、危险界、遮蔽界和死角

弹道高没有超过目标高的一段距离，叫危险界。目标暴露越高，地形越平坦，危险界就越大，目标就容易被杀伤。目标暴露越低，地形起伏越大，危险界就越小，目标被杀伤的可能性就越小。

能够起一定遮盖作用并不能被弹头射穿的物体叫遮蔽物。

能够起一定遮盖作用但能被弹头射穿的物体叫隐蔽物。

从遮蔽物顶端或边缘到弹着点的一段距离叫遮蔽界。目标在遮蔽界内不会被杀伤的一段距离叫死角。遮蔽界内包括死角和危险界。遮蔽物越小，死角就越小，反之越大。

实施侧射的角度越大，则死角就越小，反之就越大。了解危险界、遮蔽界和死角的实用意义，是为了在战斗中更好地隐蔽身体，发扬火力，灵活地利用地形地物，隐蔽地接近敌人，以减少被敌火的杀伤；同时选择适当的射击位置，以侧射、斜射火力消灭死角的敌人。

五、选定表尺分划和瞄准点

（一）瞄准具的作用

弹头在飞行中，受地心吸力和空气阻力的作用，逐渐下降和越飞越慢。如果用枪管瞄向目标射击，弹头就会打低、打近。为了命中目标，必须将枪口抬高。各个距离上枪口抬高多少，在表尺上刻有相应的分划，只要按照目标的距离装定相应的表尺分划瞄准射击，就能命中目标。

（二）瞄准要素

瞄准基线：缺口的上沿中央和准星尖到瞄准点的直线。

瞄准线：视线通过缺口的上沿中央和准星到瞄准点的直线。

瞄准点：瞄准线所指向的一点。

瞄准角：射线与瞄准线的夹角。

弹道高：弹道上任何一点到瞄准的垂直距离。

（三）选定表尺分划和瞄准点的方法

为使射弹准确命中目标，射击时，射手应根据目标距离、目标大小和弹道高，选定适当的表尺分划和瞄准点。

（1）目标距离几百米，装定表尺具，瞄目标中央。

（2）目标距离不是百米整数时，通常选定大于实距离的表尺分划，适当降低瞄准点。也可选定小于实距离的表尺分划，适当提高瞄准点射击。

（3）目标在 300 米距离内，通常装定表尺"3"或常用表尺，小目标瞄下沿，大目标瞄中央。

第三节　射击动作和方法

一、验枪

验枪是一项保证安全的重要措施。使用武器前后及必要时，均应验枪，认真检查弹膛、弹匣和教练弹中有无实弹。验枪时，严禁枪口对人。

听到"验枪"口令后，以右脚掌为轴，身体半面右转，左脚顺势向前迈出一步（两脚约与肩同宽），同时右手将枪向前送出，左手接握下护木，左大臂紧靠左胁，枪托贴于胯骨，枪刺尖略与眼同高，右手打开保险和弹仓盖，移握机柄。

指挥员检查时，拉枪机向后。验过后，自行送回枪机，关上弹仓盖，扣扳机，关保险，移握枪颈。听到"验枪完毕"口令后，右手移握上护木，同时身体半面左转，右脚靠拢左脚，恢复持枪姿势。

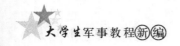

二、卧姿装退子弹

左手握弹匣，使弹匣口向上，挂耳向前，右手将子弹放于弹匣口，两手协力将子弹压入弹匣内。听到"卧姿——装子弹"口令后，右手将枪提起稍向前倾，左脚向右脚尖前迈出一大步（也可以右脚顺脚尖方向迈出一大步），左手在左（右）脚尖前支地，顺势卧倒，以身体左侧、左胁支持全身，右手将枪向目标方向送出，左手接握表尺下方，枪托着地，右手拉枪机到定位。解开弹袋扣，取出一夹子弹，插入弹夹槽，以食指或拇指将子弹压入弹仓，取出弹夹，送弹上膛。在右手拇指和食指捏压游标卡尺，移动游标，使游标前切面，对正所需的表尺分划。然后，右手移握枪颈，全身伏地，两脚分开约与肩同宽，身体与射向约成30度角，枪刺离地，目视前方，准备射击。

听到"退子弹——起立"口令后，稍向左侧身，右手打开弹仓盖，接住落下的子弹，装入弹袋，拇指拉机柄向后，余指接住从膛内退出的子弹，送向枪机，将子弹装入弹袋并扣好，关上弹仓盖，打开保险，扣扳机，关保险，复表尺，移握上护木，将枪收回，同时左小臂向里合，屈小腿于右腿下。以左手和两脚撑起身体，右脚向前一大步，左脚再向前一步，右脚靠拢左脚，恢复持枪姿势。

三、据枪、瞄准、击发

据枪、瞄准、击发是互相联系着和互相影响着的动作。稳固的据枪，正确一致的瞄准，均匀正直的击发，三者正确地结合，是准确射击的关键。因此，必须刻苦练习，熟悉掌握。

（一）有依托据枪

卧姿据枪时，下护木放在依托物上，左手托握表尺下方，手背紧靠依托物，也可将手背垫在依托物上，左胁向里合。右手握枪颈，食指第一节靠在扳机上，大臂略成垂直。两手协同将枪托抵于肩窝，头稍前倾，自然贴腮。

（二）瞄准

瞄准时，应首先使瞄准线自然指向目标。若未指向目标，不可迁就而强扭枪身，必须调整姿势。需要修正方向时，卧姿可左右移动身体或两胁，跪、立姿可左右移动膝或脚。需要修正离地时，可前后移动整个身体或两肘里合、外张，也可适当移动左手托枪的位置。

（三）击发

击发时，用右手食指第一节均匀正直地向后扣压扳机（食指内侧与枪应有不大的空隙），余指力量不变。当瞄准线接近瞄准点时，开始预压扳机，并减缓呼吸。当瞄准线指向瞄准点或在瞄准点附近轻微晃动时，应停止呼吸，果断地继续增加对扳机的压力，直至击发。击发瞬间应保持正确一致的瞄准。若瞄准线偏离瞄准点较远或不能继续停止呼吸时，则应既不松开也不增加对扳机的压力，待修正瞄准或换气后，再继续扣压扳机。

（四）容易出现的问题及克服方法

1. 抵肩位置不正确

射击时，射手若不能正确地抵肩，会使射弹产生偏差。在通常情况下，抵肩过低易打低；抵肩过高易打高。纠正时，射手要反复体会正确的抵肩位置，并通过他人摸、推的方法检查抵肩位置是否正确。

2. 两手用力不当

射击时，射手为了命中目标，往往以强力控制枪的晃动，造成肌肉紧张，用力方向不对，姿势不稳，使枪产生角度摆动，增大射弹散布。纠正时，应强调据枪时正直地向后适当用力，使用力方向和后坐方向一致。

3. 击发时机掌握不好

有依托射击时，有的射手常为捕捉瞄准点，造成勉强击发或猛扣扳机。纠正时，应指出瞄准线的指向在瞄准点附近轻微晃动是正常现象，当瞄准线在瞄准点附近轻微晃动时，应达到适时击发。练习时，可让射手反复体会在保持准星与缺口平正关系的基础上，自然指向瞄准点景况。也可用加强臂力锻炼和采取逐步缩小瞄准区的辅助练习方法，摸索枪的晃动规律，掌握击发时机。

4. 停止呼吸过早

射击时，停止呼吸过早容易造成憋气，使肌肉颤动，据枪不稳或猛扣扳机。纠正时，应使射手反复体会在瞄准线指向瞄准点或在瞄准点附近轻微晃动时，自然停止呼吸的要领，在剧烈运动后，无法按正常情况停止呼吸时，应进行深呼吸后再停止呼吸。

5. 耸肩、眨眼和猛扣扳机

射击时，由于射手过多地考虑枪响时机、射击成绩等原因，造成心情紧张，产生耸肩、眨眼和猛扣扳机等错误动作。纠正时，应强调按要领操作，把主要精力、视力集中在准星与缺口的平正关系上，达到自然击发。

6. 枪面倾斜

瞄准时，如枪面偏左（右），射角减小，枪身轴线指向瞄准点左（右）边，射击时，弹着点偏左（右）下。纠正时，采取正误对比方法使射手体会保持枪面平正的要领。

第四节　实弹射击

实弹射击是射击训练的重要组成部分，是检验射手掌握射击动作要领的有效方法。但是，实弹射击如组织不好容易产生事故，乃至人员伤亡。因此，周密的组织、严格的安全措施和纪律规定十分重要。

一、实弹射击的组织

实弹射击要成立领导小组，制定实弹射击方案、组织好实弹射击和做好射击保障。实

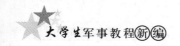

弹射击前，必须进行思想动员和安全教育，并对参加实弹射击的所有人员规定各种信号、记号，宣布射击场工作人员的组成及职责。

射击场应设总指挥员、地段指挥员、靶壕指挥员和警戒、信号、示靶、发弹、记录、修理、医务等人员。各类人员的职责是：

总指挥员：负责设置场地、派遣勤务，组织指挥射击，监督全体人员遵守射击场的各项规定和安全规则，处理有关问题。

地段指挥员：负责本地段的指挥。

靶壕指挥员：负责组织设靶、示靶、报靶、补靶及处理有关问题。

警戒人员：负责全场警戒，严禁任何人员和牲畜进入警戒区。发现险情，应立即发出信号并向射击场指挥员报告。

信号员：根据射击场指挥员的命令发出各种信号，负责警戒区内的观察，发现险情立即报告。

示靶员：负责设靶、示靶、报靶和补靶工作。

发弹员：根据指挥员的命令，按规定弹种、弹数发给射手子弹，收回剩余子弹后，负责清查弹药和收回弹壳。

记录员：负责记录射手的成绩和统计单位成绩。

实弹射击设立的后勤保障组：主要负责实弹射击人员进退射击场的组织、交通运输、饮食保障、医疗及安全等事宜。

上述各类人员均属总指挥员领导。

二、实弹射击安全场的安全规则

1. 射击场必须有可靠的靶挡，并构筑确保安全的示靶壕。

2. 射击场应区分出发地线和射击地线。无关人员不得超过出发地线。

3. 射击前，射击指挥员应向全体人员明确戒严、开始射击、停止射击、报靶、射击终止等信号规定。

4. 射击前后必须严格检查武器（验枪），进入射击场后，不管枪内有无子弹，严禁枪口对人，不准私带子弹入靶场。

5. 射击信号发出后，示靶员、报靶员绝对禁止出壕或探头观望。

6. 射击时，如遇武器发生故障，除指挥员指定专人排除外，严禁他人自行处理。

7. 报靶时，严禁向靶区瞄准，无关人员不得进入射击地线摆弄武器。

8. 当指挥员下达停止射击的命令后，射手应立即停止射击，放下武器并关上保险。

9. 靶场全体工作人员只能在规定的区域内活动，不得擅自行动。所有人员离开规定区域必须经领导批准后方可行动。

10. 对靶场违纪行为，指挥员将视情况采取果断措施予以制止。

11. 枪支弹药必须由专人负责，不得失控。

12. 靶场各级各类工作人员，必须忠于职守，尽职尽责，确保实弹射击的安全顺利实施。

思考题

1. 自动步枪和半自动步枪的战斗性能是什么？
2. 验枪的目的和要求有哪些？
3. 瞄准的动作要领是什么？

第八章 战术

战术是进行战斗的方法，它源于实践，又对战斗起着指导作用。在现代高技术条件下局部战争阶段，指挥员应根据战斗的实际情况灵活运用各种战术，才能确保在未来高技术条件下战争中立于不败之地。本章主要从战斗类型和样式、战术原则和单兵战术动作三个方面进行阐述。

第一节　战斗类型及战斗原则

一、战斗类型

（一）进攻战斗

1. 定义

主动进攻敌人的战斗，是战斗基本类型之一。

2. 特点

一是进攻者掌握行动的主动权，可以主动选择攻击目标、方向、时间和方法。二是进攻者可以形成兵力兵器对比的优势。三是进攻者可以预先做好战斗准备。四是进攻者可以达成战斗的突然性，可以在敌意想不到的时间、地点、捕捉或创造战机，采取敌意想不到的战法，给敌以出其不意的攻击。五是有利于提高进攻者的士气。

3. 基本任务

（1）突破敌人阵营，消灭防御之敌，夺占重要地域或目标

（2）攻歼驻止、运动之敌

（3）破袭敌人的交通输线或重要目标

（4）夺占敌纵深要点，割裂敌部署，断敌退路，阻敌增援，配合主力围歼敌人

4. 进攻战斗样式

（1）对阵地防御之敌进攻战斗

（2）对机动防御之敌进攻战斗

（3）伏击战斗

（4）遭遇战斗

（5）追击战斗

（6）对立足未稳之敌进攻战斗

（7）纵深袭击战斗

（8）夜间进攻战斗

（9）登陆战斗

（二）防御战斗

1. 定义

抗击敌人进攻的战斗，是战斗基本类型之一。

2. 特点

随着部队机动能力的提高，进攻节奏的加快，防御者组织准备的时间越来越短；新式武器的运用和敌人火力、战术的发展，使得战斗一开始，防御全纵深就可能受到压制，主要目标和地区将遭到饱和突击，提高生存力的问题更加突出；为了战胜敌人强大装甲集群的突击，防御者必须从以打步兵为主转变为以打坦克和装甲战车为主；由于各种远距离打击兵器的广泛运用和空中机动能力的提高，使得防御战斗的空间扩大，并呈现出明显的立体性；战斗的连续性和独立性增大，不但第一梯队要连续抗击敌人突破的多波次冲击，配置在纵深的部队，也面临着敌人连续突破的威胁。

3. 优点

一是能够依托有力的地形和阵地条件进行战斗，详细研究地形利弊，选择便于防守的地形，构筑工事，设置障碍，为实施战斗创造有利的地形条件。二是防御者能够实施有效的伪装，利用阵地的自然条件和各种伪装器材，扰乱敌人视线，来躲避敌人的打击。三是防御者能够以逸待劳。防御者先于敌人占领有利的战斗区，等待敌人进攻，而进攻者则要通过一系列的考察，精力体力消耗大。当今军事技术高度发达，虽然机械化程度高，但是防御者仍能以逸待劳。四是防御者便于实施兵力兵器机动。防御者对于自己所处的地形较为了解，因此能够有针对性地灵活机动运用兵器。从而使己方的杀伤力大大提高，达到破坏敌人进攻的目的。

4. 基本任务

保卫重要地区和目标；迟滞、消耗、牵制、吸引敌人，创造歼敌的有力战机或掩护主力进攻；阻敌增援、突围或退却；巩固占领的地区，抗击敌人反冲击或保障主力翼侧安全；掩护主力集中、机动或休整。

现代防御战斗，是在高技术局部战争条件下，抗击优势敌人进攻的诸军兵种协同战斗。战斗将面临核武器、化学武器和高技术兵器的多方面的严重威胁，在防御全纵深、地面和空中同时展开，连续进行。防御战斗行动的快速性、机动性明显增强，隐蔽防御企图、保存有生力量、指挥与协同更加困难。

分队防御时，必须充分发挥兵力、火力和有利地形、障碍的作用，建立稳定的防御体系，增强伪装力度，隐蔽防御企图，保存自身实力，顽强作战，挫败敌人进攻。

5. 防御战斗样式

防御战斗样式，是对防御战斗所作的分类。主要根据战斗目的、任务、阵地性质和准备时间进行划分：阵地防御战斗、机动防御战斗、城市防御战斗、运动防御战斗、仓促防御战斗、夜间防御战斗、特殊条件下防御战斗、遂行特定任务时的防御行动。

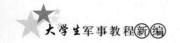

二、战斗基本原则

战术基本原则，是组织与实施战斗的根本法则，是一切战斗行动的基本依据和指南。

（一）目的明确

战斗目的是一切战斗行动的着眼点，也是贯彻战斗始终的指导原则，战斗一定要目的明确。消灭敌人，保存自己，是一切战斗的基本目的，也是一切战斗行动的着眼点和出发点。它适用于所有的战斗样式，贯彻战斗的始终。随着军事技术的不断发展，消灭敌人的效能不断增大，但是保护自己的难度也随之增大，可是战斗目的却不会改变，应当是我们在战斗中贯彻的指导原则。

消灭敌人与保存自己二者相辅相成，辩证统一。在战场上，消灭敌人是第一位的，因为只有大量消灭敌人，才能保全自己；保存自己是第二位的，只有有效地保存自己，才能不断消灭敌人。二者相互作用，相互依存。但在特定时期和特定条件下，也可以保存自己为主，以夺取和保卫重要的目标和地域为主要目的。

（二）知己知彼

"知己知彼，正确指挥"，使主观指挥符合客观实际情况，是夺取战斗胜利的前提和基础。指挥员通过对敌情我情和战场环境等多方面的情况进行侦察，进一步通过周密细致的分析和判断，找出优劣，权衡利弊，并在此基础上审时度势，想出克敌制胜的方法。因此，指挥员扮演着举足轻重的角色，他必须熟悉我军各方面的情况，精通各种武器装备，了解上级和友邻可能对本级战斗的支援和配合情况，在此基础上，定下正确的决心，实施及时正确的指挥，夺取战斗的胜利。

（三）集中兵力

集中兵力，是我军以劣势装备战胜优势装备敌人的传统战法，是克敌制胜的根本法则。古今中外的军事家都十分强调集中兵力、兵器，并将其作为最重要的作战原则之一，指导自己的部队行动。集中兵力主要是为了重点打击，两者是辩证统一的关系。"集中兵力"是作战的原则和手段，"重点打击"则是目的和方法。高技术条件下战斗的胜负同样取决于敌对双方整体力量的强弱，并在一定条件下决定着战斗的态势、进程和结局。集中优势兵力，以对敌形成局部优势，有利于夺取主动地位，动摇敌人的士气，破坏其整体平衡，使敌整体陷于被动地位。

分队指挥员在贯彻运用这一原则时，必须着重把握以下问题：

战斗时，在集中兵力和火力的同时，注重集中电子对抗、信息对抗等力量，确保战斗力诸要素的质量优势，并要充分利用天时、地利等综合因素，通过战术与技术、物质力量与精神因素的有机结合，形成整体战斗威力，在局部上改变敌我力量对比，为争取主动奠定可靠的物质基础。

正确把握集中的方式与方法。要以空间上的集中为主，以空间与时间上的集中相结合，即决定性的时间和空间，突然、快速、短暂地在局部集中优势战斗力制敌，得手后迅速分散隐蔽，或转歼他敌。要集中战斗力于一个主要方向，并在该方向使用战斗力较强的分队，给其以较多的加强，赋予较窄的战斗正面和较浅的任务纵深，以形成对冲击目标兵力和火力的优势，或有效抗击敌人主要冲击所必需的兵力、火力密度。即使分队在战斗正面上已形成较大的兵力、火力优势，也须明确区分主要目标和次要目标，或一个目标的主要部分和次要部分，以及对目标实施打击的先后顺序，并恰当分配兵力、火力。战斗中要根据敌情变化，适时进行集中点的转移，做到敌变我变，先变于敌。为此，应掌握必要的机动力量，并配置在适当的位置，以便需要时快速用于新的集中点，形成新的重点。

采取有效措施破坏敌人的集中。要严密监视和发现敌实施集中的征候，以多种手段实施积极打击，限制敌集中行动，粉碎敌集中企图。为免遭敌集中火力对我造成伤害，要灵活地实施兵力、兵器机动，以避开或防敌火力的集中突击；要积极采取兵力佯动、电子欺骗等措施，吸引调动敌人，诱敌分散兵力、火力；要适时请求上级对敌实施空地火力突击和电磁打击；掩护和支援我集中行动，以利于各个歼灭敌人。

（四）主动灵活

这是夺取和保持主动权的重要方法。战争实践证明，主动权是军队的行动自由权，而行动自由则是军队的命脉。主动灵活是指挥员基于对情况的正确判断，审时度势，灵活地使用力量，巧妙地运用和变换战斗方法。这样才能牢牢掌握主动权，置敌于不利地位。

分队指挥员在贯彻执行这一原则时，必须着重把握以下三点问题：

第一，正确选择兵器、火力机动的方式、方法和时机。第二，可利用上级压制与杀伤敌人的效果及时机动，也可相互交替掩护机动，并迅速、隐蔽地突然行动，周密组织各种保障，使兵力机动与火力机动紧密结合。第三，主动灵活地实施包围、迂回、穿插、分割，恰当变换集中打击目标，使火力、运动和突击浑然一体，迅速、隐蔽、突然地对敌薄弱部位实施坚决的打击，夺取和控制主动权。

（五）出敌不意

要善于当机立断。指挥员在抓住敌人的弱点和失误时，要及时指挥分队实施快速机动，先敌反应，打敌措手不及。在情况急剧变化又与上级中断联系的情况下，应根据上级总的意图和战斗的实际情况，机断行事，大胆负责，果断地采取适合于当时情况的措施，克敌制胜。当处于被动地位时，应及时采取有效措施，迅速机动兵力和火力，摆脱被动，恢复主动。

出敌不意，就是在敌人意想不到的时间、地点，运用敌人意想不到的战法和手段给敌以意想不到的打击，是夺取和保持主动权的重要方法，是积极创造和捕捉战机，夺取战斗胜利的重要条件。高技术条件下的战斗，敌人装备有先进的侦察、监视器材，获取情报的手段多样化，给我军隐蔽突然地行动、出敌不意地打击增加了困难。但是也要看到，无论怎样先进的侦察器材，其性能是有限的，只要通过主观积极努力，给敌人造成错觉，达成出敌不意是完全可能的。

分队指挥员在贯彻运用这一原则时，必须着重把握以下问题：

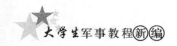

第一，掌握敌人规律，发现和利用敌之弱点。要在平时加强敌军研究的基础上，结合战场情况和战斗实践不断总结敌人的行动规律，利用分队直接靠近敌人的有利条件，综合运用多种侦察手段，掌握敌情的第一手资料，并结合上级通报的情况，综合分析判断，发现敌人的弱点，利用敌人的失误，果断采取相应的战斗行动。多种方法手段并用，造成敌之错觉和失误。充分利用分队装备轻便、机动灵活、目标较小、行动便捷，采取巧用计谋、广施机动等方法和手段，积极主动地调动敌人，造成敌人的错觉与失误。虽然高技术条件给这些方法的运用造成了一定的困难，但只要用心，且不循常规，善择战机，总是可以奏效的。

第二，切实隐蔽行动企图，突然勇猛攻击。高技术条件下，虽然战场透明度提高，但是远未达到"疏而不漏"的境地。因此，分队应训练和养成勇猛、迅速、严守纪律的作风，熟练战术技术，提高战斗能力。在进入战斗前，一切行动必须力求迅速、隐蔽，队形必须尽量疏散，以降低敌各种侦察手段的发现率，减少敌各种兵器的杀伤率，最大限度地保存战斗力和保持行动的突然性。在进入战斗时，必须在需要的时间，突然集中兵力和火力猛烈打击敌人，力求在敌人作出有效反应之前速战速决，达到目的后，再次迅速隐蔽疏散。严密防范，防敌突然袭击。出其不意，攻其不备，是战胜对手的通则，同时也要择机而用之。为此，战斗中指挥员必须以敏锐的洞察力和巧妙的手段，对敌人可能实施的兵力、火力袭击，保持高度警惕，做好充分准备，组织分队严密防范，并适时采取积极有效的战斗行动，挫败敌人的袭击。

（六）密切协作

战争经验表明，作战的胜负不仅取决于敌对双方力量的对比，而且取决于双方力量的使用和整体功能的综合发挥。为此，充分发挥参战的军兵种和部队的协同战斗的整体威力，以整个战斗系统的合力打击敌人，对夺取战斗的胜利具有重要的意义。高技术条件下的合同战斗，参加战斗的军兵种越来越多，武器装备越来越复杂，要形成强大的整体威力，指挥员必须将建制的、配备的以及支援的各种力量合理编组，使之形成真正的合力。同时，参加战斗各分队，应充分发挥各自的积极性和主动性，既要善于根据上级的战斗企图独立自主地完成任务，又要积极主动地配合和支援友邻战斗，这对于保持不间断协同动作，夺取战斗的胜利更具有特殊的意义。

分队指挥员在贯彻运用这一原则时，必须着重把握以下问题：

第一，强化整体意识。整体意识，就是严守协同纪律和注重充分发挥参战的各个兵种、各种力量的效能，形成整体威力，合力破败的意识。这里需要特别强调的是，必须善于根据战斗的具体情况灵活运用协同原则。在处理步兵与其他兵种的关系问题上，既要坚持以步兵为主，又要积极主动帮助配合和支援的其他兵种分队解决困难，为其提供遂行任务的有利条件，以自身的行动支援、配合和保障其他兵种战斗。

第二，实施统一指挥。指挥员要根据上级指示（计划）和自己的决心，周密组织协同动作，并要确立统一的战术思想和协同原则，奠定合力破敌的认识基础和行动准则。在必要时应根据上级的指示建立统一的指挥协调机构，从组织上提供协调一致的条件，要坚持集中指挥与分散指挥相结合，特别是对主要方向、关键时节、重要行动实施集中统一指挥和协调，并发挥好分散指挥的效能，确保从整体到局部的协调一致。

第三，坚持全程协调。周密组织协同动作，不仅是组织战斗阶段的工作，而且是贯穿于战斗全过程的指挥活动。特别是战斗中协同失调或遭到破坏时，指挥员应采取有效措施，及时调整和恢复协同，或根据新的情况建立新的协同。各分队应当充分发挥积极性和主动性，要善于根据上级的战斗企图，独立自主地完成预定任务，并主动配合，相互支援，以确保协调一致的行动贯彻战斗始终。

（七）勇猛顽强

勇猛顽强，是形成和发挥战斗力的重要因素，是我军战胜敌人的根本优势之一。战争是暴力的激烈对抗和角逐，其残酷性决定了军队勇猛顽强的战斗精神和昂扬的士气是取得战斗胜利的重要条件。战争实践无不证明，在必要的物质力量的基础上，始终保持高昂、旺盛的士气，能在很大程度上弥补武器装备和其他方面的不足，才有可能经受艰难困苦，乃至生死存亡的严峻考验，从而努力去克服一切困难，寻求克敌制胜的方法，并把战斗引向胜利；没有勇猛顽强的战斗精神和高昂的士气，即使拥有先进的武器装备，也难以充分发挥其作用和赢得战斗的胜利。

勇猛顽强，是我军传统的优良作风，也是夺取战斗胜利的重要因素。高技术条件下，战斗激烈、残酷，人员精神压力和体力消耗明显增大。尤其是战斗分队，与敌短兵相接，长时间处于敌密集火力的直接威胁下，战斗环境险恶，因而更需要发扬勇敢顽强的战斗精神。为此，要充分发挥党、团组织和干部骨干的作用，加强思想政治工作，对分队进行爱国主义、革命英雄主义、无产阶级战争观和优良战斗作风教育，树立不怕艰难困苦、不怕流血牺牲的精神；要提高官兵的政治思想觉悟和战术技术水平，培养严守纪律、令行禁止和主动协同、勇猛顽强的战斗作风。战斗中，全体指战员要敢于面对强敌和艰巨任务，积极求战；善于打硬仗，打恶仗；冲锋在前，退却在后；前赴后继，勇往直前；重伤不哭，轻伤不下火线；连续作战，独立战斗。各级指挥员要发挥模范带头作用，特别是在态势对我极为不利的情况下，在保证对分队指挥与控制的基础上，要将身先士卒、勇敢顽强与智慧谋略相结合，积极带领分队坚决完成战斗任务。

（八）全面保障

全面而有重点地组织战斗保障、后勤保障和装备保障，是顺利实施和夺取战斗胜利的重要保证。高技术条件下的战斗，战场空间扩大，武器杀伤破坏力增强，物资器材消耗巨大，各种保障任务艰巨。因此，严密组织好各种保障，才能保障部队有持续的战斗能力。

战斗保障，通常包括侦察、警戒、通信、电子防御、工程、伪装、气象、水文以及对核、化学、生物、燃烧武器袭击的防护等。后勤保障，主要包括经费保障、物资保障、卫生保障和交通运输保障等。装备保障，主要包括对武器装备及其零部件的供应、保养、检查、维修、改装等。

分队指挥员在贯彻运用这一原则时，必须着重把握以下问题：

第一，强化战斗效益意识。首先，强化各类战斗行动及其相关行动的整体效益意识。基本行动和保障行动有机结合，围绕战斗目的的达成，密切配合，协调一致地展开。其

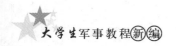

次，强化战斗的效费比意识，科学合理地确定武器弹药、油料及其他战斗物资的消耗限额，尽可能地减少和防止因人为因素而造成的无谓消耗和浪费，以获取最佳战斗效益。再次，强化严格管理出效益、出战斗力的意识，严格战场纪律，以保持战斗行动的有序性，保证战斗力的效能充分发挥，使分队始终立于不败之地。

第二，谋求战斗力与保障力的最佳组合。受编制装备制约，分队专业保障力量和能力有限，因而应注意了解下级提供的各种保障的内容、方法和程度，以保证上级保障相沟通，获得及时保障。在此基础上，着眼战斗任务的需要，对分队自身实行战斗力要素的优化组合，使各种战斗编制既具备相应的攻防战斗能力，又具备一定的自我保障能力，以便在战斗中一旦出现意外情况时，分队能够以自身的力量实施应急保障。此外，上级分队还应采取相应方法，及时为下级分队提供有效保障。

第三，准确把握保障和管理重点。要着眼分队的任务和地位，以及不同战斗类型、样式和时节，分别确定不同的保障和管理重点；进攻战斗发起前，应重点做好与隐蔽、伪装和战斗装备有关的各项保障和管理；战斗发起后，重点做好与机动、通信、兵器使用和与人员伤亡有关的各项保障；防御战斗发起前，应重点做好与反侦察有关的保障，如工程保障、阵地管理的防护；战斗过程中，应重点搞好弹药、给养等物资的补充，加强技术保障，及时救护伤员。为及时恢复和保持战斗力，必须善于利用战斗间隙和其他一切可以利用的时间，及时调整组织，补充弹药、给养、油料、武器、器材、药品和兵员，抢救伤员、组织休息，以恢复和保持分队的战斗力，保证连续执行战斗任务。情况允许时还应当总结战斗经验，改进战术技术，以利再战。

第二节　单兵战术动作

一、单兵战术动作

士兵要想在战场上有效地躲避敌火力杀伤和消灭敌人，就必须熟练掌握和灵活地应用战术基础动作。

（一）持枪

持枪，是士兵在战斗中携带枪支的动作和方法（这里讲的持枪是指战斗行动中的持枪）。持枪时要做到：便于运动、便于卧倒、便于观察、便于射击。在不同的地形条件下，士兵根据敌情和任务可灵活采取不同的持枪动作。

1. 单手持枪

动作要领：右臂微曲，右手虎口正对上护木握枪（背带上挑压于拇指下），用五指的握力将枪身固定，枪身轴线与地面略呈 45 度，枪身距身体约 10 厘米。左臂自然下垂，运动时自然摆动。持 95 式自动步枪、轻机枪和火箭筒时，右手握提把，右大臂轻贴身体，运动时随身体自然运动（如图 8-1）。

2. 单手擎枪

动作要领：右手正握握把，食指微接扳机，将枪置于身体的右侧，枪口向上，机匣盖末端贴于肩窝，枪身微向前倾，枪面向后，右大臂里合，枪托贴于右胁（枪托折叠时除外），背带自然下垂，目视前方，左手自然下垂或攀扶，运动时自然摆动（如图8-2）。

图 8-1 单手持枪 　　　图 8-2 单手擎枪

3. 双手持枪

动作要领：左手托握下护木或握弹匣弯曲部，右手握握把，食指微接扳机，将枪身置于胸前，枪口向前，枪身略成水平，背带自然下垂或挂在后颈上（如图8-3）。

4. 双手擎枪

动作要领：在单手擎枪基础上，左手托握下护木或弹匣弯曲部，枪身略低，枪口对向前上方，背带自然下垂或压于左手下，身体与射向略成30度（如图8-4）。

不挂枪背带　　　　挂枪背带　　　　　正面　　　　侧面

图 8-3 双手持枪　　　　　图 8-4 双手擎枪

（二）卧倒、起立

1. 卧倒

在战场上，士兵如突遭敌火力袭（射）击，应迅速卧倒，防止火力杀伤。卧倒分三种基本动作：双手持枪卧倒、单手持枪卧倒和徒手卧倒。

（1）双手持枪卧倒的动作要领

卧倒时，左脚向前一步，上体前倾，重心前移，按左膝、左肘、左小臂的顺序着地。然后转体，在全身伏地的同时两手协力将枪向目标方向送出。地面松软时也可按双膝、双

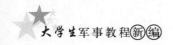

肘、腹部的顺序扑地卧倒（如图8-5）。

图8-5　双手持枪卧倒

（2）单手持枪卧倒的动作要领

卧倒时，左脚（也可右脚）向前迈出一大步，同时身体前倾，按手、膝、肘的顺序卧倒，右手同时将枪向目标方向送出，左手接握下护木或弹匣弯曲部，全身伏地据枪射击。持筒时的动作与此大体相同。

（3）徒手卧倒的动作要领

徒手卧倒时的动作与单手持枪卧倒动作基本相同，只是卧倒后，两手掌心向下放置于头部的两侧或交叉于胸前，两腿自然伸直和分开。

（三）起立

1. 双手持枪起立

应首先观察前方情况，而后迅速收腹、提臂，用肘、膝支起身体，左脚先上步，右脚顺势跟进，双手持枪继续前进。

2. 单手持枪起立

右手移握上护木收枪，同时左小臂屈回并侧身，而后用臂、腿的协力撑起身体，右脚向前一大步，左脚顺势跟进，继续携枪前进。

3. 徒手起立

按单手持枪的动作进行。也可以双手撑起身体，同时左（右）脚向前迈步起立，而后继续前进。

（四）前进

1. 屈身前进

屈身前进是战场上接敌最常用的一种运动动作，可分为慢进和快进两种姿势。

2. 屈身慢进

屈身慢进通常是在距敌较远，有超过人身高或超过大部人身高的遮蔽物，以及敌情不明或敌火力威胁不大的情况下采用。运动时，通常是双手持枪（也可单手持枪），上体前倾，两腿弯曲，屈身程度视遮蔽物的遮蔽程度而定，头部一般不可高出遮蔽物。前进时，注意观察敌情，保持正常速度前进（如图8-6）。

图8-6 屈身慢进

3. 屈身快进

屈身快进也可称为跃进，通常是在距敌较近，通过开阔地或敌火力控制区时采用。快进前，应先观察敌情和地形，选择好路线和暂停位置，而后起立快速前进。运动中，通常是单手持枪（也可双手持枪），枪口朝向前上方，并注意继续观察敌情。前进的距离掌握在15~30米为宜。当进至暂停位置或运动中遇敌火力威胁时，应迅速就地隐蔽或卧倒，做好射击或继续前进准备（如图8-7）。

图8-7 屈身快进

（五）匍匐前进

士兵在敌火力威胁较大、自身处于卧倒状态下，如发现近处（10米以内）有地形或

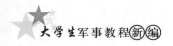

遮蔽物可利用时，可采用匍匐前进的运动姿势向其靠近。根据地形和遮蔽物的离低，匍匐前进又分为低姿匍匐、侧身匍匐和高姿匍匐三种姿势。

1. 低姿匍匐

低姿匍匐是身体平趴于地面并降低至最低程度的运动方式，一般是在前方遮蔽物高约40厘米时采用。低姿匍匐携自动步枪的方法有两种：一种是右手掌心向上，虎口卡住机柄，五指握枪身和背带，将枪置于右小臂内侧；另一种是右手食指卡握枪背带上环处，并握枪管，余指抓背带，机柄向上，将枪置于右小臂外侧。行进时，身体正面紧贴地面，头稍微抬起，屈回右腿，伸出左手，用右脚的蹬力和左手的扒力使身体前移，然后再屈回左腿，伸出右手，用左腿的蹬力和右手的扒力使身体继续前移，依次交替前进（如图8-8）。

图8-8　低姿匍匐

2. 侧身匍匐

侧身匍匐是在前方的遮蔽物高约60厘米时所采用的一种运动方法，其特点是运动的速度稍快，但姿势偏高（如图8-9）。

图8-9　侧身匍匐

携自动步枪运动时，右手前伸握护木将枪收回，同时侧身，使身体左大腿外侧着地，左小臂前伸着地，左大臂支撑身体，左腿弯曲，右脚收回靠近臀部着地，以左大臂的扒力和右脚的蹬力带动身体前移。如果前方遮蔽物高80~100厘米时，也可采取高姿侧身匍匐。动作是：左手和左小腿外侧着地，以左手的支撑力和右脚的蹬力使身体前移（如图8-10）。

图8-10　高姿侧身匍匐

3. 高姿匍匐

高姿匍匐一般是在前方遮蔽物高约 80 厘米时采用。持枪前进动作是，左手握护木，右手握枪颈，将枪横托于胸前，枪口离地，用两肘和两膝支撑身体，然后，依次前移左肘和右膝，如此交替前移。有时，也可采取低姿匍匐携枪方法（如图 8-11）。

图 8-11　高姿匍匐

（六）滚进

滚进是在卧姿时，为避开敌人观察、射击而左右移动或通过棱线时采用的运动方法。动作要领：在卧倒基础上滚进时，将枪关上保险，左手握枪于表尺上方，右手握枪颈附近或两手握上护木，枪面向右，顺置于胸、腹前抱紧，两臂尽量向里合，两脚腕交叉或紧紧并拢，全身用力向移动方向滚进。

直（曲）身前进中需要滚进时，应左（右）脚向前一大步，左手在左（右）脚外（内）侧着地，身体尽量下塌，右手将枪挽于小臂内，枪面向右，身体向右（左）转，在右（左）臂、肩着地同时，向右（左）滚进。滚进时，右（左）腿伸直，左（右）腿微曲，滚进距离较长时可两腿夹紧。滚进适当位置时，如需射击，应迅速出枪，呈卧姿射击姿势。

第三节　战斗运动举例

一、利用地形地物

（一）利用地形、地物

利用地形、地物的目的在于"隐蔽身体，发扬火力"。利用地形时，要做到"三便于、三不要、一避开"。"三便于"：便于观察和射击，便于隐蔽身体，便于接近和变换位置；"三不要"：不要妨碍班（组）长的指挥和邻兵火器的射击，不要几个人拥挤在一起，以免增大伤亡，不要在一地停留过久；"一避开"：避开独立、明显、易燃、易倒塌的物体和难以通行的地段。

（二）对各种地形、地物的利用

利用地形地物时，应根据敌情和遮蔽物的高低取适当姿势，迅速隐蔽地接近，由下而上地占领，周密细致地观察，不失时机地出枪（筒）。对不便于射击的位置，应加以改造。在一地不要停留过久，视情况灵活地变换位置。

1. 对堤坎、田埂的利用

利用堤坎、田埂时，由于堤坎、田埂有纵向、横向和高低之分。应根据地物的高低采取不同（跪、蹲、坐、立）姿势。如横向坎要利用背敌面隐蔽身体，纵向坎要利用弯曲部、残缺部或顶端的一侧隐蔽身体，以其上沿做射击依托。对土坎最好利用残缺部，对堤坎利用凹陷部。根据坎的高度可采取卧、跪、立等姿势射击（如图8-12）。

图8-12　利用堤坎

2. 对土堆（坟包）的利用

利用较大土堆（坟包）时，身体一侧紧贴在土堆的背敌斜面上；如土堆较小时，也可纵向卧倒，头紧靠土堆。对独立土堆通常利用其右侧，视情况也可利用其左侧或顶端射击。双土堆（坟包）可以利用其鞍部射击。对空射击时，通常利用其后侧或顶端。

图8-13　利用土堆

3. 对土（弹）坑、沟渠的利用

利用土（弹）坑、沟渠时，通常利用其前切面（前沿）和底部隐蔽身体，纵向沟渠利用其壕壁或拐弯处隐蔽身体，其上沿作射击依托，根据敌情和坑的深浅、大小，可采取跳、滚、匍匐等方法进入。在坑里可采取卧、跪、立、仰等姿势实施射击。

4. 对树木的利用

利用树木，可以有效防敌直瞄和间瞄火力的杀伤。通常利用其背敌面隐蔽身体，倚其右后侧作射击依托。利用大树（直径50毫米以上）时，可采取卧、跪、立等姿势；利用小树时，通常采取卧姿利用根部。

5. 对墙壁、墙角、门窗的利用

利用墙壁时，根据其高度取适当姿势。对矮墙可利用顶端或残缺部作射击依托。墙高于人体时，可将脚垫高或挖射击孔。

利用墙角时，通常利用其右侧作射击依托。射击时，左小臂外侧紧靠墙角，取适当姿势。利用门时，通常利用其左侧，右臂倚靠门框进行射击，利用窗时，通常利用其左侧下角，也可利用其右侧下角或下窗框射击。

二、在敌火力下运动

战士在敌火力下运动时，应根据敌情、任务，善于利用地形，灵活地采取不同的运动姿势和方法，正确处理各种情况，迅速隐蔽地接敌或实施机动，以灵活的战斗动作保存自己、消灭敌人。

（一）通过各种地形的动作

1. 通过开阔地

距敌较远通过开阔地时，通常应持枪（筒）快步通过，距敌较近、敌火力封锁较严时，应乘敌火力中断、减弱、转移和被我火力压制等有利时机跃进通过。

2. 通过道路

通过道路时，一般应选择拐弯处、涵洞、树木等隐蔽地点迅速通过。若敌火力威胁不大，可不停地快跑通过；敌火力封锁较严时，应先向隐蔽地接近并周密观察道路情况和敌火力规律，而后突然跃起，快速通过。

3. 通过隘路、山垭口

通过隘路、山垭口时，如敌火力威胁不大，可快步通过；敌火力封锁较严时，应隐蔽观察敌人封锁规律，乘敌火力间歇、中断、减弱等有利时机，沿隐蔽的一侧快跑或跃进通过，尽量减少停留时间。

4. 通过冲沟

通过较大的纵向冲沟时，应沿一侧的斜坡前进，尽量不要走沟底，以便观察和处理情况；遇有横向冲沟应快速通过；遇有断绝地应绕行或与友邻战士协同搭人梯通过；如敌火力封锁时，应利用冲沟两侧的沟岔、弹坑等跃进通过。

5. 通过乱石地、灌木林、沼泽地

通过乱石地、灌木林、沼泽地时，应周密观察，保持前进方向，并与友邻战士协同配合及早发现情况，做好对突然出现之敌射击的准备。

6. 通过高地

通过高地时应尽量利用高地两侧运动，不要从顶端通过。如必须通过顶端又无地物隐蔽时，动作力求迅速。

7. 通过街道

通过街道时，应沿街道两侧隐蔽地逐段前进，接近拐弯处之前，应先察看对面街区，再迅速进到拐弯处，观察下一段的情况后继续前进。如需横穿街道时，应先观察左右和对面街区的情况，然后迅速通过。

（二）遭敌机轰炸、扫射时的动作

当敌机轰炸时，战士应按上级命令快速前进；或立即利用地形隐蔽，待炸弹爆炸后继续前进；也可利用敌机投弹间隙迅速前进。

当敌武装直升机发射火箭弹或扫射时，战士应立即利用地形隐蔽；或根据上级统一口

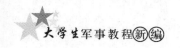

令，抓住敌武装直升机悬停、俯冲扫射等有利时机进行对空射击。

（三）遭敌核、化学、生物武器袭击时的动作

当战士接到敌核武器袭击警报时，应根据命令，迅速隐蔽或继续前进，随时做好防护准备；当发现核爆炸闪光时，应迅速防护。冲击波一过，视情况，穿戴防护器材，迅速前进。

当战士接到化学武器袭击警报时，或遭敌化学武器袭击时，应立即穿戴防护器材，或利用就便器材进行防护；如遇敌染毒地段时，应穿戴防护器材迅速通过，或根据指示绕过。

当敌对我施放生物战剂气溶胶时，战士应戴防毒面具或戴简易防护口罩、自制防护眼镜等，做好对呼吸道、面部和眼睛的防护；如敌投掷带菌媒介物时，应戴手套、穿靴套、披上斗篷或穿上雨衣，扎紧袖口、领口、裤脚口，以防生物战剂气溶胶污染和带菌昆虫叮咬皮肤。如有掩蔽工事，应立即进入工事进行防护。

（四）遭敌炮火袭击时的动作

战士在接敌时随时准备防敌炮火袭击。当遇到敌零星炮火袭击时，应注意听、看，快速前进，如判断炮弹可能在附近爆炸时，应立即卧倒，待炮弹爆炸后继续前进；当遭敌猛烈炮火袭击时，应乘炮火爆炸的间隙，利用弹坑和有利地形逐次跃进；当通过敌炮火封锁区时，战士应观察敌炮火封锁的规律，利用敌射击间隙快跑通过。如封锁区不大，也可绕过。

战士在防敌炮火袭击时也必须防敌化学炮弹的杀伤。当发现化学炮弹爆炸时，应立即利用地形，采取蹲、跪姿（如地面尚未染毒，也可采取卧姿），穿戴防护器材，而后快速通过。

（五）遭敌步枪火力封锁时的动作

当遭敌步枪火力封锁时，战士应利用地形隐蔽；抓住敌火力中断、减弱、转移等有利时机迅速前进；也可采取迷惑、欺骗和不规律的行动，转移敌视线，突然隐蔽地前进；或以火力消灭敌人后迅速前进。

（六）遇敌雷区、定时炸弹、电子侦察器材时的动作

遇敌雷区和定时炸弹时，战士应迅速报告上级并进行标示，按照班（组）长的口令排除或绕行。对敌设置（投放）的电子侦察器材，应迅速排除。排除时，应先查明是否设置有爆炸物，而后视情况将其排除或炸毁。

三、冲击准备与冲击

战士冲击时，必须具有一往无前的精神，以压倒一切敌人的英雄气概，根据不同的冲击目标、地形及任务，灵活地采取不同的冲击行动，勇敢地冲入敌阵，坚决消灭敌人。

（一）冲击准备

战士占领冲击出发阵地后，应根据情况构筑工事，注意观察和伪装，看清冲击目标、冲击路线、通路位置，记住班（组）、自己的任务和信（记）号。听到"准备冲击"的口令，应迅速做好如下工作：装满子弹（火箭弹），准备好手榴弹和爆破器材；整理好装备，系好鞋带，扎好腰带和子弹袋，装备尽量靠后，以免妨碍冲击动作；做好跃起或跃出工事的准备，遮蔽物较高时，应挖好踏脚孔。做好准备后，向班（组）长报告，报告方法："×××冲击准备完毕"。

（二）冲击

1. 通过通路时的动作

战士听到"冲击前进"的口令或看到冲击信号时，应迅速跃起并跃出工事，最大限度地利用我方火力效果，迅猛地向指定目标冲击前进。接近通路时，应按班（组）长规定的次序，迅速进入通路。如通路纵深较小时，应利用我方炮火掩护效果，快跑通过；通路纵深较大时，应在我方炮火掩护下分段逐次跃进通过。

2. 向敌步兵冲击时的动作

通过通路后，近至投弹距离时，应自行按班（组）长的口令，向堑壕内投弹，乘手榴弹爆炸的瞬间，勇猛冲入敌阵地，以抵近射击和拼刺消灭敌人，并不停地向指定目标冲击前进。当几个敌人同时向自己逼近时，应首先消灭威胁大的敌人，然后各个消灭；当敌与友邻战士格斗时，应主动支援；如敌逃跑时，应以火力追歼。机枪手和火箭筒手应迅速抢占敌前沿的有利地形，以猛烈的火力压制、消灭敌人。

3. 打、炸敌运动坦克（步兵战车）时的动作

战士打、炸敌运动坦克时，应根据班（组）长的命令，预先在敌坦克必经道路的翼侧，利用地形、工事，待机打、炸或以火力追击将其摧毁。

火箭筒手在迅速判明其运动方向、距离和速度，适时占领发射阵地，做好射击准备，待敌坦克进至有效射击距离时，抓住有利时机，以突然准确的火力将其击毁。对敌逃跑坦克应迅速以火力追击。

爆破手应根据不同的情况，采取不同的行动方法：当敌坦克接近沟渠、堑（交通）壕时，应迅速沿沟、壕进至其将要越过的地点，快速布设防坦克地雷，阻、炸敌坦克，并乘其通过时，投挂爆破器材将其炸毁；当坦克接近土坎、土堆时，应进至其背敌斜面隐蔽待机，乘敌坦克爬坡、减速、转向和不便观察射击的有利时机，利用地形隐蔽迅速接近，投挂爆破器材将其炸毁；当敌坦克沿道路运动时，应提前在其必经之路快速布设防坦克地雷、压发炸药包，或在道路翼侧待机，用爆破器材将其炸毁；当敌坦克企图在近距离对我碾压时，战士应敏捷地采取直角转弯的动作躲避，并与邻兵密切协同，伺机以爆破器材将其炸毁。

4. 打、炸敌坚固火力点时的动作

战士打、炸敌坚固火力点时，可担任爆破或掩护任务。担任爆破任务时，可根据敌火力点的性质、种类、射向及与其他火力点的联系，选好接近路线、爆破点、返回路线和隐

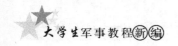
蔽位置，在我火力掩护下，或乘敌火力中断、减弱之机，隐蔽迅速地向其翼侧或后侧接近，将其炸毁。遭敌射击时，应迅速投掷手榴弹或发烟手榴弹，并在爆炸的瞬间或烟幕的掩护下，突然靠近，将其炸毁。担任掩护任务时，应选择有利地形，以准确的火力消灭邻近的暴露目标，封锁射孔并随时准备接替爆破手的任务。火箭筒手可按班（组）长的口令，占领有利地形，以准确的火力将其击毁。

5. 消灭敌步兵时的动作

在阵地内消灭敌人，应充分利用掩体、堑壕拐弯处和壕内纵射设备，以抵近射击、投弹、白刃格斗将其消灭。也可移动壕内障碍物堵塞堑壕、交通壕，阻敌沿壕扩张，并乘敌克服障碍的有利时机，将其消灭。当敌步兵从两翼同时进入壕内时，战士应灵活机动，充分运用各种手段，主动与邻兵协同，先打威胁大的，后打威胁小的。如敌我胶着在一起，来不及装弹或弹药用尽时，应利用地形、工事，以小镐、小锹、刺刀消灭敌人。

思考题

1. 战斗类型有哪些？战斗样式又分为哪几种？

2. 单兵战术动作有哪些？它们各自的要领是什么？

第九章　军事地形学

军事地形学，是从军事需要出发，研究如何识别与利用地形的一门学科。它的主要任务是研究地形，揭示地形对作战行动影响的规律，阐述地形分析的理论、方法与手段，为作战行动与实际地形的紧密结合提供依据。

第一节　地形对作战行动的影响

地形是战争和军事活动的舞台。军队的活动，都是在一定地形条件下实施的，都要受地形条件的影响和制约。如军队的运动、观察、射击、工事构筑、隐蔽伪装、技术兵器的运用以及后勤保障等，都和地形有着密切的关系。因此，我们必须认真研究各种地形各自不同的特点及其对部队作战行动影响的规律，并运用这些规律指导我们的作战行动。

一、地形的分类和作用

（一）地形的分类

地形是地貌和地物的总称。地貌是指地面高低起伏的状态，如山地、丘陵地、平原等。地物是指分布在地面上的固定性物体，如居民地、道路、江河、森林等。

不同的地貌和地物的错综结合，形成了不同的地形。依地貌的状态，可分为平原、高原、山地和丘陵地；依地物的分布和土壤性质，可分为居民地、山林地、石林地、沼泽地、水网稻田地、江河、湖泊、岛屿、海岸、草原、沙漠、戈壁等；依对军队战斗行动的影响，又可分为开阔地、隐蔽地和断绝地等。

（二）地形的作用

地形是军队行动的客观基础，是战争和军事活动的舞台。军队的活动，都是在一定地形条件下实施的，都要受地形条件的影响和制约。如军队的运动、观察、射击、工事构筑、隐蔽伪装、技术兵器的运用、防原子和防化学，以及后勤保障等，都和地形有着密切的关系。早在 2000 多年前，我国古代大军事家孙武在《孙子·地形篇》中就写道："夫地形者，兵之助也。料敌制胜，计险厄远近，上将之道也。知此而用战者必胜，不知此而用战者必败。"又说："知彼知己，胜乃不殆，知天知地，胜乃可全。"这些话，深刻揭示了地形对军事行动的重要作用。

战争经验证明，无论进攻或防御，在其他条件都具备的情况下，善于利用地形，可以减少损失，取得战斗的胜利；不善于利用地形，会给战斗增加困难，甚至遭受挫折或失败。所

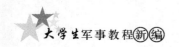

以，古今中外军事家，无不重视了解地形，研究地形对军队战斗行动的影响，趋利避害，使自己立于不败之地。古往今来，有多少聪明的军事家巧借地利，妙施计谋，写下了无数脍炙人口的光辉战例和不朽史章，也不乏因"不知地形而用战者"，留下了众多无法挽回的憾事。三国时代，公元228年，"马谡拒谏失街亭"，诸葛亮挥泪斩马谡，成了千古名鉴。同时也昭示后人，凡用战，必须知天知地，方可趋地利而避其害，牢牢掌握战场主动权。

二、几种主要地形对战斗行动的影响

各种地形对军事行动的影响各不相同。要做到善于利用地形，必须了解各种地形的特点，善于分析、判断各种地形的利弊，以趋利避害，使自己立于不败之地。

（一）平原

地面平坦或起伏微缓的宽广地区叫平原，海拔一般在200米以下，高差在50米以下。它以较小的高程区别于高原，以较小的起伏区别于丘陵。

1. 平原的地形特点

平原地区地面平坦，交通发达，人烟稠密，物产丰富，大部分为耕种地，如我国有名的豫东平原、华北平原、松嫩平原等。北方平原，地势开阔，起伏和缓，间有小的岗丘、垄岗，道路四通八达，耕地多为旱地，地下水位较低。南方平原，江河、湖泊遍布，沟渠纵横，除公路外，乡村路窄而弯曲，且多桥梁，耕地大部分为水稻田，地下水位较高。

2. 平原对战斗行动的影响

平原地区便于组织指挥和通信联络，便于观察、射击，便于物资补给，适于机械化部队和大兵团协同作战。冬春季节，视界良好，射界开阔，但不便于隐蔽，配置在纵深内的直射火器不便于发射火力，大部队行动容易暴露企图。夏秋季节，树木繁盛，青纱帐起，有利于隐蔽伪装，却又对观察射击不利。

平原地区一般是易攻难守，除大江、大河外，一般无险可守，因此，居民地，特别是较大的村镇，常成为防御的重要依托，而独立高地、高大的土堆、土堤及高大的建筑物等，则常成为攻防双方争夺的要点。

（二）山地

地面起伏显著，高差一般在200米以上的高地叫山。群山连绵、岭谷交错的地区就叫山地。

1. 山地的特点

山地坡陡谷深，山顶高耸，山背、山脊纵横起伏，死角荫蔽地多，地形复杂，人烟稀少，交通不便。

2. 山地对战斗行动的影响

山地地区军队行动困难，尤其是坦克、大型火炮等重型兵器的作业受到限制；山地对判定方位、通行、观察、射击等均比较困难，不便于观察指挥、通信联络和协同动作。但山地便于凭险固守，隐蔽伪装；便于选择良好的制高点，设置观察所和指挥所；便于隐蔽行动，迂回包围，穿插分割和设置埋伏；利于对原子、化学武器的防护。山地一般有利于防御。山地的制高点、山垭口和隘路，往往是作战双方争夺的要点。

（三）丘陵地

从山顶到山脚的高差在 200 米以下的高地叫丘陵。地面起伏较缓，岗丘错综连绵，高差一般在 200 米以下的地区叫丘陵地。

1. 丘陵地的地形特点

丘陵地高差不大，谷宽岭低，坡度平缓，断绝地较少，人烟较密，农产品丰富，交通比较发达，大的城镇多在广阔的谷地和水陆交通要冲。北方丘陵地，多为土质丘陵，形状圆浑，局部有陡坡、冲沟，斜面及山脚多为旱地、梯田，多高秆作物；南方丘陵地，多为石质丘陵，呈尖顶，山脊、山背狭窄，地形起伏零乱，部分地区有陡坡和断绝地，山脚多为水稻田、梯田。

2. 丘陵地对战斗行动的影响

丘陵地对军队的机动和各种兵器的使用限制较少，有一定的隐蔽条件，便于诸军种、兵种隐蔽机动和协同作战，便于组织指挥和通信联络，便于观察、射击和构筑野战工事，便于军队后勤补给，对原子武器袭击有较好的防护作用，但山谷和凹地则容易滞留毒剂。丘陵地，不论攻防均便于部署兵力兵器，攻者便于隐蔽接近敌人，实施迂回包围；防者可以利用纵深高地进行梯次部署，建立纵深梯次的支撑点式环形防御体系。制高点、重要高地是攻、防双方争夺的要点。

（四）山林地

树木聚生的山地叫山林地。

1. 山林地的特点

山林地的特点与山地基本相似，只是地形更隐蔽，人烟更稀少，交通更不便。南方的热带山林地，山高坡陡，谷深岭窄，林密草深，荆棘丛生，藤萝交织，河溪纵横，路窄多弯，多雨多雾多毒虫；北方山林地，山岭较平坦、浑圆，土壤层较厚，地形割裂程度较小，气候寒冷，冬季较长，积雪较厚。

2. 山林地对战斗行动的影响

山林地对军队的机动、观察、射击、通信联络、物资补给造成困难，且易迷失方向，大兵团尤其是重装备部队行军、作战困难。但便于隐蔽伪装；便于迂回包围，穿插分割；便于控制要点，据险扼守；便于构筑工事，设置障碍，制作简易工程保障器材；便于采集野生食物，短期克服困难。对原子武器有一定的防护作用，但易滞留毒剂和放射性物质，森林容易引起火灾。

（五）水网稻田地

江河、沟渠纵横交错，湖泊、池塘密布，遍地水稻田的地区叫水网稻田地。

1. 水网稻田地的地形特点

地势平坦开阔，河、渠相连，岸堤不高，稻田积水、泥深，公路较少，乡村小路多蜿蜒于河岸和田埂，桥梁、涵洞较多，人口稠密。居民地多分布于道路和河流两侧；农产品

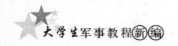

丰富。

2. 水网稻田地对战斗行动的影响

地势平坦，展望良好，视界、射界均较开阔，但不易选择良好的观察所、指挥所和火炮发射阵地，直射火器不便实施超越射击；由于河渠交错，岸陡水深，河底淤泥，形成断绝地形，严重影响诸兵种的机动，特别是机械化、装甲和炮兵部队的越野运动极为困难，进攻部队的战斗队形易被河渠分割，不便于指挥、联络和协同；部队连续通过泥泞稻田，体力消耗大，运动速度低；道路易被破坏，工程保障难度大；但便于步兵分队、轻便炮兵或船载炮兵、水陆坦克利用河流、沟渠实施水上机动；由于地下水位高，防御时不易构筑坚固工事，防御配置易受水网分割，但可利用河流、沟渠、湖泊等天然障碍组织防御；居民地、小高地、土丘等，常为防御的依托，有些居民地是水陆交通的枢纽，更是攻防双方争夺的要点。对原子、化学武器的防护作用与平原地区相近，但水有利于吸收辐射热和洗消，故消除袭击后果的条件相对较好。

（六）居民地

人们按照生产和生活需要而形成的集聚定居的地区叫居民地。根据性质和人口多少分为城市、集镇、村庄等。

1. 居民地的地形特点

大的城市居民地常是某一地区的政治、经济和文化中心，又多是交通枢纽。一般依山、临河或滨海、濒湖而筑，人口众多，房屋密集，建筑物高大而坚固，还有地下建筑和防空工事设施，街道排列整齐，纵横交叉，交通方便，有机场、港口、铁路、公路等运输设施。中小城市通常都有公路或铁路相通。

集镇是一种较大的居民地，房屋较多，其建筑形式比较简单。山地的集镇，街道比较曲折，房屋布置分散；平原上的集镇，一般靠近道路或江河两侧，街道比较平直，房屋密集，交通发达，一般都有公路、大车路、乡村路或水路相通。

村庄是较小的居民地。北方村庄多平房、院墙，部分有土围、寨墙，建筑材料多为土坯、砖石，房顶覆盖较厚，比较坚固；南方村庄部分有楼房，使用的建筑材料沿海地区多为砖石、水泥，山区多为砖木、泥瓦。

2. 居民地对战斗行动的影响

居民地对战斗行动的影响程度，决定于它的大小、所在位置、建筑物状况和附近地形条件等。

大的居民地通常是攻、防要点，也是敌人航空兵、炮兵、导弹和原子武器、化学武器袭击的目标。居民地便于构成坚固的防御阵地，利于近战、夜战和小分队战斗活动；利用城市电信设备可组织部队通信联络，便于军队宿营和后勤补给，但观察、指挥和协同不便，战斗队形易被分割，城市附近的高地、隘路、交通枢纽、桥梁、渡口和机场、火车站、发电厂、水源以及重要的工业区等，常成为攻、防双方争夺的地方。

居民地对原子武器的防护能力，主要取决于建筑物坚固程度和有无地下建筑等，通常居民地能缩小杀伤范围，但易造成间接杀伤和引起火灾，庭院和街巷易滞留毒剂和放射性沾染物质。

（七）岛屿和海岸

岛屿是散列于海洋、江河、湖泊中的陆地，面积大的叫岛，小的叫屿。

海水面与陆地接触的滨海地带，叫海岸；海边多年形成的大潮高潮线，称海岸线。

1. 岛屿地形的特点和对战斗行动的影响

岛屿的地形特点是：四面环水，面积狭小。多数为列岛或群岛，少数为孤岛。一般岛上多山，坡度陡峻，地形复杂；岸线弯曲，岸陡滩狭；道路少，且曲折狭窄；居民少，物产有限，淡水缺乏；多数岛上土壤贫乏，植被较少，但热带地区的岛上多茂密丛林；岛屿气象复杂多变，夏季台风威胁较大；有些岛屿之间水浅礁多，航道狭窄。岛屿对战斗行动的影响，主要决定于岛屿的位置、形状、大小和岛上地形以及港湾、交通和给水条件等。

一般来说，岛屿利于防御不利于进攻。由于岛上多山，地形险要，登陆地段少，便于依托有利地形，构筑以坑道为骨干，组成完整、坚固的防御阵地，凭险固守；但四面环水，军队机动和补给受限制，岛与岛之间通信联络不便，协同和指挥困难，易被封锁围困。对进攻一方而言，由于岸滩或陡狭，或泥泞，登陆上岸和向纵深发展易受限制；航渡时，战斗队形易遭对方空中和海上的火力袭击；风浪和海潮会影响部队的航渡和增加疲劳；敌前登陆，背水攻击，增加了进攻战斗的艰巨性。

2. 海岸地形的特点和对战斗行动的影响

海岸对战斗行动的影响，主要取决于海岸的性质和曲折程度，港湾的大小与设备、滨海地形，近岸岛屿及潮汐情况等。

海岸依其性质可分为泥岸、岩岸和沙岸。

（1）泥岸：多与平原连接，如河北、江苏，杭州湾北侧海岸。其特点是：岸滩多淤泥，岸线直，岸坡缓，涨落潮界线距离远，不便于军队登陆；由于泥泞下陷，技术兵器不便于发挥作用，构筑工事亦较困难，有海堤时可作依托；但内陆地形平坦开阔，除水稻田地外，一般适于诸兵种合成军队登陆后发展进攻。

（2）岩岸：多为山地延伸入海，如浙江、福建、广东等地海岸。其特点是：岸高且陡，岸线曲折，土质坚硬，近岸多岛屿、礁石，滨海地形起伏大，港湾多。这种海岸的登陆地段小，不便于展开与靠岸；技术兵器使用受限制，向纵深发展困难，但便于依托要点组成纵深梯次防御，便于对原子武器袭击的防护。

（3）沙岸：多由丘陵地延伸入海，如辽宁、山东海岸。其特点是：岸线较曲折，港湾较多，岸坡短平，地形隐蔽。这种海岸便于登陆地段较多，舰船易于靠岸，技术兵器使用受限制小，便于向纵深发展，对防御则便于控制要点和隐蔽机动兵力兵器。

港湾是舰船抛锚、停靠和装卸物资之处，是海军作战之依托，敌我双方争夺的主要目标。海岸突出部、沿岸高地和近岸岛屿是防御的重点。

三、研究地形的基本方法

在执行战斗任务时，认真研究和善于利用地形，是取得作战胜利的重要保证。研究地

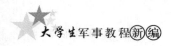

形通常有以下五种方法。

（一）现地侦察

现地侦察地形是研究地形最基本的方法，在现地可以真实地了解地形状况，判断其对战斗行动的影响，使自己的决心符合于客观实际，实施正确的组织指挥。在条件允许时，现地侦察可多次进行。如受时间限制，也应重点进行。为便于现地侦察和分析地形情况，可对照地图和航天、航空相片进行研究。

（二）利用地图研究

利用地图研究地形是常用的一种方法，通常在现地侦察前或不易进行现地侦察时采用。大比例尺地形图显示地形较详细、准确，不仅能了解地形的高低起伏状况、形状及其关系位置，还可测量距离、高程和面积，又不受敌情、天候和时间的限制。在现代条件下作战，战场广阔，情况多变，应随时利用地图研究地形，以实施不间断的指挥。但由于我国经济建设的飞速发展，某些地区的地形变化较大，在使用地图时，应注意地形调查，及时补充修正。

（三）利用航空相片研究

利用航空相片研究地形，可获得新颖、详细、真实的地形资料，判明敌人的火器配置、工程设施、兵力和技术兵器的集结地域情况。但相片不能显示居民地、高地、江河的名称和地面点的高程等情况，故仍须结合地图进行分析判断。

（四）利用沙盘研究

沙盘能形象地显示实地的高低起伏形状，表示敌我工事、兵力和兵器的配置等情况。利用沙盘研究地形，直观形象，能给人以明确的立体感，且不受敌情、天候、时间和地点等条件的限制。沙盘作业既是平时部队战术训练的好形式，又是战时指挥员研究和判断地形、敌情，定下决心，制订作战方案，组织协同和战前练兵的好方法。

（五）利用电视显示系统研究

利用电视技术显示地形、传输地形图，或利用小型发射机直接观察战斗进展，把战场地形和敌情变化及时转播到指挥所里，是随着电子技术的发展而开发出来的一种研究地形的新方法，它可以快速向指挥员提供所需要的地形与敌情资料。

1. 内部地图电视系统

内部地图电视系统是在指挥所首长和各作业室之间建立的电视传输系统。它是通过袖珍摄像机把各作业室每个参谋标绘的工作图拍摄下来，并传输到首长指挥室，在电视屏幕上显示出来，这样就可以及时交流、分析和判断地形情况以及标绘的内容。

2. 外部地图电视系统

外部地图电视系统是在上下级指挥所之间建立的电视传输系统。它是通过袖珍摄像机把下级指挥所的工作图都拍摄下来，并用无线电波传送到上级指挥所的接收站。同时传输到指挥所各作业室的电视屏幕上。这样指挥员与机关就能及时了解与研究所属部队在各战场的情况。

3. 实地地形和战斗情况电视系统

实地地形和战斗情况电视系统是在战场前沿用袖珍电视摄像机在地面或固定在较高的塔上进行现地拍摄，并把所摄取的实地地形和战斗情况传输到地面站，再利用天线接力转输到指挥所。对敌纵深的目标可利用小型、无人驾驶或遥控飞行器进行拍摄，并把所摄取的纵深情况用无线电直接发射到指挥所。这样，指挥员就可以在电视屏幕上及时了解战场地形和敌情变化情况，以保障实施不间断的组织指挥。

4. 实地录像和放映

平时对预定作战地区的关隘、要塞、通道预先进行录像，保存地形磁带，战时在指挥所放映供指挥员研究敌情、地形，定下决心。

此外，还可根据兵要地志，以及通过向当地人民群众作调查、审讯俘虏等方法获得有关地形资料。

第二节　地形图的基本知识

地形图是军队研究地形的重要资料，是指挥员组织部队训练、作战的重要工具。正确识别和使用地形图，必须认真学习地形图的基本知识。

一、地图概述

（一）地图的定义

将地球表面的自然、社会要素和现象的空间分布，按一定的投影方法、比例关系和制图综合原则，用规定的符号、颜色和注记综合绘制的图，称为地图。

（二）地图的分类和用途

地图按其内容可分为普通地图和专门地图；按比例尺可分为大、中、小比例尺地图；按表现形式可分为线划地图、影像地图、数字地图；按色彩可分为单色地图、多色地图。

普通地图是综合反映地表自然现象和社会经济现象的地图。内容包括：自然地理要素，如地貌、水系、土壤、植被等；社会经济要素，如居民地、行政区域、工矿、交通网等。普通地图分为地形图和地理图，是编制专门地图的基础。

地形图是普通地图的一种，其比例尺大于 1∶100 万，它是国家经济建设、国防建设和军队作战、训练不可缺少的重要地形资料。在地形图上，可以进行长度（距离）、高度、坡度、水平角度、坐标和面积的量读、计算。

专门地图也称专题地图或主题地图，是以普通地图为底图，着重表示一个专题内容的地图，如地质图、地貌图、水文图、人口图、交通图、气象图等。

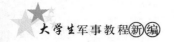

二、地图比例尺

（一）地图比例尺的定义

地图上某两点间直线长度与相应实地水平距离之比，叫地图比例尺。地图比例尺通常以数字比例尺或直线比例尺标注在地图图廓外，是判定地表实地水平长度在地图上的缩小比例和根据图上量测长度计算实地水平距离的依据。

比例尺＝图上长度/相应实地水平距离

如图上两点长为 1 厘米，实地该两点的水平距离为 50000 厘米，那么，这幅图比例尺为 1∶50000。地图比例尺的分子通常用 1 表示，以便了解地图缩小的倍数。由于地图使用目的和要求不同，因而地图比例尺也就不同。

（二）地图比例尺的大小

地图比例尺的大小是按比值的大小来衡量的。在幅面大小相等的地形图上，比例尺越大，图中所包括的实地范围越小，显示的内容越详细，精度越高；比例尺越小，图中所包括的实地范围越大，显示的内容越简略，精度越低。

我国地形图的比例尺系列为 1∶1 万、1∶2.5 万、1∶5 万、1∶10 万、1∶25 万、1∶50 万、1∶100 万 7 种。

（三）在图上量算距离

1. 用直尺量算

用直尺量取所求两点的图上长，然后乘以该图比例尺分母，即得相应的实地水平距离。其换算公式为：

实地距离＝图上长×比例尺分母

2. 依直线比例尺量读

先用两脚规量出两点间的长度，并保持其张度，再到直线比例尺上比量。比量时，先使两脚规的一脚落在尺身的整千米数上，再使另一脚落在尺头上，即可读出两点间实地水平距离。

3. 用里程表量读

在地形图上量取弯曲路段或曲线距离时，使用指北针上的里程表比较方便。里程表由表盘、指针及滚轮三部分组成。量读时，先使指针归零，然后手持里程表，将滚轮放在起点上（使指针按顺时针方向转），沿所量线段滚至终点，指针在相应比例尺分划圈上所指的千米数，即为所求实地距离。

（四）图上量算距离的改正

从图上量算的实地距离，都是水平距离，而实地往往是起伏不平的，制图时对道路微小弯曲又进行了综合，故图上量算的实地水平距离，都小于相应的实地实际距离。为使图上量算的距离接近于实地实际距离，应将量算的实地水平距离加上坡度及弯曲改正数（改正数=水平距离×改正率)。改正率见表9-1。

表9-1 坡度及弯曲改正数表

坡度	改正率/（%）	坡度	改正率/（%）
0~5	3	20~25	40
5~10	10	25~30	50
10~15	20	30~35	65
15~20	30	35~40	80

改正距离的计算公式为：实地实际距离=水平距离+水平距离×改正率

三、地物符号

地面上的地物，在地图上是用统一规定的符号结合注记表示的，这些规定的图形符号称地物符号。它是构成地图的重要因素，是地图的语言。根据地物符号和注记，可以识别出实地地物的种类、性质、形状和分布情况。

（一）符号的图形特点

地物符号的图形，依其形状，主要有以下三个特点（图9-1）。

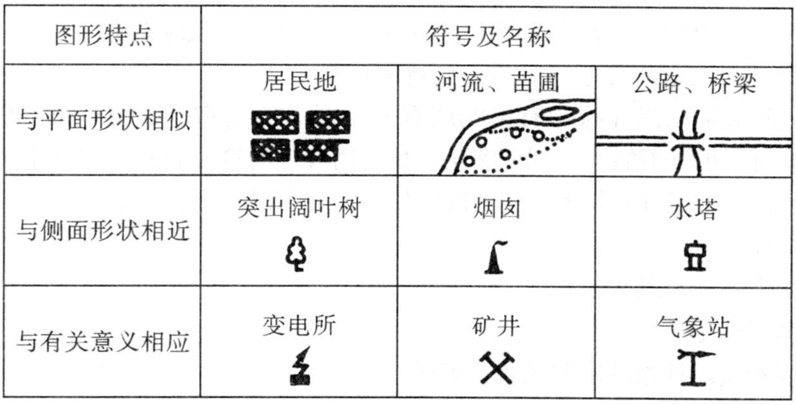

图形特点	符号及名称		
与平面形状相似	居民地	河流、苗圃	公路、桥梁
与侧面形状相近	突出阔叶树	烟囱	水塔
与有关意义相应	变电所	矿井	气象站

图9-1 地物符号的图形特点

1. 图形与地物的平面形状相似

这类符号的图形与地物正射投影后的平面形状相似，并保持一定的比例关系，所以叫正形图形。正形图形一般用于表示实地较大的地物，如居民地、森林、河流、公路、桥梁等。

2. 图形与地物的侧面形状相近

这类符号的图形与地物的侧面形状相近，所以叫侧形图形。侧形图形一般用以表示实地较小的独立地物，如突出树、烟囱、水塔等。

3. 图形与地物有关意义相应

这类符号的图形是按照会形、会意的方法构图的，所以叫象形图形。它具有形象和富

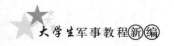

有联想的特点，如变电所、矿井、气象站等。

（二）符号的分类

1. 依比例尺表示的符号（又叫轮廓符号）

实地面积较大的地物，如大居民地、森林、江河、湖泊等，其图形是按比例尺缩绘的，文字注记是按配置需要填绘的。在图上可了解其分布、形状和性质，量算出相应实地的长、宽和面积。

它的特点有：

（1）可真实地反映出实地地物的大小形状和分布情况。

（2）可在图上量出相应的实地之长、宽，并能计算面积。

（3）定位点在轮廓线上。

2. 半依比例尺表示的符号（又叫线状符号）

实地的窄长线状地物，如道路、垣栅、土堤、通信线等，其转折点、交叉点位置是按实地精确测定的，其长度是按比例尺缩绘的，而宽度不是按比例尺缩绘。因此，在图上只能量测转折点、交叉点位置和相应的实地长度，而不能量取宽度和面积。其准确位置在符号的中心线上或底线上。

它的特点有：

（1）可看出其曲直形状。

（2）可量取其长，宽度虽不可量取，但大都有注记。

（3）实际位置对称图形在中心线上，不对称图形在底线或缘线上。

3. 不依比例尺表示的符号（也叫点状地物符号）

实地上一些对部队战斗行动有影响或有方位意义的地物，如突出树、亭、塔、油库等，因其实地面积小，不能按比例尺缩绘，只能用规定的符号表示。在图上可了解实地地物的性质和位置，不能量取其大小。其准确位置，在符号的定位点上。

它的特点有：

（1）在图上不能量其大小。

（2）有图形规定。

（3）可表示实地地物的准确位置，就是定位点。

此类地物符号的定位点可归纳为"三点三心"。

三点：

（1）图形中有一点的，定位点就是该点。如：三角点、亭子。

（2）底部宽大的，定位点在底部中点。如：水塔、石碑。

（3）底部为直角的，定位点在直角顶点。如：独立树。

三心：

（1）几何图形，其定位点在图形中心。如：油库。

（2）组合图形，其定位点在主体图形中心。如：塔形建筑物。

（3）其他图形，其定位点在整个图形的中心。如：矿井。

4. 说明符号和配置符号

主要是用来说明、补充上述三种符号不能表示的内容。说明符号是用来说明某种情况的，如表示街区性质的晕线、表示江河流向的箭头等。配置符号是用来表示某地区的植被及土质特征的，如草地、果园、疏林、道旁行树、石块地等。说明符号和配置符号只表示实地地物的分布情况，并不表示地物的真实位置和数量。

（三）符号的有关规定

1. 颜色的规定

为使地图内容层次分明、清晰易读，地物符号采用不同颜色来区分地形的性质和种类。我国现出版的地形图均为四色。其规定见表9-2。

表9-2　地物符号颜色的规定

颜色	使用范围
黑色	居民地、独立地物、管线、垣栅、道路境界、森林符号和注记
绿色	森林、果园等植被的普染
蓝色	水系及其普染，水系注记，雪山等高线及注记
棕色	地貌和等高线的高程注记，公路普染

2. 定位点的规定

定位点是指符号中表示地物真实位置的部位。地物符号中，不依比例尺和半依比例尺的符号，实际上都是夸大了的符号，因此，它们在地形图上的定位点，制图时就必须明确规定。

不依比例尺符号（主要是指独立地物符号），其定位点的规定见图9-2。

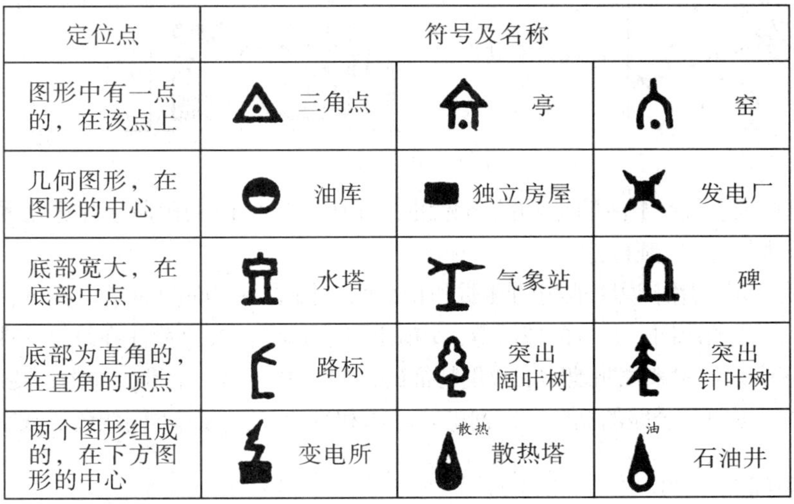

定位点	符号及名称		
图形中有一点的，在该点上	▲ 三角点	⛩ 亭	窑
几何图形，在图形的中心	油库	独立房屋	发电厂
底部宽大，在底部中点	水塔	气象站	碑
底部为直角的，在直角的顶点	路标	突出阔叶树	突出针叶树
两个图形组成的，在下方图形的中心	变电所	散热塔	石油井

图9-2　不依比例尺符号的定位点

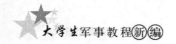

半依比例尺符号（主要是指线状地物符号），其定位线的规定见图9-3。

定位线	符号举例	定位线	符号举例
成轴对称的符号，在中心线上	公路 土堤 高出地面的渠	不成轴对称的符号，在底线或缘线上	城墙 土城墙 陡岸

图9-3　半依比例尺符号的定位点

3. 注记的规定

地物符号只能表示地物的形状、位置、大小和种类，不能表示其质量、数量和名称，因此，还需用文字和数字予以注记，作为符号的补充和说明（图9-4）。

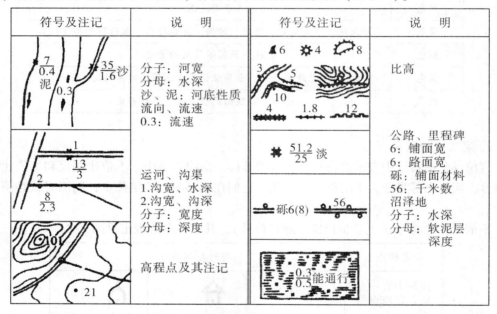

图9-4　常见的符号注记

（1）名称注记：用于注明地物的名称的，如居民地、山和山脉、水系名称及地理单元名称分别以不同字体和颜色注记。

（2）说明注记：用来说明地物的性质和特征的，如公路路面的质量，渡口、桥梁的性质，森林的种类，河流的流向，井水的咸淡等，均采用不同颜色的文字简注在符号内或一旁。

（3）数字注记：用来说明地物的数量特征的，如山的高程，土堆、冲沟、陡崖的比高，森林的平均树高、树粗，公路的宽度，江河的宽、深和流速等，均用不同颜色的数字表示。

四、地貌判读

地貌是指地表高低起伏的形态。地貌对部队军事行动有很大影响。因此，要求图上不仅要显示地貌的一般形象，而且还要准确地判读地貌的起伏高度、坡度和形象特征。长期以来，人们进行了大量的探讨实践，到目前为止，在地图上表示地貌的方法已有多种，但世界各国目前广泛采用"等高线法"来表示地貌。

（一）等高线显示地貌

1. 等高线

在地图上将地面上高程相等的各点连成的闭合曲线称等高线，亦称水平曲线，用以显示地貌高低起伏、倾斜陡缓形态，量取某一地段的坡度或任一点的绝对高程与相对高程等。

2. 等高线显示地貌的原理

设想将一座山从底到顶按照相等的高度一层一层地水平切开，这样，在山的表面就出现许多大小不同的截口线，再把这些截口线垂直投影到同一平面上，便呈现出一圈套一圈的等高线图形。地图就是根据这个原理来显示地貌的（图9-5）。

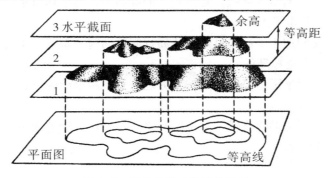

图9-5　等高线显示地貌的原理

3. 等高线显示地貌的特点

（1）在同一条等高线上各点的高程相等，并各自闭合。

（2）在同一幅地图上，等高线多的山就高，等高线少的山就低，凹地则与此相反。

（3）在同一幅地图上，等高线间隔大的坡度缓，间隔小的坡度陡。

（4）图上等高线的弯曲形状与相应实地地貌的形状相似。

4. 等高距的规定

相邻两条等高线间的实地垂直距离叫等高距。等高距的大小，在很大程度上决定着地貌表示的详略。等高距愈小，等高线愈多，地貌表示就愈详细；等高距愈大，等高线愈少，地貌表示就愈简略。等高距地区的地貌特征，依据地图比例尺和地图的用途等状况来规定。我国基本比例尺地形图等高距的规定见表9-3。

表9-3　等高距的规定

比例尺	1：2.5万	1：5万	1：10万	1：20万
等高距/m	5	10	20	40

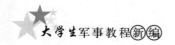

5. 等高线的种类和作用

等高线按其作用不同，分为四种（图9-6）。

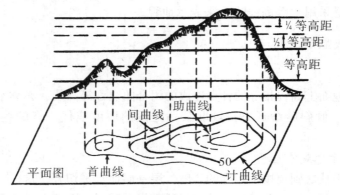

图9-6　等高线的种类

（1）首曲线：又叫基本等高线，是按规定的等高距，由平均海水面起算而测绘的细实线，用以显示地貌的基本形态。

（2）计曲线：又叫加粗等高线，规定从高程起算面起，每隔四条首曲线加粗描绘一条粗实线，以便利在图上查算高程。

（3）间曲线：又叫半距等高线，是按二分之一等高距描绘的细长虚线，用以显示首曲线不能显示的局部地貌。

（4）助曲线：又叫辅助等高线，是按四分之一等高距描绘的细短虚线，用以显示间曲线不能显示的局部地貌。

6. 高程起算和注记

我国规定，把"1956年黄海平均海水面"作为全国统一的高程起算面，称为"1956年黄海高程系"。20世纪80年代，通过复查和计算，又对原起算基准作了准确修正，定为"1985国家高程基准"。从这个基准面起算的高程叫真高，也叫海拔。地貌、地物由所在地面起算的高度，叫比高。起算面相同的两点间高程之差，叫高差。

地形图上的高程注记有三种，即控制点高程、等高线高程和比高。控制点的高程注记，用黑色，字头朝向北图廓；等高线的高程注记，用棕色，字头朝向上坡方向；比高注记与其所属要素的颜色一致，字头朝向北图廓。

（二）地貌识别

1. 山的各部形态（图9-7）

（1）山顶：山的最高部位叫山顶。图上表示山顶的等高线是一个小环圈，环圈外面通常绘有与等高线垂直相连的短线，叫示坡线。按山顶的形状分为尖顶、圆顶和平顶三种。

（2）凹地：比周围地面凹陷，且经常无水的地方，叫凹地。图上表示凹地的等高线是一个或数个小环圈，并在环圈内侧绘有示坡线。

（3）山背：从山顶到山脚的凸起部分，叫山背。图上表示山背的等高线是以山顶为准向外凸出的部分。各等高线凸出部分顶点的连线，叫分水线。

（4）山谷：两个山背或山脊间的低凹部分，叫山谷。图上表示山谷的等高线，逐渐向山顶或鞍部方向凹入。各等高线凹入部分顶点的连线，叫合水线。

（5）鞍部：相连两个山顶间形如马鞍状的低凹部分，叫鞍部。图上是用表示山谷和山背的两组对称的等高线表示的。

（6）山脊：由若干山顶、鞍部相连所形成的凸棱部分，叫山脊。山脊的最高棱线，叫山脊线。图上山脊是由若干表示山顶和鞍部的等高线连贯起来表示的。

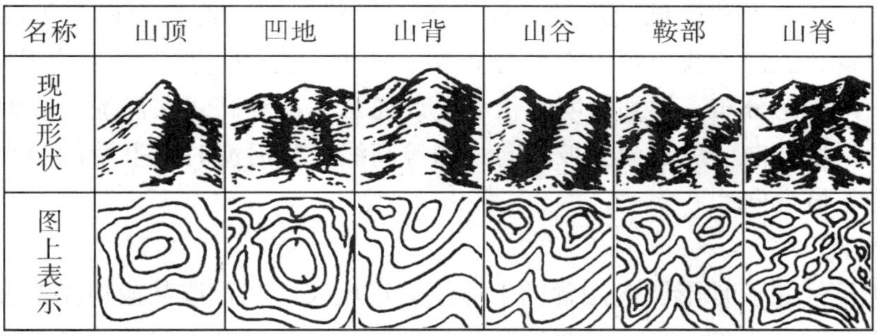

名称	山顶	凹地	山背	山谷	鞍部	山脊
现地形状						
图上表示						

图 9-7 山的各部形态

2. 斜面和防界线

（1）斜面：斜面是指从山顶到山脚的倾斜部分，又叫斜坡。朝向敌方的斜面称为正斜面，背向敌方的斜面叫反斜面。按形状可分为：

①等齐斜面。坡度近乎一致，斜面上均能通视。等高线的间隔基本相等。

②凸形斜面。坡度上缓下陡，斜面上部分地段不能通视，形成观察和射击的死角。等高线的间隔上疏下密。

③凹形斜面。坡度上陡下缓，斜面上均可通视，便于火力发挥。等高线的间隔上密下疏。

④波状斜面。坡度陡缓不一，斜面的若干地段不能通视，形成观察、射击的死角较多。等高线的间隔疏密不一。

（2）防界线：防界线通常是斜面上凸起的倾斜变换线。在防界线上，能展望其下方的部分或全部斜面，利于构筑射击阵地和观察所。防界线是等高线由疏变密的地方。

3. 地貌符号

地貌符号用于表示等高线无法显示的地貌，如变形地、山隘、岩峰、露岩地等。由于这类地貌的形态复杂多变，用等高线无法逼真形象地反映地形的全貌，因此，必须采用特殊地貌符号。

（三）高程、起伏和坡度的判定

1. 高程和高差的判定

（1）高程判定。高程判定的主要依据有：首先从地图右下方查明等高距；在判定点附近找到高程注记；根据等高距、高程注记判出判定点下（或上）等高线的高程；看判定点与下（或上）等高线的关系位置，判出判点定的高程。具体分为四种情况：当判定的点在等高线上时，该条等高线的高程，就是该点的高程；当判定的点在两条等高线之间时，应先查出相邻两条等高线的高程，再按其所在位置估计；当判定的点在山顶，而山顶又无间

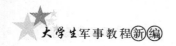

曲线或助曲线表示时，应先判明最高一条等高线的高程（如是鞍部则应先判明较低一条等高线的高程），通常再加上半个等高距的米数；点在凹地底部时，先判明判定点上方一条等高线高程，再减半个等高距的米数。

（2）高差判定。判定两点间的高差时，首先要判明两点的高程，将两点的高程相减，即得两点的高差。

2. 起伏判定

在图上判定战斗行动区域或运动方向上的起伏状况时，首先应根据等高线的疏密概况，河流的位置和流向，找出各山脊的分布状况和地形总的下降方向，再具体明确山顶、鞍部、山脊、山谷的分布，详细判明起伏状况。通常，当等高线在河流一侧时，靠近河流的等高线表示下坡方向，反之为上坡方向；当等高线横穿河流时，上游的等高线表示上坡方向，反之为下坡方向。

3. 坡度判定

（1）用坡度尺量：地形图南图廓的下方绘有坡度尺。当量取某段道路的坡度时，先用两脚规（或纸条）量取图上两条等高线间的宽度，然后移到坡度尺第一条曲线与底线间的纵方向上比量，找到与其等长的垂直线，即可读出相应的坡度。如几条首曲线的间隔大致相等，可一次量取2~6条等高线的间隔。量取几条等高线，就在坡度尺上相应的曲线上比几条，然后读出相应的坡度。

（2）根据等高线间隔计算：地形图如果采用统一规定的等高距，当两条相邻首曲线的间隔为1毫米时，则相应现地的坡度约为12度。如果间隔大于或小于1毫米，只要用间隔的毫米数除12度，就可以得出实地坡度。例如：相邻两条首曲线的间隔为2毫米，则坡度为：12度÷2＝6度。但若坡度超过30度时，则因估算误差较大，不宜采用此法。

五、坐标

确定平面上或空间中某点位置的有次序的一组数值，称为该点的坐标。使用坐标，便于迅速准确地确定点位，指示目标，实施组织指挥。军事上常用的有地理坐标和平面直角坐标。

我国地形图上的坐标是"1954年北京坐标系"。它是按高斯投影，采用克拉索夫斯基椭球，并在1954年完成北京坐标原点测算定向工作的，故称"1954年北京坐标系"。我国已于1980年在西安完成重建适应我国情况的坐标系，故称"1980年西安坐标系"。

（一）地理坐标

用经纬度数值表示地面某点位置的球面坐标，叫地理坐标。地理坐标通常用度、分、秒表示。在空军、海军和外交事务中，常用地理坐标指示目标位置。使用地理坐标指示目标时，应按先纬度后经度的顺序。

1. 地图上地理坐标的注记

地理坐标网由一组经线和纬线构成。地图比例尺不同，表示地理坐标网的形式也略有区别。在1：20万、1：50万、1：100万地形图上，绘有地理坐标网。纬度数值注记在东、西内外图廓间；经度数值注记在南、北内外图廓间。

在 1∶2.5 万、1∶5 万、1∶10 万地形图上，只绘平面直角坐标网，不绘地理坐标网。图廓四角注有经纬度数值，内、外图廓间绘有经、纬"分度带"，分度带的每个分划表示一分，将它们对应相同的分度线连接起来，即可构成地理坐标网。

2. 地理坐标的应用

用地理坐标指示目标或确定某点在图上的位置时，一般按先纬度后经度的顺序进行。

（1）在图上量取目标的地理坐标：在 1∶2.5 万、1∶5 万、1∶10 万地形图上量取某点的地理坐标，可先在南、北图廓和东、西图廓间的分度带上，找出接近该点的经、纬度分划，并连成经纬线；再量取该点至所连经纬线的垂直距离，并按分度带估计或计算出秒数；然后分别与所连经纬线的度、分数值相加，即可得出该点的地理坐标。

（2）按地理坐标确定目标的图上位置：如已知 150.0 高地的地理坐标为北纬 25 度 02 分 12 秒，东经 102 度 32 分 18 秒。确定该点的图上位置时，先将东、西图廓纬度分度带上 25 度 02 分 12 秒处连成直线，再将南、北图廓经度分度带上 102 度 32 分 18 秒处连成直线，两直线的交点，即为该点在图上的位置（图 9-8）。

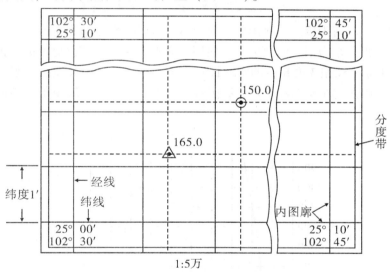

图 9-8　依分度带量读地理坐标

如所求点较多时，可先按分度带连成地理坐标网，再按各点的经纬度数值来确定各点在图上的位置。

（二）平面直角坐标

用平面上的长度值表示地面点位置的直角坐标，叫平面直角坐标。

1. 平面直角坐标的构成及注记

我国地形图上的平面直角坐标网，是按高斯投影绘制的。它以经差 6 度为一投影带，每投影带的中央经线为纵轴（X 轴），赤道为横轴（Y 轴），其交点为坐标原点（0）。这样，每一投影带便构成了一个独立的坐标系（图 9-9）。

为便于从每幅地形图上量测任意点的坐标，以千米（km）为单位，按相等的距离作平行于纵、横轴的若干直线，而构成一平面直角坐标网，也叫方里网。纵坐标以赤道为零

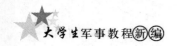

北极

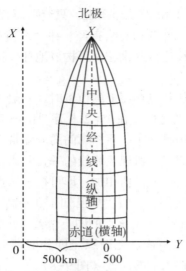

图 9-9　高斯投影带北半球的平面直角坐标系

起算，向北为正，向南为负。因我国位于北半球，所以纵坐标均为正值。横坐标如以中央经线为零起算，则向东为正，向西为负，使用时非常不便。为了避免负值，把中央经线按500 千米（大于赤上经差 3 度相应的实地长）计算。这样，在中央经线以东的横坐标值均大于 500 千米，以西均小于 500 千米。我国各地的平面直角坐标纵横值也由此而均为正值（图 9-10）。

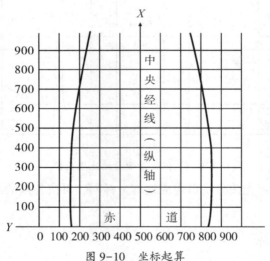

图 9-10　坐标起算

地形图上坐标值均以千米数为单位注记在内外图廓线之间。在东西图廓间横线上，由下向上增大的为纵坐标值，在南北图廓间纵线上，由左向右增大的为横坐标值；在图廓四角，注记坐标的全部数值，在图廓间只注记末两位数，横坐标值均为三位数，三位数前面的为投影带号。为了便于查找，在图幅中央处的纵、横坐标线上，也注有相应的坐标数值。

2. 平面直角坐标的应用

平面直角坐标主要用于指示和确定目标在图上的位置，也可根据方格估算距离和面

236

积。指示目标或确定点的位置时，按先纵坐标后横坐标的顺序进行。

（1）用概略坐标指示目标：用概略坐标指示目标的图上位置时，只用该目标所在方格纵横坐标末两位的千米数值即可。如图9-11，要指示116.6高地的位置时，可先找出该点下方横的纵坐标为67，后找出左方纵线的横坐标为45，该点的概略坐标即为（67，45）。

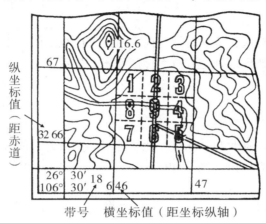

图9-11　用概略坐标指示目标

当需要明确地指示目标在方格中的位置或区分同一方格内的同类目标时，可采用井字格法。即将一个方格分为九小格，并按顺时针编号。指示目标时，在概略坐标后加注小格的编号即可。如图9-11，木桥的坐标为（66，46.5）。

（2）用精确坐标指示目标和确定点在图上的位置：精确坐标，由目标的概略坐标（千米数），加上该点至所在方格下边和左边坐标线的垂直距离（米）组成，用于精确地指示和确定某点的图上位置。

①精确坐标指示目标。可在概略坐标的基础上，用坐标尺量读。如图9-12，发射点的精确坐标为（$X85645$，$Y49300$）。也可用直尺量取该点至所在方格下边和左边坐标线的垂直距离，并依比例尺换算成米数，然后将至下边和左边坐标线的距离米数分别加在纵坐标和横坐标的千米数上，即为该点的精确坐标。

利用平面直角坐标指示目标时，在口述或报读时，应先报坐标，后报地点和目标；在书面文件中，应先写地点，后写坐标和目标。

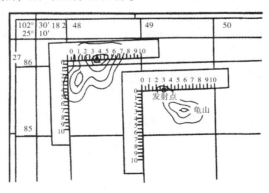

图9-12　用坐标尺量读精确坐标

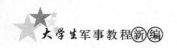

②用精确坐标确定目标的图上位置。可先按概略坐标找到该目标所在的方格，然后用坐标尺直接比量找出该点的图上位置；也可按纵横精确坐标值作平行于坐标纵横线的直线，则两线的交点就是所求目标点在图上的位置。

六、方位角与偏角

从某点的指北方向线起，依顺时针方向到目标方向线之间的水平夹角叫方位角。方位角在军事上应用很广，如现地判定方位、标定地图、指示目标、准备射击诸元、保持行进方向等。

（一）方位角的种类

由于每点都有真北、磁北和坐标纵线北三种不同的指北方向线，因此，从某点到某一目标，就有三种不同的方位角（图9-13）。

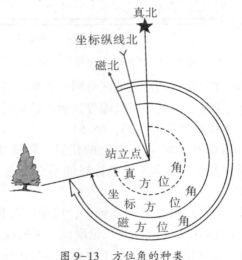

图9-13　方位角的种类

1. 真方位角

某点指向北极的方向线叫真北方向线，即经线，也叫真子午线。从某点的真北方向线起，依顺时针方向到目标方向线间的水平夹角，叫该点的真方位角，通常在精密测量中使用。

2. 磁方位角

某点指向磁北极的方向线叫磁北方向线，也叫磁子午线。在地形图南、北图廓上的磁南、磁北（即P. P′）两点间的连线，为该图的磁子午线。从某点的磁北方向线起，依顺时针方向到目标方向线间的水平夹角，叫该点的磁方位角。

3. 坐标方位角

从某点的坐标纵线北起，依顺时针方向到目标方向线间的水平夹角，叫该点的坐标方位角。

（二）偏角的种类

由于真子午线、磁子午线、坐标纵线（简称三北方向线）三者方向不一致，所构成的水平夹角，叫偏角。

1. 磁偏角

某点的磁子午线与真子午线间的夹角，叫磁偏角。磁子午线在真子午线以东的为东偏，在真子午线以西的为西偏。它随时间和地点的不同而变化。

2. 坐标纵线偏角

某点的坐标纵线与真子午线间的水平夹角，叫坐标纵线偏角，又叫子午线收敛角。坐标纵线在真子午线以东的为东偏，在真子午线以西的为西偏。在同一高斯投影带内，距中央经线和赤道愈近，偏角愈小，反之偏角愈大，但最大的偏角不超过 3 度。

3. 磁坐偏角

某点的磁子午线与坐标纵线间的水平夹角，叫磁坐偏角。磁子午线在坐标纵线以东的为东偏，在坐标纵线以西的为西偏。它有时为磁偏角和坐标纵线偏角值之和，有时为两者之差。

为便于计算，上述三种偏角，都以东偏为正（＋）西偏为负（－）。地形图南图廓的下方，均绘有偏角图。

（三）方位角的量读和磁方位角的换算

1. 在图上量读坐标方位角

在量取某点至目标点的坐标方位角时，先将该点和目标点连成直线，使其与坐标纵线相交（若两点在同一方格内，可延长直线）。然后，用量角器按方位角的定义量读。如图 9-14，171.4 三角点至 162.6 高程点的坐标方位角为：17-40（即 1740 密位）。

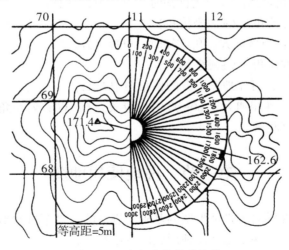

图 9-14　坐标方位角的量读

当坐标方位角大于 30-00 时，应将量角器放在坐标纵线的左边，使零分划朝南，再将读出的密位数加上 30-00，即为所求的坐标方位角。

2. 在图上量读磁方位角

磁方位角通常用指北针量读。如图 9-15，量读李家至虹山磁方位角，其方法如下：

（1）在地形图上，将出发点至目标点两点之间连一直线。

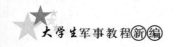

（2）标定地图。标定时，先将指北针的直尺边切于磁子午线，并使准星的一端朝向地图上方；然后转动地图，使磁针北端对准指标（即"0"刻画），地图即已标定。

（3）不动地图，再将指北针直尺切于出发点至目标点两点的连线上，并使准星朝向目标方向，待磁针静止后，其磁针北端所指的密位数04-54，即为李家至虹山磁方位角。

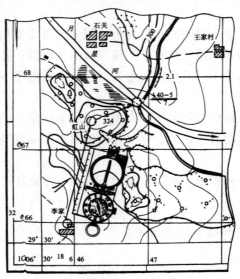

图 9-15　磁方位角量读

3. 坐标方位角和磁方位角的换算

（1）求坐标方位角：当磁方位角已知时，可按下式计算：

坐标方位角＝磁方位角＋（±磁坐偏角）

（2）求磁方位角：当坐标方位角已知时，可按下式计算：

磁方位角＝坐标方位角－（±磁坐偏角）

式中的磁坐偏角值，可在地图下方的偏角图中查取。

计算中，当两个角度相加大于 60-00 时，应减去 60-00；若小角度减大角度时，应加上 60-00，再与大角度相减。

第三节　现地使用地图

现地使用地图是在学会识别地形图的基础上进行的，是军事地形学的重要内容，要求每位作战人员都应熟练掌握现地使用地形图的方法和要领。

一、方位判定

方位判定，就是在现地辨明站立点的东、西、南、北方向，便于明确周围地形和敌我关系位置，实施正确的指挥和行动。

（一）利用指北针判定

判定方位时，先将指北针放平，待磁针静止后，磁针涂有夜光剂的一端（或黑色尖端）所指的方向，就是北方。如果面向北，则背后是南，右边是东，左边是西。使用指北针前，应检查磁针是否灵敏。使用时应避免靠近高压线和钢铁物体，在磁铁矿区和磁力异常地区不能使用。

（二）利用太阳和时表判定

一般来说，在当地时间 6 时左右，太阳在东方，12 时在正南方，18 时左右在西方。根据这一规律，便可概略地判定方位。如带有手表，可利用太阳和手表判定方位。判定的要领是：时数折半对太阳，"12"指的是北方。如在北京上午 9 时判定方位时，先将手表放平，以时针所指时数（每日以 24 时计算）折半的位置，即以 4 时 30 分对向太阳，"12"所指的方向就是北方。为便于判定，可在时数折半的位置上竖一细针或草棍，使针影通过表盘中心（图 9-16）。

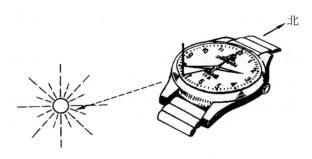

图 9-16　利用太阳和时表判定方位

北京时间是东经 120 度经线的地方时，在远离东经 120 度的地区判定方位时，应将北京时间换算为当地时间，即以东经 120 度为准，每向东 15 度（经度），将北京时间加上 1 小时，每向西 15 度（经度），减去 1 小时。如在新疆塔城地区（东经 83 度）上午 12 时判定方位时，应减去 2 小时 30 分，即当地时间为 9 时 30 分，以 4 时 45 分对向太阳，"12"所指的方向就是北方。

在北回归线以南地区，夏季中午时间太阳偏于天顶以北，不宜采用上述方法。

（三）利用北极星判定

北极星是正北方天空的一颗恒星，夜间找到北极星，就找到了北方。北极星的位置可根据大熊星座或仙后星座寻找。北极星位于小熊星座的尾端，它和大熊星座（俗称北斗七星）、仙后星座（又叫 W 星座）的关系位置，如图 9-17。大熊星座主要由 7 颗明亮的星组成，形状像一把勺子。将勺端甲、乙两星（叫指极星）的连线向勺口方向延长，约在两星间隔的五倍处，有一颗较亮的星就是北极星。仙后星座主要由 5 颗明亮的星组成，在缺口方向约为缺口宽度的两倍处，就可找到北极星。

北极星的高度大约与当地的纬度相等。在北纬 40 度以北地区，全年可以看到大熊星

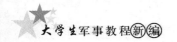

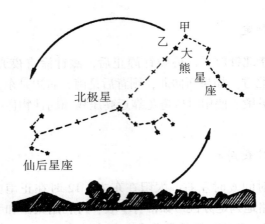

图 9-17 利用北极星判定方位

座和仙后星座，以南地区，有时只能看到其中的一个星座，另一个则移到地平线以下。

（四）利用地物特征判定

有些地物由于受阳光、气候等自然条件的影响，形成了某种特征，可用来概略地判定方位。

独立大树，通常南面的枝叶较茂密，树皮较光滑，北面的枝叶较稀疏，树皮较粗糙。

独立大树的树桩年轮，通常北面的间隔小，南面的间隔大。

突出地面的物体，如土堆、土堤、田埂和建筑物等，通常南面干燥，青草茂密，冬季雪融化较快；北面潮湿，易生青苔，冬季雪融化较慢。凹陷物体如土坑、沟渠，以及林中空地的特征则相反。

我国北方较大庙宇的正门，农村房屋的门窗多向南开。

我国幅员辽阔，各地区有其不同的特征。例如，内蒙古高原冬季因受西北风的作用，山的西北坡积雪较少，东南坡积雪较多；而在新月形沙丘地区，地面比较平坦，风向比较稳定，沙丘受风力的作用，顺着风向伸展，朝风的一面坡度较缓，背风的一面坡度较陡；草原上的蒙古包门多朝向东南。因此，利用地物特征判定方位时，应多种方法结合运用，并注意调查当地的特殊规律，以避免错误。

二、地图与现地对照

现地使用地图时，应注意经常与现地地形进行对照，以便了解周围的地形情况，保持正确的方向和位置。

（一）标定地图

标定地图，就是使地图的方位和现地的方位一致。标定的方法有以下五种：

1. 利用指北针标定

用指北针标定地图，一般按磁子午线标定。地形图的南、北内图廓线，分别绘有一小圆圈，分别注记磁北和磁南（1968 年以前出版的地图注记 P′和 P），用虚线连接，这两点的连线就是磁子午线。标定时，先使指北针的指标归零，"北"字朝向北图廓，直尺边切于磁子午线，转动地图，使磁针北端对准"北"字，地图即已标定。

2. 利用直长地物标定

当站在直长地物（如道路、土堤、河渠等）时，可先在图上找到这段地物符号，将图平放，转动地图，并对照两侧地形，使图上和现地直长地物的方位一致，地图即已标定。

3. 利用明显地形点标定

先确定站立点在图上的位置，再选定图上和现地都有的远方明显地形点（如山顶、独立地物等），平放地图，并将直尺边切于图上站立点和该地形点上，转动地图，使远方地物符号在前，通过直尺边瞄准现地明显地形点，地图即已标定。

4. 利用北极星标定

夜间可利用北极星标定地图。面向北极星，使地图的上方概略朝北，然后转动地图，使东（西）图廓线（即真子午线）对准北极星，地图即已标定。

5. 概略标定

在现地判定方位后，将地图的上方对向现地的北方，地图即以概略标定。这种方法简便迅速，是要求标定精度不高时的基本标定方法。

（二）确定站立点

确定站立点就是确定站立点在地形图上的位置，以达到正确使用地图，实施战斗行动。主要方法如下：

1. 利用明显地形点确定

当站立点在明显的地形点（如山顶、鞍部、桥梁、岔路口等）上时，从图上找出该地形点的符号，即是站立点在图上的位置。

当站立点在明显地形点的旁边时，可先标定地图，对照周围明显的地形细部，找出其与站立点的关系位置，即可判定站立点的图上位置（图9-18）。

图9-18　利用明显地形点确定

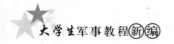

2. 截线法、垂直线法、叠标线法

沿直长地物（如直长的路段、土堤、河渠等）行进时，可采用以下方法确定站立点。

（1）截线法：先标定地图，在直长地物的一侧选定图上和现地都有的明显地形点，将直尺边紧靠地形符号定位点（最好在定位点插一细针），转动直尺向现地明显地形点瞄准，并绘方向线。该方向线与直长地物符号的交点，即为站立点在图上的位置（图9-19）。

图9-19　用截线法确定站立点

（2）垂直线法：当明显地形点与站立点的连线正好垂直于直长地物时，不用标定地图，在地图上，通过相应地形符号的定位点向直长地物符号画垂线，其交点即为站立点在图上的位置（图9-20）。

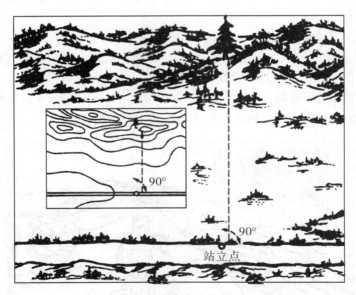

图9-20　用垂直线法确定站立点

（3）叠标线法：如现地有两个明显地形点和站立点正好在一直线上时，不用标定地图，在地图上，通过两个相应的地形符号绘一方向线与线状地物相交，其交点即为站立点在图上的位置（图9-21）。

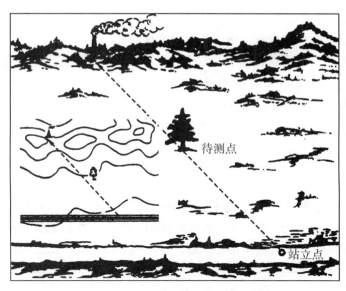

图 9-21　用叠标线法确定站立点

3. 后方交会法

当站立点附近无明显地形点，而在远方能看到现地与图上都有的两个明显地形点时，可采用后方交会法确定站立点的图上位置（图 9-22）。其作业步骤是：

（1）标定地图。

（2）选择离站立点较远的图上和现地都有的两个以上明显地形点，如图上的山顶与小屋。

（3）现地交会：先将直尺边切于图上一个远方地形点符号（如山顶小圆圈）的定位点上（可插细针），转动直尺向现地相应的地形点瞄准，并在图上绘方向线；不动地图，再用同样方法向另一远方地形点（如小屋）描绘方向线，两条方向线的交点，就是站立点在图上的位置。

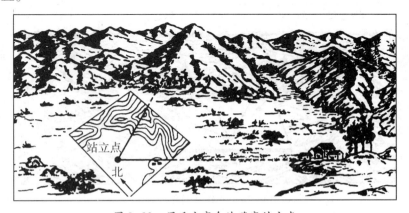

图 9-22　用后方交会法确定站立点

确定站立点时应注意：

（1）不论采取何种方法确定站立点，均应首先仔细分析研究站立点周围的地形，防止

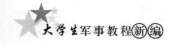

判错点位，用错目标。

（2）选择地形点作已知点时，图上位置要准确。

（3）标定地图后，在定点过程中，地图方位不能变动，并应注意检查。

采用交会法时，为提高交会点的准确性，两方向线的交角，一般不要小于30度（5-00）或大于150度（20-00），条件允许时，最好再用第三条方向线（或其他方法）进行检查。

（三）确定目标点

1. 目估法

当目标点在明显地形点上时，从图上找出该明显地形点，即为目标点在图上的位置。

当目标点在明显地形点附近时，应先标定地图，在图上找出该明显地形点，再根据目标与明显地形点的方位、距离和高差等关系，目估判定目标点在图上的位置（图9-23）。

图9-23　目估法判定目标点

2　光线法

当目标较多，其附近没有明显地形点时，多采用光线法确定目标点的图上位置（图9-24）。其方法是：

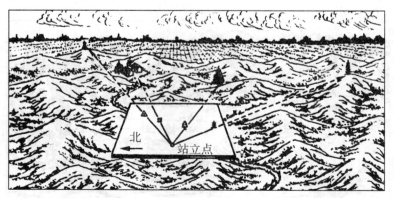

图9-24　光线法判定目标点

（1）标定地图。

（2）确定站立点在图上的位置。

（3）向目标瞄画方向线。方法是，先将指北针直尺（三棱尺）边切于图上的站立点

（可插细针），再向现地各目标瞄准，并向前画方向线。

（4）目测站立点至目标点距离，并根据距离按地图比例尺在各方向线上截取相应目标的图上位置。不易目测距离时，也可通过分析地形层次，或目标点与附近地形的位置关系，在方向线上目估判定目标点的图上位置。

3. 前方交会法

当目标点较远而附近又无明显地形点时，可采用前方交会法确定目标点在图上的位置（图9-25）。其方法是：

（1）选定现地与图上都有的两至三个明显地形点，如1、2点作为测站点。

（2）在第1点上先标定地图，确定该点图上位置并插一细针；再以指北针直尺（三棱尺）边紧靠细针向现地目标点瞄准，并向前画方向线。

（3）以同样方法在第2点上瞄画方向线，两方向线的交点就是目标点的图上位置。

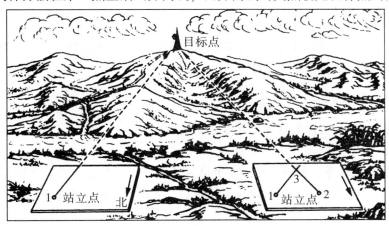

图9-25 前方交会法判定目标点

（四）现地对照地形

地图与现地对照就是通过作业，使图上的各种地形符号找到其相应的实地位置。现地对照通常是在标定地图和在图上确定站立点的基础上进行的。

对照的顺序是：先主要方向，后次要方向；由右至左（或由左至右）；由近及远；先由图上到现地，再从现地到图上；先对照大而明显的地物、地貌，再以此为骨干，以大带小，由点到面，逐段分片地对照细部地形。

对照方法：主要是根据站立点与目标的方向、距离，目标的特征、高程，以及目标与其附近地形的关系位置，仔细分析比较，地图与现地反复验证。对照时，通常采用目估法，必要时可借助观测器材。

对照山地和丘陵地的地形时，可根据山脉走向，先对照大而明显的山顶、山脊、谷地，然后顺着山脊、谷地的走向具体对照山顶、鞍部、山脊、山谷等地形细部。

对照平原地形时，可先对照主要的道路、河流、居民地和高大突出的建筑物，再根据地物分布规律和位置关系，逐点分片地进行对照。

在山岳丛林地，由于通视不良，对照地形时，应尽量选择在地势较高的地形点或攀登

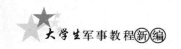

到便于通视的大树上进行对照。对照过程中还应勤走动，多查附近的地形特征，并根据位置关系，准确判明图上和现地的地形。

如果地形复杂或通视不良时，应变换对照位置或登高观察对照。某些目标不易判定时，可用指北针的直尺切于图上站立点和所要对照的目标，依方向和距离判定该目标的具体位置。

由于地形图的测制总是跟不上建设的发展，因而同现地地形有一定差距。一般规律是：地物变化大，地貌变化小；交通枢纽和工矿区地形变化大，偏僻地区地形变化小；城镇、大村扩大，深山小村减少；公路、桥梁、水库、水渠增多，庙宇、坟地减少。所以，现地对照地形，还应根据现地地形的变化规律，仔细分析，找出哪些是变化的地形，哪些是不变的地形，从而得出正确的结论。

三、利用地图行进

利用地图行进就是利用地形图选定的路线，在现地对照地形行进。它是保障部队行动自如，夺取有利战机的一个重要方法。

（一）行进前的准备

行进前必须进行认真仔细的图上作业，切实做到：

1. 一标

"标"就是根据任务、敌情、地形及部队装备等情况，在地形图上研究选定行进路线，并将行进路线、沿途方位物，如岔路口、转弯点、居民地进出口等都标绘在地形图上。

2. 二量

"量"就是量算行进路线上各段里程，计算行进时间，并注记在图上。量算起伏较大地区的行进路线时，要考虑坡度对行进速度的影响，并应依据季节、天候、土质、植被等对行进可能造成的影响，考虑行进速度。

3. 三熟记

"熟记"就是熟记行进路线。一般按行进的顺序，把每段的里程，经过的居民地、两侧方位物和地形特征，特别是道路转弯处，岔路口和居民地进出口附近的方位物及地形特征等都要熟记在脑子里，做到心中有数。

如时间和条件允许时，还应调查通行情况，如前进路上的水库、水渠、道路、桥梁、渡口等有无变化，做好保障措施。

（二）行进要领

行进时要做到"三明"，即方向明、路线明、位置明。无论是沿道路行进或越野行进，都要先在出发点上标定地图，对照地形，明确行进的路线和方向，然后计时出发。行进中，要随时标定地图，对照地形，做到"人在地上走，心在图中移"，随时明确站立点的图上位置。当遇有怀疑时，则应精确标定地图，找出站立点在图上的位置，仔细对照周围地形，全面分析地形有无变化，待判明后再继续前进。

到达转弯点，要标定地图，对照现地。确实判明就是图上预定的转弯点后，再按出发点的动作，在现地判明下一段应走的方向、路线，研究沿途地形，选好方位物，继续前进。

乘车行进时，速度快，车辆颠簸，地图与现地对照较徒步行进困难。因此，精力要高度集中，要抓大的、明显突出的目标，如大的居民地、河流、桥梁、高地等，迅速地对照。同时，还要预知前方即将出现的地形情况，对即将到达的岔路口和转弯处应特别注意，以免走错；在出发点和各转弯点，应根据道路里程表随时记下各段所走里程和时间，以作为判定车辆到达位置的参考。行进中如遇地形变化，继续行进无把握时，应停车标定地图，进行现地对照，把情况弄清楚后再继续前进。

夜间行进时，由于视度不良，地图和现地对照困难较多，容易迷失方向。因此，行进前，应认真分析和熟记沿途地形的特征。尽量选择道路近旁的高大地物、透空可见的山顶、鞍部等作为方位物。行进中，可用指北针或北极星标定地图，根据预先对沿途各段经过地形的记忆，多找点，勤对照。采用走近观察，由低处向高处观察，由暗处向明处观察等方法，及时确定站立点的位置，明确行进的方向。还可根据流水声、灯光等判断溪流和居民地的位置，及时确定站立点的位置，判明行进的方向。

如果发现走错了路线，应首先回忆走过路线的方向、距离和经过地形的特征，检查走错的原因；然后标定地图，对照现地，判明当时到达点的图上位置，及其与预定路线的关系；然后，可选择就近道路，插到预定路线上来；当没有就近道路，或已查明错误起点位置，也可按原路返回，再继续按预定路线行进。

四、按方位角行进

按方位角行进就是在地形图上预先选定行进路线，利用指北针等工具测定行进方向上各转折点的磁方位角和距离而实施的行进方法。通常在缺少方位物的沙漠、草原、山林地等地形上，或在浓雾、大风雪等不良天候和夜间视度不良的条件下行进时采用。

（一）行进资料的准备

1. 在地图上选择行进路线

根据任务、敌情和地形情况选定，一般应选择在地貌起伏不大，障碍较少，特征明显的地段。路线的各转弯点，应有便于观察和识别的明显方位物，如突出树、土堆、岔路口、桥梁等。为防止行进时方位偏差过大，要求各转弯点间的距离在1千米左右，平原地区可远一些，山区和夜间则应近些。

2. 量测方位角和距离

在图上绘出各转弯点之间的连线，按第二节"在图上量读磁方位角"所述方法，测定各段的磁方位角，同时量出各段距离，并换算成复步数或行进时间。换算公式为：

复步数＝实地距离（米）/步长（约1.5米）

行进时间＝实地距离（米）/行进速度（白天70米/分，夜间50米/分）

3. 绘制行进路线图

路线图可直接在地图上标绘，即在各段方向线一侧注记行进路线的资料。也可以绘制成略图。略图可以按比例尺绘制，也可不按比例尺绘制。绘制略图时，先将出发点、转弯点、终点等附近的主要地形和方位物标绘出来，再把各转弯点按行进顺序依次编号，最后注记各段磁方位角和行进距离或行进时间，见图9-26。然后根据略图或地图熟悉沿线地形，做到心中有图。

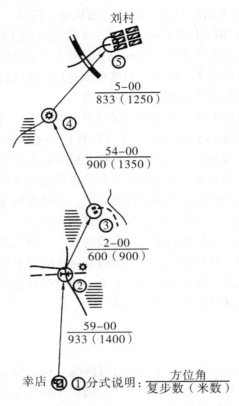

图9-26　按方位角绘制行进路线略图

（二）行进要领

1. 在出发点上

首先依据行进资料在现地找到出发点的准确位置，查明到达下一点的磁方位角、距离和时间，并记住沿途经过的重要地形和下一点的地形及方位物特征；然后打开指北针，使磁针北端指向下一点的方位角密位数，这时，由照门至准星的方向就是行进方向；在该方向线上寻找预定的方位物（如看不见时，可在该方向线上选择辅助方位物），并按此方向行进。行进一般是越野照直行进，也可记准方向，选择便于通过的道路走到该点。

2. 行进中

要随时根据地图或记忆，对照地形，用指北针检查行进方向，记清走过的复步数或行进时间。如到达辅助方位物后，仍看不见第2点的方位物时，则按原磁方位角再选一辅助方位物，继续前进，直至到达第2点为止。若在起伏较大的地段上行进时，要注意调整步幅。

3. 在转弯点上

当快到达第 2 点时，应特别注意该转弯点方位物的特征和周围的地形情况，以找到转弯点的确实位置。当走完预定距离，仍未找到转弯点的方位物时，可在以这段距离十分之一长度为半径的范围内寻找。如仍找不到，应仔细分析原因，或者利用反方位角向第一点瞄准，进行检查，反复对照，直至找到该点。到达第 2 点方位物后，仍按出发时的要领，再向下一点前进，依此方法逐段前进，直到终点。

行进中遇到障碍时，一般可在行进方向上前方选一辅助方位物，目测至该点的距离，绕过障碍物到达辅助方位物后，仍按原方向继续行进。

（三）夜间按方位角行进应注意的事项

1. 行进的特点与准备工作

夜间行进的特点是：视度不良，观察不便，地形重叠，远近不分，高低难辨，地图与现地对照困难，行进容易迷失方向。因此，行进前除一般准备外，还应特别注意下列两点：

（1）行进路线各转弯点间的距离应适当短些。方位物应选明显高大、透空、发光的物体，如行进道路上的岔路口、桥梁或者临近路旁的高大突出目标，透空可见的山顶、鞍部等，数量要多一些，需要时还应测出各转折点间的磁方位角，并标注于图上。

（2）对沿路地形特征，方位物的特点和有关名称等，更要熟记，同时，照明、联络器材和联络信号，都要事前做好准备与约定。

2. 行进要领与注意的问题

夜间一般多采用按地图与方位角相结合的方法行进。

（1）在出发点上，要仔细标定地图，对照地形，确定出发点的图上位置，明确行进方向，记录出发时间，并注意利用指北针上的夜光标志保持行进方向。

（2）行进中，要做到多找点，勤观察，勤对照，及时确定站立点位置，明确行进方向。

（3）要严格按照预定的路线行进，切不可贪走捷径，以防迷路；凡是经过的地方，要留心记下主要特征，以便万一迷失方向走错了路，也好按原路返回到发生错误的地方，查明原因，找准正确路线后，再继续前进。

（4）要注意掌握行进速度和时间，必要时，可根据行进速度、时间判断到达的地点。

（5）夜间行进应尽量避开穿行居民地，若必须穿过居民地时，在进出口处要仔细判读，认真分析，切勿弄错方向、走错路。

第四节　定向越野概述

定向越野是借助于地图和指北针，按规定的方向运动的一项体育活动，类似于军事上的利用地图按方位角徒步行进。它是一项军事和体育相结合的运动项目。定向越野有激烈的竞争性、较强的知识性、浓厚的娱乐性和趣味性、广泛的群众性和较强的军事意义。

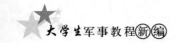
一、定向越野的基本程序

定向越野是运动员凭借对地图的识别和使用能力，依据组织者预先设计的图上路线，借助于指北针与地图保证运动方向，在野外徒步赛跑，依次逐一到达各个检查点，分别用各检查点点标上的密码夹（或印章）在随身携带的检查卡片相应位置上作记号，以示到达该点，运动员按顺序通过各检查点，然后到达终点，在准确通过各检查点的前提下，以全程耗时最少者为优胜。

二、定向越野的技能

定向越野有四个方面的技能：在野外能够迅速地辨别方向；能熟练地使用地图和指北针，特别是熟练地对照地形；既果断又细心，能够迅速选择最佳行进路线；善于进行长距离的越野跑。

三、定向越野的要领

定向越野的技能贯穿于准备和行进的五个环节中：一是迅速而准确地做好行进资料的准备。这是准备行进的基础。重点是量准备各段路的磁方位角。二是准确地确定行进方向。量好方位角后，在起点上先要确定第一段路的现地方向。三是迅速选择最佳行进路线。这是能否争取时间的关键之一。选择行进线的标准是省体力、省时间、安全、便于发挥自己的技能或体能优势。在选择路线时，一般要遵循有路不越野、走高不走低、尽量不穿林的原则。四是善于进行越野跑。越野跑是长距离的间歇式赛跑，要最大限度地发挥自己的体能优势，既有长距离上的平均高速度，又能避免一切可能发生的危险等。跑进中要分段把握好速度，并注意安全。五是迅速准确地找到检查点和点桩。这是能否争取时间的又一关键。这要求在每段路的最后六分之一至五分之一距离内放慢速度，通过对照，迅速准确地确定出检查点在现地的位置。对照时，要紧紧抓住检查点的特征和它与周围地物、地貌的位置关系。

四、定向越野在我国的发展

近些年来，定向越野在我国发展很快，全国很多地区都组织过比赛。1987年国家体委决定将定向越野正式列为国家的一个运动项目积极推广。1984年、1994年先后派队参加世界大学生定向越野锦标赛。1994年、1995年国家体委、国家教委、总参谋部军训部、国家测绘总局组织举行了全国定向越野锦标赛。1995年国家教委在吉林省吉林市举办了首届中国大学生国防体育节，并举办了全国大学生定向越野比赛。1998年国家体委、国家教育部在天水市举行了定向越野锦标赛，同年10月在北京市密云举办了亚太地区定向越野比赛。

定向越野不仅是识图用图训练的辅助形式，也是一项国防体育运动项目。因此，它适合在高等院校结合学生军训和开展群众性的国防体育活动中推广。

思考题

1. 试论地形对军队作战行动的影响。
2. 研究地形的方法有哪些？利用地形图研究地形有哪些优点？
3. 现地判定方位有哪些方法？其要领是什么？
4. 定向越野（按图行进）前要做哪些准备工作？

第十章 综合训练

综合训练是集"走、打、吃、住、藏"于一体的全面训练，是提高军人军事体能和军事技能的基本方法。军事体能和军事技能是当代军人必备的素质。军事体能是军事技能的基础。本章简要介绍行军与宿营、野外生存的基本知识。

第一节 行军与宿营

一、行军

行军，是部队沿指定路线有组织地移动，是机动的基本方法，目的是转移兵力，争取主动，形成有利态势。按方式，分为徒步行军和摩托化行军；按强度，分为常行军、急行军和强行军。行军时目标暴露，隐蔽困难，对道路依赖性大。必须查明情况，确定行军部署，并按前卫、本队（通常编组若干梯队）、后卫顺序编成行军序列。行军中，必须保持充分的战斗准备，严密组织对空防御等各种保障，适时组织休息和宿营。

战时行军通常在夜暗或视度不良条件下实施。行军的速度，应根据任务、道路状况、气候季节而定。常行军，通常徒步每小时 4～5 千米；强行军是以加快速度或延长行军时间的方法实施，通常徒步每小时 7 千米左右；急行军是以最快的速度实施的行军，通常是跑步或走、跑交替进行，必要时可轻装。受过良好训练的分队，急行军时速可达 8～9 千米，最大时速可达 10～12 千米。乘车行军时，夜间每小时 15～20 千米，昼间每小时 20～25 千米。

行军时，休息通常由领导统一掌握，徒步每行 1 小时左右休息 10 分钟，乘车时通常每行 2～3 小时休息 20～30 分钟。第一次小休息，时间可稍长些，以便整理装具。大休息通常是在走完当日行程的二分之一以上，进入指定地区休息 2～3 小时。走完一日行程后，按上级指示进行宿营。

（一）行军的组织准备

1. 研究情况，拟出行军计划

指挥员在了解任务的基础上，应召集有关人员研究敌情、行军道路及其两侧的地形、本分队的任务，确定分队的行军序列和观察、警戒的组织。

2. 做好思想动员

行军前，指挥员应根据本分队所担负的任务，结合分队的思想情况，进行深入的思想动员，保障分队顺利完成行军任务。

3. 下达行军命令

下达行军命令时应指出：

（1）敌情。

（2）本分队的任务、行军路线、里程、出发及到达指定地区的时间以及大休息的地点。

（3）分队集合地点、行军序列，乘车时还应区分车辆。

（4）着装规定。

（5）完成行军准备的时间，明确起床、开饭、集合的时间。

4. 组织战斗保障

（1）指定 1~2 名战士为观察员，负责对地面、对空观察，指定值班分队及对空射击，负责对空防御。

（2）规定遭敌原子、化学、细菌武器袭击时各分队的行动方法。

（3）规定在敌人航空兵或炮火袭击时的行军方法。

（4）规定伪装方法及伪装纪律。

5. 做好物资装具准备

为了顺利完成行军任务，保持分队的战斗力，行军前指挥员必须做到：

（1）检查携带的给养、饮水、武器、弹药等情况。

（2）检查着装情况，如鞋袜的整理、背包的捆绑、装具的佩戴等。

（3）妥善安置伤病员。

（4）根据季节，进行防暑、防冻的教育和物品的准备。

（二）行军的组织与指挥

通常，行军纵队指挥员或其副手位于纵队先头，掌握行军速度。

（1）行军前，教育士兵行军中听从指挥，不得擅自离队。士兵应检查所带装具是否齐全，佩戴是否牢固，仔细检查鞋袜是否合适，以避免行军中脚打泡。督促战士排除大小便。

（2）行军中应注意保持行进速度和规定距离，未经上级批准，不得超越前面分队。士兵主要以灯光、旗语、手势等简易信号通信和运动通信等手段传递口令，保持通信联系。

（3）经过渡口、桥梁、隧道等难以通过的地点时，要指挥分队有组织地通过，防止拥挤。通过后，先头部队应适当减慢速度，避免后续部队跑步追赶。徒步行军的部队应主动给车辆、执行特殊任务的分队和人员让路。

（4）在夜间、雨天、山地、沙漠等一些特殊环境和地形条件下行军时，要按命令准备必要的物质器材，应适当减慢行进速度，避免后面跑步追赶和掉队。在严寒地带、炎热季节行军时，要注意防冻防暑。

（5）遇敌空袭时，应就近利用地形防护，并组织火力射击低飞敌机，如空袭情况不严重或行军任务紧迫时，分队则应疏开队形，增大距离，加快速度前进；遇到敌核、化学武器袭击时，应迅速穿戴防毒面具和防护衣罩就地隐蔽防护。

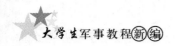

(6) 分队按上级指示组织休息。小休息应靠路边,并保持原队形,武器、装具不能离身。第一次小休息时,应督促士兵整理鞋袜、装具等。大休息应离开道路,进入指定休息区。休息时应派出警戒,必要时,可占领附近有利地形,加强对空观察,并保持战斗准备,以防止敌人地面和空中袭击。教育分队在规定地区休息,严格请销假制度。

(7) 行军中要注意跟紧队伍,不要掉队,遇到情况要及时报告。分队应指定一名军官,带领卫生员和若干体力较好的士兵组成收容小组在分队后尾跟进,负责收容伤员,组织掉队人员跟进。

二、宿营

宿营,是部队行军或战斗的临时住宿。其目的是为了使部队得到休息和调整,以便继续行军或做好战斗准备。宿营分为舍营、露营以及两者结合的宿营。宿营前,要预先组织侦察,派出设营队勘察,选择便于隐蔽和防护、便于抗击敌突然袭击、便于行军和随时投入战斗、有充足的水源和良好进出道路的宿营地域。宿营时,必须充分利用地域隐蔽疏散配置兵力兵器,加强侦察、警戒、防空、伪装等措施。宿营部署力求与战斗部署一致,以便紧急情况下可随时投入战斗。

(一) 宿营地区的选择

宿营地区的选择,应根据敌情、地形、任务和行军编成而定。既要能保证分队安全休息,又要便于迅速投入战斗。平时组织综合拉练应以能达到训练目的为标准。通常应远离城镇、集市、车站、渡口、大的桥梁,避开疫区、传染病流行村落,还要有适当的地幅和较好的进出道路。

露宿地域,夏季要尽量选在高处,避开谷地、低地、洪水道和易于坍塌的地方,冬季应选在避风向阳处,便于增设简易遮棚或便于挖掘的地方。

选择宿营地区时,通常还要考虑以下因素:一是要符合战术要求,从具体位置到配置方式都应以预想的战术背景为基本前提;二是要着眼于训练课需要,有利于达到训练目的;三是要方便生活,尽量靠近水源,背风、避险、地面平整,并有进出道路;四是要选择在群众基础较好,或影响群众利益较小的地区。

(二) 宿营的基本要求

(1) 派出岗哨和观察员 (有时观察员可由岗哨兼),指定对空射击的火器和昼夜值班人员。如单独宿营时,应向重要方向派出班哨和步哨。必要时,派出游动哨。

(2) 侦察宿营地周围的地形,规定紧急集合场所、防敌空袭地域和敌人突然袭击时分队的行动。侦察水源,必要时应设警戒看守,如系河流时,还应区分饮水和洗涮的地段。

(3) 组织人员构筑必要的工事,规定伪装措施;如宿营时间较长时,应构筑防原子、化学武器的掩蔽工事。

(4) 组织各班、排构筑厕所,教育战士不得随地大小便。

(5) 了解当地居民卫生、风俗习惯,教育分队遵守群众的风俗习惯和三大纪律八项注意；做好防空和防奸保密工作。

（6）督促分队用热水洗脚，整理装具，修补鞋袜，烤（晒）衣服，抓紧时间休息。

（7）注意卫生常识教育，如教育战士冻伤切忌烤火或用热水烫洗；教育炊事员注意饮食卫生和调剂生活，检查食物是否清洁，防止中毒。

（8）逐级上报宿营情况，班向排、排向连口头汇报或连、排深入下边了解宿营情况；连向营呈送书面宿营报告。

（三）宿营时遇有特殊情况的处置

（1）接到空袭警报时，应立即发出防空警报，指挥人员疏散隐蔽；当敌机轰炸、扫射宿营地域时，应指挥对空值班火器射击低空敌机。

（2）驻地附近发现敌空降时，应迅速组织分队，乘敌尚未着陆或着陆混乱之际，将其歼灭。

（3）当遭地面之敌突然袭击时，应指挥分队迅速占领有利地形，边战斗边查明情况。根据上级指示，将敌歼灭或撤出宿营地域。

宿营结束，要认真清理文件和武器装备，避免丢失，消除宿营时所留痕迹，并会同政治部门进行群众纪律检查和做好善后工作。

第二节　野外生存

野外生存，即人在住宿无着落的山野丛林中求生。深入敌后的特种部队、侦察兵和空降兵、海军陆战队，以及在战斗中与部队失去联系的战士和失事的空勤人员，在孤立无援的敌后或生疏的荒野丛林和孤岛上，在通信仪器损坏，对外联络断绝的情况下，更需要野外生存的本领。下面就介绍一些简单的野外生存常识。

一、获取饮用水

水是人体的最基本需求，离开它人就无法生存。因此，保持体液和补充水分，是野外生存必须优先考虑的因素。一方面，要注意保留珍贵的应急储备水，并尽最大努力去寻找水源；另一方面，一旦出现缺水，当务之急是最大限度地缓解身体脱水状况，以维持体液平衡。下面介绍一下获取饮用水的方法。

（一）寻找水源

1. 重点盯住低洼地
水往低处流，这是自然规律，因此寻找水源首选之地是山谷底部地区。
2. 注意分析绿色植物的分布情况
一般而论，哪里有水，哪里就有绿色植被。植被越茂密，越容易找到水源。
3. 利用动物作为寻找水源的向导
绝大多数哺乳动物会定期补水，草食性动物通常不会离水源太远，留意跟踪动物的足

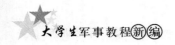

迹经常会找到水源。

4. 留心特殊的含水地质结构

在干涸的河床或沟渠下面很可能会出现泉眼，尤其在沙石地带，在岩石的断层间可能会发现湿地或泉眼，悬崖底部一般都会渗出水流。

（二）取水的方法

1. 露水的采集

在日夜温差较大的地区或季节，清晨会有很多露水，用吸水性强的布料将其吸取即可。

2. 雨水的收集

雨水一般是野外最安全的水源，以防污染，最好烧开后再饮用。

3. 冰雪化水

一般而论，能融冰则不化雪。因为融冰比融雪消耗的热能少，可更快更多地化出水来。

4. 植物中取水

某些树的汁液是可以饮用的，例如椰子树、枫树、仙人掌等。从植物中取水，首先必须判断植物的液汁是否有毒，以及性味如何。

对泉水和江河、湖泊以及水坑、水洼、水塘中的水，取水固然比较方便，只要有盛水的容器就行，但这些水源，一般都容易受到污染，因此，饮用前一定要加以净化。

（三）净化饮用水

野外生存最重要的是保持良好的身体状态，而一点点的污染水就能使人致病，最常见的病就是腹泻。在困境中，腹泻能够致人身亡。所以，净化饮用水以保持安全卫生是非常重要的。野外条件下，净化饮用水的方法主要有过滤、沉淀、烧开和蒸馏。

二、采捕食物

野外生存获取食物的途径主要有两种：一种是猎捕野生动物，另一种是采集野生植物。

猎捕野生动物首先要知道动物的栖息地，掌握动物的生活规律，然后再采取压捕、套猎、捕兽卡以及射杀等方法进行猎捕。这需要在专家指导下经过较长时间的训练和实践后才能真正掌握。下面仅简单介绍一下可食昆虫和可食野生植物的种类和食用方法。

目前，人类食用的昆虫有蜗牛、蚯蚓、蝉、蟑螂、飞蛾、蚂蚱、蜘蛛、螳螂等。人们对吃昆虫虽然不习惯，甚至感到厌恶，但在万不得已的情况下，为维持生命，保持战斗力，继而完成任务，不妨一试。但是应注意，一定要煮熟或烤透，以免昆虫体内的寄生虫进入人体，导致中毒或得病。

常见的可食昆虫及食用方法有：蝗虫浸酱油烤着吃，煮或炒也可以；螳螂，去翅后烤或炒，煮也可以；蜻蜓，干炸后可食；蝉，生吃或干炸，幼虫也可食；蜈蚣，干炸，但味道不佳；天牛，幼虫可生食或烤；蚂蚁，炒食，味道好；蜘蛛，除去脚烤食；白蚁，可生食或炒食；松毛虫，烤食。

可食野生植物包括可食的野果、野菜、藻类、地衣、蘑菇等。对可食野生植物的识别是野外生存知识的主要内容。我国地域广大，适合各种植物生长，其中能食用的就有2000种左右。我国常见的可食野果有：山葡萄、黑瞎子果、草莓、沙棘、桃金娘、胡颓子、余甘子等，特别是野栗子、椰子、木瓜更容易识别，是应急求生的上好食物。常见的野菜有蒲公英、鱼腥草、马齿苋、刺儿草、荠菜、野苋菜、扫帚菜、菱、莲、芦苇、青苔等。野菜可生食、炒食、煮食。

但是，一般人需要在专家指导下经过一定时间的训练才能掌握这些知识。这里介绍一种最简单的鉴别野生植物有毒或无毒的方法，供紧急情况下使用。通常将采集到的植物割开一个小口子，放进一小撮盐。然后仔细观察是否改变原来的颜色，通常变色的植物不能食用。

三、取火

对于野外求生者来说，火有着特殊的重要意义。它不仅能使你保持体温，减少体内热卡散失（体内热卡就是生命的能源），而且它还可以烤干衣服、煮饭烧水、熏烤食品、吓跑野兽、驱走害虫、锻造金属器具等。总之，火可能给你带来生机和活力。但是，用火不慎，引发火灾，也可能危及生命，破坏自然生态，造成不可挽回的损失。所以，野外求生，不仅要懂得如何生火、用火，而且要懂得控制火焰燃烧，安全用火。

（一）选择生火点

根据所处环境的地形特点，确定生火地点。最好选择在靠近宿营处，既能保证用火安全，又便于火焰燃烧和散烟的地点。如身处林区，生火点最好选在林中空地、林边缘、高大树下、通过林区河流岸边；身处高原，生火点最好选在靠近水源的地方，也可选在背风的坡地上，但四周一定要开出2米以上的防火隔离带，并做到人走火灭；身处山地、丘陵地，可寻找山洞、背风石崖旁、向阳背风的山坡上，或河床、溪流旁的最高水位线以上的地方。

（二）搜集燃料

1. 主燃料
主燃料指让火焰长时间燃烧的主要物质。最好选择燃烧持续时间长、热效能好、不发烟或发烟少的燃烧物，如枯木、干燥的动物粪便等。

2. 引火物
引火物也是一种燃料，是燃起火焰的易燃物。如枯草、干松枝、纸张、布料和棉线等。

（三）点火

在进行了上述准备工作之后，下面就是如何使用火种，发出引火的火星，点燃引火

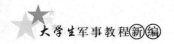

物，进而引燃主燃料，生起火焰。点火方法通常有以下五种：

（1）火柴、打火机是最便利的点火工具。

（2）凸镜生火。剧烈的阳光通过凸镜的聚焦作用，可以产生足够的热能点燃火种。

（3）火刀打击火石，是远古时代常用的点火方法，至今仍然管用。

（4）钻木取火，也是一种古老的生火方法。

（5）电池生火，电池放电产生的电火花可用来点火。

（四）用火

（1）合理安排工作，注意节省燃料；火焰燃烧起来后，求生者应当根据自己的需要，充分利用热能。要分清轻重缓急，统筹安排工作顺序，合理利用燃料燃烧产生的热能。

（2）掌握燃烧时间，保证持续用火，野外生火非常不易，所以，必须注意保存火种。火焰持续燃烧，必须备有较多的燃料，并学会控制燃烧的技巧。

（3）保留备用火种，以防火焰熄灭。

（4）注意用火安全，防止发生火灾，野外生火，最重要的是安全用火。尤其是在林区、草原等容易发生火灾的地区。因此必须注意：合理选择点火地点；开辟防火隔离带；要有灭火应急措施；安排人员值守；做到人走火灭。

四、野外常见伤病的防治

（一）昆虫叮咬的防治

在野外为了防止昆虫的叮咬，人员应穿长袖衣和长裤，扎紧袖口、领口，皮肤暴露部位涂抹防蚊药。不要在潮湿的树荫和草地上坐卧。宿营时，点燃艾叶、青蒿、柏树叶、野菊花等驱赶昆虫。被昆虫叮咬后，可用氨水、肥皂水、盐水、小苏打水、氧化锌软膏涂抹患处止痒消毒。

蚂蟥是危害很大的虫类。遇到蚂蟥叮咬时，不要硬拔，可用手拍打或用肥皂液、盐水、烟油、酒精滴在其前吸盘处，或用燃烧着的香烟烫，让其自行脱落，然后压迫伤口止血，并用碘酒涂抹伤口以防感染。部队行进中，应经常查看有无蚂蟥爬到脚上。如在鞋面上涂些肥皂、防蚊油，可以防止蚂蟥上爬。涂一次的有效时间为 4~8 小时。此外，将大蒜汁涂抹于鞋袜和裤脚，也能起到驱避蚂蟥的作用。

（二）昏厥

野外昏厥多是由于摔伤、疲劳过度、饥饿过度等原因造成的。主要表现为突然脸色苍白，脉搏微弱而缓慢，失去知觉。遇到这种情况，不必惊慌，一般过一会儿便会苏醒。醒来后，应喝些热水，并注意休息。

（三）中毒

中毒症状是恶心、呕吐、腹泻、胃疼、心脏衰竭等。遇到这种情况，首先要洗胃，快速喝大量的水，用手指触咽部引起呕吐，然后吃蓖麻油等泻药清肠，再吃药用炭等解毒药及其他镇静药，多喝水，以加速排泄。为保证心脏正常跳动，应喝些糖水、浓茶，暖暖脚，立即送医院救治。

（四）中暑

其症状是突然头晕、恶心、昏迷、无汗或湿冷，瞳孔放大，发高烧。发病前，常感口渴头晕，浑身无力，眼前阵阵发黑。此时，应立即在阴凉通风处平躺，解开衣裤带，使全身放松，再服十滴水、仁丹等药。发烧时，可用凉水浇头，或冷敷散热。如昏迷不醒，可掐人中穴、合谷穴使其苏醒。

（五）冻伤

如发现皮肤有发红、发白、发凉、发硬等现象，应用手或干燥的绒布摩擦伤处，促进血液循环，减轻冻伤，轻度冻伤用辣椒泡酒涂擦便可见效。如发生身体冻僵的情况，不要立即将伤者抬进温暖的室内，应先摩擦肢体，做人工呼吸，待伤者恢复知觉后，再抬到较温暖的地方抢救。

（六）蜇伤

被蝎子、蜈蚣、黄蜂等毒虫蜇伤后，伤口红肿、疼痒，并伴有恶心、呕吐、头晕等症状。挤出毒液，然后用肥皂水、氨水、烟油、醋等涂擦伤口，或将马齿苋捣碎，汁冲服，渣外敷。也可将蜗牛洗净后捣碎涂在伤口上。此外，蒜汁对蜈蚣咬伤有疗效。

第三节　应急避险

20世纪以来，随着工业化进程的加快，重大危险源和重大事故隐患的数量急剧增加，各种工业事故呈上升趋势，危及公共安全的重特大事故时有发生。因此，事故应急避险已成为国内外普遍开展的一项社会性减灾救灾工作。

一、电、气、水事故

（一）停电事故

停电会直接影响人们的正常生活，还可能使电器设备损毁。遇到突发停电事故，应首先利用手电筒等照明工具检查室内配电开关或漏电保护器是否跳开或保险丝是否烧断。停电后应将空调、电视、冰箱、计算机等电器的电源插头拔下，待供电恢复后，等待15分钟以上再恢复使用。

（二）触电事故

户外发生触电事故，应立即拨打120急救电话，并通知电力部门。在不清楚现场是否断电的情况下，应与伤者保持18米以上距离。居民室内发生触电事故，应迅速切断电源。

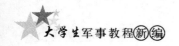

如无法立即找到电源开关，可利用干燥的木棍、竹竿、橡胶制品、塑料制品等绝缘物挑开触电者身上的电线、灯、插座等带电物品。严禁直接接触或使用潮湿物品接触触电者，否则会造成抢救者触电。

（三）燃气事故

居民家中发现燃气泄漏，应立即关闭燃气阀门，切断气源，打开门窗通风换气。液化气泄漏，还应沿地面挥动扫帚，稀释燃气浓度。不要开启或关闭任何电器设备，不要在室内使用固定或移动电话，避免产生火花引发火灾或爆炸。液化气钢瓶着火时，可用湿毛巾从后向前盖住阀门将火扑灭，关闭阀门。火焰扑灭后，如果阀门失灵，可用湿毛巾、肥皂等将漏气处堵住，将液化气钢瓶迅速搬到室外空旷处，等待专业人员到场处理。居民无论在何地发现燃气泄漏和由此引发的火灾或爆炸，均应在安全区域及时拨打电话报警。

（四）供水事故

发现供水管网停水、跑水等事故时，应及时向供水单位报告抢修，减少水资源流失。遇有水压突然降低时，居民可用家用洁净容器蓄存水，以备应急之需。如发生自来水水质浑浊、变色、有异味时应停止饮用，报告供水部门。爆管、跑水现场附近的人员、车辆应立即撤离事故区低洼处，防止积水淹泡造成损失。行人车辆要远离抢修现场，防止因土质松软、水土流失导致空洞或地面塌陷，造成伤害。供水管网修复后，应先打开水龙头放出沉积在管道内的杂质污染水（可用于冲厕等非生活用水），待供水部门通知水质已达标，再恢复饮用。

（五）饮用水事故

如果水源、管网、二次供水设施等受到污染，都会导致直饮水中细菌超标，或出现有毒有害物质，对人身造成伤害。当发现自来水水质发生问题时，应立即停止使用，及时向供水单位或卫生检疫部门报告。二次供水发生水质污染时，应立即通知物业管理单位，及时通知污染区内居民停止生活用水。居民因饮用污染水引起身体不适，应立即到医院诊治。如发生群体症状相似情况，应立即向卫生监督部门或疾病预防控制中心报告情况。怀疑水质受到污染，要请卫生防疫专业部门检测。供水管网和供水设施受法律保护，未经许可不得自行拆改。二次供水设施要有专业人员定期检测。饮水机要定期消毒，桶装水储存时间一般不超过两周。

二、火灾事故

火灾对人体的伤害主要有烧伤、热损伤、中毒、砸伤、缺氧熏呛以及窒息，另外，火灾还会引起爆炸，人员疏散时还会发生踩踏事件等。我们要预防火灾的发生，关键是控制火源。所以在宿舍和实验室里，我们不能随便使用打火机、火柴、热得快、电暖器、电夹板等物品，从根本上切断火灾的源头；万不得已使用时，也要与可燃物质隔离开。其次要选择合适的灭火方法。万一火灾真的发生在我们身边，救火必须分秒必争。除了立即拨打火警电话，告知火灾的地点、单位，着火的对象、类型、范围等具体情况外，我们还要想办法自己灭火，控制火势蔓延。逃生时应选择楼梯而不能走电梯，如果着火点在自己的上层应往楼下撤，着火点在下层应往上转移至顶楼平台。被困时，尽量躲避到阳台、窗口等易被人发现的地方，以便消防人员找到自己。

三、中毒事故

中毒事故是指吸入有毒气体或误吃有毒食物引起的人体急性中毒的事故。毒性物质可通过呼吸道、皮肤、眼睛、消化道等途径进入人体而导致中毒事故。造成中毒事故因素非常复杂，包括人的不安全行为、设备工具的隐患和缺陷、环境的不安全状态、管理的失误、操作失误等，都可能导致事故发生。一般来说，中毒事故突发性强、扩展迅速；危害范围广、伤害形式多；侦检不易、救援难度大；污染环境、洗消困难；涉及社会面广、政治影响大。应急救援人员在有毒区域进行施救活动，必须了解和分析事故现场存在的毒害危险性，才能采取有效的防毒措施，实施有针对性的处置行为。家庭常见中毒事件是食物中毒，可分为细菌性、真菌性、化学性食物中毒。出现食物中毒症状或者误食化学品时，应及时用筷子或手指伸向喉咙深处刺激咽后壁、舌根进行催吐。在中毒者意识不清时，需由他人帮助催吐，并及时就医。发生食物中毒后应尽可能留取食物样本，或者保留呕吐物和排泄物，供化验使用。

四、交通事故

根据事故的严重程度分，交通事故通常划分为轻微事故、一般事故、重大事故和特大事故。根据事故的现象分，交通事故可分为车辆损坏事故、交通堵塞事故、人员伤亡事故、水灾事故、危险化学品泄漏事故等。了解常见的交通事故类型，对交通事故可以起到知而防之的作用。交通运输一般都会由人、运输工具、道路及不断变化的周围环境等组成一个相互关联的系统，如果这些因素能组成一个和谐的统一体，则系统能够安全运行，否则会导致事故的发生。通过对交通事故案例的研究分析，发生事故的主要根源有以下几个方面：监管、宣传教育和培训、人员原因、运输设施、道路、环境、处置事故能力的原因等。反应迅速的紧急救援为事故受伤者得到及时救助，同时对减少交通事故的死亡人数发挥了极其重要的作用。交通事故的处置必须着眼于"快速准确"和"正确施救"两大原则。救援队伍接到交通事故报警求助电话后，应准确受理，问清事故发生路段、车辆数量、人员伤亡和运载物资等情况，视情调出多功能抢险救援车和临近中队到场增援，及时与110指挥中心和120救护中心联系，请求协同配合。为提高交通事故中伤员的生存率，应对事故受伤人员实施现场紧急处置，并尽快送往医院。同时乘客采取自救措施也很重要，事故现场应及时开展互救。

五、传染性疾病

常见传染病的传播途径一般分为四种：通过空气传播，如流感、流行性腮腺炎、水痘、结核病、流行性脑脊髓膜炎；通过食物传播，如痢疾、甲型肝炎、霍乱、伤寒等；通

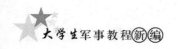

过接触或体液传播，如沙眼、红眼病、疥疮、狂犬病、水痘、艾滋病等；通过虫媒传播，如登革热、乙型脑炎、疟疾、鼠疫等。传染性疾病主要症状为发热。一般来说，体温高于38.5℃为高热，高于正常体温，但低于38.5℃为低热。如果出现低烧，应该先补充蔬菜汁、花茶等。有条件的情况下，可以用湿毛巾冷敷全身，或者用海绵蘸温水擦拭全身、泡温水澡等。低烧期间，应该注意增减衣服，所穿衣服不宜过多，以利于散热；但也不能太少，以免受凉。高烧是比较危险的，应该根据引起高烧的病因不同而进行针对性的处理。

第四节　逃生演练

一、火灾逃生演练

火灾导致伤亡的原因主要有浓烟窒息、火焰烧伤及强大的辐射热，其中浓烟窒息是最主要的因素。火灾中很多人是先因烟气中毒窒息死亡后又被火烧的。火灾中因燃烧释放大量的一氧化碳、二氧化碳会造成人员窒息，某些材料燃烧还会释放剧毒气体，如聚氯乙烯、尼龙、羊毛、丝绸等纤维类物品，燃烧会产生氯气、光气、氢氰酸、氯化氢等，直接威胁人的生命。浓烟还会影响人的视线，使人看不清逃生方向而陷入困境。

火灾发生后怎样逃生呢？

（一）沉着冷静，保持清醒的头脑

对于身困火场者来说，最应该做到的就是克服惊慌，保持冷静，用理智支配自己的行动。

（二）及时报警，视火情采取有效应对措施

火初起时，除立即报警外应积极扑救；煤气、液化气着火时，用湿布、湿衣被捂罩阀门将其关闭再用脸盆浇水；电器起火时，应先切断电源，再用衣被捂盖；烟头或不明原因引起的家具着火，应尽量灭火并转移易燃品。当火势猛烈确已无法抢救时，则应毫不犹豫地迅速离开现场。

（三）采取有效的自救措施，设法逃生

具体方法如下：

（1）火势初起，楼道中烟雾不大时，用湿毛巾或衣服蒙住口鼻，有条件的将毯子打湿包裹全身出逃，以避免或尽量减少吸入有毒烟气，避免火焰烧伤皮肤及因恐惧大火往回逃。逃生时应低头、俯身、贴近地面、用手探路找出口，并注意辨别开门的方向及开门的速度，以免打不开门或开门太快烟火突然窜入伤人。

（2）火势太大无法迅速逃出楼房时，应尽量向楼顶、阳台逃生，因为这类位置是火灾救援人员的必经之处。

（3）楼道烟雾太大无法出逃时，应立即将临火的门窗孔缝用湿毛巾堵严，并不断用手背探查门窗温度，用水降温，以免燃烧入室内，同时想办法报警或呼救。火已进入室内，未昏迷前，尽量躲在窗户边，这样容易被消防员发现，而且还不会被坍塌的楼板砸伤。

（4）当被困高楼时，应用滑绳缓降自救，或用颜色鲜艳的物品，发光的手电筒等尽快显示求救信号，不要轻易选择跳楼。在必须跳楼时也要讲究技巧，应尽量往救生气垫中部跳，或选择有水池、软雨篷、草地等方向跳；如有可能，要尽量将席梦思床垫、棉被、沙发垫等松软物品扔到楼下或打开大雨伞跳下，以减缓冲击力。

二、地震逃生演练

我国是地震灾害非常严重的国家。地震活动频度高、强度大，占全球大陆地震的33%，平均每年发生30次5级以上地震。我国41%的国土位于7级及以上高地震烈度区。2007年汶川地震、2010年玉树地震、2013年雅安地震等都造成了非常严重的生命财产损失。

从发生地震到房屋倒塌，一般只有几十秒的时间。这就要求我们必须在瞬间冷静地做出正确的抉择。强震袭来时人往往站立不稳。如果一时逃不出去，最好就近找个相对安全的地方蹲下或趴下，同时，尽可能找个枕头、坐垫、书包、脸盆或厚书本等护住头、颈部，待地震过后再迅速撤离到室外开阔地带。

（1）在住宅内：要远离外墙及门窗，可选择厨房、浴室等空间小、不易塌落的地方躲藏。躲藏的具体位置可选择桌子或床下，也可选择坚固的家具旁或紧挨墙根的地方。住楼房的千万不要跳楼。

（2）在教室：学生应用书包护头躲在课桌下或课桌旁，地震过后由老师指挥有秩序地撤出教室。

（3）在商场、展厅、地铁等公共场所：躲在坚固的立柱或墙角下，避开玻璃橱窗、广告灯箱、高大货架、大型吊灯等危险物。地震过后听从工作人员指挥有秩序撤离。

（4）地震时，许多习以为常的东西都可能成为致命"杀手"，必须予以高度提防。如远离高层建筑、烟囱、高大古树等，特别要避开有玻璃幕墙的建筑物。躲开变压器、电线杆、路灯、高压线、广告牌等高处的危险物。躲开危房、危墙、狭窄的弄堂、堆放得很高得建筑材料等易坍塌的危险物。

三、空袭逃生演练

当空袭发生后，我国防空部队通过侦察卫星、侦察机、防空雷达等手段发现敌人来袭的飞机和导弹后，经防空 C4I 系统分析、决定、命令防空部队反击拦截，指示可能遭袭城市发出防空警报。居民听到警报后要立即开始防空行动，并要在炸弹爆炸前达到防护状态才能实现防护的目的。

听到防空预先警报时，应准备好应急物资，携带好物品准备撤离。应急物资包括各种证件、应急食品、生活衣物、防护药物、救护工具、求生工具等。

听到空袭警报时，居民应立即开始行动。

（1）首先要通告家庭及邻近人员，特别是正在地下工作的高噪声工地上作业的人员。

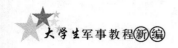

（2）按家庭防空预案分工：关闭燃气，切断电源，关闭门窗、自来水，熄灭炉火，圈住家禽宠物，盖严食品、水井，转移易燃物品等。

（3）背上应急包，携幼扶老，快速进入指定的人防工事或紧急疏散地。所有这些动作要求在几分钟到十分钟内完成。

（4）有社区或街道人防任务的居民应携带器具尽快到达预定位置，履行人防职责。

（5）在公共场所的居民，一般不宜立即回家，应就近防护或到临时疏散地域掩蔽。

思考题

1. 行军的要求有哪些？
2. 宿营的方式有哪几种？
3. 野外寻找食物有哪些方法？
4. 野外怎样获取饮用水？

第十一章 军事气象学常识

军事气象学是研究气象条件对军队行动、武器使用和技术装备的影响，以及研究为军队行动实施气象保障的一门科学。气象条件对车辆机动、武器效能、通信联络、飞机飞行以及登陆作战行动都会产生较大影响，利用气象条件可以对军事行动产生影响并达到某种作战目的。

古代军事学家孙子曾有"知天知地，胜乃不穷"的著名论断，反映了气候影响军事策略和战争胜败。从古至今，天气、气候与战争的关系一直受到军事学家和研究者们的重视，并在军事决策中起到了不可忽视的作用。

第一节 气象知识

气象是指风、云、雷电、雨、雪、冰雹、冷、热、干、湿、阴、晴、霾、雾等发生在大气中的各种各样的自然现象。气象学是研究大气运动的各种物理、化学性质及其变化规律的自然科学。

一、大气的主要成分

包围着地球的空气层，叫大气。大气是由氮、氧、氢、氖、氦、氙等气体和水汽、灰尘、烟粒等杂质组成的，包括干洁空气、水蒸气、尘埃。

大气的物质组成：地球上的大气，有氮、氧、氩等常定的气体成分，有二氧化碳、一氧化二氮等含量大体上比较固定的气体成分，也有水汽、一氧化碳、二氧化硫和臭氧等变化很大的气体成分。其中还常悬浮有尘埃、烟粒、盐粒、水滴、冰晶、花粉、孢子、细菌等固体和液体的气溶胶粒子。具体成分是：氮约占 78%，氧约占 21%，稀有气体约占 0.94%，二氧化碳约占 0.03%，其他气体和杂质约占 0.03%。

大气的气体成分：在高度 60 千米以下大都是中性分子；从 60 千米向上，白天在太阳辐射作用下开始电离，在 90 千米以上，则大都处于电离状态。高层大气中，有些成分还分解为原子状态。

大气中的各种成分都不同程度地影响着天气的变化：水蒸气在大气中的含量虽然很少，但由于其能吸收和放出热量，所以它对大气温度的变化起着调节作用，如果没有它，也就不会有云、雾、雨、雪、雷暴等天气现象发生；大气中的固体杂质，不仅会使能见度变差，而且能充当水汽凝结的核心，促使云雨形成。它还能吸收太阳辐射和阻挡地面放热，影响大气温度。

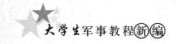

二、大气的分层

地球大气按其基本特性可分为若干层，但按不同的特性有不同的分层方法。常见的分层方法有：

（一）按热状态特征分

可分为对流层、平流层、中间层、热层和外层（又称外逸层或逃逸层）。接近地面、对流运动最显著的大气区域为对流层，对流层上界称对流层顶，在赤道地区高度17~18千米，在极地约8千米；从对流层顶至约50千米的大气层称平流层，平流层内大气多做水平运动，对流十分微弱，臭氧层即位于这一区域内；中间层又称中层，是从平流层顶至约80千米的大气区域；热层是中间层顶至300~500千米的大气层；热层顶以上的大气层称外层大气。

（二）按大气成分随高度分布特征分

可分为均匀层和非均匀层。均匀层是指从地面到约80千米的大气层，因其大气各成分所占的体积百分比保持不变。均匀层的平均分子量为28.966克/摩尔，为一常数。非均匀层为80千米以上的大气区域，不同大气成分所占的体积百分比随高度而变，平均分子量不再是常数。

（三）按大气的电离特征分

可分为电离层和中性层。中性层又称非电离层，是指以中性成分为主的大气层。

三、主要气象要素

表明大气物理状态、物理现象的各项要素称为气象要素。主要有：气温、气压、风、湿度、云、降水以及各种天气现象。如要扩大气象要素的概念，则它还可包括日射特性、大气电特性等大气物理特性；还有自由大气中的气象要素的说法。

（一）气温

表示空气冷热程度的物理量，即为大气温度，它是空气分子运动的平均动能。气温一般随着纬度增大和地势升高而递减。气象台一般所测的地面气温，是百叶箱中离地面约1.5米处的气温。习惯上以摄氏温度（$t℃$）表示，也有用华氏温度（$t'℉$）表示的，理论研究工作中则常用绝对温度（TK）表示。其间换算关系是：$t℃ = 5/9（t'℉-32）$；$t℃ = TK-273.15$。地面大气温度一般指地面以上1.25~2米之间的大气温度。测量气温的仪器有温度表和温度计。我国常用摄氏（℃）表示，有的国家用华氏（℉）表示。其换算公式如下：

摄氏温度 =（5/9）（华氏温度-32）

华氏温度 =（9/5）×摄氏温度+32

绝对温度（°K）≈摄氏温度+273

（二）湿度

表示空气中水汽含量或潮湿程度的物理量，称为空气湿度。通常讲的相对湿度是指空气中实有水汽含量与当时温度下饱和水汽含量之比，以百分数（%）表示。湿度越大（相对湿度越接近100%），空气越潮湿；湿度越小，空气越干燥。

（三）气压

大气的压强，它是在任何表面的单位面积上，空气分子运动所产生的压力。气压的大小同高度、温度、密度等条件有关，一般随高度增高按指数律递减。在气象上，通常用测量高度以上单位截面积的铅直大气柱的重量来表示。常用单位有毫巴（mb）、毫米水银柱高度（mm·Hg）、帕（Pa）、百帕（hPa）、千帕（kPa），其间换算关系是：$1mm·Hg = 4/3mb$，$1mb = 100Pa = 1hPa = 0.1kPa$。国际单位制通用单位为帕。标准大气压，相当于在重力加速度为$9.80665m/s^2$，温度为0℃时，760毫米铅直水银柱的压强。如下：

气压用帕［斯卡］（Pa）来表示。

一个标准气压=760毫米水银柱高=1013毫巴=$1.03kg/cm^2$=$1.01325×105Pa$。

（四）风

空气的水平运动便形成气流，水平方向的气流就叫风。风有明显的方向性。气象上所说的风的方向，是指风的来向。地面风通常用十六方位表示，空中风向通常用360°，即方位角或密位数表示。

（五）云

悬浮在空中由大量水滴或（和）冰晶组成的可见聚合体，称为云。按云底高度不同一般可分为以下三类。

高云：云底高度大于5000米。

中云：云底高度大于2500米，小于5000米。

低云：云底高度小于2500米。

云高和云量：云高是指云底到地面的距离；云量是指视野范围内的天空被云遮蔽的成分。把视野范围天空分为十等分，被云遮住了几分，云量就是几。如天空无云，云量为0，天空完全被云遮住，云量为10。

要形成云，一要有足够的水汽，二要有水汽凝结的空气冷却降温条件。

（六）降水

降水指从云中降落的液态水和固态水，如雨、雪、冰雹等。降水观测包括降水量和降水强度：前者指降到地面尚未蒸发、渗透或流失的降水物在地平面上所积聚的水层深度，以毫米为单位；后者指单位时间内的降水量，常用的单位是毫米/10分钟、毫米/时、毫米/天。按降水强度的大小，可分为小雨、中雨、大雨、暴雨等。中国气象部门规定：24

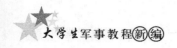

小时内雨量不到 10 毫米的雨为小雨；10.0~24.9 毫米为中雨；25.0~49.9 毫米为大雨；达 50 毫米或 50 毫米以上为暴雨。

（七）能见度

能见度，是反映大气透明度的一个指标，航空界定义为具有正常视力的人在当时的天气条件下还能够看清楚目标轮廓的最大距离，能见度通常以米（m）或千米（km）表示。能见度和当时的天气情况密切相关。当天气晴朗、大气透明度良好时，能见度就好；反之就差。能见度的好坏直接影响观察、射击以及简易光信号等，是航空兵确定飞行气象条件和机场开放或关闭的重要依据，也是炮兵、坦克兵、空军和海军协同作战的重要条件。

能见度与大气透明度和目标物同背景的亮度对比有关。

四、天气预报

天气预报就是应用大气变化的规律，根据当前及近期的天气影响，对某一地未来一定时期内的天气状况进行预测。它是根据对卫星云图和天气图的分析，结合有关气象资料、地形和季节特点、群众经验等综合研究后作出的。如我国中央气象台的卫星云图，就是我国制造的"风云二号"气象卫星摄取的。利用卫星云图照片进行分析，能提高天气预报的准确率。天气预报就时效的长短通常分为三种：短期天气预报（2~3 天）、中期天气预报（4~9 天），长期天气预报（10 天及以上）。此外，当发现有危及人员、兵器装备安全及妨碍部队执行任务的天气出现时，将临时发出危险天气警报。

天气预报主要包括天气形势和气象要素预报。天气形势预报是指对天气系统的预报，如气团、锋面、高气压、低气压、高压槽、低压槽等的产生、移动、强度变化及消失的报告。气象要素预报是指对气温、风、云、能见度、降水、雷暴等天气现象的预报。通常所说的天气预报就是指气象要素的预报。

第二节　不同天气、气候对战争的影响

由于天气本身多变，而且人类生活受到气候条件的支持和制约，天气、气候与人类的关系研究具有重要意义，因此受到了学者和人群的广泛关注。有经验、负责任的指挥官在制订作战计划时通常十分重视天气情况。美国著名将领艾森豪威尔曾经说过："只要坏天气使我们的飞机不能起飞，它就成了敌人的盟友，顶得上几个师的军队。"这也就进一步证明了天气对战争影响的重要性。

一、天气对战争的影响

（一）天气通过对人的影响间接影响战争

天气对人体的影响主要有四个途径：一是通过对皮肤表面及肺部的冷、热刺激，影响人体的物质交换、皮肤的血液流通；二是阳光太少使人感到压抑，影响人的精神面貌、生物节奏、身体内的荷尔蒙分泌及物质交换；三是大气中的固态、液态和气态有害物质会损害人体健康，使得天气感觉性加强；四是风、雨、雪等对人体皮肤表面施加机械力，能引起人们不舒服的感觉，甚至引起疼痛。下面将按照不同的天气要素详细阐述这些影响，并举例加以佐证。

1. 温度

气温是对人体影响最敏感的天气要素之一，对人体体温的调节起着主要作用。一些研究表明，气温过高或过低可以引发多种疾病，甚至死亡。例如，夏季当气温接近或高于人体温度时，如果身体不能及时散热，就会发生中暑。另外，高温也会造成心脑血管病、肝炎发病率升高；气温过低，可以造成冻伤，并引起死亡人数增加。另外，自杀与气象条件也有一定的关系，一般高温、低温极值出现当天、前一天、后一天自杀率明显增加。高温与人的行为失常也有一定的因果关系。高温酷热容易使人疲劳、烦躁和发怒，严重影响人们的心理和情绪，各类事故也相对增多，甚至犯罪率也会有所上升。1994年7月，似火骄阳普照欧洲大陆，气温居高不下，数百万人在热浪中煎熬。在高温酷热期间发生的交通事故中，有相当一部分司机正处在"易激惹时期"。高温可能造成行为失常乃至犯罪率上升，造成社会动荡，社会矛盾激化，一些别有用心的国家或者个人就有可能趁机发动战争。

2. 气压

大气对地球表面的压力称为气压。常用水银气压表或盒式气压表来测量，单位为帕（Pa）。据推算，大气对人体施加的压力相当于15.5～20千克，这个压力能被人体内压力所平衡，所以，平时人们感觉不出来，但短时间内气压改变很大将对人体健康产生影响。

气压对人体健康的影响分为生理和心理两个方面。

生理方面：气压主要是影响人体内氧气的供应。通常情况下，人体对气压的变化能够适应，但如果在短时间内气压改变很大，人就无法适应了，"高原反应"就是一个典型的例子。

心理反应：在低气压的环境中，人体内压力与大气压失去平衡，会产生压抑情绪使自律神经趋向紧张，大量释放肾上腺素，引起血压上升、心率加快和呼吸急促等症状。同时，皮质醇被分解，引起胃酸分泌增多，血管易发生梗塞。例如，在夏季的阴雨天气里，由于气压低，人们会感到抑郁不安，表现出易激动或无精打采、注意力不集中、心烦意乱等现象。所以，气压对于人们心理方面的负面影响也就埋下了冲突甚至战争爆发的隐患。

3. 湿度

空气湿度对人体的影响与气温有直接关系。当气温适中时，空气湿度的变化对人体舒适感的影响非常小，而在高温或低温的环境里，人体对湿度非常敏感。夏季，湿度增大，水汽趋向饱和时，会抑制人体散热功能的发挥，使人感到十分闷热和烦躁。当湿度达到

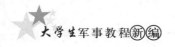

80%以上时，人就会无精打采，萎靡不振。冬季，湿度增大时，则会使热传导加快约20倍，使人感觉更加阴冷。从医学角度来看，无论是冬天还是夏天，相对湿度过高，人体都会缺乏自控力，感到烦躁不安。所以适宜的湿度对于维持稳定的社会秩序是至关重要的。

4. 风

首先，风作用于人的皮肤，对人体体温起着调节作用。当气温低于体表温度时，气流产生散热效果，当气温高于体表温度时，可对人体起到加热和散热两个相对的作用：风速加大，空气与人体之间的对流加强，从而使人体加热；风速加大，气流使人体表面蒸发力加大，从而提高了人体散热率。其次，风能影响人体的冷暖感觉。风速不同，使人的冷暖感觉也不同。当风速大的时候，人体周围的空气层便不断被新来的冷空气所代替，并将热量带走。因此，风速越大，人体散失的热量就越多。当气温较高时，热风还会升高皮肤的温度，并使汗腺蒸发加强，使水分大量丧失，体温调节发生障碍，容易中暑生病。

风主要影响人体的健康，从而降低其工作效率和生活质量，不利于国家的发展，容易造成失业率和犯罪率的提高，也埋下了战争的隐患。

5. 太阳辐射

太阳辐射也称日射，通常指太阳向周围空间发射的电磁波能量。太阳辐射是预防疾病，增进人体健康不可缺少的自然因素之一。在一般情况下，它对人体健康产生良好的作用。日光疗法就是一个很好的例子。明媚的阳光一般也使人心情愉快，心胸开阔，不富有攻击性，阴暗的环境则容易让人无精打采。但太阳辐射过多、过强，都会对人体健康产生不良影响。人之所以在阴雨天气感到"天昏昏令人郁郁"，除了气压的因素外，主要是因为阴雨天气光线较弱，甲状腺素、肾上腺素的分泌浓度就相对降低，人体神经细胞也就因此"偷懒"，变得不怎么"活跃"，人也就会变得无精打采。

总之，各天气要素通过对人身体健康和心理健康两方面的影响，影响个人，从而间接影响到社会稳定，增加了爆发内战和国际战争的危险。

（二）天气通过对社会的影响间接影响战争

无论历史上还是当代，天气可以导致战争发生，这一命题已经被不少事例所证明。就外国而言，18世纪的法国经济危机四伏，国家负债累累，一场春旱使得食品价格飞涨，而接下来的一场冰雹彻底砸坏了地里的庄稼，使得农田完全作废，这场沉重的打击也成为法国大革命的导火索。饥饿的人民终于忍无可忍，拿起了武器，法国大革命很快拉开了序幕。由此看出，恶劣的天气加速了法国历史的进程，导致战争的产生。中国历史上也有很多这样的例子，各王朝的末期都不同程度地伴随着频繁出现的恶劣天气。"天灾人祸"的古话也就这么流传了下来。当今世界，随着科技水平和人类生产力的提高，天气导致战争产生的作用略显逊色，但是恶劣的天气仍会造成社会动荡，从而增加战争爆发的风险。在当今世界一些国家发生的政局动荡中，天气总是起着直接或者间接的作用。即使是在相对稳定的国家，当局处理自然天气灾害不力时，通常会遇到敌对势力的攻击，给国家稳定造成潜在的危险。

（三）风对战争的影响

风对战争影响的历史可谓源远流长，古今中外都有此类战例，利用风而获胜的战例也屡见不鲜，其中就有著名的赤壁之战。诸葛亮借东风火烧连营，成为战争史上的佳话。"风"分为三类：普通风及垂直气流；高空急流及中纬西风；热带风暴、飓风等。下面结合实际战例说明风对战争过程及结果的重要影响。

1. 普通风及垂直气流

（1）负面

大风和强烈的垂直气流危及飞机飞行、导弹发射安全，是影响火炮射击精度的重要因素。这方面的例子数不胜数，这里仅举一例。1940年1月10日，一德军少校科长，携带一份德国向比、法、英进攻的西线作战计划，乘飞机从孟士特飞往柏林，由于空中风大，所乘飞机被吹偏了预定航线，被迫在敌对国比利时降落。结果人员被俘，作战计划落入敌手，使联军不花任何代价，就得到了一份情报，而德军不得不另订作战计划，从而使联军延长了准备时间。

（2）正面

适宜的风向有助于舰船航行，舰载机起飞，化学及生物武器比如毒气、真菌孢子的扩散。在对英国历史发展影响深远的诺曼征服战争中，威廉得到了胜利，获得了英国王位，其实这中间有南风的一份功劳。争夺王位的哈罗德击败挪威的次日，威廉盼来了等候已久的南风，使得连日因北风不能出港的威廉得以乘船登陆英格兰，和哈罗德与刚和挪威人激战后疲惫不堪的军队进行战斗，轻松取得了胜利，得到了王位。若那几天仍然吹北风，延误了这个击败哈罗德的最佳时机，威廉是否能当上英国国王还是未知数。可见，风向的影响有多么深远。

2. 高空急流和中纬西风

高空急流是指出现在对流层顶附近或平流层中的一股强而窄的气流。一般指风速大于或等于30米/秒的强风带。在这股强气流中，风速的水平切变为每100千米5米/秒。垂直切变为每千米5~10米/秒。高空急流长度可达几千千米，宽几百千米，厚几千米。急流中心风速有的可达到50~80米/秒，最强的可达100~150米/秒。高空急流由于其极高的风速，对于飞机航向的影响甚于普通的风。一战期间，1917年10月20日，德军的一支飞艇队接受了轰炸英国伦敦的任务。当晚，11艘齐柏林飞艇出航，飞到英伦海峡上空时，遇到了高空急流。风速在20米/秒以上，飞艇的螺旋桨被迫全速转动，结果燃料耗尽，飞艇偏航，有的被高射炮打落，有的迫降在法国的一片沼泽地里，被美军俘获。其中一架带有密码和地图的飞艇也落到了美国人手里。美国陆军情报局组织有关人员破译了它，并把破译成果给了英国。后来德军潜艇因此而不断受到截击。

中纬西风又叫盛行西风，由南北纬30度附近的副热带高气压带流向南北纬60度附近的副极地低气压带。由于地球自转偏向力的作用，盛行西风在北半球右偏为西南风，在南半球左偏为西北风。但都具有从低纬吹向高纬的趋势。而西风急流是盛行于西风带对流层上层或平流层中一股强而窄的气流。水平宽度几百千米，垂直厚度几千米，长几千千米弯弯曲曲自西向东围绕整个半球。1942年，日本为了报复美国对其首都东京的轰炸，采用了

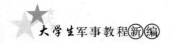

定时气球炸弹，乘高空西风急流，将成千上万吨的炸弹、燃烧弹漂洋过海送到美国领土上，威胁着西海岸大片森林和人的生命安全。可见，高空急流和中纬西风对于战争过程和战果也具有重要作用，若利用得当，会收到意想不到的效果。

3. 热带风暴和飓风

显而易见地，热带风暴和飓风会造成巨大风浪，摧毁舰队，甚至有数据表明，一个强大的热带风暴的能量相当于 2 万颗原子弹，可见它的作用有多大。元世祖忽必烈 1274 年至 1281 年两次东征日本，均因风暴船毁人亡而失败，从而使日本没有被灭国，对历史进程的影响很大。西班牙由于海上无敌舰队遭到风暴，从而使西班牙海上霸权衰落，影响了欧洲乃至整个世界的历史发展。可见，热带风暴和飓风对战争的影响也是具有重要历史意义的。

（四）降水对战争的影响

降水对战争产生的影响是已知战例最多的一类气象因素，有时其对于战争的胜负能产生决定性的作用。通常将降水分为雾、雨、雪、冰雹、露和霜等，不同降水形式对战争过程和结果的影响有所不同。

1. 雾对战争的影响

大雾会影响能见度，因此会影响正常的行军和飞机飞行，但在另一方面，能形成天然掩体，保护行军路线不被敌军发现。因此，雾对于战争的过程和结果也是具有两方面的作用的。隋朝末年，隋炀帝杨广统治残暴，挥霍无度，滥用民力，农民苦不堪言，纷纷揭竿而起，瓦岗军是其中规模最大的一支起义军。公元 617 年，隋炀帝命令薛世雄镇压窦建德领导的瓦岗起义军，窦建德夜间急行军，黎明时分到达隋军驻扎的七里井，正逢漫天大雾，对面不见人。从迷茫的大雾中，280 个壮士冲入敌营，薛世雄部队大败而归。可见雾通过影响能见度，间接影响着战争的过程和结果。

另外，雾能使化学武器的化学成分发生凝结、沉降和水解从而使化学武器的效用降低。

2. 雨对战争的影响

雨通过影响能见度，引发自然灾害，直接影响武器性能，冻雨、积冰等冻害，直接影响交通运输和行军，这五种方式影响着战争的过程及结果。

下面针对这五点分别进行阐述：

（1）能见度。毛毛雨能够降低能见度，从而影响投弹视野等，影响到战争的胜负。拿破仑曾利用风雨作为掩体，强渡多瑙河，为以后作战胜利奠定了基础。

（2）引发自然灾害。暴雨、大雨和可持续性降雨可引起山洪暴发、土壤流失和泥石流等灾害，造成战斗力伤亡或者行军速度下降甚至停滞，贻误战机，对战果产生重大影响。公元 23 年，刘玄和王莽昆阳之战，王莽军败走，适逢大风肆虐，雷雨倾盆，屋瓦被大风吹走，大雨使河水暴涨，王莽军士兵掉入水中，淹死万余人，尸体塞川，不得不说是一次大失败。

（3）直接影响武器性能。空气中的雨滴冰晶能够对导弹弹头产生腐蚀作用；雨水渗透改变导弹中电子元件性能和技术参数，从而对武器发挥作用产生影响，降低武器的杀伤力等，对战争效率产生影响。1866 年清军与西捻军灞桥之战时，由于天降大雨导致火药沾湿不能释放，装备比较好胜券在握的湘军失去了优势，结果导致惨败。

（4）冻雨、积冰等冻害。冻雨等温度很低，积冰等对于飞机飞行具有很严重的影响，甚至可能造成飞机坠毁。德军在 1940 年 5 月占领挪威之后，就加紧研制原子弹。为了阻止德国制造原子弹，切断德国重水供应，美军决定轰炸给德国提供重水的诺克斯工厂。1942 年 11 月 19 日晚，由 34 人组成的突击队在苏格兰威克机场登上两架滑翔机，由两架轰炸机牵引，先后起飞，返回途中，连接母机和滑翔机的缆绳因积冰折断，滑翔机坠地毁坏，8 人死亡，多人受伤。幸存者被捕获，德军在俘虏身上搜出一张地图，图中有蓝色铅笔作的标记，这使德国人警觉起来，加强了对该地的警戒，为美军以后摧毁诺克斯工厂造成了更多的困难。

（5）直接影响交通运输和行军。封锁交通线，影响行军和物质资料供给。拿破仑滑铁卢大败的原因之一就是天降大雨，导致向上攻击的法军行进十分困难。雨果在《悲惨世界》里写道："1815 年 6 月 17 日到 18 日的那天晚上，多几滴雨或少几滴雨，对于拿破仑成了一种胜败存亡的关键。"一语道破了拿破仑的滑铁卢惨败，一夜的大雨不能不说是其原因之一。

另外，对于雷电、雷雨天气，火箭伸展在大气的尖端易形成尖端放电，造成对飞行器的威胁，甚至导致飞行器坠落，影响战争过程以及结果。

3. 雪对战争的影响

雪对战争的影响和雨大致类似，雪能降低能见度，引起雪崩等自然灾害，产生冻害以及直接影响武器性能，而且会影响交通运输和行军。与雨不同的是，雪能产生显著的冻害。这里就不再分条详述雪的影响，仅举一例加以说明。1916 年 12 月，意大利和奥地利军队为争夺杜鲁米达山展开了一场激烈战斗，当时正值隆冬季节，连降了 3 天罕见的大雪，山上积雪深厚，同时，大风又把新雪堆积在山顶上，形成了高耸的雪嶂，只要一经触发，就会产生巨大的雪崩。双方都想利用雪崩形成的洪流淹没对方，于是向山顶最高的雪嶂猛烈地炮击，山脚下的士兵都知道雪崩的厉害，纷纷逃跑，而这场人为的大雪崩持续了两天，双方官兵几乎全被冰雪洪流吞没。仅奥军一方，死亡人数达 6000 人，双方总共死亡 18000 人，是历史上雪崩伤亡人数最高的纪录。本例中，雪引发了很大的伤亡，就这个意义上，对战争产生了比较大的影响。

4. 云对战争的影响

纵观中外战争史，云对战争影响的战例和雨雪的数量几乎相当。云通过以下途径影响战争：

（1）低云影响侦察、射击、投弹。1945 年 7 月，当美国向日本投放第二枚原子弹时，由于原定地点浓雾弥漫，改到广岛进行投弹。但是由于同样低云笼罩，飞行员从云缝投弹，结果偏离预定地点 2000 多米，导致广岛原子弹的破坏范围比较小，对战果有一定影响。

（2）积雨云对导弹、火箭发射和飞机飞行安全威胁很大。由于容易造成尖端放电和飞行器侵蚀，因此安全威胁很大。这一点不再详述。另外，云层对于再入大气层的导弹弹头可以造成腐蚀从而增强或减弱核爆光辐射效应。

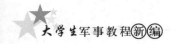

（五）高层大气对战争的影响

高层大气对于战争的影响有以下三个方面：

1. 对航天器的影响

高层大气阻力可使航天器动能减少，运行轨道高度降低，轨道收缩；宇宙间高能带电粒子不断轰击航天器表面，可造成航天器辐射损伤，更高能的粒子可穿过电子器件，在电子信号串中改变数据位，导致仪器发生混乱指令或提供错误数据。1982年12月26日，美国地球同步轨道业务4号卫星的可见光和红外扫描辐射，在太阳耀斑发出的高能质子到达45分钟以后失效，在一系列强磁暴袭击加利福尼亚海岸时最终完全损坏。

2. 对战略武器使用的影响

当太阳爆发导致高层大气密度发生剧烈扰动的时候，导弹飞行的实际轨道将严重偏离预测轨道。

3. 对军用电磁通信、预警、导航定位的影响

当空间灾害性天气发生时，无线电通信和雷达信号传输会受到影响，卫星微波通信也会因电离层扰动而降低通信质量。电离层闪烁可导致GPS卫星导航、定位误差高达几十米至几百米，甚至信号中断。比如，在2001年4月3日凌晨，25年来最大的太阳爆发X射线耀斑，使我国的短波通信和侦测等用户系统受阻约3小时。可见，高层大气对高科技武器有很大的影响，从而强烈影响着现代战争。

（六）沙尘暴对战争的影响

沙尘暴对战争的影响分为三个方面：

（1）沙尘暴能使能见度接近于0，还能使车辆装备上蒙上一层厚厚的尘土，飞机难以飞行，这是在2003年美伊战争中曾经出现过的情况。

（2）强烈的沙尘暴卷起沙石可形成沙壁向前推进，而因此造成人员伤亡和行军困难。

（3）沙尘暴能引起电磁波衰减，干扰无线电通信，危害兵器和设备。

（七）海浪、潮汐等对战争的影响

1. 海浪对战争的影响

海浪能改变舰船的航向、航速，甚至产生船身共振使罐体断裂，破坏海港码头、水下工程和海岸防护工程，影响雷达的使用、水上飞机和舰载机的起降、水雷布放、扫雷、海上补给、舰载武器使用和海底救生打捞等。小浪利于潜艇隐蔽接近敌方，大浪影响鱼雷发射和舰艇安全航行，不利于登陆航行，大浪和风的影响略有类似。

2. 潮汐对战争的影响

掌握潮汐发生的时间和高低潮时的水深是保障舰航行安全、进出港口、通过狭窄水道及在浅水区活动的重要条件，也是建设军港码头，水上机场，进行海道测量，布雷扫雷，救生打捞，构筑海岸防御工事，组织登陆、抗登陆作战和水下工程建设等必须考虑的重要因素。鹿耳门之战（公元1661年）中，郑成功借助潮汐变化领军顺利通过鹿耳门登陆，造成对荷兰敌军分割包围的有利态势，保证了顺利收复台湾。

由于以上天气因素的重要影响，应该注意利用它们，避免它们对行动造成负面影响。这样才能在气象因素层面上确保战争的胜利。

二、气候对战争的影响

气候作为天气状况的长期平均状态，由于它的长期性，对于战争的影响通常更加深刻，更加长远。不同地区有不同的气候，尤其是远征军到不熟悉的地区时，必须对当地气候条件有一定的了解，否则就会陷入很大的困境，甚至直接导致本次军事活动的失败。

（一）气候通过对人的影响从而影响战争

气候对人的影响主要可以分为三类：对健康的影响；对情绪的影响；对性格的影响。由于气候的长期平均性，它对于人类的性格存在一定的影响。

1. 对健康的影响

由于气候是天气状况的长期平均，天气的变化对于人体健康的影响反映到长期上就是气候对健康的影响，相应地，气候变化也是通过天气的趋势性变化对人类健康造成影响的。当气候转潮湿时，瘟疫容易流行，原因是病毒的大量滋生。由于近年来全球气候趋向于变暖，所以着重谈一谈气候变暖对人类健康的影响。

（1）直接影响

①热浪影响。气候变暖对人类健康的直接影响使热浪袭击频繁或严重程度增加。热浪、高温使病菌、病毒、寄生虫更加活跃，损害人体免疫力和抵抗力。导致与热浪相关的心脏、呼吸道系统等疾病的发病率和死亡率增加。

②极端天气事件影响。全球气候变暖使暴风雨、飓风、干旱、水灾等极端天气事件发生的频度和严重程度均有所增加。除直接导致死亡率、伤残率上升外，还为疟疾、登革热、霍乱、脑炎等传染病提供传染环境而间接加大对人体健康的损害，影响生态系统稳定，破坏公共卫生基础设施，并增加社会心理压力。

（2）间接影响

①全球气候变暖对传染性疾病的影响。全球气候变暖使传染性疾病的流行范围扩大，更严重的是会导致某些传染性疾病的传播和复苏。

②气候变暖与 SARS、禽流感。气候变暖可能助长 SARS 和禽流感的发生和传播。

③全球变暖导致过敏性疾病的增加。全球气候变暖可使空气中的某些有害物质，如真菌孢子、花粉和大气颗粒物浓度随温度和湿度的增高而增加，使人群中患过敏性疾病如枯草热、过敏性哮喘和其他呼吸系统疾病的发病率增加。

④全球变暖对空气污染的影响。全球变暖将加重空气污染，使空气质量下降，气喘病等呼吸系统疾病加剧。

总之，气候变化会对人类健康造成比较大的影响，从而间接对社会稳定造成影响，也就间接对战争爆发有一定作用。

2. 对情绪的影响

在炎热的夏季，会有 10% 左右的人出现情绪和行为异常，特别是中老年人容易出现情

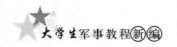

感障碍，饮食睡眠差，工作效率低下，人际交流受影响等现象。

目前，全球由于环境的恶化，很多地方都出现了厄尔尼诺现象，世界卫生组织的资料表明，在厄尔尼诺现象严重的年份，全球大约有几十万人患上了抑郁症，精神病的发病率大幅度上升，交通事故也大量增加。

上面两个例子均说明气候对人的情绪具有很显著的影响，这为它进一步影响战争的发生提供了机会。

3. 对性格的影响

自然气候使地球上不同区域形成了不同的人种，也使不同区域的人们形成了不同的性格。生活在热带地区的人，为了躲避酷暑，在室外活动的时间比较多，所以那里人的性格易发怒。居住在寒冷地带的人，因为室外活动不多，大部分时间在一个不太大的空间里与别人朝夕相处，养成了能控制自己情绪，具有较强的耐心和忍耐力的性格，比如生活在北极圈内的爱斯基摩人，被人们称为世界上"永不发怒的人"。居住在温暖宜人的水乡的人们，因为海滨气候湿润，风景秀丽，万物生机盎然，所以，人们往往对周围事物很敏感，比较多愁善感，也很机智敏捷。另外，山区居民因为山高地广，人烟稀少，开门见山，长久生活在这种环境中，便养成了说话声音洪亮，商量事情直爽，对人诚实的性格。居住在广阔的草原上的牧民，因为草原莽莽，交通不便，气候恶劣，风沙很大，所以，他们常常骑马奔驰，尽情地舒展自己，性格变得豪放直爽，热情好客。而生活在城市中的人们，高楼大厦林立，工矿企业众多，温度较高，降水较少，空气不清新畅通，这种憋闷的气候常使城市人形成孤僻的性格。气候通过性格的影响造成了不同地区的不同民族性格和民族文化，由此产生的文化冲突是战争产生的重要原因。气候通过民族性格强烈地影响着爆发战争的可能性。

（二）气候通过对社会的影响从而影响战争

以中国为例进行说明：中国历史上气候的数次变化对中国社会历史的发展产生了多方面的影响，而且生产力水平越低，地理环境对人类的影响就越大；社会发展的历史时期越早，人类对地理环境的依赖性就越强。气候变迁导致生存环境的恶化，这对处于农业社会的中国的影响往往是灾难性的，它大大增加了战争发生的几率。由上已知气候偏冷和战争频繁有一定相关性，究其原因，气候变冷，意味着植被带的南移和原有生存环境的恶化，这对北方和西北地区以游牧、狩猎为主要生产方式和生活资料来源的少数民族来说，无疑是一种致命的打击。一个种群的南移会产生骨牌效应，引发一批又一批的南移，遂转化为武力的南侵。所以，对农业社会影响最大的是历史上的几个气候寒冷期，这几个寒冷期战争频繁也就不再那么匪夷所思。

（三）高温和严寒对战争的影响

高温和严寒主要是对人战斗力的影响，当士兵对战地气候不适应的时候，就会严重削弱战斗力。另外高温时容易滋生瘟疫，比如南宋末年宋蒙钓鱼城之战，蒙军因为酷暑和瘟疫而撤军；严寒时则容易造成燃料冻结从而使大炮无法行进，相关的仪器设备也部分失灵，比较典型的战例是拿破仑进攻俄国和二战时德国进攻苏联。这两次战役均因为俄国

（苏联）冬季的严寒严重削弱了入侵军队的战斗力，并且枪炮等仪器失灵导致了入侵者的惨败。1812 年 6 月，拿破仑率 60 万大军进攻俄国，并于 9 月 14 日进入了莫斯科。严冬来临后，厚厚的积雪覆盖了大地，使法军迷路，数以千计的士兵和战马冻死，余下的士兵则食不果腹，甚至为了食品自相残杀。60 万之多的大军返回时已不足 3 万，丧失了所有的骑兵和几乎全部炮兵，这次战役为加剧法军的失败起了巨大作用。

1941 年，被"胜利"冲昏了头脑的希特勒，没有采用有效御寒措施，就急忙下令迅速向苏联展开全面进攻，梦想采用"闪击战"，用 8 个星期吞并苏联。但是大雨使道路泥泞，拖住了大军行进的脚步，紧接而来的寒流使每个步兵团非战斗减员四五百人以上，坦克发动困难，装甲部队无能为力，大炮的瞄准镜也失去了效用。在短短的三个月内，冻死冻伤的就达 11 万之多，并在此情况下被苏军在反攻中全部歼灭。可见极端气候条件对于战争的影响很大，直接影响到战争的胜负。

（四）洪涝和干旱对战争的影响

洪涝影响行军，可以阻隔物资供给交通线，并且滋生瘟疫。而干旱则使军队人员因缺水而降低战斗力。这方面的一个著名战例是美国利用人工降雨制造了越南历史上最大的一次气象灾害，死亡人数达到越南人口的 5%，同时达到了切断越军前线供给线的目的，收到了比较好的战果。上甘岭战役中，我军由于缺水、干旱，战斗力受到损失，导致阵地保卫战进行得异常艰苦。这说明水在战争中起到了重要的作用。

总之，气候条件对战争的影响通常更大，甚至可以决定战争的胜负。所以更需要引起足够的重视。

第三节　气象条件对军事活动的影响

气象条件对军事活动的影响是很大的。特别是对海、陆、空三军的导弹部队、原子部队、化学部队等的活动影响更大。

一、对部队机动的影响

部队的机动性越来越大，活动地域广，环境变化快，往往由于气象条件的变化，人员难以适应当时的气候与水土条件，造成非战斗减员，还影响兵器、器材使用性能，甚至导致军事行动的失败。对部队机动影响较大的气象要素有气温、湿度、风和气压等。

人体对冷热的感觉与气温、湿度、风以及植被状况有关。在高气温而湿度不大时，一般没有闷热感；当高气温、高湿度同时发生时，就会使人感觉闷热不适。

在炎热的夏季，部队行军、作战、训练、施工时，人员容易中暑，车辆易开锅，人员肠胃的抵抗力减弱，易患肠胃炎。在严寒的冬季，人员容易冻伤；部队在行军、作战、训练中由于负重增加而行动不便，给部队机动带来麻烦；出汗后休息时易感冒；由于有时保暖条件受到限制，易使四肢冻伤，甚至造成死亡事故。风能促使人体热量散发，产生凉爽或寒冷感。在冬季风速较大时，即使气温不是很低，也会使人感到寒冷或引起冻伤。

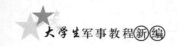

气压主要在高原和高山地区对人员造成影响。由于海拔高、气压低、氧气不足，初到高原的部队，往往不能立即适应，会产生不同程度的"高山反应"。

二、对车辆机动的影响

气象条件对车辆机动的影响，主要表现在对机动道路、车辆性能和目视观察等方面。其影响的主要气象要素有气温、降水、能见度和风。

热天气温过高时，坦克、装甲车、汽车等各种军用车辆散热困难，易引起发动机和其他部件过热而损坏。同时，油料蒸发加快，造成供油减少及机件功率下降。

气温过低时，不仅会使金属断折，车胎撕裂，而且会使燃料黏度增大，不易雾化，气缸难于点燃甚至发动不起来。

暴雨、大雨和连续性降雨，都可能造成山洪暴发、江河泛滥、土质松软、道路泥泞，甚至冲毁道路、桥梁，使车辆寸步难行。积雪可使地貌改变、道路阻塞、沟路不分，不仅影响车辆运动速度，而且也容易发生车翻人亡的事故。

天气变化影响能见度，会使驾驶人员观察判断误远或误近，造成行速缓慢、观察判断困难，甚至迷失方向。遇到强大逆风时会影响车的时速、增大车的耗油量。

三、对无线电通信的影响

无线电通信，是现代作战中的主要通信手段。按无线电波传播路径离开地面的高度，无线电通信采用的电波传播方式大致可分为地波传播、对流层波传播、电离层波传播和外球层波传播。

地波传播又分为地面波传播和空间波传播。地面波传播是指电波沿地球表面的绕射传播。长波和中波段的远距离通信，以及短波和超短波段近距离通信时，可采用这种方式。空间波传播是指发、收天线架设较高的情况下，到达接收点的电波由直射波与地面反射波组成的相干传播。超短波通信可采用空间波传播。

对流层波传播是指电波通过对流层，靠大气折射（反射）和散射来实现的。外球层传播是指电波穿过对流层和电离层的传播，一般用于宇宙通信。当无线电波在大气中传播，大地出现不同天气现象时，大气的反射和散射会使无线电通信受到不同程度的干扰。轻者引起信号减弱，距离缩短，重者使通信中断。当出现雷电时，产生杂音、信号不清或通信中断，有时造成击毁线杆、线路，击穿电缆、烧毁器材设备等事故。

四、对射击精度的影响及修正方法

影响射击精度的气象要素主要有风、气温、能见度和阳光。

风影响弹丸的飞行方向和射距。在步兵射击学理中把风按风速分为强风、和风和弱风三种。按风向和射向所形成的角度又可把风分为纵风、横风和斜风三种。

纵风影响弹丸的飞行距离，会使射弹打高（远）或打低（近），但在风速小于10米/秒时影响较小，在400米内不必修正。远距离射击时，适当提高或降低瞄准点。

横风影响弹丸的飞行方向，风从右边吹来弹着点偏左，反之则偏右，风速越大偏差越大。修正时，风从哪边来，瞄准点就向哪边偏。

斜风既影响弹丸的飞行方向又影响高低，风从右前方吹来弹着点偏左下，风从左后方吹来弹着点偏右上。修正时应适当提高或降低瞄准点。

气温变化时，空气密度随之改变，进而影响弹丸飞行的空气阻力。气温增高时，空气密度减小，空气阻力变小，造成弹着点偏高，射距增加，气温降低时则相反。修正时一般以 15°C 为基准，气温低时提高瞄准点，高时降低瞄准点。

能见度较差时，瞄准将产生误差，增大射弹散布，修正时一定要根据当时的气象因素和目测距离适当增减。

阳光对射击的影响是很大的，在强光下进行射击，容易产生更大的偏差。光越强缺口产生的虚光越强，形成的缺口越多，有时可能形成两个或三个缺口，使射弹产生偏差。注意平时保护好瞄准具，不使其磨亮而反光。

五、对飞机起降、飞行及空降的影响

航空兵空战中除全天候飞机受气象条件限制较小外，其余飞机无论起飞、降落、飞行以及进行空降等作战行动，在很大程度上都受气象条件的制约。

（一）对飞机起飞、降落的影响

当机场云层很低、能见度差，大风以及跑道结冰、积雪时，都会影响飞机的起飞和降落。顺风使飞机的滑跑距离增长，易冲出跑道。侧风可使飞机偏离跑道，危及安全。飞机通常采用逆风起降，可获得足够的升力和阻力。机场在低云层遮蔽情况下降落，不易看清和对准跑道。跑道积水、积雪、结冰，会使飞机滑跑的距离增长，影响安全起降。因此，机场对各型飞机的起降都规定了最低气象条件。当机场达不到规定条件时，通常不允许起飞和降落。

（二）对飞行的影响

云层、湍流和雷暴是飞行的最大障碍。云层中上升、下沉气流，湍流中的无规律气流，可使飞机颠簸。过冷云可使飞机积水，改变飞机形体，使其空气动力性能变差。雷暴是飞行最危险的天气，它可干扰飞机无线电通信和电子设备，使飞机仪表失灵或产生误差，使飞机变"聋"、变"瞎"，甚至危及飞行安全。

（三）对空降的影响

空降区云层低或地面能见度不良，则不易辨明地面引导目标，影响空降兵在预定地域的安全着陆和集结。地面风速大于 7 米/秒（海上风速大于 8 米/秒），伞降高度以下的合成风速大于 10 米/秒时，可造成空降兵散布面积过大，不能准确着陆。

六、对舰艇及登陆的影响

影响舰艇及登陆作战的气象要素，主要是大风、海浪、海雾和潮汐。

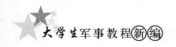

大风能影响舰艇的航向、航速和靠岸登陆。当风力超过舰艇的抗风力时，不仅会造成兵器、装备操作困难，降低武器效能，而且还危及舰艇安全。

海浪，包括风浪和涌两种。在风力持续作用下产生的波浪称风浪。涌亦称长浪，指波峰圆滑、波长特大、波速特高的浪。它是由有风海面激起的风浪传播到无风海面形成的。因其波长较长且又具有较大能量，其波峰可把舰艇顶起形成中垂（舰艇首尾同时被两个波峰抬起）或中拱（舰艇中部被一个波峰顶起）现象，甚至导致舰体严重损伤或断裂。

海雾造成的恶劣能见度，降低舰艇某些观察器材的效能，限制了导航，难以利用日、月、星光导航定位，影响舰艇编队航行。但有利于隐蔽航行摆脱敌人。

潮汐对登陆作战更有着重要影响。如掌握其规律，可利用涨潮通过浅海区域或航道，便于登陆舰艇靠岸，缩短登陆兵的滩头距离。反之，则丧失潮汐的有利因素造成登陆作战失利。

此外，气象对后勤保障工程作业、发射导弹、激光武器和夜视器材的使用，以及电子对抗侦察与反侦察的斗争都有密切的关系。因此，必须研究气象对军事行动造成的影响，以利用其有利因素，避其不利影响，才能保障作战的胜利。

第四节　气象武器与气象战及其作用

战争，总是在一定气象条件下进行的。古往今来，不知有多少军事家"呼风唤雨"，挽狂澜于既倒，救三军于危难，导演出幕幕威武雄壮的战争活剧。然而，随着现代军事和科学技术的发展，人们已不满足于单纯利用自然天气，而是想方设法运用科学手段制造各种各样的"人工气候"，随之便产生了气象武器和气象战。

气象武器是人工影响局部天气技术在军事上的应用。利用气象武器达到某种作战目的的军事行动叫气象战。

军事上局部应用或处于试验阶段的气象武器有人工消雾与造雾、人工播云与降雨、人工消雹与降雹、人工制造和抑制闪电、人工影响台风和臭氧武器等。

一、人工消雾与造雾

人工消雾常用的有三种方法：一是在雾中播撒冷却剂或吸湿性物质（如食盐、氧化钙粉末），使雾滴蒸发或凝结降落地面；二是造成雾中气流紊乱，如用飞机在雾区盘旋飞行，或采用爆炸方法造成雾滴互相碰撞合并成大水滴落到地面；三是在雾区里燃烧汽油，使空气干燥加温，蒸发加快，达到消雾的目的。人工造雾是在空中播撒大量造雾剂等来达到军事目的。

二、人工播云与降雨

通过在低空大气层布撒碘化银和碘化铅改变云的结构，达到人工播云与降雨的目的。

三、人工消雹与降雹

当发现冰雹云时可用飞机、高射炮、火箭把碘化银、碘化铅等送入云体，或用土炮直接轰击冰雹云，以达到目的。

四、人工制造和抑制闪电

用人工方法制造和诱发闪电，可损害敌机，干扰通信，还可以造成森林火灾。用人工抑制闪电，则可减轻或避免其不利影响。

五、人工影响台风

目前人工影响台风有以下几种设想：用核爆炸改变台风路径；在台风的适当部位大量播撒碘化银等催化剂，使台风的内部能量重新分布，以减弱风速；在经常产生台风的洋面上使用单分子箔膜材料减少局部地区海洋与大气的相互作用，可以抑制台风的发展。

六、臭氧武器

臭氧层是人类正常生活的重要保护层，如遭破坏，将给人类带来灾难。近年来，国外有人设想利用人工手段，将臭氧层"打个空洞"，让太阳的紫外线直接伤害敌国地面人员和生物，达到杀害敌方有生力量之目的。

从军事上对气象武器的应用来看，可以概括为三个方面的作用：为己方的作战行动创造有利条件；为对方的军事行动制造困难；直接以改变了的大气条件为武器。

思考题

1. 什么叫气象学、军事气象学？
2. 简述气温、湿度、气压、风、云、降水、能见度、暴雨等天气要素。
3. 不同天气、气候对战争有哪些影响？
4. 气象对军事活动有哪些影响？
5. 什么是气象武器、气象战？
6. 气象武器在军事应用中有哪三个方面的作用？

第十二章　大学生应征入伍

第一节　我国兵役制度

兵役制度是国家关于公民参加武装组织或在武装组织之外承担军事义务、接受军事训练的制度。主要包括公民按照法律在军队中服现役，参加预备役部队、民兵组织或登记服预备役，以及在校学生接受军事训练等方面的制度。兵役制度是国家的基本军事制度，对于加强武装力量建设，维护国家安全具有重要作用。

中华人民共和国成立以来，兵役制度经历了三次较大调整，从 1955 年的"义务兵役制"，到 1984 年的"义务兵役制为主体的义务兵与志愿兵相结合、民兵与预备役相结合"，再到 1998 年的"义务兵与志愿兵相结合、民兵与预备役相结合"，我国兵役制度体系不断健全完善，为武装力量的建设发展提供了可靠的兵源保障。新形势下军队使命任务的发展变化，特别是新军事革命和信息化战争以及社会主义市场经济的发展，对兵役制度提出了新的要求。兵役制度必须与时俱进，紧紧围绕建设一支听党指挥、能打胜仗、作风优良的人民军队这一党在新形势下的强军目标，着力解决突出的矛盾和问题，为构建中国特色现代军事化力量体系奠定扎实的人力基础。

一、建立中国特色军官职业化制度

军官职业化制度是国家依据军队职能和军事专业的特点与规律，对军官员额、选拔、培养、激励和退役等方面的规定。军官职业化是社会生产力、军队专业分工和军队组织结构发展到一定阶段的必然产物，也是当今世界发达国家兵役制度改革与发展的共同趋势。党的十八届三中全会通过的《中共中央关于全面深化改革若干重大问题的决定》，明确提出了"以建立军官职业化制度为牵引，逐步形成科学规范的军队干部体系"的改革目标和任务。建立军官职业化制度，是我国兵役制度改革的关键环节，是新军事革命和市场经济发展的客观要求，对于提高我军信息化作战能力、有效履行职能使命具有重要意义。

建立军官职业化制度，是为了优化军官队伍规模和结构，科学规划军官职业发展路径，提升军官的职业素养和能力，有效吸引、保留和培养高素质军官，不断提高军事活动的效益。其主要内容包括以下五点：一是依法规定军官员额和结构比例，严格规范军官岗位编制，保证军官队伍的稳定性。二是对军官职业进行分类管理，建立军官任职资格制度，包括军官岗位任职资格标准、军官个人任职资格认定、任职资格证书等制度，并对不同类别和层级军官的服役年龄、任职年限、任职经历、学历学位、培训经历、专业资质、身心素质、考评等级等作出具体规定。三是规划军官职业发展路径，培养和提升军官职业素养。四是建立相对优厚的军官待遇制度，增强军官职业的吸引力。五是健全完善军官管理保障制度，培养造就高素质军官队伍，主要包括军官管理体制和军官的选拔、分类、考核、培训、晋升、轮换、退役、补偿等制度。

推进军官职业化制度建设，必须立足我国具体国情和军情，积极借鉴外国军官职业化制度建设的有益经验，按照十八届三中全会确立的国防和军队改革目标和任务，逐步建立健全军官分类管理、等级设置、任职资格、选拔任用培训考核、晋升退役、岗位交流、福利待遇等相关制度，走出一条中国特色的军官职业化道路。

二、健全兵员征集制度

兵员征集制度，是根据军队需要和国家法律规定，通过一定程序将符合服现役条件的公民征募到军队服现役的制度。主要包括以下内容：一是兵员征集计划。兵员征集计划是兵役机关根据军队兵员需求对兵员征集的数量、结构、范围、时机、程序等作出的方案和规定。科学合理的兵员征集计划，对兵员征集工作的顺利实施具有重要作用。二是征集的标准与条件。主要包括公民应征应募服现役的年龄、性别、政治、体格、智力等方面的要求和规定，是确定征募对象、新兵分配和加入不同军兵种的重要参考依据。三是兵役登记制度。兵役机关对适龄公民进行普查，对适合与不适合服兵役的公民分别登记注册，目的在于掌握役龄公民的数量、质量和分布情况，以便为平时兵员征募、战时兵员定员做好准备。四是限制服役制度。实行征兵制的国家，都根据本国的实际情况，制定了关于免征、缓征、不征等方面的制度和规定。如我国《兵役法》规定，有严重生理缺陷或严重残疾不适合服兵役的人免服兵役；应征公民是维持家庭生活唯一劳动力的可以缓征；应征公民正在被依法侦察、起诉、审判的或者被判处徒刑、拘役、管制正在服刑的不征集；依照法律被剥夺政治权利的人不得服兵役。此外，兵员征集制度还包括体格检查、政治审查、定兵与签约、新兵交接等制度规范。

我国兵员征集制度总体上是比较完善的，对保证兵员质量和征集工作的顺利实施发挥了积极作用。随着形势的发展变化，近年来适龄青年参军入伍的积极性普遍下降，新兵整体素质和文化水平偏低，"征兵难"特别是征集高素质兵员难的问题日益凸显。为了有效破解"征兵难"问题，我国政府加大了兵员征集及其配套政策调整改革的力度。一是调整兵员征集时间。从2013年起，全国征兵时间由冬季征兵调整为夏秋季征兵，与各级各类学校学生毕业的时间衔接起来，以便征集更多高素质青年特别是大学生参军入伍，为建设巩固国防和强大军队提供坚实的人才支撑。二是拓宽征集对象范围。2011年10月，全国人大常务委员会对《兵役法》进行了修订，删除了"正在全日制学校就学的学生可以缓征"条款，并将普通高等学校毕业生的征集年龄放宽至24周岁。同时，适度放宽了应征青年的体格检查标准。三是完善大学生入伍的配套措施。为了鼓励高学历青年参军入伍，国家对高校大学生从入伍到部队培养，再到退役安置等各个阶段，都作出了有利于调动参军入伍积极性、有利于大学生成长成才的规定，实施优先参军、优先选拔使用、考研升学优惠、享有学费补偿和国家助学金贷款代偿以及就业安置扶持等优惠政策。这些优惠政策

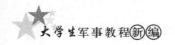

措施的颁布实施，使"征兵难"问题有所缓解，大学生的征集以及新征兵员的整体素质都有了很大提升。

三、深化士官制度改革

士官又称军士，通常从义务兵中选取或从非军事部门具有专业技能的公民中招收。士官制度主要包括士官选拔、培训、使用、晋升、退伍、安置及福利待遇等方面的制度规范，是士兵服现役制度的重要内容，对于保留军队骨干、提高军队的专业素质和职业化水平具有重要作用。随着新军事革命的深入发展，发达国家普遍扩大士官数量，提高士官素质，适时调整改革士官制度，确保为军队保留足够的骨干力量。深化士官改革制度，既是完善我国兵役制度的重要内容，也是军队现代化发展的必然要求。

中华人民共和国成立后，首部《兵役法》规定我国实行义务兵役制。1978年，我军开始编配志愿兵。1999年，国务院、中央军委全面推行以分期服役为核心的士官制度改革，扩大士官队伍的范围和规模，适当提高士官待遇，规范退役安置渠道，初步形成了中国特色的士官制度体系。为了满足遂行多样化军事任务和军队建设的需要，2010年国务院、中央军委再次对士官制度进行重大调整改革。主要措施包括三点：一是改革士官服役方式，将"分期"服役改为"分级"服役；二是调整士官分级服役年限，初级士官最高6年，中级士官最高8年，高级士官可以服现役14年以上；三是扩大士官选拔来源，除从服现役期满的义务兵中选取外，还可以从军队院校毕业的士官学员中任命，从非军事部门具有专业技能的公民中直接招收。这次改革，使士官队伍朝着职业化方向迈进了一大步。

改革开放30多年来，我军士官制度改革接力推进、步步深入、日臻完善，给我军现代化建设注入了新的生机与活力。士官编配比例、数量明显增加，使大批部队建设需要的优秀人才和技术骨干保留下来。新形势下，战争形态和作战样式的深刻演变，以及社会主义市场经济的不断发展，给我军士官制度带来一些新情况和新问题，需要进一步改进和规范士官选拔的方式，适度扩大在社会上招募士官的比例，建立有利于士官成长的激励机制，完善士官保障方面的政策措施，健全士官管理机制，为构建中国特色现代化军事力量体系奠定坚实的基础。

四、完善优抚安置制度

优抚安置制度，是国家对武装组织成员及其家属进行精神安慰、给予物质帮助，对退出现役的士兵、军官和伤、病、残军人进行安置的规定，通常由国家法律、法规予以规范。优抚安置制度是兵役制度的重要组成部分，对解决军人的后顾之忧，使其安心服役，形成全社会爱军拥军的良好社会氛围，提高全民的国防意识，增强军队的吸引力和凝聚力具有重要意义。

我党在革命战争时期，就开始建立对革命军人及其家属进行优待和抚恤的制度。中华人民共和国成立后，我国政府十分重视优抚安置工作，相继制定和出台了一系列法律法规，形成了相对完备的优抚安置制度体系，促进了兵役工作的开展。改革开放以来，伴随着我国综合国力大幅提升、经济结构调整步伐不断加快、社会保障体系逐步健全和人民生活明显改善，我国优抚安置工作在继承中发展，在改革中前进，先后出台 200 多项法规政策，健全优抚安置保障机制，建立烈士褒扬金制度，持续增加优抚保障投入，提高各类抚恤金标准，完善军队离退休干部安置保障制度，强力推进伤、病、残、退役军人接收安置，有力地推动了优抚安置工作的科学发展。

优抚安置工作是一项特殊的政治任务，与经济社会发展、国防和军队现代化建设紧密相关。随着社会的发展与变革，我国优抚安置工作面临许多新的问题。例如，随着社会主义市场经济体制的建立与发展，企业用工制度改革和劳动力资源配置日趋市场化，以政府指令性安排工作的退役安置政策遇到前所未有的挑战。新形势下，必须根据保障优抚安置对象权益、服务国防和军队现代化建设、维护改革发展稳定大局的需要，充分发挥社会主义政治制度优势，进一步深化优抚安置制度改革，缩小城乡差距，逐步实现城乡有别向城乡一体转变；健全保障机制，逐步实现相对独立保障向普惠加优待转变；提高保障水平，逐步实现由解困型向优惠型转变；强化优抚安置对象荣誉感，逐步实现由偏重物质保障向精神物质并重转变；加强优抚安置信息化建设，逐步实现工作手段由粗放型向精确型转变；不断完善与国家保障体制相衔接的优抚安置保障体系，探索出中国特色军民融合的优抚安置保障新路子。

第二节　大学生服兵役

随着科学技术与新军事革命的迅猛发展，国家对高素质兵员的需求日益增强，为鼓励高校大学生服义务兵役，国家出台了诸多优惠政策措施。大学生服兵役在义务与权利上有机地统一起来，既是一种义务，也是一种光荣的权利。当代大学生是国家的栋梁，应努力学习科学文化知识，一旦参军入伍，投身国防活动，这些素质将有助于自身快速成为部队建设和训练的骨干，使自身的高素质能在部队这个广阔的舞台上发挥应有的作用。从 2013年开始，征兵工作由冬季改为夏秋季。

一、征集范围及基本条件

（一）征集范围

全日制普通本科、专科（含高职）、研究生、第二学士学位的应（往）届毕业生、在校生和已被普通高校录取但未报到入学的学生。

（二）年龄要求

男生：男性普通高等学校在校生为当年 12 月 31 日以前年满 18～22 周岁，高职（专科）毕业生可放宽到 23 周岁，本科及以上学历毕业生可放宽到 24 周岁。

女生：女性普通高等学校在校生为当年 12 月 31 日以前年满 18～22 周岁。

（三）基本条件

（1）身高：男性身高 160cm 以上，女性身高 158cm 以上。

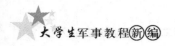

（2）体重：标准体重＝（身高－110）kg。男性不超过标准体重的30%，不低于标准体重的15%；女性不超过标准体重的20%，不低于标准体重的15%。

（3）视力：应征男女青年的右眼裸眼视力>4.6，左眼裸眼视力>4.5，合格。屈光不正，准分子激光手术后半年以上，无并发症，裸眼视力达到4.8、眼底正常。任何一眼矫正视力>4.8，矫正度数<600度，合格。

二、大学生入伍的优惠政策

（一）优先优待

（1）大学生入伍享受优先报名应征、优先体检政审、优先审批定兵、优先使用安排政策以及体检绿色通道，大学文化程度青年未批准入伍前不得批准高中以下文化程度青年入伍。

（2）优待金由批准入伍地发放，其家庭享受军属待遇，由户籍所在地负责落实相关优待。

（3）享受学费补偿和国家贷款补偿。国家对应征入伍服义务兵役的高校学生，在入伍时对其在校期间缴纳的学费实行一次性补偿或获得的国家助学贷款实行代偿；应征入伍服义务兵役前正在高等学校就读的学生（含高校新生），服役期间按国家有关规定保留学籍或入学资格，退役后自愿复学或入学的，国家实行学费减免；学费补偿、国家助学贷款代偿和学费减免标准，本专科学生每人每年最高不超过8000元，研究生每人每年最高不超过12000元；由中央财政提前下拨预算，保证国家资助金及时发放到位。

（二）选用培养

（1）大学毕业生可选拔为军官：本科以上学历，入伍1年半以上，可以列为提干对象；根据规定符合一定条件的，优先列为提干对象。

（2）优先选取为士官：对于符合士官选取条件的士兵，同等条件下具有全日制大专以上学历的要优先选取；师（旅）级单位范围内相同专业岗位士兵，在任职能力相当的情况下，应优先选取高学历士兵。

（3）报考军校：普通高等学校在校生应征入伍士兵参加全军统一组织的军队院校招生考试，年龄放宽1岁；大专毕业生士兵参加全军统一组织的本科层次招生考试，录取的到有关军队院校学习，学制2年，毕业合格的列入年度生长干部学员毕业分配计划。

（4）保送入学：参加优秀士兵保送入学对象选拔，年龄放宽1岁，同等条件下优先列为推荐对象，按照有关规定保送入军队院校培训，本科以上学历的，安排6个月任职培训，专科学历的，安排2年本科层次学历培训。

（三）复学升学

（1）保留入学资格：入伍高校新生可以申请保留入学资格。退役后两年内，可以在退役当年或者第2年高校新生入学期间，持"保留入学通知书"和高校录取通知书，到录取高校办理入学手续。

（2）保留学籍：现役军人入伍前已被普通高等学校录取或者是正在普通高等学校就学的学生，服役期间保留入学资格或者学籍，退出现役两年内允许入学或复学。

（3）高职（专科）学生入伍经历可作为毕业实习经历。

（4）退役大学生士兵入学或复学后免修军事技能训练，直接获得学分。

（5）普通高校应届毕业生应征入伍服义务兵役，退役三年内参加全国硕士研究生招生考试的，初试总分加 10 分，立二等功及以上的免试（指初试）攻读硕士研究生。

（6）具有高职（高专）学历的，退役后免试入读成人本科，或经过一定考核入读普通本科学历；荣立三等功以上奖励的，在完成高职（专科）学业后，免试入读普通本科。

（7）政法干警招录：各地拿出政法干警招录培养体制改革试点招录培养计划的 20% 左右，用于招录大学生退役士兵，不再实行加分政策。对在服役期间荣立个人三等功以上奖励的退役士兵，报名和录用时在同等条件下优先考虑。鼓励高学历退役士兵报考试点班，并适当增加招录大学生退役士兵的比例。

（8）设立"退役大学生士兵"专项硕士研究生招生计划：根据实际需求，每年安排一定数量专项计划，专门面向退役大学生士兵招生。专项计划规模控制在 5000 人以内，在全国研究生招生总规模内单列下达，不得挪用。

（9）将高校在校生（含高校新生）服兵役情况纳入推免生遴选指标体系：鼓励开展推荐优秀应届本科毕业生免试攻读研究生工作的高校在制定本校推免生遴选办法时，结合本校具体情况，将在校期间服兵役情况纳入推免生遴选指标体系。在部队荣立二等功及以上的退役人员，符合研究生报名条件的可免试（指初试）攻读硕士研究生。

（10）退役大学生士兵专升本实行招生计划单列：高职（专科）学生应征入伍服义务兵役退役，在完成高职学业后参加普通本科专升本考试，实行计划单列，录取比例在现行 30% 的基础上适度扩大，具体比例由各省份根据本地实际和报名情况确定。

（11）放宽退役大学生士兵复学转专业限制：大学生士兵退役后复学，经学校同意并履行相关程序后，可转入本校其他专业学习。

（四）就业服务

（1）高校毕业生士兵退役后一年内，可视同当年的应届毕业生，凭用人单位录（聘）用手续，向原就读高校再次申请办理就业报到手续，户档随迁（直辖市按照有关规定执行）。

（2）退役高校毕业生士兵可参加户籍所在地省级毕业生就业指导机构、原毕业高校就业招聘会，享受就业信息、重点推荐、就业指导等就业服务。

（3）在招录公务员、参照公务员法管理机关（单位）工作人员，招聘事业单位工作人员时，同等条件下优先录用（聘用）符合政府安排工作条件的退役大学生士兵；退役士兵报考公务员、应聘事业单位职位的，在军队服现役经历视为基层工作经历，服现役年限计算为工龄。

（4）国有、国有控股和国有资本占主导地位企业在拿出一定比例的工作岗位定向招收符合政府安排工作条件的退役士兵时，同等条件下优先招收退役大学生士兵。

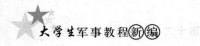

（5）乡镇补充干部、基层专职武装干部配备时，注重从退役大学生士兵中招录；对返乡务农的退役大学生士兵，鼓励通过法定程序积极参与村居"两委"班子的选举。

（6）按照国家规定发给退役金，由安置地的县级以上地方人民政府接收，根据当地实际情况，发给经济补助，安置地的县级以上地方人民政府组织其免费参加职业教育、技能培训，经考试考核合格的，发给相应的学历证书、职业资格证书并推荐就业。

思考题

1. 我国现行兵役制度是怎样的？
2. 大学生应征入伍有哪些优惠政策？

附录一

中华人民共和国国防法

(1997 年 3 月 14 日第八届全国人民代表大会第五次会议通过 1997 年 3 月 14 日中华人民共和国主席令第八十四号公布 自公布之日起施行)

第一章 总则

第一条 为了建设和巩固国防，保障社会主义现代化建设的顺利进行，根据宪法，制定本法。

第二条 国家为防备和抵抗侵略，制止武装颠覆，保卫国家的主权、统一、领土完整和安全所进行的军事活动，以及与军事有关的政治、经济、外交、科技、教育等方面的活动，适用本法。

第三条 国防是国家生存与发展的安全保障。

国家加强武装力量建设和边防、海防、空防建设，发展国防科研生产，普及全民国防教育，完善动员体制，实现国防现代化。

第四条 国家独立自主、自力更生地建设和巩固国防，实行积极防御战略，坚持全民自卫原则。

国家在集中力量进行经济建设的同时，加强国防建设，促进国防建设与经济建设协调发展。

第五条 国家对国防活动实行统一的领导。

第六条 保卫祖国、抵抗侵略是中华人民共和国每一个公民的神圣职责。

中华人民共和国公民应当依法履行国防义务。

第七条 国家和社会尊重、优待军人，保护军人的合法权益，开展各种形式的拥军优属活动。

中国人民解放军和中国人民武装警察部队开展拥政爱民活动，加强军政、军民团结。

第八条 中华人民共和国在对外军事关系中，维护世界和平，反对侵略扩张行为。

第九条 国家和社会对在国防活动中做出贡献的组织和个人，采取各种形式给予表彰和奖励。

违反本法和有关法律，拒绝履行国防义务或者危害国防利益的，依法追究法律责任。

第二章 国家机构的国防职权

第十条 全国人民代表大会依照宪法规定，决定战争和和平的问题，并行使宪法规定的国防方面的其他职权。

全国人民代表大会常务委员会依照宪法规定，决定战争状态的宣布，决定全国总动员或者局部动员，并行使宪法规定的国防方面的其他职权。

第十一条 中华人民共和国主席根据全国人民代表大会的决定和全国人民代表大会常务委员会的决定，宣布战争状态，发布动员令，并行使宪法规定的国防方面的其他职权。

第十二条 国务院领导和管理国防建设事业，行使下列职权：

（一）编制国防建设发展规划和计划；

（二）制定国防建设方面的方针、政策和行政法规；

（三）领导和管理国防科研生产；

（四）管理国防经费和国防资产；

（五）领导和管理国民经济动员工作和人民武装动员、人民防空、国防交通等方面的有关工作；

（六）领导和管理拥军优属工作和退出现役的军人的安置工作；

（七）领导国防教育工作；

（八）与中央军事委员会共同领导中国人民武装警察部队、民兵的建设和征兵、预备役工作以及边防、海防、空防的管理工作；

（九）法律规定的与国防建设事业有关的其他职权。

第十三条 中央军事委员会领导全国武装力量，行使下列职权：

（一）统一指挥全国武装力量；

（二）决定军事战略和武装力量的作战方针；

（三）领导和管理中国人民解放军的建设，制定规划、计划并组织实施；

（四）向全国人民代表大会或者全国人民代表大会常务委员会提出议案；

（五）根据宪法和法律，制定军事法规，发布决定和命令；

（六）决定中国人民解放军的体制和编制，规定总部以及军区、军兵种和其他军区级单位的任务和职责；

（七）依照法律、军事法规的规定，任免、培训、考核和奖惩武装力量成员；

（八）批准武装力量的武器装备体制和武器装备发展规划、计划，协同国务院领导和管理国防科研生产；

（九）会同国务院管理国防经费和国防资产；

（十）法律规定的其他职权。

第十四条 国务院和中央军事委员会可以根据情况召开协调会议，解决国防事务的有关问题。会议议定的事项，由国务院和中央军事委员会在各自的职权范围内组织实施。

第十五条 地方各级人民代表大会和县级以上地方各级人民代表大会常务委员会在本行政区域内，保证有关国防事务的法律、法规的遵守和执行。

地方各级人民政府依照法律规定的权限，管理本行政区域内的征兵、民兵、预备役、国防教育、国民经济动员、人民防空、国防交通、国防设施保护、退出现役的军人的安置和拥军优属等工作。

第十六条 地方各级人民政府和驻地军事机关根据需要召开军地联席会议，协调解决本行政区域内有关国防事务的问题。

军地联席会议由地方人民政府的负责人和驻地军事机关的负责人共同召集。军地联席会议的参加人员由会议召集人确定。

军地联席会议议定的事项，由地方人民政府和驻地军事机关依照各自的权限办理，重大事项应当分别向上级报告。

第三章　武装力量

第十七条　中华人民共和国的武装力量属于人民。它的任务是巩固国防，抵抗侵略，保卫祖国，保卫人民的和平劳动，参加国家建设事业，全心全意为人民服务。

第十八条　中华人民共和国的武装力量必须遵守宪法和法律，坚持依法治军。

第十九条　中华人民共和国的武装力量受中国共产党领导。武装力量中的中国共产党组织依照中国共产党章程进行活动。

第二十条　国家加强武装力量的革命化、现代化、正规化建设，增强国防力量。

第二十一条　中华人民共和国的武装力量应当适应现代战争的要求，加强军事训练，开展政治工作，提高保障水平，全面提高战斗力。

第二十二条　中华人民共和国的武装力量，由中国人民解放军现役部队和预备役部队、中国人民武装警察部队、民兵组成。

中国人民解放军现役部队是国家的常备军，主要担负防卫作战任务，必要时可以依照法律规定协助维护社会秩序；预备役部队平时按照规定进行训练，必要时可以依照法律规定协助维护社会秩序，战时根据国家发布的动员令转为现役部队。

中国人民武装警察部队在国务院、中央军事委员会的领导指挥下，担负国家赋予的安全保卫任务，维护社会秩序。

民兵在军事机关的指挥下，担负战备勤务、防卫作战任务，协助维护社会秩序。

第二十三条　中华人民共和国武装力量的规模应当与保卫国家安全和利益的需要相适应。

第二十四条　中华人民共和国的兵役分为现役和预备役。现役军人和预备役人员的服役制度由法律规定。

国家依照法律规定对现役军人和预备役人员实行衔级制度。

第二十五条　国家禁止任何组织或者个人非法建立武装组织，禁止非法武装活动，禁止冒充现役军人或者武装力量组织。

第四章　边防、海防和空防

第二十六条　中华人民共和国的领陆、内水、领海、领空神圣不可侵犯。国家加强边防、海防和空防建设，采取有效的防卫和管理措施，保卫领陆、内水、领海、领空的安全，维护国家海洋权益。

第二十七条　中央军事委员会统一领导边防、海防和空防的防卫工作。

地方各级人民政府、国务院有关部门和有关军事机关，按照国家规定的职权范围，分

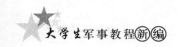

工负责边防、海防和空防的管理和防卫工作，共同维护国家的安全和利益。

第二十八条　国家根据边防、海防和空防的需要，建设作战、指挥、通信、防护、交通、保障等国防设施。各级人民政府和军事机关应当依照法律、法规的规定，保障国防设施的建设，保护国防设施的安全。

第五章　国防科研生产和军事订货

第二十九条　国家建立和完善国防科技工业体系，发展国防科研生产，为武装力量提供性能先进、质量可靠、配套完善、便于操作和维修的武器装备以及其他适用的军用物资，满足国防需要。

第三十条　国防科技工业实行军民结合、平战结合、军品优先、以民养军的方针。

国家统筹规划国防科技工业建设，保持规模适度、专业配套、布局合理的国防科研生产能力。

第三十一条　国家促进国防科学技术进步，加强高新技术研究，发挥高新技术在武器装备发展中的先导作用，增加技术储备，研制新型武器装备。

第三十二条　国家对国防科研生产实行统一领导和计划调控。

国家为承担国防科研生产任务的企业事业单位提供必要的保障条件和优惠政策。地方各级人民政府应当对承担国防科研生产任务的企业事业单位给予协助和支持。

承担国防科研生产任务的企业事业单位必须完成国防科研生产任务，保证武器装备的质量。

第三十三条　国家采取必要措施，培养和造就国防科学技术人才，创造有利的环境和条件，充分发挥他们的作用。

国防科学技术工作者应当受到全社会的尊重。国家逐步提高国防科学技术工作者的待遇，保护其合法权益。

第三十四条　国家根据国防建设的需要和社会主义市场经济的要求，实行国家军事订货制度，保障武器装备和其他军用物资的采购供应。

第六章　国防经费和国防资产

第三十五条　国家保障国防事业的必要经费。国防经费的增长应当与国防需求和国民经济发展水平相适应。

第三十六条　国家对国防经费实行财政拨款制度。

第三十七条　国家为武装力量建设、国防科研生产和其他国防建设直接投入的资金、划拨使用的土地等资源，以及由此形成的用于国防目的的武器装备和设备设施、物资器材、技术成果等属于国防资产。

国防资产归国家所有。

第三十八条　国家根据国防建设和经济建设的需要，确定国防资产的规模、结构和布局，调整和处分国防资产。

国防资产的管理机构和占有、使用单位，应当依法管理国防资产，充分发挥国防资产的效能。

第三十九条 国家保护国防资产不受侵害，保障国防资产的安全、完整和有效。

禁止任何组织或者个人破坏、损害和侵占国防资产。未经国务院、中央军事委员会或者国务院、中央军事委员会授权的机构批准，国防资产的占有、使用单位不得改变国防资产用于国防的目的。国防资产经批准不再用于国防目的的，依照有关法律、法规的规定管理。

第七章 国防教育

第四十条 国家通过开展国防教育，使公民增强国防观念、掌握国防知识、发扬爱国主义精神，自觉履行国防义务。

普及和加强国防教育是全社会的共同责任。

第四十一条 国防教育贯彻全民参与、长期坚持、讲求实效的方针，实行经常教育与集中教育相结合、普及教育与重点教育相结合、理论教育与行为教育相结合的原则。

第四十二条 国务院、中央军事委员会和省、自治区、直辖市人民政府以及有关军事机关，应当采取措施，加强国防教育工作。

一切国家机关和武装力量、各政党和各社会团体、各企业事业单位都应当组织本地区、本部门、本单位开展国防教育。

学校的国防教育是全民国防教育的基础。各级各类学校应当设置适当的国防教育课程，或者在有关课程中增加国防教育的内容。军事机关应当协助学校开展国防教育。

教育、文化、新闻、出版、广播、电影、电视等部门和单位应当密切配合，采取多种形式开展国防教育。

第四十三条 各级人民政府应当将国防教育纳入国民经济和社会发展计划，保障国防教育所需的经费。

第八章 国防动员和战争状态

第四十四条 中华人民共和国的主权、统一、领土完整和安全遭受威胁时，国家依照宪法和法律规定，进行全国总动员或者局部动员。

第四十五条 国家在和平时期进行动员准备，将人民武装动员、国民经济动员、人民防空、国防交通等方面的动员准备纳入国家总体发展规划和计划，完善动员体制，增强动员潜力，提高动员能力。

第四十六条 国家建立战略物资储备制度。战略物资储备应当规模适度、储存安全、调用方便、定期更换，保障战时的需要。

第四十七条 国务院和中央军事委员会共同领导动员准备和动员实施工作。

一切国家机关和武装力量、各政党和各社会团体、各企业事业单位和公民，在和平时期必须依照法律规定完成动员准备工作；在国家发布动员令后，必须完成规定的动员任务。

第四十八条 国家根据动员需要，可以依法征用组织和个人的设备设施、交通工具和

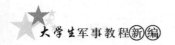

其他物资。

县级以上人民政府对被征用者因征用所造成的直接经济损失,按照国家有关规定给予适当补偿。

第四十九条　国家依照宪法规定宣布战争状态,采取各种措施集中人力、物力和财力,领导全体公民保卫祖国,抵抗侵略。

第九章　公民、组织的国防义务和权利

第五十条　依照法律服兵役和参加民兵组织是中华人民共和国公民的光荣义务。

各级兵役机关和基层人民武装机构应当依法办理兵役工作,按照国务院和中央军事委员会的命令完成征兵任务,保证兵员质量。其他有关国家机关、社会团体和企业事业单位应当依法完成民兵和预备役工作,协助兵役机关完成征兵任务。

第五十一条　企业事业单位应当按照国家的要求承担国防科研生产任务,接受国家军事订货,提供符合质量标准的武器装备或者军用物资。

企业事业单位应当按照国家规定,在交通建设中贯彻国防要求。车站、港口、机场、道路等交通设施的管理单位应当为现役军人和军用车辆、船舶的通行提供优先服务,按照规定给予优待。

第五十二条　公民应当接受国防教育。

公民和组织应当保护国防设施,不得破坏、危害国防设施。

公民和组织应当遵守保密规定,不得泄露国防方面的国家秘密,不得非法持有国防方面的秘密文件、资料和其他秘密物品。

第五十三条　公民和组织应当支持国防建设,为武装力量的军事训练、战备勤务、防卫作战等活动提供便利条件或者其他协助。

第五十四条　公民和组织有对国防建设提出建议的权利,有对危害国防的行为进行制止或者检举的权利。

第五十五条　公民和组织因国防建设和军事活动在经济上受到直接损失的,可以依照国家有关规定取得补偿。

第十章　军人的义务和权益

第五十六条　现役军人必须忠于祖国,履行职责,英勇战斗,不怕牺牲,捍卫祖国的安全、荣誉和利益。

第五十七条　现役军人必须模范地遵守宪法和法律,遵守军事法规,执行命令,严守纪律。

第五十八条　现役军人应当发扬人民军队的优良传统,热爱人民,保护人民,积极参加社会主义物质文明、精神文明建设,完成抢险救灾等任务。

第五十九条　军人应当受到全社会的尊重。

国家采取有效措施保护现役军人的荣誉、人格尊严,对现役军人的婚姻实行特别

保护。

现役军人依法履行职责的行为受法律保护。

第六十条 国家和社会优待现役军人。

国家保障现役军人享有与其履行职责相适应的生活福利待遇，对在条件艰苦的边防、海防等地区或者岗位工作的现役军人在生活福利等方面给予优待。

国家实行军人保险制度。

第六十一条 国家妥善安置退出现役的军人，为转业军人提供必要的职业培训，保障离休退休军人的生活福利待遇。

县级以上人民政府负责安置转业军人，根据其在军队的职务等级、贡献和专长安排工作。

接收转业军人的单位应当按照国家有关规定，在生活福利待遇、教育、住房等方面给予优待。

第六十二条 国家和社会抚恤优待残疾军人，对残疾军人的生活和医疗依法给予特别保障。

因战、因公致残或者致病的残疾军人退出现役后，县级以上人民政府应当及时接收安置，并保障其生活不低于当地的平均生活水平。

第六十三条 国家和社会优待现役军人家属，抚恤优待烈士家属和因公牺牲、病故军人的家属，在就业、住房、义务教育等方面给予照顾。

第六十四条 民兵、预备役人员和其他人员依法参加军事训练，担负战备勤务、防卫作战任务时，应当履行自己的职责和义务；国家和社会保障其享有相应的待遇，按照有关规定对其实行抚恤优待。

第十一章 对外军事关系

第六十五条 中华人民共和国坚持互相尊重主权和领土完整、互不侵犯、互不干涉内政、平等互利、和平共处五项原则，独立自主地处理对外军事关系，开展军事交流与合作。

第六十六条 中华人民共和国支持国际社会采取的有利于维护世界和地区和平、安全、稳定的与军事有关的活动，支持国际社会为公正合理地解决国际争端、军备控制和裁军所做的努力。

第六十七条 中华人民共和国在对外军事关系中遵守同外国缔结或者加入、接受的有关条约和协定。

第十二章 附则

第六十八条 本法关于军人的规定，适用于中国人民武装警察部队。

第六十九条 中华人民共和国特别行政区的防务，由特别行政区基本法和有关法律规定。

第七十条 本法自公布之日起施行。

附录二

中华人民共和国国家安全法

（2015 年 7 月 1 日，第十二届全国人民代表大会常务委员会第十五次会议通过，2015 年 7 月 1 日中华人民共和国第二十九号主席令予以公布自公布之日起施行）

第一章 总则

第一条 为了维护国家安全，保卫人民民主专政的政权和中国特色社会主义制度，保护人民的根本利益，保障改革开放和社会主义现代化建设的顺利进行，实现中华民族伟大复兴，根据宪法，制定本法。

第二条 国家安全是指国家政权、主权、统一和领土完整、人民福祉、经济社会可持续发展和国家其他重大利益相对处于没有危险和不受内外威胁的状态，以及保障持续安全状态的能力。

第三条 国家安全工作应当坚持总体国家安全观，以人民安全为宗旨，以政治安全为根本，以经济安全为基础，以军事、文化、社会安全为保障，以促进国际安全为依托，维护各领域国家安全，构建国家安全体系，走中国特色国家安全道路。

第四条 坚持中国共产党对国家安全工作的领导，建立集中统一、高效权威的国家安全领导体制。

第五条 中央国家安全领导机构负责国家安全工作的决策和议事协调，研究制定、指导实施国家安全战略和有关重大方针政策，统筹协调国家安全重大事项和重要工作，推动国家安全法治建设。

第六条 国家制定并不断完善国家安全战略，全面评估国际、国内安全形势，明确国家安全战略的指导方针、中长期目标、重点领域的国家安全政策、工作任务和措施。

第七条 维护国家安全，应当遵守宪法和法律，坚持社会主义法治原则，尊重和保障人权，依法保护公民的权利和自由。

第八条 维护国家安全，应当与经济社会发展相协调。

国家安全工作应当统筹内部安全和外部安全、国土安全和国民安全、传统安全和非传统安全、自身安全和共同安全。

第九条 维护国家安全，应当坚持预防为主、标本兼治，专门工作与群众路线相结合，充分发挥专门机关和其他有关机关维护国家安全的职能作用，广泛动员公民和组织，防范、制止和依法惩治危害国家安全的行为。

第十条 维护国家安全，应当坚持互信、互利、平等、协作，积极同外国政府和国际组织开展安全交流合作，履行国际安全义务，促进共同安全，维护世界和平。

第十一条 中华人民共和国公民、一切国家机关和武装力量、各政党和各人民团体、企业事业组织和其他社会组织，都有维护国家安全的责任和义务。

中国的主权和领土完整不容侵犯和分割。维护国家主权、统一和领土完整是包括港澳同胞和台湾同胞在内的全中国人民的共同义务。

第十二条 国家对在维护国家安全工作中做出突出贡献的个人和组织给予表彰和奖励。

第十三条 国家机关工作人员在国家安全工作和涉及国家安全活动中，滥用职权、玩忽职守、徇私舞弊的，依法追究法律责任。

任何个人和组织违反本法和有关法律，不履行维护国家安全义务或者从事危害国家安全活动的，依法追究法律责任。

第十四条 每年4月15日为全民国家安全教育日。

第二章 维护国家安全的任务

第十五条 国家坚持中国共产党的领导，维护中国特色社会主义制度，发展社会主义民主政治，健全社会主义法治，强化权力运行制约和监督机制，保障人民当家做主的各项权利。

国家防范、制止和依法惩治任何叛国、分裂国家、煽动叛乱、颠覆或者煽动颠覆人民民主专政政权的行为；防范、制止和依法惩治窃取、泄露国家秘密等危害国家安全的行为；防范、制止和依法惩治境外势力的渗透、破坏、颠覆、分裂活动。

第十六条 国家维护和发展最广大人民的根本利益，保卫人民安全，创造良好生存发展条件和安定工作生活环境，保障公民的生命财产安全和其他合法权益。

第十七条 国家加强边防、海防和空防建设，采取一切必要的防卫和管控措施，保卫领陆、内水、领海和领空安全，维护国家领土主权和海洋权益。

第十八条 国家加强武装力量革命化、现代化、正规化建设，建设与保卫国家安全和发展利益需要相适应的武装力量；实施积极防御军事战略方针，防备和抵御侵略，制止武装颠覆和分裂；开展国际军事安全合作，实施联合国维和、国际救援、海上护航和维护国家海外利益的军事行动，维护国家主权、安全、领土完整、发展利益和世界和平。

第十九条 国家维护国家基本经济制度和社会主义市场经济秩序，健全预防和化解经济安全风险的制度机制，保障关系国民经济命脉的重要行业和关键领域、重点产业、重大基础设施和重大建设项目以及其他重大经济利益安全。

第二十条 国家健全金融宏观审慎管理和金融风险防范、处置机制，加强金融基础设施和基础能力建设，防范和化解系统性、区域性金融风险，防范和抵御外部金融风险的冲击。

第二十一条 国家合理利用和保护资源能源，有效管控战略资源能源的开发，加强战略资源能源储备，完善资源能源运输战略通道建设和安全保护措施，加强国际资源能源合作，全面提升应急保障能力，保障经济社会发展所需的资源能源持续、可靠和有效供给。

第二十二条 国家健全粮食安全保障体系，保护和提高粮食综合生产能力，完善粮食储备制度、流通体系和市场调控机制，健全粮食安全预警制度，保障粮食供给和质量安全。

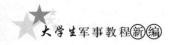

第二十三条　国家坚持社会主义先进文化前进方向，继承和弘扬中华民族优秀传统文化，培育和践行社会主义核心价值观，防范和抵制不良文化的影响，掌握意识形态领域主导权，增强文化整体实力和竞争力。

第二十四条　国家加强自主创新能力建设，加快发展自主可控的战略高新技术和重要领域核心关键技术，加强知识产权的运用、保护和科技保密能力建设，保障重大技术和工程的安全。

第二十五条　国家建设网络与信息安全保障体系，提升网络与信息安全保护能力，加强网络和信息技术的创新研究和开发应用，实现网络和信息核心技术、关键基础设施和重要领域信息系统及数据的安全可控；加强网络管理，防范、制止和依法惩治网络攻击、网络入侵、网络窃密、散布违法有害信息等网络违法犯罪行为，维护国家网络空间主权、安全和发展利益。

第二十六条　国家坚持和完善民族区域自治制度，巩固和发展平等团结互助和谐的社会主义民族关系。坚持各民族一律平等，加强民族交往、交流、交融，防范、制止和依法惩治民族分裂活动，维护国家统一、民族团结和社会和谐，实现各民族共同团结奋斗、共同繁荣发展。

第二十七条　国家依法保护公民宗教信仰自由和正常宗教活动，坚持宗教独立自主自办的原则，防范、制止和依法惩治利用宗教名义进行危害国家安全的违法犯罪活动，反对境外势力干涉境内宗教事务，维护正常宗教活动秩序。

国家依法取缔邪教组织，防范、制止和依法惩治邪教违法犯罪活动。

第二十八条　国家反对一切形式的恐怖主义和极端主义，加强防范和处置恐怖主义的能力建设，依法开展情报、调查、防范、处置以及资金监管等工作，依法取缔恐怖活动组织和严厉惩治暴力恐怖活动。

第二十九条　国家健全有效预防和化解社会矛盾的体制机制，健全公共安全体系，积极预防、减少和化解社会矛盾，妥善处置公共卫生、社会安全等影响国家安全和社会稳定的突发事件，促进社会和谐，维护公共安全和社会安定。

第三十条　国家完善生态环境保护制度体系，加大生态建设和环境保护力度，划定生态保护红线，强化生态风险的预警和防控，妥善处置突发环境事件，保障人民赖以生存发展的大气、水、土壤等自然环境和条件不受威胁和破坏，促进人与自然和谐发展。

第三十一条　国家坚持和平利用核能和核技术，加强国际合作，防止核扩散，完善防扩散机制，加强对核设施、核材料、核活动和核废料处置的安全管理、监管和保护，加强核事故应急体系和应急能力建设，防止、控制和消除核事故对公民生命健康和生态环境的危害，不断增强有效应对和防范核威胁、核攻击的能力。

第三十二条　国家坚持和平探索和利用外层空间、国际海底区域和极地，增强安全进出、科学考察、开发利用的能力，加强国际合作，维护我国在外层空间、国际海底区域和极地的活动、资产和其他利益的安全。

第三十三条　国家依法采取必要措施，保护海外中国公民、组织和机构的安全和正当权益，保护国家的海外利益不受威胁和侵害。

第三十四条　国家根据经济社会发展和国家发展利益的需要，不断完善维护国家安全的任务。

第三章　维护国家安全的职责

第三十五条　全国人民代表大会依照宪法规定，决定战争和和平的问题，行使宪法规定的涉及国家安全的其他职权。

全国人民代表大会常务委员会依照宪法规定，决定战争状态的宣布，决定全国总动员或者局部动员，决定全国或者个别省、自治区、直辖市进入紧急状态，行使宪法规定的和全国人民代表大会授予的涉及国家安全的其他职权。

第三十六条　中华人民共和国主席根据全国人民代表大会的决定和全国人民代表大会常务委员会的决定，宣布进入紧急状态，宣布战争状态，发布动员令，行使宪法规定的涉及国家安全的其他职权。

第三十七条　国务院根据宪法和法律，制定涉及国家安全的行政法规，规定有关行政措施，发布有关决定和命令；实施国家安全法律法规和政策；依照法律规定决定省、自治区、直辖市的范围内部分地区进入紧急状态；行使宪法法律规定的和全国人民代表大会及其常务委员会授予的涉及国家安全的其他职权。

第三十八条　中央军事委员会领导全国武装力量，决定军事战略和武装力量的作战方针，统一指挥维护国家安全的军事行动，制定涉及国家安全的军事法规，发布有关决定和命令。

第三十九条　中央国家机关各部门按照职责分工，贯彻执行国家安全方针政策和法律法规，管理指导本系统、本领域国家安全工作。

第四十条　地方各级人民代表大会和县级以上地方各级人民代表大会常务委员会在本行政区域内，保证国家安全法律法规的遵守和执行。

地方各级人民政府依照法律法规规定管理本行政区域内的国家安全工作。

香港特别行政区、澳门特别行政区应当履行维护国家安全的责任。

第四十一条　人民法院依照法律规定行使审判权，人民检察院依照法律规定行使检察权，惩治危害国家安全的犯罪。

第四十二条　国家安全机关、公安机关依法搜集涉及国家安全的情报信息，在国家安全工作中依法行使侦察、拘留、预审和执行逮捕以及法律规定的其他职权。

有关军事机关在国家安全工作中依法行使相关职权。

第四十三条　国家机关及其工作人员在履行职责时，应当贯彻维护国家安全的原则。

国家机关及其工作人员在国家安全工作和涉及国家安全活动中，应当严格依法履行职责，不得超越职权、滥用职权，不得侵犯个人和组织的合法权益。

第四章　国家安全制度

第四十四条　中央国家安全领导机构实行统分结合、协调高效的国家安全制度与工作机制。

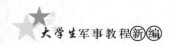

第四十五条　国家建立国家安全重点领域工作协调机制，统筹协调中央有关职能部门推进相关工作。

第四十六条　国家建立国家安全工作督促检查和责任追究机制，确保国家安全战略和重大部署贯彻落实。

第四十七条　各部门、各地区应当采取有效措施，贯彻实施国家安全战略。

第四十八条　国家根据维护国家安全工作需要，建立跨部门会商工作机制，就维护国家安全工作的重大事项进行会商研判，提出意见和建议。

第四十九条　国家建立中央与地方之间、部门之间、军地之间以及地区之间关于国家安全的协同联动机制。

第五十条　国家建立国家安全决策咨询机制，组织专家和有关方面开展对国家安全形势的分析研判，推进国家安全的科学决策。

第五十一条　国家健全统一归口、反应灵敏、准确高效、运转顺畅的情报信息收集、研判和使用制度，建立情报信息工作协调机制，实现情报信息的及时收集、准确研判、有效使用和共享。

第五十二条　国家安全机关、公安机关、有关军事机关根据职责分工，依法搜集涉及国家安全的情报信息。

国家机关各部门在履行职责过程中，对于获取的涉及国家安全的有关信息应当及时上报。

第五十三条　开展情报信息工作，应当充分运用现代科学技术手段，加强对情报信息的鉴别、筛选、综合和研判分析。

第五十四条　情报信息的报送应当及时、准确、客观，不得迟报、漏报、瞒报和谎报。

第五十五条　国家制定完善应对各领域国家安全风险预案。

第五十六条　国家建立国家安全风险评估机制，定期开展各领域国家安全风险调查评估。

有关部门应当定期向中央国家安全领导机构提交国家安全风险评估报告。

第五十七条　国家健全国家安全风险监测预警制度，根据国家安全风险程度，及时发布相应风险预警。

第五十八条　对可能即将发生或者已经发生的危害国家安全的事件，县级以上地方人民政府及其有关主管部门应当立即按照规定向上一级人民政府及其有关主管部门报告，必要时可以越级上报。

第五十九条　国家建立国家安全审查和监管的制度和机制，对影响或者可能影响国家安全的外商投资、特定物项和关键技术、网络信息技术产品和服务、涉及国家安全事项的建设项目，以及其他重大事项和活动，进行国家安全审查，有效预防和化解国家安全风险。

第六十条　中央国家机关各部门依照法律、行政法规行使国家安全审查职责，依法作出国家安全审查决定或者提出安全审查意见并监督执行。

第六十一条　省、自治区、直辖市依法负责本行政区域内有关国家安全审查和监管工作。

第六十二条 国家建立统一领导、协同联动、有序高效的国家安全危机管控制度。

第六十三条 发生危及国家安全的重大事件，中央有关部门和有关地方根据中央国家安全领导机构的统一部署，依法启动应急预案，采取管控处置措施。

第六十四条 发生危及国家安全的特别重大事件，需要进入紧急状态、战争状态或者进行全国总动员、局部动员的，由全国人民代表大会、全国人民代表大会常务委员会或者国务院依照宪法和有关法律规定的权限和程序决定。

第六十五条 国家决定进入紧急状态、战争状态或者实施国防动员后，履行国家安全危机管控职责的有关机关依照法律规定或者全国人民代表大会常务委员会规定，有权采取限制公民和组织权利、增加公民和组织义务的特别措施。

第六十六条 履行国家安全危机管控职责的有关机关依法采取处置国家安全危机的管控措施，应当与国家安全危机可能造成的危害的性质、程度和范围相适应；有多种措施可供选择的，应当选择有利于最大程度保护公民、组织权益的措施。

第六十七条 国家健全国家安全危机的信息报告和发布机制。

国家安全危机事件发生后，履行国家安全危机管控职责的有关机关，应当按照规定准确、及时报告，并依法将有关国家安全危机事件发生、发展、管控处置及善后情况统一向社会发布。

第六十八条 国家安全威胁和危害得到控制或者消除后，应当及时解除管控处置措施，做好善后工作。

第五章　国家安全保障

第六十九条 国家健全国家安全保障体系，增强维护国家安全的能力。

第七十条 国家健全国家安全法律制度体系，推动国家安全法治建设。

第七十一条 国家加大对国家安全各项建设的投入，保障国家安全工作所需经费和装备。

第七十二条 承担国家安全战略物资储备任务的单位，应当按照国家有关规定和标准对国家安全物资进行收储、保管和维护，定期调整更换，保证储备物资的使用效能和安全。

第七十三条 鼓励国家安全领域科技创新，发挥科技在维护国家安全中的作用。

第七十四条 国家采取必要措施，招录、培养和管理国家安全工作专门人才和特殊人才。

根据维护国家安全工作的需要，国家依法保护有关机关专门从事国家安全工作人员的身份和合法权益，加大人身保护和安置保障力度。

第七十五条 国家安全机关、公安机关、有关军事机关开展国家安全专门工作，可以依法采取必要手段和方式，有关部门和地方应当在职责范围内提供支持和配合。

第七十六条 国家加强国家安全新闻宣传和舆论引导，通过多种形式开展国家安全宣传教育活动，将国家安全教育纳入国民教育体系和公务员教育培训体系，增强全民国家安全意识。

第六章 公民、组织的义务和权利

第七十七条 公民和组织应当履行下列维护国家安全的义务：

（一）遵守宪法、法律法规关于国家安全的有关规定；

（二）及时报告危害国家安全活动的线索；

（三）如实提供所知悉的涉及危害国家安全活动的证据；

（四）为国家安全工作提供便利条件或者其他协助；

（五）向国家安全机关、公安机关和有关军事机关提供必要的支持和协助；

（六）保守所知悉的国家秘密；

（七）法律、行政法规规定的其他义务。

任何个人和组织不得有危害国家安全的行为，不得向危害国家安全的个人或者组织提供任何资助或者协助。

第七十八条 机关、人民团体、企业事业组织和其他社会组织应当对本单位的人员进行维护国家安全的教育，动员、组织本单位的人员防范、制止危害国家安全的行为。

第七十九条 企业事业组织根据国家安全工作的要求，应当配合有关部门采取相关安全措施。

第八十条 公民和组织支持、协助国家安全工作的行为受法律保护。

因支持、协助国家安全工作，本人或者其近亲属的人身安全面临危险的，可以向公安机关、国家安全机关请求予以保护。公安机关、国家安全机关应当会同有关部门依法采取保护措施。

第八十一条 公民和组织因支持、协助国家安全工作导致财产损失的，按照国家有关规定给予补偿；造成人身伤害或者死亡的，按照国家有关规定给予抚恤优待。

第八十二条 公民和组织对国家安全工作有向国家机关提出批评建议的权利，对国家机关及其工作人员在国家安全工作中的违法失职行为有提出申诉、控告和检举的权利。

第八十三条 在国家安全工作中，需要采取限制公民权利和自由的特别措施时，应当依法进行，并以维护国家安全的实际需要为限度。

第七章 附则

第八十四条 本法自公布之日起施行。

附录三

中华人民共和国兵役法

（1984 年 5 月 31 日第六届全国人民代表大会第二次会议通过，1984 年 5 月 31 日中华人民共和国主席令第十四号公布，根据 2011 年 10 月 29 日第十一届全国人民代表大会常务委员会第二十三次会议《关于修改〈中华人民共和国兵役法〉的决定》第三次修正）

第一章　总则

第一条　根据中华人民共和国宪法第五十五条"保卫祖国、抵抗侵略是中华人民共和国每一个公民的神圣职责。依照法律服兵役和参加民兵组织是中华人民共和国公民的光荣义务"和其他有关条款的规定，制定本法。

第二条　中华人民共和国实行义务兵与志愿兵相结合、民兵与预备役相结合的兵役制度。

第三条　中华人民共和国公民，不分民族、种族、职业、家庭出身、宗教信仰和教育程度，都有义务依照本法的规定服兵役。

有严重生理缺陷或者严重残疾不适合服兵役的人，免服兵役。

依照法律被剥夺政治权利的人，不得服兵役。

第四条　中华人民共和国的武装力量，由中国人民解放军、中国人民武装警察部队和民兵组成。

第五条　兵役分为现役和预备役。在中国人民解放军服现役的称现役军人；经过登记，预编到现役部队、编入预备役部队、编入民兵组织服预备役的或者以其他形式服预备役的，称预备役人员。

第六条　现役军人和预备役人员，必须遵守宪法和法律，履行公民的义务，同时享有公民的权利；由于服兵役而产生的权利和义务，由本法和其他相关法律法规规定。

第七条　现役军人必须遵守军队的条令和条例，忠于职守，随时为保卫祖国而战斗。

预备役人员必须按照规定参加军事训练、执行军事勤务，随时准备参军参战，保卫祖国。

第八条　现役军人和预备役人员建立功勋的，得授予勋章、奖章或者荣誉称号。

第九条　中国人民解放军实行军衔制度。

第十条　全国的兵役工作，在国务院、中央军事委员会领导下，由国防部负责。

各军区按照国防部赋予的任务，负责办理本区域的兵役工作。

省军区（卫戍区、警备区）、军分区（警备区）和县、自治县、市、市辖区的人民武装部，兼各该级人民政府的兵役机关，在上级军事机关和同级人民政府领导下，负责办理本区域的兵役工作。

机关、团体、企业事业单位和乡、民族乡、镇的人民政府，依照本法的规定完成兵役

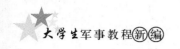

工作任务。兵役工作业务，在设有人民武装部的单位，由人民武装部办理；不设人民武装部的单位，确定一个部门办理。

第二章　平时征集

第十一条　全国每年征集服现役的人数、要求和时间，由国务院和中央军事委员会的命令规定。

县级以上地方各级人民政府组织兵役机关和有关部门组成征集工作机构，负责组织实施征集工作。

第十二条　每年十二月三十一日以前年满十八周岁的男性公民，应当被征集服现役。当年未被征集的，在二十二周岁以前仍可以被征集服现役，普通高等学校毕业生的征集年龄可以放宽至二十四周岁。

根据军队需要，可以按照前款规定征集女性公民服现役。

根据军队需要和本人自愿，可以征集当年十二月三十一日以前年满十七周岁未满十八周岁的公民服现役。

第十三条　国家实行兵役登记制度。每年十二月三十一日以前年满十八周岁的男性公民，都应当在当年六月三十日以前，按照县、自治县、市、市辖区的兵役机关的安排，进行兵役登记。经兵役登记并初步审查合格的，称应征公民。

第十四条　在征集期间，应征公民应当按照县、自治县、市、市辖区的兵役机关的通知，按时到指定的体格检查站进行体格检查。

应征公民符合服现役条件，并经县、自治县、市、市辖区的兵役机关批准的，被征集服现役。

第十五条　在征集期间，应征公民被征集服现役，同时被机关、团体、企业事业单位招收录用或者聘用的，应当优先履行服兵役义务；有关机关、团体、企业事业单位应当服从国防和军队建设的需要，支持兵员征集工作。

第十六条　应征公民是维持家庭生活唯一劳动力的，可以缓征。

第十七条　应征公民正在被依法侦察、起诉、审判的或者被判处徒刑、拘役、管制正在服刑的，不征集。

第三章　士兵的现役和预备役

第十八条　现役士兵包括义务兵役制士兵和志愿兵役制士兵，义务兵役制士兵称义务兵，志愿兵役制士兵称士官。

第十九条　义务兵服现役的期限为两年。

第二十条　义务兵服现役期满，根据军队需要和本人自愿，经团级以上单位批准，可以改为士官。根据军队需要，可以直接从非军事部门具有专业技能的公民中招收士官。

士官实行分级服现役制度。士官服现役的期限一般不超过三十年，年龄不超过五十五周岁。

士官分级服现役的办法和直接从非军事部门招收士官的办法，由国务院、中央军事委员会规定。

第二十一条 士兵服现役期满，应当退出现役。因军队编制员额缩减需要退出现役的，经军队医院诊断证明本人健康状况不适合继续服现役的，或者因其他特殊原因需要退出现役的，经师级以上机关批准，可以提前退出现役。

士兵退出现役的时间为部队宣布退出现役命令之日。

第二十二条 士兵退出现役时，符合预备役条件的，由部队确定服士兵预备役；经过考核，适合担任军官职务的，服军官预备役。

退出现役的士兵，由部队确定服预备役的，自退出现役之日起四十日内，到安置地的县、自治县、市、市辖区的兵役机关办理预备役登记。

第二十三条 依照本法第十三条规定经过兵役登记的应征公民，未被征集服现役的，办理士兵预备役登记。

第二十四条 士兵预备役的年龄，为十八周岁至三十五周岁，根据需要可以适当延长。具体办法由国务院、中央军事委员会规定。

第二十五条 士兵预备役分为第一类和第二类。

第一类士兵预备役包括下列人员：

（一）预编到现役部队的预备役士兵；

（二）编入预备役部队的预备役士兵；

（三）经过预备役登记编入基干民兵组织的人员。

第二类士兵预备役包括下列人员：

（一）经过预备役登记编入普通民兵组织的人员；

（二）其他经过预备役登记确定服士兵预备役的人员。

预备役士兵达到服预备役最高年龄的，退出预备役。

第四章 军官的现役和预备役

第二十六条 现役军官由下列人员补充：

（一）选拔优秀士兵和普通高中毕业生入军队院校学习毕业的学员；

（二）选拔普通高等学校毕业的国防生和其他应届优秀毕业生；

（三）直接提升具有普通高等学校本科以上学历表现优秀的士兵；

（四）改任现役军官的文职干部；

（五）招收军队以外的专业技术人员和其他人员。

战时根据需要，可以从士兵、征召的预备役军官和非军事部门的人员中直接任命军官。

第二十七条 预备役军官包括下列人员：

（一）退出现役转入预备役的军官；

（二）确定服军官预备役的退出现役的士兵；

（三）确定服军官预备役的普通高等学校毕业学生；

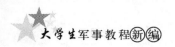

（四）确定服军官预备役的专职人民武装干部和民兵干部；

（五）确定服军官预备役的非军事部门的干部和专业技术人员。

第二十八条 军官服现役和服预备役的最高年龄由《中华人民共和国现役军官法》和《中华人民共和国预备役军官法》规定。

第二十九条 现役军官按照规定服役已满最高年龄的，退出现役；未满最高年龄因特殊情况需要退出现役的，经批准可以退出现役。

军官退出现役时，符合服预备役条件的，转入军官预备役。

第三十条 退出现役转入预备役的军官，退出现役确定服军官预备役的士兵，在到达安置地以后的三十日内，到当地县、自治县、市、市辖区的兵役机关办理预备役军官登记。

选拔担任预备役军官职务的专职人民武装干部、民兵干部、普通高等学校毕业生、非军事部门的人员，由工作单位或者户口所在地的县、自治县、市、市辖区的兵役机关报请上级军事机关批准并进行登记，服军官预备役。

预备役军官按照规定服预备役已满最高年龄的，退出预备役。

第五章 军队院校从青年学生中招收的学员

第三十一条 根据军队建设的需要，军队院校可以从青年学生中招收学员。招收学员的年龄，不受征集服现役年龄的限制。

第三十二条 学员完成学业考试合格的，由院校发给毕业证书，按照规定任命为现役军官、文职干部或者士官。

第三十三条 学员学完规定的科目，考试不合格的，由院校发给结业证书，回入学前户口所在地；就读期间其父母已办理户口迁移手续的，可以回父母现户口所在地，由县、自治县、市、市辖区的人民政府按照国家有关规定接收安置。

第三十四条 学员因患慢性病或者其他原因不宜在军队院校继续学习，经批准退学的，由院校发给肄业证书，回入学前户口所在地；就读期间其父母已办理户口迁移手续的，可以回父母现户口所在地，由县、自治县、市、市辖区的人民政府按照国家有关规定接收安置。

第三十五条 学员被开除学籍的，回入学前户口所在地；就读期间其父母已办理户口迁移手续的，可以回父母现户口所在地，由县、自治县、市、市辖区的人民政府按照国家有关规定办理。

第三十六条 军队根据国防建设的需要，可以依托普通高等学校招收、选拔培养国防生。国防生在校学习期间享受国防奖学金待遇，应当参加军事训练、政治教育，履行国防生培养协议规定的其他义务；毕业后应当履行培养协议到军队服现役，按照规定办理入伍手续，任命为现役军官或者文职干部。

国防生在校学习期间，按照有关规定不宜继续作为国防生培养，但符合所在学校普通生培养要求的，经军队有关部门批准，可以转为普通生；被开除学籍或者作退学处理的，由所在学校按照国家有关规定办理。

第三十七条 本法第三十二条、第三十三条、第三十四条、第三十五条的规定，也适用于从现役士兵中招收的学员。

第六章 民兵

第三十八条 民兵是不脱产的群众武装组织，是中国人民解放军的助手和后备力量。民兵的任务是：

（一）参加社会主义现代化建设；

（二）执行战备勤务，参加防卫作战，抵抗侵略，保卫祖国；

（三）为现役部队补充兵员；

（四）协助维护社会秩序，参加抢险救灾。

第三十九条 乡、民族乡、镇、街道和企业事业单位建立民兵组织。凡十八周岁至三十五周岁符合服兵役条件的男性公民，经所在地人民政府兵役机关确定编入民兵组织的，应当参加民兵组织。

根据需要，可以吸收十八周岁以上的女性公民、三十五周岁以上的男性公民参加民兵组织。

国家发布动员令后，动员范围内的民兵，不得脱离民兵组织；未经所在地的县、自治县、市、市辖区人民政府兵役机关批准，不得离开民兵组织所在地。

第四十条 民兵组织分为基干民兵组织和普通民兵组织。基干民兵组织是民兵组织的骨干力量，主要由退出现役的士兵以及经过军事训练和选定参加军事训练或者具有专业技术特长的未服过现役的人员组成。基干民兵组织可以在一定区域内从若干单位抽选人员编组。普通民兵组织，由符合服兵役条件未参加基干民兵组织的公民按照地域或者单位编组。

第七章 预备役人员的军事训练

第四十一条 预备役士兵的军事训练，在现役部队、预备役部队、民兵组织中进行，或者采取其他组织形式进行。

未服过现役预编到现役部队、编入预备役部队和编入基干民兵组织的预备役士兵，在十八周岁至二十四周岁期间，应当参加三十日至四十日的军事训练；其中专业技术兵的训练时间，按照实际需要确定。服过现役和受过军事训练的预备役士兵的复习训练，以及其他预备役士兵的军事训练，按照中央军事委员会的规定进行。

第四十二条 预备役军官在服预备役期间，应当参加三个月至六个月的军事训练；预编到现役部队和在预备役部队任职的，参加军事训练的时间可以适当延长。

第四十三条 国务院和中央军事委员会在必要的时候，可以决定预备役人员参加应急训练。

第四十四条 预备役人员参加军事训练、执行军事勤务的伙食、交通等补助费用按照国家有关规定执行。预备役人员是机关、团体、企业事业单位工作人员或者职工的，参加

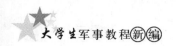

军事训练、执行军事勤务期间，其所在单位应当保持其原有的工资、奖金和福利待遇；其他预备役人员参加军事训练、执行军事勤务的误工补贴按照国家有关规定执行。

第八章　普通高等学校和普通高中学生的军事训练

第四十五条　普通高等学校的学生在就学期间，必须接受基本军事训练。

根据国防建设的需要，对适合担任军官职务的学生，再进行短期集中训练，考核合格的，经军事机关批准，服军官预备役。

第四十六条　普通高等学校设军事训练机构，配备军事教员，组织实施学生的军事训练。

第四十五条第二款规定的培养预备役军官的短期集中训练，由军事部门派出现役军官与普通高等学校军事训练机构共同组织实施。

第四十七条　普通高中和中等职业学校，配备军事教员，对学生实施军事训练。

第四十八条　普通高等学校和普通高中学生的军事训练，由教育部、国防部负责。教育部门和军事部门设学生军事训练的工作机构或者配备专人，承办学生军事训练工作。

第九章　战时兵员动员

第四十九条　为了对付敌人的突然袭击，抵抗侵略，各级人民政府、各级军事机关，在平时必须做好战时兵员动员的准备工作。

第五十条　在国家发布动员令以后，各级人民政府、各级军事机关，必须迅速实施动员：

（一）现役军人停止退出现役，休假、探亲的军人必须立即归队；

（二）预备役人员、国防生随时准备应召服现役，在接到通知后，必须准时到指定的地点报到；

（三）机关、团体、企业事业单位和乡、民族乡、镇的人民政府负责人，必须组织本单位被征召的预备役人员，按照规定的时间、地点报到；

（四）交通运输部门应当优先运送应召的预备役人员、国防生和返回部队的现役军人。

第五十一条　战时根据需要，国务院和中央军事委员会可以决定征召三十六周岁至四十五周岁的男性公民服现役，可以决定延长公民服现役的期限。

第五十二条　战争结束后，需要复员的现役军人，根据国务院和中央军事委员会的复员命令，分期分批地退出现役，由各级人民政府妥善安置。

第十章　现役军人的待遇和退出现役的安置

第五十三条　国家保障现役军人享有与其履行职责相适应的待遇。现役军人的待遇应当与国民经济发展相协调，与社会进步相适应。

军官实行职务军衔等级工资制，士官实行军衔级别工资制，义务兵享受供给制生活待遇。现役军人享受规定的津贴、补贴和奖励工资。国家建立军人工资的正常增长机制。

现役军人享受规定的休假、疗养、医疗、住房等福利待遇。国家根据经济社会发展水平提高现役军人的福利待遇。

国家实行军人保险制度，与社会保险制度相衔接。军人服现役期间，享受规定的军人保险待遇。军人退出现役后，按照国家有关规定接续养老、医疗、失业等社会保险关系，享受相应的社会保险待遇。现役军人配偶随军未就业期间，按照国家有关规定享受相应的保障待遇。

第五十四条 国家建立健全以扶持就业为主，自主就业、安排工作、退休、供养以及继续完成学业等多种方式相结合的士兵退出现役安置制度。

第五十五条 现役军人入伍前已被普通高等学校录取或者是正在普通高等学校就学的学生，服役期间保留入学资格或者学籍，退出现役后两年内允许入学或者复学，并按照国家有关规定享受奖学金、助学金和减免学费等优待；入学或者复学后参加国防生选拔、参加国家组织的农村基层服务项目人选选拔，以及毕业后参加军官人选选拔的，优先录取。

义务兵和服现役不满十二年的士官入伍前是机关、团体、企业事业单位工作人员或者职工的，服役期间保留人事关系或者劳动关系；退出现役后可以选择复职复工。

义务兵和士官服现役期间，入伍前依法取得的农村土地承包经营权，应当保留。

第五十六条 现役军人，残疾军人，退出现役军人，烈士、因公牺牲、病故军人遗属，现役军人家属，应当受到社会的尊重，受到国家和社会的优待。军官、士官的家属随军、就业、工作调动以及子女教育，享受国家和社会的优待。

第五十七条 现役军人因战、因公、因病致残的，按照国家规定评定残疾等级，发给残疾军人证，享受国家规定的待遇和残疾抚恤金。因工作需要继续服现役的残疾军人，由所在部队按照规定发给残疾抚恤金。

现役军人因战、因公、因病致残的，按照国家规定的评定残疾等级采取安排工作、供养、退休等方式妥善安置。有劳动能力的退出现役的残疾军人，优先享受国家规定的残疾人就业优惠政策。

残疾军人、患慢性病的军人退出现役后，由安置地的县级以上地方人民政府按照国务院、中央军事委员会的有关规定负责接收安置；其中，患过慢性病旧病复发需要治疗的，由当地医疗机构负责给予治疗，所需医疗和生活费用，本人经济困难的，按照国家规定给予补助。

现役军人、残疾军人参观游览公园、博物馆、展览馆、名胜古迹享受优待；优先购票乘坐境内运行的火车、轮船、长途汽车以及民航班机；其中，残疾军人按照规定享受减收正常票价的优待，免费乘坐市内公共汽车、电车和轨道交通工具。义务兵从部队发出的平信，免费邮递。

第五十八条 义务兵服现役期间，其家庭由当地人民政府给予优待，优待标准不低于当地平均生活水平，具体办法由省、自治区、直辖市人民政府规定。

第五十九条 现役军人牺牲、病故，由国家发给其遗属一次性抚恤金；其遗属无固定收入，不能维持生活，或者符合国家规定的其他条件的，由国家另行发给定期抚恤金。

第六十条 义务兵退出现役，按照国家规定发给退役金，由安置地的县级以上地方人

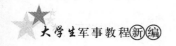

民政府接收，根据当地的实际情况，可以发给经济补助。

义务兵退出现役，安置地的县级以上地方人民政府应当组织其免费参加职业教育、技能培训，经考试考核合格的，发给相应的学历证书、职业资格证书并推荐就业。退出现役义务兵就业享受国家扶持优惠政策。

义务兵退出现役，可以免试进入中等职业学校学习；报考普通高等学校以及接受成人教育的，享受加分以及其他优惠政策；在国家规定的年限内考入普通高等学校或者进入中等职业学校学习的，享受国家发给的助学金。

义务兵退出现役，报考公务员、应聘事业单位职位的，在军队服现役经历视为基层工作经历，同等条件下应当优先录用或者聘用。

服现役期间平时荣获二等功以上奖励或者战时荣获三等功以上奖励以及属于烈士子女和因战致残被评定为五级至八级残疾等级的义务兵退出现役，由安置地的县级以上地方人民政府安排工作；待安排工作期间由当地人民政府按照国家有关规定发给生活补助费；本人自愿选择自主就业的，依照本条第一款至第四款规定办理。

国家根据经济社会发展水平，适时调整退役金的标准。退出现役士兵安置所需经费，由中央和地方各级人民政府共同负担。

第六十一条　士官退出现役，服现役不满十二年的，依照本法第六十条规定的办法安置。

士官退出现役，服现役满十二年的，由安置地的县级以上地方人民政府安排工作；待安排工作期间由当地人民政府按照国家有关规定发给生活补助费；本人自愿选择自主就业的，依照本法第六十条第一款至第四款的规定办理。

士官服现役满三十年或者年满五十五周岁的，作退休安置。

士官在服现役期间因战、因公、因病致残丧失工作能力的，按照国家有关规定安置。

第六十二条　士兵退出现役安置的具体办法由国务院、中央军事委员会规定。

第六十三条　军官退出现役，国家采取转业、复员、退休等办法予以妥善安置。作转业安置的，按照有关规定实行计划分配和自主择业相结合的方式安置；作复员安置的，按照有关规定由安置地人民政府接收安置，享受有关就业优惠政策；符合退休条件的，退出现役后按照有关规定作退休安置。

军官在服现役期间因战、因公、因病致残丧失工作能力的，按照国家有关规定安置。

第六十四条　机关、团体、企业事业单位有接收安置退出现役军人的义务，在招收录用工作人员或者聘用职工时，同等条件下应当优先招收录用退出现役军人；对依照本法第六十条、第六十一条、第六十三条规定安排工作的退出现役军人，应当按照国家安置任务和要求做好落实工作。

军人服现役年限计算为工龄，退出现役后与所在单位工作年限累计计算。

国家鼓励和支持机关、团体、企业事业单位接收安置退出现役军人。接收安置单位按照国家规定享受税收优惠等政策。

第六十五条　民兵、预备役人员因参战、参加军事训练、执行军事勤务牺牲、致残的，学生因参加军事训练牺牲、致残的，由当地人民政府依照军人抚恤优待条例的有关规定给予抚恤优待。

第十一章　法律责任

第六十六条　有服兵役义务的公民有下列行为之一的，由县级人民政府责令限期改正；逾期不改的，由县级人民政府强制其履行兵役义务，并可以处以罚款：

（一）拒绝、逃避兵役登记和体格检查的；

（二）应征公民拒绝、逃避征集的；

（三）预备役人员拒绝、逃避参加军事训练、执行军事勤务和征召的。

有前款第二项行为，拒不改正的，不得录用为公务员或者参照公务员法管理的工作人员，两年内不得出国（境）或者升学。

国防生违反培养协议规定，不履行相应义务的，依法承担违约责任，根据情节，由所在学校作退学等处理；毕业后拒绝服现役的，依法承担违约责任，并依照本条第二款的规定处理。

战时有本条第一款第二项、第三项或者第三款行为，构成犯罪的，依法追究刑事责任。

第六十七条　现役军人以逃避服兵役为目的，拒绝履行职责或者逃离部队的，按照中央军事委员会的规定给予处分；构成犯罪的，依法追究刑事责任。

现役军人有前款行为被军队除名、开除军籍或者被依法追究刑事责任的，不得录用为公务员或者参照公务员法管理的工作人员，两年内不得出国（境）或者升学。

明知是逃离部队的军人而雇用的，由县级人民政府责令改正，并处以罚款；构成犯罪的，依法追究刑事责任。

第六十八条　机关、团体、企业事业单位拒绝完成本法规定的兵役工作任务的，阻挠公民履行兵役义务的，拒绝接收、安置退出现役军人的，或者有其他妨害兵役工作行为的，由县级以上地方人民政府责令改正，并可以处以罚款；对单位负有责任的领导人员、直接负责的主管人员和其他直接责任人员，依法予以处罚。

第六十九条　扰乱兵役工作秩序，或者阻碍兵役工作人员依法执行职务的，依照治安管理处罚法的规定给予处罚；使用暴力、威胁方法，构成犯罪的，依法追究刑事责任。

第七十条　国家工作人员和军人在兵役工作中，有下列行为之一，构成犯罪的，依法追究刑事责任；尚不构成犯罪的，给予处分：

（一）收受贿赂的；

（二）滥用职权或者玩忽职守的；

（三）徇私舞弊，接送不合格兵员的。

第七十一条　县级以上地方人民政府对违反本法的单位和个人的处罚，由县级以上地方人民政府兵役机关会同行政监察、公安、民政、卫生、教育、人力资源和社会保障等部门具体办理。

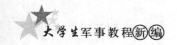

第十二章　附则

第七十二条　本法适用于中国人民武装警察部队。

第七十三条　中国人民解放军根据需要配备文职干部。本法有关军官的规定适用于文职干部。

第七十四条　本法自 1984 年 10 月 1 日起施行。

中华人民共和国国防教育法

(2001 年 4 月 28 日第九届全国人民代表大会常务委员会第二十一次会议通过，2001 年 4 月 28 日中华人民共和国主席令第五十二号公布自公布之日起施行)

第一章　总则

第一条　为了普及和加强国防教育，发扬爱国主义精神，促进国防建设和社会主义精神文明建设，根据国防法和教育法，制定本法。

第二条　国防教育是建设和巩固国防的基础，是增强民族凝聚力、提高全民素质的重要途径。

第三条　国家通过开展国防教育，使公民增强国防观念，掌握基本的国防知识，学习必要的军事技能，激发爱国热情，自觉履行国防义务。

第四条　国防教育贯彻全民参与、长期坚持、讲求实效的方针，实行经常教育与集中教育相结合、普及教育与重点教育相结合、理论教育与行为教育相结合的原则，针对不同对象确定相应的教育内容分类组织实施。

第五条　中华人民共和国公民都有接受国防教育的权利和义务。

普及和加强国防教育是全社会的共同责任。

一切国家机关和武装力量、各政党和各社会团体、各企业事业组织以及基层群众性自治组织，都应当根据各自的实际情况组织本地区、本部门、本单位开展国防教育。

第六条　国务院领导全国的国防教育工作。中央军事委员会协同国务院开展全民国防教育。

地方各级人民政府领导本行政区域内的国防教育工作。驻地军事机关协助和支持地方人民政府开展国防教育。

第七条　国家国防教育工作机构规划、组织、指导和协调全国的国防教育工作。

县级以上地方负责国防教育工作的机构组织、指导、协调和检查本行政区域内的国防教育工作。

第八条　教育、民政、文化宣传等部门，在各自职责范围内负责国防教育工作。

征兵、国防科研生产、国民经济动员、人民防空、国防交通、军事设施保护等工作的主管部门，依照本法和有关法律、法规的规定，负责国防教育工作。

工会、共产主义青年团、妇女联合会以及其他有关社会团体，协助人民政府开展国防教育。

第九条　中国人民解放军、中国人民武装警察部队按照中央军事委员会的有关规定开展国防教育。

第十条　国家支持、鼓励社会组织和个人开展有益于国防教育的活动。

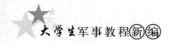

第十一条　国家和社会对在国防教育工作中做出突出贡献的组织和个人，采取各种形式给予表彰和奖励。

第十二条　国家设立全民国防教育日。

第二章　学校国防教育

第十三条　学校的国防教育是全民国防教育的基础，是实施素质教育的重要内容。

教育行政部门应当将国防教育列入工作计划，加强对学校国防教育的组织、指导和监督，并对学校国防教育工作定期进行考核。

第十四条　小学和初级中学应当将国防教育的内容纳入有关课程，将课堂教学与课外活动相结合，对学生进行国防教育。

有条件的小学和初级中学可以组织学生开展以国防教育为主题的少年军校活动。教育行政部门、共产主义青年团组织和其他有关部门应当加强对少年军校活动的指导与管理。

小学和初级中学可以根据需要聘请校外辅导员，协助学校开展多种形式的国防教育活动。

第十五条　高等学校、高级中学和相当于高级中学的学校应当将课堂教学与军事训练相结合，对学生进行国防教育。

高等学校应当设置适当的国防教育课程，高级中学和相当于高级中学的学校应当在有关课程中安排专门的国防教育内容，并可以在学生中开展形式多样的国防教育活动。

高等学校、高级中学和相当于高级中学的学校学生的军事训练，由学校负责军事训练的机构或者军事教员按照国家有关规定组织实施。军事机关应当协助学校组织学生的军事训练。

第十六条　学校应当将国防教育列入学校的工作和教学计划，采取有效措施，保证国防教育的质量和效果。

学校组织军事训练活动，应当采取措施，加强安全保障。

第十七条　负责培训国家工作人员的各类教育机构，应当将国防教育纳入培训计划，设置适当的国防教育课程。

国家根据需要选送地方和部门的负责人到有关军事院校接受培训，学习和掌握履行领导职责所必需的国防知识。

第三章　社会国防教育

第十八条　国家机关应当根据各自的工作性质和特点，采取多种形式对工作人员进行国防教育。

国家机关工作人员应当具备基本的国防知识。从事国防建设事业的国家机关工作人员，必须学习和掌握履行职责所必需的国防知识。

各地区、各部门的领导人员应当依法履行组织、领导本地区、本部门开展国防教育的职责。

第十九条 企业事业组织应当将国防教育列入职工教育计划，结合政治教育、业务培训、文化体育等活动，对职工进行国防教育。

承担国防科研生产、国防设施建设、国防交通保障等任务的企业事业组织，应当根据所担负的任务，制订相应的国防教育计划，有针对性地对职工进行国防教育。

社会团体应当根据各自的活动特点开展国防教育。

第二十条 军区、省军区（卫戍区、警备区）、军分区（警备区）和县、自治县、市、市辖区的人民武装部按照国家和军队的有关规定，结合政治教育和组织整顿、军事训练、执行勤务、征兵工作以及重大节日、纪念日活动，对民兵、预备役人员进行国防教育。

民兵、预备役人员的国防教育，应当以基干民兵、第一类预备役人员和担任领导职务的民兵、预备役人员为重点，建立和完善制度，保证受教育的人员、教育时间和教育内容的落实。

第二十一条 城市居民委员会、农村村民委员会应当将国防教育纳入社区、农村社会主义精神文明建设的内容，结合征兵工作、拥军优属以及重大节日、纪念日活动，对居民、村民进行国防教育。

城市居民委员会、农村村民委员会可以聘请退役军人协助开展国防教育。

第二十二条 文化、新闻、出版、广播、电影、电视等部门和单位应当根据形势和任务的要求，采取多种形式开展国防教育。

中央和省、自治区、直辖市以及设区的市的广播电台、电视台、报刊应当开设国防教育节目或者栏目，普及国防知识。

第二十三条 烈士陵园、革命遗址和其他具有国防教育功能的博物馆、纪念馆、科技馆、文化馆、青少年宫等场所，应当为公民接受国防教育提供便利，对有组织的国防教育活动实行优惠或者免费；依照本法第二十八条的规定被命名为国防教育基地的，应当对有组织的中小学生免费开放；在全民国防教育日向社会免费开放。

第四章 国防教育的保障

第二十四条 各级人民政府应当将国防教育纳入国民经济和社会发展计划，并根据开展国防教育的需要，在财政预算中保障国防教育所需的经费。

第二十五条 国家机关、事业单位、社会团体开展国防教育所需的经费，在本单位预算经费内列支；企业开展国防教育所需经费，在本单位职工教育经费中列支。

学校组织学生军事训练所需的经费，按照国家有关规定执行。

第二十六条 国家鼓励社会组织和个人捐赠财产，资助国防教育的开展。

社会组织和个人资助国防教育的财产，由依法成立的国防教育基金组织或者其他公益性社会组织依法管理。

国家鼓励社会组织和个人提供或者捐赠所收藏的具有国防教育意义的实物用于国防教育。使用单位对提供使用的实物应当妥善保管，使用完毕，及时归还。

第二十七条 国防教育经费和社会组织、个人资助国防教育的财产，必须用于国防教

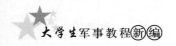

育事业，任何单位或者个人不得挪用、克扣。

第二十八条　本法第二十三条规定的场所，具备下列条件的，经省、自治区、直辖市人民政府批准，可以命名为国防教育基地：

（一）有明确的国防教育主题内容；

（二）有健全的管理机构和规章制度；

（三）有相应的国防教育设施；

（四）有必要的经费保障；

（五）有显著的社会教育效果。

国防教育基地应当加强建设，不断完善，充分发挥国防教育的功能。被命名的国防教育基地不再具备前款规定条件的，由原批准机关撤销命名。

第二十九条　各级人民政府应当加强对国防教育基地的规划、建设和管理，并为其发挥作用提供必要的保障。

各级人民政府应当加强对具有国防教育意义的文物的收集、整理、保护工作。

第三十条　全民国防教育使用统一的国防教育大纲。国防教育大纲由国家国防教育工作机构组织制定。

适用于不同地区、不同类别教育对象的国防教育教材，由有关部门或者地方依据国防教育大纲并结合本地区、本部门的特点组织编写。

第三十一条　各级国防教育工作机构应当组织、协调有关部门做好国防教育教员的选拔、培训和管理工作，加强国防教育师资队伍建设。

国防教育教员应当从热爱国防教育事业、具有基本的国防知识和必要的军事技能的人员中选拔。

第三十二条　中国人民解放军和中国人民武装警察部队应当根据需要和可能，为驻地有组织的国防教育活动选派军事教员，提供必要的军事训练场地、设施以及其他便利条件。

在国庆节、中国人民解放军建军节和全民国防教育日，经批准的军营可以向社会开放。军营开放的办法由中央军事委员会规定。

第五章　法律责任

第三十三条　国家机关、社会团体、企业事业组织以及其他社会组织违反本法规定，拒不开展国防教育活动的，由人民政府有关部门或者上级机关给予批评教育，并责令限期改正；拒不改正，造成恶劣影响的，对负有直接责任的主管人员依法给予行政处分。

第三十四条　违反本法规定，挪用、克扣国防教育经费的，由有关主管部门责令限期归还；对负有直接责任的主管人员和其他直接责任人员依法给予行政处分；构成犯罪的，依法追究刑事责任。

第三十五条　侵占、破坏国防教育基地设施、损毁展品的，由有关主管部门给予批评教育，并责令限期改正；有关责任人应当依法承担相应的民事责任。

有前款所列行为，违反治安管理规定的，由公安机关依法给予治安管理处罚；构成犯罪的，依法追究刑事责任。

第三十六条 寻衅滋事，扰乱国防教育工作和活动秩序的，或者盗用国防教育名义骗取钱财的，由有关主管部门给予批评教育，并予以制止；违反治安管理规定的，由公安机关依法给予治安管理处罚；构成犯罪的，依法追究刑事责任。

第三十七条 负责国防教育的国家工作人员玩忽职守、滥用职权、徇私舞弊的，依法给予行政处分；构成犯罪的，依法追究刑事责任。

第六章　附则

第三十八条 本法自公布之日起施行。

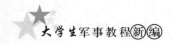

附录五

全国人民代表大会常务委员会的相关决定

全国人民代表大会常务委员会关于确定中国人民抗日战争胜利纪念日的决定

（2014 年 2 月 27 日第十二届全国人民代表大会常务委员会第七次会议通过）

中国人民抗日战争，是中国人民抵抗日本帝国主义侵略的正义战争，是世界反法西斯战争的重要组成部分，是近代以来中国反抗外敌入侵第一次取得完全胜利的民族解放战争。中国人民抗日战争的胜利，成为中华民族走向振兴的重大转折点，为实现民族独立和人民解放奠定了重要基础。中国人民为世界各国人民夺取反法西斯战争的胜利、争取世界和平的伟大事业做出了巨大贡献和民族牺牲。中华人民共和国成立后，中央人民政府政务院、国务院先后将 1945 年 9 月 2 日日本政府签署投降书的次日即 9 月 3 日设定为"九三抗战胜利纪念日"。为了牢记历史，铭记中国人民反抗日本帝国主义侵略的艰苦卓绝的斗争，缅怀在中国人民抗日战争中英勇献身的英烈和所有为中国人民抗日战争胜利做出贡献的人们，彰显中国人民抗日战争在世界反法西斯战争中的重要地位，表明中国人民坚决维护国家主权、领土完整和世界和平的坚定立场，弘扬以爱国主义为核心的伟大民族精神，激励全国各族人民为实现中华民族伟大复兴的中国梦而共同奋斗，第十二届全国人民代表大会常务委员会第七次会议决定：

将 9 月 3 日确定为中国人民抗日战争胜利纪念日。每年 9 月 3 日国家举行纪念活动。

全国人民代表大会常务委员会关于设立南京大屠杀死难者国家公祭日的决定

（2014 年 2 月 27 日第十二届全国人民代表大会常务委员会第七次会议通过）

1937 年 12 月 13 日，侵华日军在中国南京开始对我同胞实施长达四十多天惨绝人寰的大屠杀，制造了震惊中外的南京大屠杀惨案，三十多万人惨遭杀戮。这是人类文明史上灭绝人性的法西斯暴行。这一公然违反国际法的残暴行径，铁证如山，早有历史结论和法律定论。为了悼念南京大屠杀死难者和所有在日本帝国主义侵华战争期间惨遭日本侵略者杀戮的死难者，揭露日本侵略者的战争罪行，牢记侵略战争给中国人民和世界人民造成的深重灾难，表明中国人民反对侵略战争、捍卫人类尊严、维护世界和平的坚定立场，第十二届全国人民代表大会常务委员会第七次会议决定：将 12 月 13 日设立为南京大屠杀死难者国家公祭日。每年 12 月 13 日国家举行公祭活动，悼念南京大屠杀死难者和所有在日本帝国主义侵华战争期间惨遭日本侵略者杀戮的死难者。

全国人民代表大会常务委员会关于设立烈士纪念日的决定

（2014 年 8 月 31 日第十二届全国人民代表大会常务委员会第十次会议通过）

近代以来，为了争取民族独立和人民自由幸福，为了国家繁荣富强，无数的英雄献出了生命，烈士的功勋彪炳史册，烈士的精神永垂不朽。为了弘扬烈士精神，缅怀烈士功绩，培养公民的爱国主义、集体主义精神和社会主义道德风尚，培育和践行社会主义核心价值观，增强中华民族的凝聚力，激发实现中华民族伟大复兴中国梦的强大精神力量，第十二届全国人民代表大会常务委员会第十次会议决定：

将 9 月 30 日设立为烈士纪念日。每年 9 月 30 日国家举行纪念烈士活动。

附录六

中央军委关于深化国防和军队改革的意见

（新华社北京 2016 年 1 月 1 日电）

为贯彻落实党中央、习主席的战略部署和决策指示，扎实推进深化国防和军队改革，提出如下意见。

一、改革的重大意义、指导思想和基本原则

（一）重大意义

深化国防和军队改革，是实现中国梦、强军梦的时代要求，是强军兴军的必由之路，也是决定军队未来的关键一招。党的十八大以来，党中央、中央军委和习主席围绕实现强军目标，统筹军队革命化、现代化、正规化建设，统筹军事力量建设和运用，统筹经济建设和国防建设，制定新形势下军事战略方针，提出一系列重大方针原则，作出一系列重大决策部署。贯彻落实党中央、中央军委和习主席的重大战略谋划和战略设计，必须深化国防和军队改革，全面实施改革强军战略，坚定不移走中国特色强军之路。这是应对当今世界前所未有之大变局，有效维护国家安全的必然要求；是坚持和发展中国特色社会主义，协调推进"四个全面"战略布局的必然要求；是贯彻落实强军目标和军事战略方针，履行好军队使命任务的必然要求。全军要充分认清深化国防和军队改革的重要性必要性紧迫性，以高度的历史自觉和强烈的使命担当坚定不移深化国防和军队改革，努力交出党和人民满意的答卷。

（二）指导思想

深入贯彻党的十八大和十八届三中、四中、五中全会精神，以马克思列宁主义、毛泽东思想、邓小平理论、"三个代表"重要思想、科学发展观为指导，深入贯彻习主席系列重要讲话精神特别是国防和军队建设重要论述，按照"四个全面"战略布局要求，以党在新形势下的强军目标为引领，贯彻新形势下军事战略方针，全面实施改革强军战略，着力解决制约国防和军队发展的体制性障碍、结构性矛盾、政策性问题，推进军队组织形态现代化，进一步解放和发展战斗力，进一步解放和增强军队活力，建设同我国国际地位相称、同国家安全和发展利益相适应的巩固国防和强大军队，为实现"两个一百年"奋斗目标、实现中华民族伟大复兴的中国梦提供坚强力量保证。

（三）基本原则

——坚持正确政治方向。巩固完善党对军队绝对领导的根本原则和制度，保持人民军队的性质和宗旨，发扬我军的光荣传统和优良作风，全面落实军委主席负责制，确保军队最高领导权指挥权集中于党中央、中央军委。

——坚持向打仗聚焦。适应战争形态演变和世界军事发展趋势，牢固确立战斗力这个

唯一的根本的标准，切实解决和克服军事斗争准备重难点问题和战斗力建设薄弱环节，构建一体化联合作战体系，全面提升我军能打仗、打胜仗能力。

——坚持创新驱动。贯彻科技强军战略，充分发挥军事理论创新、军事技术创新、军事组织创新、军事管理创新的牵引和推动作用，努力实现我军现代化建设跨越式发展，谋取更大的军事竞争优势。

——坚持体系设计。科学把握改革举措的关联性、耦合性，正确处理顶层设计与分层对接、长期布局与过渡安排、体制改革与政策配套的关系，使各项改革相互促进、相得益彰，形成总体效应、取得最佳效果。

——坚持法治思维。充分发挥法治对改革的引领和规范作用，做到重大改革于法有据、改革与立法相协调，注重运用法规制度固化改革成果，在法治轨道上推进改革。

——坚持积极稳妥。既解放思想、与时俱进，努力使这次改革成为突破性的改革，又立足现实、蹄疾步稳，把握改革节奏，控制改革风险，走渐进式、开放式的改革路子，确保部队高度稳定和集中统一。

二、改革的总体目标和主要任务

（一）总体目标

牢牢把握"军委管总、战区主战、军种主建"的原则，以领导管理体制、联合作战指挥体制改革为重点，协调推进规模结构、政策制度和军民融合深度发展改革。2020年前，在领导管理体制、联合作战指挥体制改革上取得突破性进展，在优化规模结构、完善政策制度、推动军民融合深度发展等方面改革上取得重要成果，努力构建能够打赢信息化战争、有效履行使命任务的中国特色现代军事力量体系，进一步完善中国特色社会主义军事制度。

按照总体目标要求，2015年，重点组织实施领导管理体制、联合作战指挥体制改革；2016年，组织实施军队规模结构和作战力量体系、院校、武警部队改革，基本完成阶段性改革任务；2017年至2020年，对相关领域改革作进一步调整、优化和完善，持续推进各领域改革。政策制度和军民融合深度发展改革，成熟一项推进一项。

（二）领导管理体制

着眼加强军委集中统一领导，强化军委机关的战略谋划、战略指挥、战略管理职能，优化军委机关职能配置和机构设置，完善军种和新型作战力量领导管理体制，形成决策权、执行权、监督权既相互制约又相互协调的运行体系。

从职能定位入手，按照突出核心职能、整合相近职能、加强监督职能、充实协调职能的思路，调整改革军委机关设置，由总部制调整为多部门制。军委机关下放代行的军种建设职能，剥离具体管理职能，调整归并同类相近职能，减少领导层级，精简编制员额和直属单位，使指挥、建设、管理、监督四条链路更加清晰，决策、规划、执行、评估职能配置更加合理。

健全军种领导管理体制，优化军种机关职能配置和机构设置，发挥军种在建设管理和保障中的重要作用。调整改革后勤保障领导管理体制，以现行联勤保障体制为基础，调整

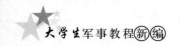

优化保障力量配置和领导指挥关系，构建与联合作战指挥体制相适应，统分结合、通专两线的后勤保障体制。改革装备发展领导管理体制，构建由军委装备部门集中统管、军种具体建管、战区联合运用的体制架构，装备发展建设实行军委装备部门—军种装备部门体制，装备管理保障实行军委装备部门—军种装备部门—部队保障部门体制。加强国防动员系统的统一领导。

（三）联合作战指挥体制

适应一体化联合作战指挥要求，建立健全军委、战区两级联合作战指挥体制，构建平战一体、常态运行、专司主营、精干高效的战略战役指挥体系。重新调整划设战区。

按照联合作战、联合指挥的要求，调整规范军委联指、各军种、战区联指和战区军种的作战指挥职能。与联合作战指挥体制相适应，完善联合训练体制。

（四）军队规模结构

坚持走中国特色精兵之路，加快推进军队由数量规模型向质量效能型转变。裁减军队现役员额30万，军队规模由230万逐步减至200万。优化军种比例，减少非战斗机构和人员。压减军官岗位。优化武器装备规模结构，减少装备型号种类，淘汰老旧装备，发展新型装备。

（五）部队编成

依据不同战略方向安全需求和作战任务，调整结构、强化功能、优化布局，推动部队编成向充实、合成、多能、灵活方向发展。优化预备役部队结构，压减民兵数量，调整力量布局和编组模式。

（六）新型军事人才培养

遵循军事人才培养规律，构建军队院校教育、部队训练实践、军事职业教育三位一体的新型军事人才培养体系。健全军委、军种两级院校领导管理体制，完善初、中、高三级培训体系，调整优化院校规模结构。健全军事职业教育体系，构建全员全时全域军事职业教育平台。创新人才培养制度机制，加强院校与部队共育人才。

（七）政策制度

适应军队职能任务需求和国家政策制度创新，进一步完善军事人力资源政策制度和后勤政策制度，构建体现军事职业特点、增强军人荣誉感自豪感的政策制度体系。调整军队人员分类，逐步建立军衔主导的等级制度，推进军官职业化，改革兵役制度、士官制度、文职人员制度。完善退役军人安置政策和管理机构。深化经费管理、物资采购、工程建设和军人工资、住房、医疗、保险等制度改革。全面停止军队开展对外有偿服务。

（八）军民融合发展

着眼形成全要素、多领域、高效益的军民融合深度发展格局，构建统一领导、军地协调、顺畅高效的组织管理体系，国家主导、需求牵引、市场运作相统一的工作运行体系，系统完备、衔接配套、有效激励的政策制度体系。分类推进相关领域改革，健全军民融合发展法规制度和创新发展机制。

（九）武装警察部队指挥管理体制和力量结构

加强中央军委对武装力量的集中统一领导，调整武警部队指挥管理体制，优化力量结构和部队编成。

（十）军事法治体系

全面贯彻依法治军、从严治军方针，改进治军方式，实现从单纯依靠行政命令的做法向依法行政的根本性转变，从单纯靠习惯和经验开展工作的方式向依靠法规和制度开展工作的根本性转变，从突击式、运动式抓工作的方式向按条令条例办事的根本性转变。健全军事法规制度体系和军事法律顾问制度，改革军事司法体制机制，创新纪检监察体制和巡视制度，完善审计体制机制，改进军事法律人才管理制度，建立健全组织法制和程序规则，全面提高国防和军队建设法治化水平。

三、改革的组织领导

深化国防和军队改革是一场整体性、革命性变革，推进力度之大、触及利益之深、影响范围之广前所未有，必须始终在党中央、中央军委和习主席的统一领导下，深入贯彻中央军委改革工作会议精神，坚持把加强教育、统一思想贯穿始终，把强化责任、落细落实贯穿始终，把依法推进、稳扎稳打贯穿始终，把底线思维、管控风险贯穿始终，以坚强有力的组织领导保证各项改革任务圆满完成。

（一）强化各级责任担当

各级党委要把抓改革举措落地作为重要政治责任，提高领导改革的能力，充分发挥核心领导作用，主要领导要当好第一责任人。要把调查研究贯穿改革实施全过程，深化对重大理论和实践问题研究，及时发现和解决新情况新问题。要建立健全改革评估和督察机制，加强对改革落实情况的督导检查。各级各部门各改革机构要密切配合、形成合力，军委指导工作组要深入调整组建单位，加强跟踪指导、具体指导、全程指导，军委巡视组同步展开巡视工作。军委改革和编制办公室要完善相关机制，发挥好统筹、协调、督促、推动作用。四总部既要做好自身调整改革，又要指导好全军改革。新的军委机关部门成立后，要抓紧完善运行机制，尽快进入角色、履行职责。新调整组建的单位要及时建立健全党组织，加强对改革实施工作的组织领导。各善后工作机构要负起责任，妥善处理各类遗留问题。

（二）加强思想政治工作

组织全军官兵深入学习习主席关于深化国防和军队改革一系列重要论述，组织抓好专题教育，深入进行思想发动，把全军的思想和行动统一到党中央、中央军委和习主席决策

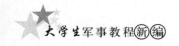

部署上来。高层领率机关和高级干部首先要统一认识，带头讲政治、顾大局、守纪律、促改革、尽职责，以上率下，为全军做好样子。把思想政治工作贯穿改革全过程，关注各级思想动态，有针对性地做工作，引导各级强化政治意识、大局意识、号令意识，引导官兵转变理念、更新观念，自觉站在全局高度认识改革，在解放思想中统一思想，正确对待利益调整，积极拥护、支持、参与改革。高度重视舆论引导特别是网上舆论工作，打好主动仗，传播正能量，为推进改革营造良好舆论氛围。

（三）扎实搞好干部调整安置

把推进改革的过程作为加强干部队伍建设的过程，贯彻军队好干部标准，树立正确用人导向，坚持五湖四海、任人唯贤，坚持德才兼备、以德为先，搞好领导班子调整配备，选准用好干部，把坚定贯彻强军目标、积极谋划改革、坚决支持改革、勇于投身改革的好干部用起来。把妥善安置同保留骨干、改善结构结合起来，科学制定干部调整安置计划方案，合理确定干部进退去留，关心和解决干部实际困难。广大干部要把推进改革作为展示才能的最好舞台，在改革中经受锻炼和考验，争做改革的促进派和实干家。老干部是党和军队的宝贵财富，要精心做好老干部服务保障接续工作。

（四）严密组织转隶交接

认真搞好人员、物资、经费等交接工作，确保新旧体制转换期间人员不失控，资产不流失，各项工作无缝衔接。严格军用土地、营房管理，抓好营区营房设施调整交接，做好在建工程善后工作。全面核实经费物资底数。跟进组织供应保障，及时解决供应中遇到的各种矛盾和问题，确保不断供、不漏供。扎实做好武器装备清点移交，周密组织装备调配保障，严格落实装备管理各项规定。

（五）严格执行各项纪律规定

越是改革的关键时刻，越要把纪律和规矩挺在前面，严格政治纪律、组织纪律、人事纪律、财经纪律、群众纪律、保密纪律。严守政治纪律和政治规矩，坚决反对政治上组织上行动上的自由主义。严肃组织人事纪律，坚持按原则按政策按规矩按程序办事。妥善处理军地现实矛盾和历史遗留问题。纪检、巡视、审计部门要加强执纪监督，严肃查处调整改革期间各类违规违纪问题。

（六）统筹抓好部队战备训练管理

密切关注改革期间国家安全和社会稳定，制定完善应对重大突发情况预案，严格落实战备工作制度规定，保持各级战备值班体系高效运行，确保一旦有事能够及时有效应对。周密筹划组织年度军事训练任务。加强部队管理，落实安全责任，及时发现和解决苗头性、倾向性问题，防止发生重大事故和案件，保持部队安全稳定和集中统一。

参考文献

［1］《毛泽东选集》（1~4卷），北京：人民出版社，1991年。

［2］《邓小平文选》（1~3卷），北京：人民出版社，1993年，1994年。

［3］《江泽民文选》（1~3卷），北京：人民出版社，2006年。

［4］《十七大报告辅导读本》，北京：人民出版社，2007年。

［5］《十八大报告辅导读本》，北京：人民出版社，2012年。

［6］宋时轮：《中国军事百科全书》，北京：军事科学出版社，1993年。

［7］江泽民：《论有中国特色社会主义》（文献摘编），北京：中央文献出版社，2002年。

［8］刘亚洲：《当代世界军事与中国国防》，北京：中共中央党校出版社，2016年。

［9］张保国、张剑：《国防教育教程》，北京：解放军出版社，2007年。

［10］王南南、张保国：《大学生军事教程》，武汉：武汉理工大学出版社，2010年。

［11］王南南、赵兴：《当代大学生军事教程》，武汉：湖北人民出版社，2013年。

［12］张保国、佘启武：《中外现代国防教育比较与研究》，北京：解放军出版社，2011年。

［13］张保国：《国防教育与预备役训练学科建设专题研究》，北京：解放军出版社，2014年。

［14］张保国、张剑：《国防文化的认识与实践》，北京：军事科学出版社，2013年。

［15］张保国、廖斯宏：《国防教育理论创新与实践专题研究》，北京：解放军出版社，2011年。

［16］张保国、廖斯宏：《国防教育新论》，北京：解放军出版社，2012年。

［17］张正明：《军事理论与技能教程》，西安：西安交通大学出版社，2011年。

［18］吴温暖：《军事理论教程》，厦门：厦门大学出版社，2007年。

［19］付强、张坦：《普通高校军事理论与训练教程》，长沙：国防科技大学出版社，2013年。

［20］余高达：《普通高等学校军事理论教程》，北京：国防大学出版社，2003年。

［21］刘兴堂：《信息化作战与高技术战场》，北京：国防工业出版社，2011年。

［22］刘启贤：《毛泽东军事思想原理》，北京：解放军出版社，2007年。

［23］中华人民共和国国务院新闻办公室：《中国的军事战略》，人民出版社，2015年。

［24］《军事高技术知识教材（中高级本）上下》，北京：解放军出版社，1995年。

［25］沈永平：《军事高技术知识》，北京解放军出版社，2004年。

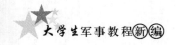

[26] 雷厉：《侦察与监视——作战空间的千里眼和顺风耳》，北京：国防工业出版社，2008年。

[27] 吴仁和：《信息化战争论》，北京：军事科学出版社，2004年。

[28] 董子峰：《信息化战争形态论》，北京：解放军出版社，2004年。

[29] 艾跃进、李凡路、焦金雷：《大学军事课教程》，北京：国防大学出版社，2015年。

[30] 郇际、王永敏、韩毅、韩世臣：《新编大学生军事课教程》，北京：国防大学出版社，2015年。

[31] 王威、杨德宇、张亚利：《大学军事教程——知军事观天下》，北京：国防大学出版社，2016年。

[32] 有关法规：《中华人民共和国国防法》《中华人民共和国国家安全法》《中华人民共和国兵役法》《中华人民共和国国防教育法》《中华人民共和国国防动员法》。